J. W Goethe

**Goethes Briefe von Januar bis Oktober 1818**

J. W Goethe

**Goethes Briefe von Januar bis Oktober 1818**

ISBN/EAN: 9783742891853

Hergestellt in Europa, USA, Kanada, Australien, Japan

Cover: Foto ©Thomas Meinert / pixelio.de

Manufactured and distributed by brebook publishing software (www.brebook.com)

J. W Goethe

# Goethes Briefe von Januar bis Oktober 1818

# Goethes Werke

Herausgegeben

im

Auftrage der Großherzogin Sophie von Sachsen

IV. Abtheilung

29. Band

Weimar

Hermann Böhlaus Nachfolger

1904.

# Goethes Briefe

29. Band

Januar — October 1818.

Weimar
Hermann Böhlaus Nachfolger
1904.

## Inhalt.

(Ein * vor der Nummer zeigt an, daß der Brief hier zum ersten Mal oder in bedeutend vervollständigter Gestalt veröffentlicht wird.)

|  |  | Seite |
|---|---|---|
| 7943. | An Sophie Caroline v. Hopfgarten 2. Januar 1818 | 1 |
| 7944. | An C. G. v. Voigt 2. Januar 1818. | 3 |
| *7945. | An C. F. E. Frommann 4. Januar 1818. | 4 |
| 7946. | An C. G. v. Voigt 9. Januar 1818. | 4 |
| 7947. | An Sophie Caroline v. Hopfgarten 13. Januar 1818 | 5 |
| 7948. | An C. G. v. Voigt 15. Januar 1818 | 6 |
| 7949. | An Antonie Brentano 16. Januar 1818 | 7 |
| 7950. | An J. G. Schadow 16. Januar 1818 | 10 |
| 7951. | An S. Boisserée 16. Januar 1818 | 11 |
| *7952. | An August v. Rode 19. Januar 1818 | 15 |
| 7953. | An Ambrosius Hubert Eichhorn 19. Januar 1818 | 16 |
| 7954. | An Sophie Caroline v. Hopfgarten 20. Januar 1818 | 17 |
| 7955. | An Zelter 20. Januar 1818 | 18 |
| 7956. | An F. v. Müller 22. Januar 1818 | 21 |
| *7957. | An J. A. G. Weigel 23. Januar 1818 | 22 |
| *7958. | An C. G. C. Vogel 23. Januar 1818 | 23 |
| 7959. | An Carl Friedrich Burbach 25. Januar 1818 | 23 |
| *7960. | An Kräuter 27. Januar 1818 | 26 |
| 7961. | An die Erbgroßherzogin Maria Paulowna 27. Januar 1818 | 28 |
| 7962. | An C. G. v. Voigt 27. Januar 1818? | 29 |
| *7963. | An den Großherzog Carl August 30. Januar 1818 | 31 |
| *7964. | An die Großherzogin Louise 30. Januar 1818 | 33 |
| 7965. | An C. G. v. Voigt 30. Januar 1818 | 33 |
| *7966. | An? 30. Januar 1818? | 34 |
| 7967. | An die Erbgroßherzogin Maria Paulowna 3. Februar 1818 | 35 |
| *7968. | An A. v. Goethe 3. Februar 1818 | 37 |
| *7969. | An C. F. A. v. Schreibers 4. Februar 1818 | 38 |

| | | Seite |
|---|---|---|
| 7970. | An J. v. Müller 6. Februar 1818 | 40 |
| 7971. | An C. G. v. Voigt 6. Februar 1818 | 41 |
| *7972. | An J. A. G. Weigel 10. Februar 1818 | 44 |
| *7973. | An August und Ottilie v. Goethe 10. Februar 1818 | 45 |
| 7974. | An C. F. E. Frommann 12. Februar 1818 | 46 |
| 7975. | An Louise Seibler 12. Februar 1818 | 47 |
| *7976. | An F. W. Schwabe 13. Februar 1818 | 48 |
| 7977. | An A. v. Goethe 13. Februar 1818 | 48 |
| *7978. | An J. F. H. Schlosser 13. Februar 1818 | 50 |
| *7979. | An J. v. Müller 16. Februar 1818 | 52 |
| *7980. | An Adalbert Schöpke 16. Februar 1818 | 53 |
| 7981. | An Zelter 16. Februar 1818 | 54 |
| *7982. | An J. C. Stark 17. Februar 1818 | 57 |
| *7983. | An Christian Wilhelm v. Dohm 19. Februar 1818 | 58 |
| 7984. | An A. C. v. Preen 19. Februar 1818 | 59 |
| 7985. | An C. v. Knebel 20. Februar 1818 | 60 |
| 7986. | An C. F. E. Frommann 21. Februar 1818 | 61 |
| 7987. | An Sartorius 23. Februar 1818 | 61 |
| *7988. | An G. Moller 24. Februar 1818 | 63 |
| 7989. | An J. H. Meyer 24. Februar 1818 | 64 |
| 7990. | An C. F. E. Frommann 27. Februar 1818 | 67 |
| *7991. | An H. Mylius 28. Februar 1818 | 67 |
| *7992. | An G. Cattaneo 28. Februar 1818 | 68 |
| 7993. | An J. G. Schadow 2. März 1818 | 69 |
| *7994. | An D. Artaria 2. März 1818 | 70 |
| *7995. | An das Großherzogliche Stadtgericht zu Weimar 3. März 1818 | 72 |
| 7996. | An C. G. v. Voigt 4. März 1818 | 73 |
| *7997. | An Johann Gottfried Ludwig Kosegarten 5. März 1818 | 73 |
| *7998. | An J. C. Wesselhöft 5. März 1818 | 74 |
| *7999. | An F. v. Müller 5. März 1818 | 74 |
| 8000. | An Ernst Gottfried Freiherrn v. Odeleben 6. März 1818 | 75 |
| 8001. | An Carl Sondershausen 6. März 1818 | 76 |
| 8002. | An C. v. Knebel 7. März 1818 | 76 |
| 8003. | An Zelter 8. März 1818 | 77 |
| 8004. | An C. G. v. Voigt 8. März 1818 | 81 |
| *8005. | An die Erbgroßherzogin Maria Paulowna 10. März 1818 | 81 |

## Inhalt.

| | | Seite |
|---|---|---|
| 8006. | An C. L. F. Schultz 11. März 1818 | 83 |
| *8007. | An C. D. v. Münchow 11. März 1818 | 85 |
| *8008. | An F. v. Müller 11. März 1818 | 86 |
| *8009. | An C. G. Frege und Comp. 13. März 1818 | 86 |
| 8010. | An C. v. Knebel? 16. März 1818 | 87 |
| *8011. | An A. v. Goethe 18. März 1818 | 87 |
| 8012. | An Zelter 19. März 1818 | 88 |
| *8013. | An den Großherzog Carl August 19. März 1818 | 92 |
| 8014. | An Döbereiner 22. März 1818 | 93 |
| 8015. | An August und Ottilie v. Goethe 22. März 1818 | 94 |
| *8016. | An A. v. Goethe 23. März 1818 | 94 |
| *8017. | An J. A. G. Weigel 23. März 1818 | 95 |
| *8018. | An C. G. C. Vogel 23. März 1818 | 97 |
| 8019. | An Carl Gustav Carus 23. März 1818 | 97 |
| 8020. | An F. v. Müller 25. März 1818 | 100 |
| 8021. | An C. F. E. Frommann 25. März 1818 | 101 |
| *8022. | An Ottilie v. Goethe 26. März 1818 | 101 |
| *8023. | An A. Genast 26. März 1818 | 103 |
| 8024. | An J. H. Meyer 26. März 1818 | 104 |
| 8025. | An Antonie Brentano 26. März 1818 | 110 |
| *8026. | An A. v. Goethe 27. März 1818 | 111 |
| *8027. | An die Gebrüder Felix 27. März 1818 | 113 |
| *8028. | An Matthias von Flurl 28. März 1818 | 113 |
| *8029. | An v. Trebra 28. März 1818 | 114 |
| *8030. | An F. G. Hand 28. März 1818 | 115 |
| *8031. | An Julie Auguste Christine Freifrau v. Bechtelsheim 29. März 1818 | 115 |
| 8032. | An C. G. v. Voigt 29. März 1818 | 116 |
| 8033. | An C. F. E. Frommann 31. März 1818 | 119 |
| *8034. | An A. v. Goethe 31. März 1818 | 120 |
| *8035. | An Carl Ernst Schubarth 2. April 1818 | 121 |
| *8036. | An den Großherzog Carl August 3. April 1818 | 123 |
| *8037. | An C. G. v. Voigt 3. April 1818 | 126 |
| *8038. | An A. v. Goethe 3. April 1818 | 128 |
| 8039. | An C. v. Knebel 3. April 1818 | 129 |
| *8040. | An Adolph Müllner 6. April 1818 | 129 |
| *8041. | An August Herrmann 7. April 1818 | 130 |
| 8042. | An C. G. v. Voigt 7. April 1818 | 132 |
| *8043. | An F. v. Müller 7. April 1818 | 134 |

|   |   | Seite |
|---|---|---|
| *8044. | An Christian Ernst Friedrich Weller 7. April 1818 | 134 |
| *8045. | An den Großherzog Carl August 10. April 1818 | 134 |
| *8046. | An die Großherzogliche Oberbaudirection 10. April 1818 | 137 |
| 8047. | An J. F. H. Schlosser 10. April 1818 | 138 |
| *8048. | An D. Artaria 10. April 1818 | 139 |
| 8049. | An C. v. Knebel 11. April 1818 | 140 |
| 8050. | An F. v. Müller 12. April 1818 | 140 |
| 8051. | An Döbereiner 12. April 1818 | 141 |
| 8052. | An C. G. v. Voigt 14. April 1818 | 142 |
| 8053. | An Köniz 15. April 1818 | 143 |
| *8054. | An v. Trebra 16. April 1818 | 144 |
| *8055. | An C. F. A. v. Schreibers 16. April 1818 | 145 |
| 8056. | An Weller 16. April 1818 | 149 |
| 8057. | An Kräuter 17. April 1818 | 150 |
| 8058. | An Weller 18. April 1818 | 150 |
| 8059. | An die Erbgroßherzogin Maria Paulowna 20. April 1818 | 151 |
| *8060. | An C. G. v. Voigt 20. April 1818 | 152 |
| *8061. | An Nees v. Esenbeck 21. April 1818 | 152 |
| 8062. | An S. T. v. Sömmerring 21. April 1818 | 153 |
| *8063. | An C. G. v. Voigt 24. April 1818 | 154 |
| *8064. | An die Großherzogliche Ober-Baudirection 25. April 1818 | 155 |
| *8065. | An F. v. Müller 27. April 1818 | 156 |
| 8066. | An C. G. v. Voigt 28. April 1818 | 156 |
| *8067. | An F. G. Hand 28. April 1818 | 157 |
| 8068. | An Weller 29. April 1818 | 157 |
| 8069. | An S. Boisserée 1. Mai 1818 | 157 |
| 8070. | An C. G. v. Voigt 8. Mai 1818 | 163 |
| 8071. | An C. W. C. Stichling 8. Mai 1818 | 165 |
| *8072. | An A. v. Goethe 9. Mai 1818 | 166 |
| *8073. | An Kräuter 9. Mai 1818 | 168 |
| *8074. | An Cotta 10. Mai 1818 | 168 |
| 8075. | An C. G. v. Voigt 13. Mai 1818 | 171 |
| *8076. | An den Großherzog Carl August 15. Mai 1818 | 172 |
| 8077. | An v. Uwarow 18. Mai 1818 | 175 |
| *8078. | An F. M. v. Klinger 19. Mai 1818? | 177 |
| 8079. | An C. G. v. Voigt 19. Mai 1818 | 178 |

## Inhalt.

IX

|  |  | Seite |
|---|---|---|
| 8080. | An C. v. Knebel 19. Mai 1818? | 180 |
| 8081. | An S. Boisserée 21. Mai 1818 | 180 |
| *8082. | An C. G. v. Voigt 25. Mai 1818 | 183 |
| *8083. | An Nees v. Esenbeck 21. [25.] Mai 1818 | 185 |
| *8084. | An C. F. Tieck Ende Mai 1818? | 186 |
| *8085. | An A. v. Goethe 2. Juni 1818 | 188 |
| *8086. | An G. Cattaneo 2. [5.] Juni 1818 | 189 |
| 8087. | An C. G. v. Voigt 5. Juni 1818 | 190 |
| 8088. | An J. F. H. Schlosser 8. Juni 1818 | 192 |
| *8089. | An v. Trebra 21. Mai—6. [8.] Juni 1818 | 193 |
| *8090. | An C. G. Frege und Comp. 7. [8.] Juni 1818 | 196 |
| 8091. | An C. L. F. Schultz 8. Juni 1818 | 196 |
| 8092. | An Gülbenapfel 15. Juni 1818 | 199 |
| 8093. | An F. v. Müller 18. Juni 1818 | 200 |
| 8094. | An C. G. v. Voigt 19. Juni 1818 | 201 |
| 8095. | An Döbereiner 20. Juni 1818 | 204 |
| *8096. | An Ottilie v. Goethe 21. Juni 1818 | 204 |
| 8097. | An J. G. Schadow 21. Juni 1818 | 206 |
| 8098. | An C. G. v. Voigt 22. Juni 1818 | 206 |
| *8099. | An den Großherzog Carl August 27. Juni 1818 | 207 |
| *8100. | An G. Cattaneo 27. Juni 1818 | 209 |
| *8101. | An Joseph Cogswell 27. Juni 1818 | 212 |
| 8102. | An J. F. H. Schlosser 27. Juni 1818 | 214 |
| *8103. | An Cotta 27. Juni 1818 | 216 |
| *8104. | An C. G. Frege und Comp. 25. [27.] Juni 1818 | 217 |
| *8105. | An J. A. G. Weigel 28. Juni 1818 | 217 |
| 8106. | An Zelter 28. Juni 1818 | 218 |
| 8107. | An Alexander Vattemare 30. Juni 1818 | 222 |
| 8108. | An Auguste Pallard? 30. Juni 1818 | 222 |
| *8109. | An C. G. v. Voigt Ende Juni 1818? | 222 |
| 8110. | An Weller 1. Juli 1818 | 223 |
| *8111. | An J. H. Meyer 5. Juli 1818 | 224 |
| *8112. | An C. G. Frege und Comp. 6. Juli 1818 | 224 |
| *8113. | An J. F. H. Schlosser 7. Juli 1818 | 225 |
| 8114. | An Döbereiner 7. Juli 1818 | 225 |
| 8115. | An C. v. Knebel 8. Juli 1818 | 226 |
| *8116. | An C. F. A. v. Schreibers 8. Juli 1818 | 227 |
| 8117. | An K. E. Schubarth 8. Juli 1818 | 227 |
| 8118. | An Weller 8. Juli 1818 | 229 |

*8119. An J. H. Meyer 9. Juli 1818 . . . . . . . 230
*8120. An J. H. Meyer 11. Juli 1818 . . . . . . . 230
8121. An den Großherzog Carl August 12. Juli 1818 . 231
*8122. An Johann Friedrich Gille 13. Juli 1818 . . . 232
8123. An Gotthard Ludwig Kosegarten 14. Juli 1818 . 233
8124. An den Großherzog Carl August 13.—14. Juli 1818 233
8125. An J. G. Schadow 14. Juli 1818 . . . . . . 236
8126. An Weller 15. Juli 1818 . . . . . . . . . . 237
8127. An die Erbgroßherzogin Maria Paulowna 15. Juli 1818 . . . . . . . . . . . . . . 238
8128. An S. Boisserée 16. Juli 1818 . . . . . . . . 239
*8129. An J. H. Meyer 16. Juli 1818 . . . . . . . 241
*8130. An Albert Patzovsky 17. Juli 1818 . . . . . 242
*8131. An G. Cattaneo 17. Juli 1818 . . . . . . . 242
8132. An C. G. v. Voigt 17. Juli 1818 . . . . . . 244
8133. An den Großherzog Carl August 18. Juli 1818 . 244
8134. An C. G. v. Voigt 18. Juli 1818 . . . . . . 246
*8135. An C. G. v. Voigt 19. Juli 1818? . . . . . . 246
8136. An Antonie Brentano 20. Juli 1818 . . . . . 247
*8137. An J. H. Meyer 21. Juli 1818 . . . . . . . 249
*8138. An Friedrich Wilhelm Schwabe 21. Juli 1818 . 249
8139. An C. F. v. Reinhard 21. Juli 1818 . . . . . 251
*8140. An Ottilie v. Goethe 21. Juli 1818 . . . . . 252
*8141. An Carl Gottfried Kelle 22. Juli 1818 . . . . 253
*8142. An August und Ottilie v. Goethe 1. August 1818 . 254
8143. An C. F. A. v. Schreibers 3. August 1818 . . . 256
8144. An Gräfin Josephine O'Donell 4. August 1818 . 258
*8145. An A. v. Goethe 8. August 1818 . . . . . . . 259
8146. An Zelter 8. August 1818 . . . . . . . . 260
8147. An Schopenhauer 9. August 1818 . . . . . . 260
*8148. An A. v. Goethe 15. August 1818 . . . . . . 261
*8149. An den Großherzog Carl August 15. August 1818 264
*8150. An Kräuter 15. August 1818? . . . . . . . . 266
*8151. An Carl Ernst Adolf v. Hoff 18. August 1818 . . 267
8152. An Weller 18. August 1818 . . . . . . . . 269
*8153. An August und Ottilie v. Goethe 19. August 1818 270
*8154. An August und Ottilie v. Goethe 28.—29. August 1818 . . . . . . . . . . . . . . . 271
8155. An Wilhelm Dorow 29. August 1818 . . . . . 274

## Inhalt.

| Nr. | | Seite |
|---|---|---|
| 8156. | An Wenzel Joseph Tomaschect 1. September 1818. | 275 |
| *8157. | An August und Ottilie v. Goethe 4. September 1818 | 276 |
| 8158. | An C. v. Knebel 4. September 1818 | 278 |
| *8159. | An Beschorner 7. September 1818 | 279 |
| 8160. | An Fürst Metternich 12. September 1818 | 281 |
| *8161. | An A. C. Grafen v. Ebling 18. September 1818 | 282 |
| *8162. | An Weller 19. September 1818 | 283 |
| *8163. | An Weller 19. September 1818 | 285 |
| 8164. | An C. F. E. Frommann 19. September 1818 | 285 |
| 8165. | An C. v. Knebel 19. September 1818 | 287 |
| *8166. | An C. F. E. Frommann 20. September 1818 | 288 |
| *8167. | An den Großherzog Carl August 20. September 1818 | 289 |
| 8168. | An C. G. v. Voigt 20. September 1818 | 289 |
| *8169. | An J. C. Hüttner 21. September 1818 | 290 |
| 8170. | An A. C. v. Preen 21. September 1818 | 291 |
| 8171. | An J. G. L. Kosegarten 23. September 1818 | 292 |
| *8172. | An C. F. E. Frommann 24. September 1818 | 293 |
| *8173. | An Weller 24. September 1818 | 294 |
| 8174. | An S. Boisserée 26. September 1818 | 295 |
| 8175. | An C. F. v. Reinhard 28. September 1818 | 296 |
| *8176. | An den Großherzog Carl August 29. September 1818 | 296 |
| 8177. | An K. F. M. Grafen Brühl 1. October 1818 | 299 |
| 8178. | An T. Renner 2. October 1818 | 301 |
| *8179. | An J. C. S. Schweigger 2. October 1818 | 302 |
| 8180. | An C. G. v. Voigt 4. October 1818 | 303 |
| *8181. | An den Großherzog Carl August 5. October 1818 | 304 |
| 8182. | An Sophie Caroline v. Hopfgarten 6. October 1818 | 306 |
| 8183. | An Weller 7. October 1818 | 307 |
| 8184. | An C. G. v. Voigt 7. October 1818 | 307 |
| *8185. | An C. G. v. Voigt 10. October 1818 | 308 |
| *8186. | An den Großherzog Carl August 12. October 1818 | 309 |
| 8187. | An C. W. Freiherrn v. Fritsch 12. October 1818 | 310 |
| *8188. | An Lorenz Pansner 22. September [13. October] 1818 | 310 |
| *8189. | An F. v. Müller 16. October 1818 | 311 |
| *8190. | An F. W. v. Bielke 18. October 1818 | 312 |
| 8191. | An C. F. A. v. Conta? 19. October 1818 | 313 |
| *8192. | An v. Trebra 20. October 1818 | 313 |
| 8193. | An Johann Baptist Grafen Paar 21. October 1818 | 314 |

|  |  | Seite |
|---|---|---|
| *8194. | An Bury und Comp. 22. October 1818 | 316 |
| *8195. | An Sophie Caroline v. Hopfgarten 22. October 1818 | 316 |
| *8196. | An den Großherzog Carl August 23. October 1818 | 316 |
| *8197. | An C. G. v. Voigt 25. October 1818 | 317 |
| 8198. | An Weller 25. October 1818 | 318 |
| *8199. | An J. G. Lenz 26. October 1818 | 319 |
| *8200. | An J. G. Lenz 26. October 1818 | 320 |
| 8201. | An C. G. v. Voigt 27. October 1818 | 321 |
| *8202. | An C. G. Carus 28. October 1818 | 322 |
| *8203. | An Johann Christian August Grohmann 24. [28.] October 1818 | 322 |
| 8204. | An C. G. v. Voigt 29. October 1818 | 323 |
| *8205. | An J. G. Lenz 30. October 1818 | 323 |
| 8206. | An S. Boisserée 31. October 1818 | 324 |
| *8207. | An Ottilie v. Goethe 31. October 1818 | 326 |

Lesarten . . . . . . . . . . . . . . . . . . 327
    *An August v. Goethe? 31. März 1818 . . . . . 358
    *An Nees v. Esenbeck 17. Mai 1818? . . . . . 372
    *An Häser 15. Juni 1818 . . . . . . . . . . 378
    *An J. C. Hüttner Mitte Juli 1818 . . . . . 391
    *An J. M. Grubers Erben 17. Juli 1818 . . . . 393
    *An David Knoll? 11. August 1818 . . . . . . 398
    *An den Großherzog Carl August Ende August 1818? 402
    *An? Anfang October 1818? . . . . . . . . . 410
Tagebuchnotizen . . . . . . . . . . . . . . 417

7943.

An Sophie Caroline v. Hopfgarten.

Ew. Gnaden
kommen mir mit einem liebwerthen Schreiben zuvor, aber gewiß nicht mit Gedancken, die ich sehr oft in den freundlichen verehrten Cirkel sende. Möchten Sie
5 mich doch allerseits zum besten und schönsten empfehlen. Ihro Kayserlichen Hoheit unverbrüchlichst gewied= met wünschte die wenigen Aufträge zu Höchster Zu= friedenheit auszurichten. Soviel vorläufig. Herr von Münchow hat mir zugesagt das Honorar Herrn
10 Weickarts zu reguliren. Ist das geschehen; so bitte mir anzuzeigen wieviel Stunden Müller aufwartet; so wird auch er befriedigt werden können. Mit Herrn von Münchows jedesmaliger Remuneration scheint es mir bedencklich. Ich würde immer rathen Ostern
15 herankommen zu lassen wo man ihm eine ausreichende Summe anbieten könnte. Die Sache ist delicat, ich werde sie durchbencken und Ihro Kayserl. Hoheit nächstens, mit andern Gegenständen, davon unter= thänigsten Vortrag thun. Welches, mit meinen
20 dringendsten Empfehlungen, geneigt zu vermelden bitte.

Wegen dem Garten ist leider keine veränderte Ge=
sinnung bey der Besitzerinn zu hoffen. Ew. Gnaden
sprechen die Absicht entschieden aus die man hegt dort
wieder den Sommer zu zu bringen. Sie sagen es im
Vertrauen, allein es ist allgemein angenommen und
Fr. G. weis und glaubt es. Nun hat sie ja schon vor
einem Jahre über eigne Entbehrung einer Landwoh=
nung geklagt und es ist noch die Frage ob sie nicht
Schwierigkeit machen wird ihn diesen Sommer zu
vermiethen. Die Art von Maske die ich Ihro Hoheit
vorschlug würde unter den gegebenen Umständen keine
Wahrscheinlichkeit haben und nicht fruchten ja eher
schädlich seyn. Befehlen Ihro Hoheit so will ich
durch Freunde Erkundigung einziehen. Die Besitzerinn
ist aber viel zu klug, ihrer Sache so gewiß daß directe
und indirecte Behandlung gleiche Wirckung hervor=
bringen werden.

Aus eigner Erfahrung kann ich sagen wie hart=
näckig in solchen Fällen die Besitzer sind. Die
Treuterischen Erben wußten daß ich ihren Garten
nicht entbehren könnte und ich mußte, nach langem
Zögern, endlich doch Haus und Garten um einen
übermäßigen Preis acquiriren wenn ich nur einiger=
massen in meinem Eigenthum Genuß finden wollte.

Soviel, meine gnädige für diesmal, da ich nichts
erfreulichers zu sagen habe. Den lieben Zöglingen
alles Gute von heut auf lange Jahre! Die bunten
Papierchen drehen sich im Kreise und machen wunder=

liche Sprünge, welche hoffentlich Vergnügen zu ver=
schaffen das Glück haben. Mad. Batsch und Dem.
Pallard die besten Empfehlungen mit dem [Wunsch
alle zusammen, nach überstandnem Winter im Grü=
nen zu sehen.

Mögen Sie mir Neigung und Vertrauen auch
fernerhin erhalten!

Ew. Gnaden
ganz gehorsamer Diener

Jena d. 2. Jan. 1818. Goethe.

7944.

An C. G. v. Voigt.

Exzellenz

Diesmal nur ein Wort zu Begleitung behliegender
bringender Bitte. Ew. Exzell. geben ja wohl dem
Patienten den Erlaubnißschein, sich in's Unglück zu
stürzen, aus dem er nicht zu retten ist.

Möge dessen Liebe und Leidenschaft nicht so blaß
werden wie seine Dinte.

Mancherley mitzutheilendes nächste Woche. Am
lustigsten wird Rath Vulpius seine hiesigen Thaten
und Ereignisse erzählen.

Academica nehmen sich schwarz auf weiß immer
schlecht aus.

gehorsamst treu ergeben

Jena d. 2. Jan. 1818. Goethe.

7945.
An C. F. E. Frommann.
Haben Ew. Wohlgeb.
vielleicht in diesen Tagen Zeit an den Divan zu
dencken. Es wäre mir sehr angenehm, wenn wir bald
zum Beschluß gelangten. Die besten Wünsche wieder=
holend
                              ergebenst
J. d. 4. Jan. 1818.                    Goethe.


7946.
An C. G. v. Voigt.
Ew. Excellenz
erhalten den verbindlichsten Danck für die geneigten
Bemühungen für Weller. Die Ackten folgen zurück.
Erhalt ich die Expeditionen; so bescheid ich den jungen
Mann darnach und man läßt alles ruhen bis Ostern;
alsdann wird er verpflichtet und kann im academischen
Bibliothecksgeschäft nützlich werden.
    Was in gedachter Angelegenheit zum Beginn ge=
schehen, werden Ew. Exzell. aus beygehendem Bericht
und Aufsatz geneigt ersehen, möge es zu einiger Zu=
friedenheit gereichen. Eine Abschrift welche Kräuter
fertigen kann von beyden erbitte mir zurück zur Re=
vision und Unterschrift; noch einiges Anzufügende:
        Accorde mit den Handwerckern
        Casse Bestand
        Allgemeine Anmerckungen
füge sodann hinzu.

Meine Acten theile nächstens Ew. Excell. im Vertrauen mit, sie sind nicht Canzleymäßig.

Vulpius bringt seine Diarien mit, die auch zu secretiren sind, für uns höchst interessant. Ein Fas-
cikel älterer Müllerischer Privat Protocolle bringt er gleichfalls. Ich hoffe er wird meine dringenden Wünsche erfüllen und künftig auf gleiche Weise verfahren.

Eine abermalige Wartburgs Darstellung erscheint. Ich greife dem Urtheil nicht vor. Zu entbehren wäre sie gewesen; doch ist sie klug und absichtlich genug. Okens Rede erinnert an die Perorationen der Feldherrn im Livius. Sie ist offenbar ein spätes Product.

Da Weller vor Ostern nicht angestellt wird so schweigen wir bis dahin gegen jedermann.

Mich unter den besten Wünschen zudringlich empfehlend

Jena d. 9. Jan. 1818. G.


7947.

An Sophie Caroline v. Hopfgarten.

Ew. Gnaden

Vermelde eiligst durch meinen Sohn daß mir heute gelungen Fr. Grießbach den Garten abzumiethen. Sie überläßt ihn auf die Monate May, Juni, Juli, mit den Möbels die ihr gehören wie voriges Jahr, dafür verlangt sie 150 rh. und wird ihre übrigen

Einrichtungen darnach treffen. Nächstens wegen des Übrigen

Jena d. 13. Jan. 1818.

gehorsamst
Goethe.

7948.

An C. G. v. Voigt.

Ew. Excellenz
Zufriedenheit mit unsern Bemühungen ist mir unendlich viel werth, was wir auch vornehmen und beendigen mögen, bleiben wir doch immer in Ihrer Schuld.

Das Diarium des Bibliothekars ist viel werth, dasselbe und der Bericht zeigen daß die Sache auf gutem Wege ist, schneller und besser als wir hoffen konnten. Nun erbitte ich mir baldige gnädige Resolution damit ich mit den Handwerksleuten abschließen kann, denn es dauert immer eine Zeit bis sie sich einrichten und das Geschäft angreifen. Da es überhaupt aus lauter einzelnen Theilen besteht, so ist es desto nöthiger daß es in einer gewissen Folge geschehe, deswegen ich auch hier bleiben muß, bis alles völlig im Gang ist.

Von dem was nach diesen Vorbereitungen am eigentlichen Geschäft zu thun sey, wird sich noch vor Ostern ergeben.

Dem Bibliothekar habe ich dringend angelegen, daß er auch in Weimar solche Protokolle führe, es ist ja ehrenvoll für ihn, wenn seine Vorgesetzten wissen was er thut.

Die Museumsangelegenheiten bedürfen vor Ostern auch eine genaue Umsicht, es wird uns nicht schwer werden zu zeigen daß wir den Zuschuß von 500 rh. vierteljährig gar sehr bedürfen.

Möge alles dieses bey Ew. Excellenz zu einiger Zufriedenheit gereichen, Ihr Wohlseyn und Wohlwollen ist mein eifrigster Wunsch.

Und so für alle Zeit
treu anhänglich
Jena d. 15. Jan. 1818.                                  G.

### 7949.
### An Antonie Brentano.

Da mein Bürger=Schifflein (leider nicht reichlich beladen) den Anker lichtet, so ist es sehr liebenswürdig daß die Freundinnen mit dem Tüchlein winken, um den Scheidenden zu erinnern daß das Beste zurückbleibe. Haben Sie Dank für Ihren Wink und nehmen meinen Gegengruß in beyliegenden Blättern, die Ihnen ganz allein verständlich seyn können.

Schon im Gedanken freue ich mich ein so kostbares Bild, wie Sie mir anzeigen, in Ihrem Besitz zu wissen. Schreiben Sie mir wie Sie es aufgestellt haben: denn ich weiß noch recht gut wie Ihre Bilder versammelt und vertheilt sind. Vielleicht findet sich auch ein Kupfer desselben.

Ihr Freund ist meist auf Entbehrung eingerichtet, doch besuchen ihn manchmal dergleichen Heilige, Götter und Abgötter, die denn auch nach Würden ihre Verehrung finden.

Den guten Grambs bedaure ich; und doch müssen wir ihn glücklich preisen, daß er ein unerfreuliches, ja leidendes Leben durch die so zarten als hohen Kunstfreuden nicht nur erträglich, sondern auch erquicklich machte.

Freundin Paula meldete mir ihre Abreise nach Paris und erbot sich Aufträge zu besorgen; ich habe von dorther mancherley zu wünschen und will sehen was sie mir mitbringt, es wäre möglich daß sie es ohne Auftrag gerathen hätte. Ihr echt deutsches Wesen mag sich dort nicht sonderlich behagen.

Öffentliche Nachrichten von dem Befinden des Herrn Minister von Stein beunruhigen uns; empfehlen Sie mich ihm dringend, er ist ein Stern den ich bey meinem Leben nicht möchte hinab gehen sehen. Sagen Sie mir auch etwas von seiner zweyten Tochter! das ist ein wundersames Kindesbild, das ich nicht los werden kann. So verfolgen mich mitunter Gestalten und Wesen mit eigner Lieblichkeit und Kraft. Hätte man aber auch nicht die Sicherheit dieser unwillkürlichen Eindrücke, wie könnten uns unsere fernen Freunde immer gegenwärtig seyn.

Was übrigens Ihr Freund für ein unschuldiges, einsiedlerisches Leben führe, können Sie daraus ersehen, daß ihm keins von denen vielen, tagtäglich

bey uns herumflatternden Blättern, Blättchen, Heften und Heftchen vor Augen kommt. Ungerechtigkeit und Unbilligkeit sind an der Tagesordnung; wie können Partheyen gegen einander irgend eine Rücksicht neh=
men? wie soll man abgeschiedene Vorzüge würdigen, da es nur darum zu thun ist currente Unarten gelten zu machen? Wahrscheinlich ist es so in dem Falle worüber Sie Sich beschweren. An meiner Tages= ordnung ist die Maxime: man muß sich selbst schonen wo nichts geschont wird, und wie Diogenes sein Faß in der allgemeinen Verwirrung hin und her wälzen. Das haben Sie denn freylich, verehrte Freundin, um ein Großes besser, am Sonnenende des herrlichen thätigen Frankfurts, wo das schlimme Wetter selbst nicht schlecht aussehen kann, und wo Sie im Hause, wenn Sie im schönsten Familienkreise noch irgend eine Art Ungeduld überfiele, nur vor Ihren van Dyck treten dürfen und von da, an allerley irdischen und himmlischen Bildern vorbey, bis zum berühmtesten aller Hasen zu wandern haben um völlig hergestellt zu seyn. Das alles will ich Ihnen nicht beneiden, sondern im Geiste Ihrem Glücke folgen.

Nun aber nehme ich für dießmal Abschied, und bitte, mich Ihrem Herrn Gemahl, in Ihrem Kreise und der Nachbarschaft auf's liebenswürdigste zu empfehlen.

auch aus der Ferne
gegenwärtig
Jena d. 16 Jan. 1818. Goethe.

7950.
An J. G. Schadow.

Ew. Wohlgeboren haben mir mit der Sendung der herrlich geprägten Luthers viel Freude gemacht. Meine Schuld konnte ich noch nicht abtragen, die Medaillen liegen in Weimar und ich bin seit jener Zeit in Jena, auch war bey einigen der Preis nicht beygedruckt. Mögen Sie mir gefällig sagen was ich zu entrichten habe, es soll sogleich erfolgen.

Doch wäre ich vielleicht noch länger in Ihrer Schuld geblieben, wünschte ich nicht in meinem verspäteten dritten Heft Kunst und Alterthum jenen frühern Aufsatz nunmehro zu bringen, wobey ich denn umständlich und genau sagen möchte, wie weit Ostern Ihr großes Geschäft gelangt seyn kann. Lassen Sie mich alles wissen was Sie wünschen daß das Publicum erfahre.

Meine Gedanken besuchen Sie immer in Berlin, zwey Besuche meines ältesten und jüngsten dortigen Freundes, derer Herren Hirt und Schultz, haben mir für den Augenblick doppelte Anregung gegeben als wenn ich Sie allerseits besuchen müßte. Möge mir ein solches Frühjahr heran kommen, daß dieser Wunsch nicht blos ein Traum bleibt.

Erhalten Sie mir ein freundliches Andenken.

ergebenst

Jena d. 16. Jan. 1818.  Goethe.

## 7951.

### An S. Boisserée.

Ihr liebreiches Andenken fand mich gerade allein am Weihnachtsabend, in meiner wunderlichen jenaischen Wohnung, wo aller Comfort nur aus der Seele des Bewohners entspringen kann; ich versetzte
5 mich gern zu den drey Königen an die Krippe und betrachtete mit Freude was auch mir an diesem lieblichen Abende geworden war.

Das Stammbuch in den schwäbischen und Rheingegenden, zu Anfang des dreyßigjährigen Krieges, von
10 Fürsten, Herren und Canzleyverwandten mit Feder und Pinsel gezeichnet, ist höchst merkwürdig: Tüchtigkeit, Ernst und Muth walten überall vor.

Ein mehr wunderliches als beschwerliches Bibliotheksgeschäft habe ich nun so gestellt, daß ich bis
15 Ostern Friede habe. Mein stockendes drittes Heft bewegt sich wieder und wird wohl bis Palmarum beysammen seyn. Wahrscheinlich nehme ich den Aufsatz über das Abendmahl darin auf. Diese Untersuchungen waren für mich von der größten Be-
20 deutung, sie nöthigten mich, dem außerordentlichsten Künstler und Menschen wieder einmal auf allen Spuren zu folgen; wo man denn doch über die Tiefe der Möglichkeit erschrickt, die sich in einem einzigen Menschen offenbaren kann.

25 Leider ist aber beynahe alles was er geleistet hat

den Sinnen entrückt, und wie sehnsuchtsvoll gedachte
ich Ihres Christusbildes von Hemmling, von welchem
so eben Artaria mit ungewohntem Enthusiasmus
gegen mich sprach.

Übrigens muß ich, wie schon vormals gesagt, von
Tag zu Tage gehen, das Interesse des Augenblicks
bleibt mir, und früherer würdiger Zeit. Gestern
heißt gar nichts! und so ist denn das allgemeine
Menschen=Loos noch immer erträglich genug.

So weit war ich gelangt am 10. Abends, als Ihr
lieber Brief ankam. Lassen Sie mich Folgendes dank=
bar hinzufügen. Zuerst spreche ich meine Freude aus
über die sich unter uns immer mehr ausgleichende
Überzeugung; auch dießmal stimme ich völlig ein.
Winkelmanns Weg, zum Kunstbegriff zu gelangen,
war durchaus der rechte, Meyer hat ihn ohne Wan=
ken streng verfolgt, und ich habe ihn auf meine Weise
gern begleitet. Der sonstigen treuen Mitarbeiter in
diesem Felde gab es auch wohl noch; sehr bald aber
zog sich die Betrachtung in Deutung über und verlor
sich zuletzt in Deuteleyen; wer nicht zu schauen wußte
fing an zu wähnen und so verlor man sich in egyp=
tische und indische Fernen, da man das Beste im
Vordergrunde ganz nahe hatte. Zoega fing schon an
zu schwanken, Böttcher tastete überall herum, am
liebsten im Dunkeln und man hatte nun immerfort
an den unseligen dionysischen Mysterien zu leiden.
Creuzer, Kanne und nun auch Welcker entziehen uns

täglich mehr die großen Vortheile der griechischen
lieblichen Mannigfaltigkeit und der würdigen israeli=
tischen Einheit.

Hermann in Leipzig ist dagegen unser eigenster
Vorfechter. Die Briefe, zwischen ihm und Creuzer
gewechselt, kennen Sie, der fünfte ist unschätzbar.
Dazu nun seine lateinische Dissertation über die alte
Mythologie der Griechen macht mich ganz gesund:
denn mir ist es ganz einerley, ob die Hypothese philo=
logisch=kritisch haltbar sey, genug, sie ist kritisch=hel=
lenisch patriotisch und aus seiner Entwickelung und
an derselben ist so unendlich viel zu lernen als mir
nicht leicht in so wenigen Blättern zu Nutzen ge=
kommen ist.

Mit meinem Heft Kunst und Alterthum geht mir's
wunderlich, die Rhein= und Maynluft verweht nach
gerade, und ich habe Sie auch deswegen nicht weiter
aufgefordert. Man verlangt von mir des Jahres
über so vielerley Gutachten, und nun kann ich mich
auf diesem Wege auf einmal an mehrere Fragende
wenden; doch so geht Zeit und Raum dahin, ohne
daß man sieht, was es fruchtet. Dann kommt uns
denn doch wieder, ehe wir uns versehen, und unserm
Glauben irgend ein Zeichen zu Hülfe, so erhalte ich
vor einigen Tagen ein Heft mit der Überschrift:

„Über die Aufgabe der Morphologie, bey Eröffnung
der königlichen anatomischen Anstalt in Königsberg,
von C. F. Burdach, Professor der Anatomie."

Kommt Ihnen das Programm vor Augen, so schenken Sie ihm Aufmerksamkeit, man kann alsdann ehr darüber conferiren.

   Tausend Lebewohl!

Jena den 16. Januar 1818.      G.

Lassen Sie mich nun Ihren eigenen Angelegenheiten ein besonderes Blatt widmen! Schon früher wünschte ich, was Sie auch nun zu thun scheinen, daß Sie Ihre Forschungen sammelten und Ihre Überzeugung aussprächen. Richten Sie es ein, daß es ein Bändchen wird, und Sie werden, selbstständig erscheinend, sich und andern Freude machen. Wollen Sie das Manuscript vor meinen Augen vorübergehen lassen, so soll es an freundlichen theilnehmenden Blicken und, wenn Sie's verlangen, an Vorwort nicht fehlen.

Soll ich in Berlin Anregung thun? Ich kann es aufs Unverfänglichste. Doch wünsche Ihre Zustimmung.

Das neuste vom Jahr! damit die letzte Seite nicht leer bleibe!

              G.

  Worte sind der Seele Bild —
  Nicht ein Bild! sie sind ein Schatten!
  Sagen herbe, deuten mild
  Was wir haben, was wir hatten —
  Was wir hatten wo ist's hin?

Und was ist denn was wir haben? —
Nun! wir sprechen! Rasch im Fliehn
Haschen wir des Lebens Gaben.

am 10. Jan. 1818. G.

7952.

An August v. Rode.

[Concept.]

Ew. Wohlgeboren
haben eine vieljährige freundschaftliche Gesinnung so=
wohl gegen mich als den unvergeßlichen Behrisch ganz
unerwartet bethätigt, indem Sie die hinterlassenen
Papiere, die auf eine so wunderfame Weise verborgen
und aufbewahrt geblieben, wieder in meine Gewahr=
sam bringen. Im allgemeinen war mir schon eine
Nachricht davon zugegangen, und ich sehe erst jetzt wie
übel ich gethan jenen Wink zu vernachlässigen.

Desto mehr bin ich Ew. Wohlgeboren verpflichtet
daß Sie mein Versäumniß unaufgefordert verbessern,
und ich werde gewiß mich jederzeit bey dieser mir in
manchem Sinne bedeutenden Gabe so wie früherer
Tage also auch der guten Stunden erinnern, die ich
das Glück hatte in Ihrer Gesellschaft zuzubringen,
der ich mich auch für das Künftige Ihrer freundlichen
Theilnahme auf's allerbeste empfehlen möchte.

Weimar den 19. Januar 1818.

7953.
**An Ambrosius Hubert Eichhorn.**

Ew. Wohlgeboren
mußten mich länger als zwey Jahre für sehr undank=
bar halten, daß ich auf die mir 1815 gefällig zugesagte,
im April 1816 von Trier abgegangene und unter dem
29. May dieses Jahres mir angemeldete sehr angenehme
Mineraliensendung bis jetzt noch kein Lebenszeichen von
mir gegeben. Folgendes möge zu meiner Entschuldi=
gung dienen. Jene Sendung kam zu rechter Zeit bey
meinen Freunden in Frankfurt an, der zerbrochene
Kasten nöthigte die Stufen auszupacken, man legte
sie bey Seite, und über mancherley Umstände vergaß
man die fernere Expedition. Auch ich, durch mancher=
ley harte Schicksale meinen Studien und Neigungen
entfremdet, unterließ zu erinnern. Erst vor kurzem,
als ich eben in Betrachtung ähnlicher Gebirgsbildungen
beschäftigt war, fand ich unter meinen Papieren jenes
Trierische Verzeichniß und erhalte nun auf Anregung,
gerade zur rechten Zeit, diesen mir gleichsam aufge=
hobenen Schatz, nachdem mir von einer ganz anderen
Seite, aus den Fassathal nämlich, ähnliche mineralische
Gebilde zugekommen waren.

Mögen Ew. Wohlgeboren Sich meines zwar ver=
späteten aber aufrichtigen und desto lebhaftern Danks
versichern, haben Sie die Güte meiner zu gedenken, so
wie die mir geneigtest übersendeten Schaustücke Ihr

Andenken an meine Studien und Liebhaberey immer=
fort anknüpfen werden.
ergebenst

Weimar den 19. Januar 1818. J. W. v. Goethe.


7954.
An Sophie Caroline v. Hopfgarten.

Ew. Gnaden
machen mich sehr glücklich durch die Nachricht daß
Ihro Kayserl. Hoheit die Verhandlung wegen des
Gartens gnädigst billigen und allzuwohl sehe ich ein
daß den lieben Kindern für dieses Jahr besonders ein
solcher Aufenthalt unentbehrlich sey. Möchte doch ge=
lingen auch für die Zukunft diese beliebte und er=
freuliche Wohnung der höchsten Familie zu sichern.

Wollte man balde jemanden herüber senden daß
wegen der Moebles Abrede genommen würde, zuerst
was Frau Griesbach überläßt, so dann was allen=
falls zu miethen wäre. Dieses Letztere wäre zeitlich ab=
zuthun, und mit den Verleihern auf die drey Monate
May, Juni und Juli zu kontrahiren. Ostern fällt
früh, man erwartet mehrere Studirende, die wohl=
habenden sehen sich nach guten Moebles um was
als dann im April noch zu haben seyn möchte könnte
nicht befriedigen. Ich weiß nicht ob man es räthlich
findet ein paar Wagen damit von Weimar herüber
zu senden.

Wegen Weickarts und Müller liegt ein Blätchen
bey, wegen v. Münchow habe viel auf dem Herzen.
Nach der Persönlichkeit dieses Manns, seiner An=
hänglichkeit an die höchste Familie, seinen bisherigen
Bemühungen und Opfern, wäre zu wünschen daß er
zu Ostern noch eine nahmhafte Summe an Geld er=
hielte und sodann ausgesprochen würde was ihm
vierteljährig zu Theil werden sollte. Auf dem bis=
herigen Weg kommen wir zu tief in seine Schuld.
Deshalb hab ich auch das mir gesendete Gold zurück=
behalten. Man brauchte sich beyderseits nicht für
immer zu binden; Ein Jahr aber auszusprechen
möchte billig, schicklich und beruhigend seyn.

Befehlen Ihro Kayserl. Hoheit; so äußere ich mich
weiter darüber, denn ich wünschte daß bey wieder=
holtem Aufenthalt alle Verhältniße klar würden;
alle Verlegenheit wäre verbannt.

Mit den heisesten Wünschen für glückliche Er=
füllung unsrer Hoffnungen!

Jena d. 20. Jan. 1818.
gehorsamst
Goethe.

7955.

An Zelter.

Da du deine Kunstgewandtheit dießmal uns zu
Gunsten hast eilig walten laßen; so soll der Dank da=
gegen auch nicht zaudern, sondern sogleich entrichtet
werden. Unsere Frauenzimmer haben sogleich gebüh=

renbe Anstalt getroffen, und sobald ein paar Dutzend Hindernisse werden beseitigt seyn, hoffe ich wieder einmal deine Stimme in so viel andern zu hören.

Was du bey diesem Stück zu erinnern hast, werden wir nicht finden, ob wir gleich auch wohl wissen daß ihr Tonherrn aus dem Stegreif zu arbeiten genöthigt und gewohnt seyd.

Ferner fragt sich, ob du guten Humor genug hast beykommende Noten anzusehen und mir ein Wort darüber zu sagen. Der Kreis, aus dem diese Lieder kommen, ist zwar beschränkt, aber heiter, von gutem Muth und Willen. Ich weiß recht wohl daß daraus kein Kunstwerk entsteht, also hängt es von dir ab, ob wir sollen fallen lassen und ablehnen.

Mein drittes Heft Kunst und Alterthum (denn so muß ich es nennen, da die Rhein- und Maynluft nach und nach darinnen verwehen wird) geht nun rasch vor sich, um es euch vor Ostern in die Hände zu bringen. O! ihr Athenienser, seyd ihr denn werth daß man sich um eurentwillen solche Bemühung giebt? Ein gutes Wort findet eine gute Statt, aber ein vernünftiges keine.

Übrigens habe ich mich nicht zu beklagen, ich finde mich bey einem gleichen Lebenswandel ganz wohl und thätig, und wanke und weiche nicht aus meiner Bahn, obgleich der Journalisten-Teufel, zwischen Weimar und Jena, nicht zu vieren (à quatre) sondern zu Dutzenden los ist.

Daß der Platz ausgefüllt werde einige Excerpta und Notata.

Übrigens, to be or not to be, kommen oder nicht kommen, that is the question!

---

Man fragte Rossini, welche seiner Opern ihm selbst am besten gefalle? Er antwortete: Il Matrimonio secreto.

In der Oper Elena des alten Mayer von Bergamo soll im zweyten Act ein Sextett vorkommen von der größten Wirkung. Eine böhmische Volks-Melodie, eine Art Notturno, soll zum Grunde liegen. Wäre es wohl möglich zur Partitur dieses Sextetts zu gelangen?

Seit mehreren Jahren liegt in Jena unter mehreren Papieren dein Fasch, dießmal fand ich ihn und las ihn, auf einen Sitz, mit großer Erbauung. Wie versetzt uns das in eine andere Welt! und wie nimmt sich ein altes Welt=Geschichts=Inventarien=Stück von einem König so gar wunderlich aus. Ich sage alt, und er ist noch nicht vierzig Jahre todt, doch ist sein Thun und Lassen schon veraltet, doch mag das wohl an der Eile der neusten Zeit liegen. Nun lebe wohl! und melde bald etwas Freundliches.

Und so fort an und für ewig

Jena den 20. Januar 1818.        G.

7956.

An F. v. Müller.

Ew. Hochwohlgeboren
haben mehrmals in Rücksicht auf meine Vorsprache
gewisse Geschäfte beschleunigt, und ich stehe daher im
Credit daß ich einigen Einfluß zu Beförderung des
Guten habe. Nun erinnere ich mich sogar, aus ur=
alten Zeiten, daß bey'm Cammergericht zu Wetzlar
das Sollicitiren gesetzlich war. Um so mehr hoffe ich
werden Sie entschuldigen, wenn ich beyliegenden Brief
übersende. Die Bittende scheint zwischen die neuen
Landes= und Staatsverhältnisse gequetscht zu seyn.
Wird ihr geholfen, so vermehren Sie dadurch mein
moralisches Ansehn, erneuern meine Dankbarkeit und
verschaffen mir wahrscheinlich zugleich Gelegenheit,
Sie in einem ähnlichen Fall wieder zu begrüßen,
denn mannichmal empfind ich gar wohl in meiner
jenaischen Einsamkeit, daß ich von meinen lieben
Weimaranern allzulang getrennt bin.

Empfehlen Sie mich aller Orten und Enden, und
erhalten mein Andenken einigermaßen aufrecht.

gehorsamst

Jena den 22. Januar 1818. Goethe.

7957.
An J. A. G. Weigel.

[Concept.] [Jena, 23. Januar 1818.]

Ew. Wohlgeboren
danke für die balbige Sendung der griechischen Au=
toren und bitte damit fortzufahren wie sie nach und
nach herauskommen, ich denke meinen jungen Freun=
den viel Vergnügen damit zu machen. Die meisten
lernen das Altgriechische sehr emsig. Es ist überhaupt
ein wundersamer Trieb in dieser Nation.

Von dem beyliegenden Verzeichniß gilt wie von
dem vorigen daß mir die roth unterstrichenen vor=
züglich wünschenswerth, die übrigen um ein wohlfeilen
Preis angenehm sind. Sollten bedeutende Blätter von
um geringe Preise, wie es wahr=
scheinlich ist, weg gehen; so sind sie mir willkommen,
besonders solche die gleichzeitige Weltbegebenheiten vor=
stellen. Mehr sag ich dießmal nicht und versichere
nur, daß mich das Verhältniß zu Ew. Wohlgeboren
das Beste für meine Sammlung hoffen läßt. Können
Sie mir einmal eine Zeichnung von dem hoffnungs=
vollen jungen Schnorr zum Ansehen schicken, so soll
es mich freuen auch mit diesem schönen Talent be=
kannt zu werden. Der ich recht wohl zu leben
wünsche.

7958.

An C. G. C. Vogel.

[Concept.]

Ew. Wohlgeboren
ersuche abermals um eine Gefälligkeit:
Der Wiener Maler, welcher die herrlichen Blumen=
stücke malte welche in Serenissimi Zimmern sind,
heißt, soviel ich mich erinnere, Koch; nun wünschte
ich auch seinen Vornamen und wo möglich etwas von
seiner Lebensgeschichte zu wissen. Könnte ich ferner
die auf Papier gezeichneten Umrisse, um einen Stab
gewickelt, auf kurze Zeit erhalten, nebst Erklärung
der Nummern; so würde ich sehr gefördert seyn, in=
dem ich Gelegenheit habe ihm etwas Freundliches
öffentlich zu sagen.

Mögen Sie mich Serenissimo zu Gnaden em=
pfehlen, diese Wünsche Höchst Demselben vortragen
und, nach Gewährung, die Expedition beschleunigen; so
verbinden Sie mich auf's neue.

Mit den besten Wünschen.

Jena den 23. Januar 1818.


7959.

An Carl Friedrich Burbach.

Ew. Wohlgeboren
gehaltvolle Sendung kommt mir gerade in dem Augen=
blicke zu gute, als ich mich eben bereite, ältere Ar=
beiten zusammenzustellen und bey mir jede Betrach=

tung im Einzelnen wieder anzuknüpfen, die ich im Allgemeinen niemals unterbrochen habe.

Ich schätze mich glücklich zu erleben, daß eine so bedeutende Anstalt wie die Ihrige auf Grundsätzen aufgebaut wird, die ich immer für die rechten gehalten habe, und nun fühle ich mich versichert, daß eine glückliche Methode die Erfahrung erweitern und zugleich erleichtern kann, welches Beides zu verbinden bisher unmöglich schien.

Die großen Vortheile der vergleichenden Anatomie, für deren Grund und Resultat wir die Morphologie wohl ansprechen dürfen, sehe ich täglich vor mir, indem unter Direction des Herrn Prof. Renner eine Veterinärschule gedeiht, die, in fünf Vierteljahren, vom ersten Augenblicke bis jetzt, mannichfache Erfahrung über die Thierkunde verbreitet, von den nothwendigsten und nützlichsten Geschöpfen ausgeht und, um zum vollständigen Begriffe derselben zu gelangen, über alles Lebendige sich ausbreiten muß.

Nach den geforderten Präparaten, die sich schon gesammelt haben, gab es auch Gelegenheit, dergleichen von weiter verwandten Geschöpfen auszuarbeiten und es wird immer augenfälliger, daß eins auf das andere hindeutet, daß, wenn wir den Hauptgedanken festhalten, selbst die größte Mannichfaltigkeit uns nicht mehr irre machen kann.

Ew. Wohlgeboren sehen hieraus, mit welchem Eifer ich Ihr Programm lesen und wieder lesen mußte, da

ich es durchaus mit meiner Sinnesweise überein=
stimmend fand. Sie haben sich ganz im Allgemeinen
gehalten, ich glaube aber, Ihrem Vortrage einen Theil
des Besonderen unterlegen zu können, dessen Fülle
Sie nach und nach reichlich entwickeln werden.

Zwar ist nicht zu läugnen, daß die Ausbildung
der Morphologie, wenn man von der menschlichen
Anatomie ausgeht, schon schwieriger wird. Man hat
immer nur mit Abweichung der Gestalt zu thun, aber
nicht mit Gegensätzen (Weib und Mann allenfalls).
Der Menschenzergliederer scheint irre zu werden, wenn
er auf die Thiere hinblickt, der Zootom hingegen sieht
in der menschlichen Gestalt das vereinigte Ziel aller
seiner Wünsche. Da er nun sogar aus Beruf mehrere
von einander unterschiedene, ja einander entgegen=
gesetzte Geschöpfe, wie Pferd, Stier, Schaf, Hund be=
handeln und erforschen muß; so ist er immerfort zu
bedeutenden Vergleichungen genöthigt, die ihn früher
dem allgemeinen Begriffe entgegenführen. Und so
glaube ich denn auch aus Ihrem Programme gesehen
zu haben, wie Sie mit Klugheit zu Werke gehen, und
aus der höchst geheimnißvollen Beschränkung mensch=
licher gesunden ja kranken Bildung in die leichter faß=
lichen thierischen hinüberdeuten, um nach der Stellung,
die Ihnen akademisch angewiesen ist, auch an das von
vielen Seiten zugängliche Ziel gelangen zu können.

Wenn ich hier nichts weiter sage, als was Sie
schon denken mußten, ehe Sie Ihr Programm schrieben,

so sehen Sie doch daraus den Antheil, den ich an
allem zu nehmen genöthigt bin, was Ihre neue und
große Anstalt der Wissenschaft gewiß bedeutende Vor=
theile bringen muß. Haben Sie die Güte, mir von
Zeit zu Zeit von Ihren Fortschritten Nachricht zu
thun, und schreiben Sich's zu, wenn ich in meinen
öffentlichen Mittheilungen vielleicht schneller verfahre,
als ich ohne Ihre Anregung würde gethan haben.

[Jena, 25. Januar 1818.]


7960.

An Kräuter.

Endlich einmal, mein Werthester, einige Auf=
träge und Notizen.

1) Es ist mir sehr angenehm wenn auf der Bi=
bliothek alles munter geht, zu Ostern wird sich zeigen
was für Plane auch für den Sommer zu machen
sind, denken Sie indessen immer darüber nach.

2) Liegt ein Billet an Kupferstecher Müller bey,
senden Sie das von ihm zu erhaltende Packet unter
Bibliothekssiegel hierher an Färber.

3) Sorgen Sie doch dafür daß die beiden Gestelle,
worauf das Panoram zu stehen kommt, nächstens
durch Schneidewein hierher baldigst gesendet werden.

4) Das große Portefeuille, worauf die Inschrift
neuere Florentiner steht, sehen Sie doch einmal
sorgfältig durch und nehmen die Blätter heraus, wor=

auf die Propheten und Sibyllen von Michel Angelo gestochen sind. Und senden Sie mir selbige, zwischen ein paar Pappen gepackt, herüber.

5) Die Papier-Rechnung lasse ich gleich bezahlen, schicken Sie mir nur die Rechnung, was Sie von den zwanzig Thalern, die Sie von mir in Händen haben, ausgegeben, damit ich alles auf einmal abthue.

6) Bey meinem Sohn habe ich mir einen Plump Pudding bestellt mit so viel Rum als nöthig ist ihn zu entzünden. Es wäre mir sehr angenehm wenn er Sonnabends mit den Boten ankäme.

7) Sodann wünsche Riemers griechisches Lexikon, sodann das kleine französische Hand-Dictionnaire von Cramer.

8) Beygestecktes Zettelchen wäre Herrn Canzley=rath Vogel mit meinem Complimente zu überbringen, und zur gelegentlichen Besorgung zu empfehlen.

9) Wünschte ich alles was vom Morgenblatt und der Allgemeinen Zeitung angekommen zu erhalten.

10) Auch wünschte ich die Blätter der vorjährigen Isis, sie mögen auf der Bibliothek oder in meinem Hause seyn, zu erhalten. Den Schluß habe ich hier und will das Ganze sogleich binden lassen.

11) An Conceptpapier fehlt es mir ganz und gar, mit einem andern bin ich ganz reichlich versehen. Doch wünschte ich auch noch etwas blaues Papier.

12) Zufälliger Weise kann ich durch einen rück=kehrenden Boten Gegenwärtiges abschicken. Heute

Abend geht sowohl an Sie als an meinen Sohn das Weitere fort.

Jena den 27. Januar 1818. G.


7961.
An die Erbgroßherzogin Maria Paulowna.

Durchlauchtigste Fürstinn
gnädigste Frau,

Von der gnädigsten höchsterfreulichen Morgenerscheinung noch ganz geblendet sage nur, um den rückeilenden Boten nicht aufzuhalten, was freylich Höchstdenenselben längst bekannt ist: daß es mich immer unendlich glücklich macht von Ew. Kayserl. Hoheit Gegenwart nur Augenblicke begnadigt zu seyn, deren Erinnerung durch alle Folgezeit mich erquickt.

Muß ich dieses unschätzbaren Gutes entbehren, so fühle ich nur zu schweer die Bande die mich in ferner Nähe gefesselt halten, meinem Geist aber nicht wehren können Höchstdieselben und alles was Ihnen lieb und werth ist Schritt für Schritt zu begleiten und also auch auf dem Gipfel des Festes ganz nahe zu stehen.

Erlaubt sey mir des Gedichtes mich noch kurze Zeit zu erfreuen und sodann wiederholend mich aber und abermals zu bekennen

Ew. Kayserlichen Hoheit
unterthänigster

Jena d. 27. Jan. 1818. J. W. v. Goethe.

7962.

An C. G. v. Voigt.

[Jena, 27. Januar 1818?]

Und was soll ich denn abermals Ew. Exzell. auf alle die unerfreulichen Nachrichten erwiedern? Für deren schnelle Mittheilung ich jedoch höchlich danckbar bin. Jederzeit weis ich vier und zwanzig Stunden voraus was für schlechtes Wetter von Osten in Westen anlangen wird, ohne auch nur im mindesten wehren oder helfen zu können und so beunruhigt mich wieder die Wirckung dieser Meteore die von dort her= über schallt und trifft. Durch dieses Unwesen ist auch hier die Gesellschafft in stumme Apprehension gerathen, niemand traut dem andern, und wäre man nicht ge= nöthigt zu lehren und zu lernen, von Morgens bis in die Nacht würde durchgeklatscht, was mit wenig vernünftigen Worten abzuthun ist.

Wes Brodt ich esse des Lied ich sing. Die Herren essen das Brodt der Presfreyheit, kein Wunder daß sie ihr zu Ehren die heftigsten Hymnen singen.

Das Publicum verhält sich wie Beylage sub ♂ besagt; doch ist ein merckwürdiges Phänomen daß niemand mehr an die allgemeinen Angelegenheiten denckt; sondern ein gränzenloser Haß gegen Kotzebue sich hervorthut, der denn seinen Feinden gut Spiel macht. Alles was gegen ihn geschieht wird gebilligt, jede Maasregel für ihn getadelt. Barth mit der eisernen Stirn wird an's Licht gezogen und als das willkommenste Document betrachtet. Man droht mit neuem Abdruck desselben, und freylich würde dieser Scandal gutes Geld eintragen.

Bürger wie Studenten wüthen öffentlich gegen den Erbfeind, wie sie ihn betrachten. Alle frühern Geschichten: wie K. der Academie und Stadt zu schaden gesucht werden hervorgehoben, Historien die denn nur allzuwahr sind und jener Zeit uns beyden nicht wenig zu schaffen machten. Es entstehen gewiß noch die unangenehmsten Folgen aus diesem seinem Aufenthalt in W. Daß es schlecht ablaufen würde konnte jeder voraussagen, Wie? ist leider schon offenbar.

ad Seria!

Der Januar geht zu Ende, wie steht es mit dem Depositum das der Bibl. Casse zu Gute gehen sollte? Möchten Ew. Exzell. mir deshalb nähere Nachricht geben! Ich wünschte daß es uns förmlich zugesprochen und vergönnt würde davon zu erheben. Jetzt bedürfen wir's nicht, vielleicht aber verwendete man einen Theil auf die Grunerische Auction. Ich lasse gleich die Aushängebogen des Catalogs durchgehen, damit man Zeit hat sich zu berathen. Von 425 Büchern die man nachgesehen hat sind nur 74 auf der academischen Bibliotheck. Einen solchen Fall müssen wir nothwendig zur Sprache bringen.

Prof. Gülbenapfel ist sehr kranck, ich erschrack als

ich ihn seit vier Wochen zum erstenmal wiedersah. Das Verhältniß zur Literatur Zeitung ist ihm drücken=
der als jemals. Und doch seh ich nicht wie der Sache
zu helfen wäre. Die Arbeit kann er nicht thun und
⁵ das Geld nicht entbehren.
So viel für den Augenblick, mit dringender Bitte
um Fortsetzung der Staats Nachrichten.
Verbundenst
Goethe.

♂
¹⁰ In Holland 1615
ging es mit Verbietung der allzugemeinen pasquilli=
schen Bücher und Schmähkarten, wie in Deutschland
mit der Münz, daß es immer verboten, und doch
immer fortgetrieben wurde. Ist also das unnütze
¹⁵ Bücher-Schreiben eins von denen Dingen, die jeder=
mann tadelt und jedermann gern hat, kauft und
lieset, sonst würde es des Druckens nicht verlohnen.
Renovatum Jena 1818.


7963.
An den Großherzog Carl August.

Der Director Herr von Schreibers erzählt auf
²⁰ den vier ersten Seiten seines Briefs die Geschichte
der Bestellung jener getrockneten Pflanzen-Exemplare,
und eine deshalb gepflogene Verabredung, woraus er=
hellet daß eigentlich die elegante Aufstellung und Ver=

wahrung der Herbarien, welche anfangs beliebt worden, die Kosten um ein so Ansehnliches erhöhe.

Wenn er nun auf der vierten Seite Num. 1 den Vorschlag thut, daß man noch sechs solcher schon fertigen und vorräthig liegenden Lieferungen um den vorigen Preis annehme, dagegen aber terminliche Zahlung leisten möge; so dürfte wohl kaum diesem Antrag auszuweichen seyn und es käme nur drauf an wie man die Zahlungstermine bestimmen wollte? ob zwey? Ostern und Michaelis, oder drey? Ostern, Michaelis und Weihnachten.

Was nun ferner das auf der sechsten Seite Num. 2 Angeführte und Vorgeschlagene betrifft, so könnte man sich vorbehalten: wenn erst die sechs Bände abgeliefert sind und, wie man, bey gefällig zugesagter Aufmerksamkeit, gewiß erwarten kann, allen Beyfall finden; so werde man überdenken was von den übrigen Pflanzen und in welcher äußern Form zu bestellen seyn möchte. Da denn die von Herrn von Schreibers gethanen Vorschläge auch einer solchen Überlegung nothwendig zum Grunde liegen würden.

Was das Letzte betrifft so möchte dabey kein Bedenken seyn; denn der gedruckten Anzeige nach sub ☉ würden 150 Pflanzen 18 Gulden Wiener Währung kosten, welches gegenwärtig 6 Gulden Münze betrüge. Wobey ganz unbegreiflich scheint wie die luxuriose Auffstellung, wie sie von Schreibers nennt, so außerordentliche Kosten verursachte. Auf alle Fälle sieht

man daß die Theilnahme an dem jenaischen Unternehmen mit geringem Aufwand wird fortzusetzen seyn.
Jena d. 30. Jan. 1818. G.

7964.
An die Großherzogin Louise.

[Concept.]
Durchlauchtigste Fürstin!
5 Gnädigste Frau.
Ew. Königliche Hoheit halten Sich überzeugt, daß in jeder Entfernung Höchstdenenselben ich mit treustem Wunsch und Antheil nahe bleibe. Das heutige Fest erlaubt mir auszusprechen was ich alle Tage meines
10 Lebens empfinde. Jedes Glück das Ew. Königlichen Hoheit widerfährt ist auch das meine, so wie alles Unfreundliche was Höchstdieselben berühren könnte auch meine heitersten Stunden zerstört. Möge mir ein gnädiges Andenken von Zeit zu Zeit gewährt seyn.
15 Jena den 30. Januar 1818.

7965.
An C. G. v. Voigt.
Ew. Exzell.
erhalten das Mitgetheilte danckbarlichst zurück. Was will man zu allem diesem sagen als daß es vorauszusehendes Unheil sey. Der Grhz. liegt mir am Herzen
20 und ich segne Ew. Exzell. daß Sie auch wie immer an der Stelle halten und dem Tage gemäß das Beste thun.

Das Jenaische Bibl.-Wesen soll, nach nunmehr eingelangtem billigendem Rescript, für das ich zum allerschönsten danke, ungesäumt weiter schreiten.

Möchte ich doch nach Ostern meinen Verehrtesten durch das neue Labyrinth hindurch begleiten!

Können Sie auf Eichstädt einwircken daß er die Bibliothecks-Rechnung abschließe und die, wie Stichling sagt, ganz liquiden 297 Thlr. abzahle; so wäre alles im Reinen. Ich begreife nicht ganz warum er einen endlichen Abschluß verzögert. Er hat Widersacher genug, warum sollen wir auch noch über ihn klagen.

So viel vor heute ein geringer Abtrag großer Schuld.

Jena d. 30. Jan. 1818.        Goethe.


7966.

An?

[Concept.]

Ew. Excellenz verehrten und geliebten Namen finde unter einem gnädigsten Rescript, welches meine bisherigen Bemühungen um die akademische Bibliothek zu bestätigen und zu billigen geruht. Ich unterlasse nicht für geneigte Mitwirkung meinen verbindlichsten Dank abzustatten, und für die Folge mir ein gleiches zu erbitten.

In dieser mit mancherley Bedenklichkeiten durchflochtenen Angelegenheit werde sorgfältig Schritt

halten, damit sie in jeder Epoche, deren ihr mancher=
ley bevorstehen, immer zu übersehen sey. Und ob ich
gleich nicht verfehle jüngere Untergeordnete dergestalt
anzuleiten daß sie den Umständen jederzeit gewachsen
seyn, so kommt es doch hauptsächlich darauf an, daß
diejenigen denen die oberste Leitung anvertraut ist
mit aufmerksamer Neigung den Gang des Geschäfts
begleiten.. Mögen Ew. Exellenz die mir.schon seit
langer Zeit geschenkte Theilnahme auch in diesem Falle
freundlichst bethätigen.

Jena den [30. Januar?] 1818.


7967.

An die Erbgroßherzogin Maria Paulowna.

Durchlauchtigste Erbgroßherzoginn,
gnädigste Fürstinn und Frau,

Ew. Kayserlichen Hoheit gnädigste Sendung hat
mich in die gröste Unruhe versetzt, ja mich völlig mit
mir selbst entzweyt: denn schon hatte ich mich darein
ergeben die Reihe der schönen Feste, welche gegenwär=
tig Weimar verherrlichen, diesmal zu entbehren und
meine frommen Wünsche aus stiller Einsamkeit den
verehrtesten Personen zuzusenden. Nun aber theilen
Höchstdieselben mir ein Gedicht mit, das, indem es
aufs klarste vorführt was feyerliches dort und an=
muthiges erscheinen soll, mich unmittelbar an jene
Zeit erinnert wo mir vergönnt war, durch Erfindung

und Rath, Anregung und Leitung, manches zum Vergnügen meiner Höchsten Gebieter beyzutragen. Nichts konnte mir das Wegschwinden von Tagen und Kräften mehr zu Gefühl bringen als diese Betrachtung, die, wenn uns gleich nicht fremd, doch unter Umständen, uns immer wieder einmal empfindlich werden kann.

Die vollkommenste Beruhigung jedoch so wie die glücklichste Erheiterung gab mir Ew. Kayserlichen Hoheit gnädigstes Schreiben selbst und heilte mich so schnell als es mich verwundet hatte: denn ich erkannte ja daraus HöchstIhro wohlwollende Gesinnung, welche mir Augenblicke erwünschtester Gegenwart jeder Zeit und um so mehr an den erfreulichsten Tagen gerne gönnen mag. Überzeugen Sich Ew. Kayserliche Hoheit daß ich nur in diesem Gefühl das Leben eigentlichst genieße und in fortdaurender Überlegung bleibe wie auch den theuren Prinzeffinnen ein heitrer und nützlicher Sommer zu bereiten sey. Über Mittel, Art und Weise das Umständlichere zu verhandlen, bleibt noch schöne Zeit, während welcher dieses mir so theure Anliegen aus dem Sinne nicht kommen soll. Mögen Ew. Kayserlichen Hoheit Wünsche und Hoffnungen, mit denen sich die unsern auf das treulichste vereinigen, im reichsten Maaße erfüllt und so dieses Jahr zu den schönsten unsres Lebens gezählt werden.

Wie ich denn wohl schließlich hoffen darf am heutigen und morgenden Tage, denen Beyden verehrten und geliebten Geseherten, durch Höchstderoselben gewichtige Worte, für jetzt und immer empfohlen zu seyn.

Ew. Kayserlichen Hoheit
unterthänigster
Jena d. 3. Febr. 1818. J. W. v. Goethe.


7968.

An A. v. Goethe.

Heute, mein lieber Sohn, erfährst du nicht viel von mir ob ich gleich nur Gutes zu vermelden habe, alles geht glücklich ohne sonderliche Anfechtung.

Das Manuscript zu Kunst und Alterthum ist nun ganz in die Druckerey und wird nun bald das Heft beysammen seyn. Sende mir nun den Pappekasten worauf steht Naturwissenschaft. Kann ich auch dieses zweyte Heft vor Ostern, wenigstens die Hälfte zwingen, so ist schon viel gethan.

Der Divan kommt auch in Gang, und so treibt ein Keil den andern.

Soeben kommt die Sendung, die Gestelle sowie der Wein.

Sende jetzt vor allen Dingen das Recept zum Pudding, Knebeln hat er so gut geschmeckt, daß gleich eine Form mußte gemacht werden.

Einige Relation von euern Festlichkeiten möchte ich wohl auch vernehmen, nicht weniger die dabey erschienenen Gedichte erhalten.

Mit der Bibliotheksangelegenheit geht es hier so hübsch daß ich nur wünsche sie ebenmäßig bis an's Ende durchzuführen.

Fändest du Gelegenheit das ganze Portefeuille der neuen **Florentinischen Schule** herüberzuschicken, so brauchtest du dich nicht mit dem Aussuchen zu quälen. Sendest du die **Zelterischen Lieder**, so lasse ich sie zu unserm Gebrauch hier gleich abschreiben. Drüben kommst du doch nicht dazu und es ist mir sehr viel daran gelegen nicht retardirt zu werden, denn das Leben läuft doch schneller unter uns weg als das neu erfundene Räderwerk unter dem Hintern der Studenten.

Und so lebe wohl, wenn bis Abends nichts sonderliches vorfällt.

Das große Perspectiv erbitte mir. Es liegt in der obersten Schublade meiner Comode rechts. Ich habe weit umher zu schauen! Valete!

Jena den 3. Februar 1818.     G.


7969.

An C. F. A. v. Schreibers.

[Concept.]

Hochwohlgeborner
Insonders Hochgeehrtester Herr.

Ew. Hochwohlgeboren habe ungesäumt im Namen unseres trefflichen Fürsten mit seinen eigenen Worten „recht viel Schönes zu sagen daß Sie ihn so sorgsam

und so weise aus dem fatalen Heuhandel heraus=
gezogen". Beyliegend finden Sie einen Creditbrief
auf Eintausend Gulden Conventions=Münze, woraus
ersichtlich daß die fertigen sechs Bände des Herba=
riums angenommen und die Bezahlung dafür in drey
Terminen geleistet werden soll. Die weitern Vier=
hundert Gulden werden Ew. Hochwohlgeboren laut
Inhalt desselbigen Blattes zur Bestreitung vorfallen=
der Ausgaben gefällig erheben, und das Übrige ge=
neigtest besorgen.

Sind die sechs Bände abgeliefert und in unsern
Händen; so soll sogleich in Überlegung gezogen wer=
den inwiefern man an der Fortsetzung Theil nehmen
möchte; da denn scheint daß man sich für eine be=
jahende Entschließung entscheiden müßte. Denn nach
der gedruckten Anzeige soll eine Centurie 12 Gulden
Wiener Währung Pränumeration kosten, wobey denn
freylich die ungeheuere Differenz, welche durch die
luxuriose Aufstellung entspringt, nur allzusehr in die
Augen fällt. Wie denn auch nur zu klar wird daß
der gute wohlselige Bertuch nicht nach den Maximen
eines Industrie=Comptoiristen gehandelt hat.

Dagegen Ew. Hochwohlgeboren Dero längst er=
probten Character und ungemeine Geschäftsfertigkeit
zu unserer dankbarlichsten Anerkennung abermals be=
thätigt und das unbegränzte Vertrauen welches Herr
sowohl als Diener in Dieselben gesetzt auf das gründ=
lichste bewährt haben.

Der ich um diese Sendung nicht aufzuhalten mich nur noch zu geneigtem Andenken empfehle, und mich mit vollkommenster Hochachtung unterzeichne

gehorsamst

Jena den 4. Februar 1818.     J. W. v. Goethe.


7970.

An F. v. Müller.

Ew. Hochwohlgeboren

gefällige Sendung erschien freylich höchst contrastirenden Inhalts. An einer Seite fand ich das umständliche, höchst motivirte Urtheil wodurch einem Tagesblättler eine harte, ihn auf eine Zeitlang von der Welt ausschließende Strafe zuerkannt wird, auf der andern ersahe ich aus wenigen dichterischen Zeilen daß eine griechische Gottheit, ungestraft, in wenigen Augenblicken mehr Unheil stiften kann als die sämmtlichen ägyptischen Götter in einem ganzen Jahr. Ich danke meiner Abgeschiedenheit daß ich verschont geblieben, ermangle aber nicht sowohl dem Sonnengotte als dem freundlichen Glück aus der Ferne für die mir schriftlich gegönnten Geschenke den allerschönsten Dank zu sagen.

Die empfohlne Clientin, Wittwe Jacobi geborne Vieglein, hat unter dem 26. Januar ein Schreiben bey Serenissimo einreichen lassen. Kommt dasselbe zur Berichtserstattung, oder durch Subnotation

in Ihre Hände so haben Sie die Gefälligkeit nach
eigener Überzeugung günstig zu wirken.

Nochmaligen Dank für die schriftliche Copie der
wohl ausgesonnenen richterlichen Arbeit, worüber ich,
5 wie über manches andere Dieselben bald zu sprechen
wünsche. Für dießmal, sowohl zu Hause als in der
Nachbarschaft, mein Andenken geneigt zu erhalten
bittend.

                                      gehorsamst
10 Jena den 6. Februar 1818.    Goethe.


7971.

An C. G. v. Voigt.

Ew. Excellenz
habe vor allen Dingen meinen verpflichteten Dank zu
sagen für das schöne belobende gnädigste Rescript,
welches meinen eifrigen Bemühungen neue Anregung
15 ertheilt. Ich denke täglich und stündlich über die
Sache nach, demohngeachtet bleibt die Art der Aus=
führung immer noch bedenklich. Was wir wollen
ist klar, das wie aber muß uns erst noch offenbar
werden. Indessen bleibe ich bey dem von Ew. Excel=
20 lenz gebilligten Gange; noch ist kein Schritt geschehen,
der nicht in's Ganze nützlich wäre, im Einzelnen mag
geschehen was will.

Gegenwärtiges erlasse ich vom rechten Saalufer
aus. Ich habe mich eingerichtet in dem Erker der

Tanne, unmittelbar an der Camsdorfer Brücke, die sonnigen Stunden des Tags zuzubringen. Erst Nässe, dann Schnee hinderte die Fußbewegung, nun ein halblahmes Pferd auch die im Wagen. Um nun nicht gar Licht und Luft zu entbehren lasse ich mich täglich, zur guten Stunde, auf diese Zinne bringen welche mit allen schönen Aussichten um Jena wetteifert und begrüße von da im Stillen meine Werthesten.

Wie ich höre hat eine neue Einwirkung der Preß=freiheiterey abermals eine andere, gebe Gott! eine günstige Wendung verliehen. Verlangend bin ich das Innere und Nähere zu vernehmen.

Die übrigen Oberaufsichtlichen Geschäfte sehen ganz gut aus, nichts geht zurück, weniges steht still und das meiste ist im Vorschreiten.

Renner beträgt sich in fortwährender Thätigkeit; Lenz durch seine Capuzinerhafte Unverschämtheit bringt die kostbarsten Dinge zusammen. Ew. Excellenz erinnern sich vielleicht kaum noch daß Sie vor mehrern Jahren, 1801, ein schätzbares Werk über die kärnthnischen Bleierze der Societät verehrt, Lenz hat so lange an einem alten Werkmeister getrieben bis dieser versprochen hat, seine kostbare Sammlung herzugeben, so daß uns das, was dort im Kupfer geweissagt ist, in natura nächstens zukommen wird. So deutet, bey vernünftigem Unternehmen und Beharrlichkeit, eins auf's andere.

Überhaupt! wäre in dem Jena nicht der politische Narrenteufel los, (wodurch denn doch, genau besehn, kein Hund aus dem Ofen gelockt wird, vielmehr die Großen durch solche liederliche Ereignisse immer apprehensiver werden müssen) so wäre eine Masse von Wissenschaft vorhanden, womit man manches andere größere literarische Institut beschämen könnte. Ew. Excellenz haben so viel dafür gethan und kennen es am besten; aber auch am besten die obwaltenden Hindernisse.

Sollten Ew. Excell. die Wellerische Sache zum Schluß bringen; so wäre mir in manchem geholfen. Kann man ihm entschieden sagen was er auf ein Jahr erhalten wird so kann man seine Zeit in Anspruch nehmen und sonst einer gewissen Leitung sich unterziehen. Bis jetzt mußte alles in suspenso, nicht einmal provisorisch bleiben.

Die Reihe von Festen hat auch nicht wenig zerstreut und zum Ablehnen manches Guten geholfen. Das sind wir aber denn gewohnt und lencken endlich wieder ein, wie Ew. Exzell. im benannten Falle zu thun bitte.

Verzeihung! der Promemoria-Form eines vertraulichen Schreibens. Meine über-saalische Canzley ist noch im Werden.

Alles Gute und Liebe!

Jena d. 6. Febr. 1818. G.

Mit bringender Bitte um Fortsetzung ministeriellen Tagebuchs.

———

Noch erwähne daß der Versuch zu machen wäre ob der Prinz nicht 150 rh. jährlich opfern wollte. Legten wir die 50 rh. zu die auf Schreiberey aus= gesetzt ist; so könnte man die Verwendung seiner meisten Zeit von ihm fordern. Jemand der sich an= haltend auch nur des mechanischen beym Geschäft annimmt ist unentbehrlich, besonders da, wie ich nun wohl sehe, das Verhältniß Güldenapfels zu der A.L.Zeitung nicht wohl zu lösen ist. Noch manches andre spricht für die Sache.

s. t. m.

7972.

An J. A. G. Weigel.

[Concept.]

Ew. Wohlgeboren verzeihen wenn ich Ihre bringenden Geschäfte noch einmal unterbreche; es ist mir aber gar zu viel daran gelegen daß ich

Decandolle, Théorie élémentaire de la botanique,

baldigst erhalte. Haben Sie die Gefälligkeit anzu= ordnen daß es mir baldigst durch die fahrende Post nach Jena, wo ich mich gegenwärtig befinde, gesendet werde.

Können zwey Exemplare der Dissertation des vor‑
trefflichsten Hermanns, dem ich gelegentlich meine
Verehrung auszudrücken bitte,
De Graecorum mythologia antiquissima,
beygelegt werden, so würde es mir sehr angenehm seyn.
Auch sollte es mich höchlich erfreuen wenn in der
gangbaren Auction etwas Günstiges für mich erstan‑
den wäre.
Mit den besten Wünschen mich zum schönsten
empfehlend.
Jena den 10. Februar 1818.


7973.

An August und Ottilie v. Goethe.

[Concept.] [Jena, 10. Februar 1818.]

Daß ich euch besonders wohl will bemerke ich
daran: daß ich niemal auf meine Zinne gelange ohne
zu wünschen daß ich euch dort finden, oder empfangen
möchte. Heute war Hofrath Voigt und Frau gegen
Mittag bey mir, zu welchen Herr von Bielke sich
gesellte.

Louise Seidler hat mir ein Geschenk gemacht,
wie es die talentreiche Anmuth allein geben kann.
Eine Abtheilung des phigalischen Frieses: Herkules
mit der Amazonen‑Königin in Conflict, noch zwey
Streit‑Paare und zwey Pferde. Eine Elle hoch, nicht
gar drey Ellen lang, auf blau Papier, schwarze

Kreide, weiß gehöht. Und wie es, in diesem Sinne, und bey ihrem Talente möglich ist, ein Facsimile in der Größe des Originals, alle Verstümmelungen angedeutet, die verhältnißmäßig gering sind.

Es ist ein Abgrund von Weisheit und Kraft, man wird sogleich 2000 Jahre jünger und besser. Mehr ist nicht zu sagen, komm und sieh!!

Dieser blaue, reich begabte Streifen nimmt sich auf der blaßgelben Wand meiner Zinne, bey vollem Licht gar herrlich aus und macht mich, was viel gesagt ist, glücklich. Wenn die in England bestellten auch so einschlagen, so werden wir viel Freude und Belehrung haben; in eben der Größe habe ich sie verlangt.

7974.

An C. F. E. Frommann.

Könnten Ew. Wohlgeboren es einrichten, daß der Probebogen vom Divan diese acht Tage gesetzt würde, so geschähe mir ein großer Gefallen, weil ich wahrscheinlich im Laufe der nächsten Woche nach Weimar zu gehen veranlaßt bin. Bey dem ersten heitern Tage lasse anfragen ob's gefällig wäre auf der Zinne einige Morgenstunden zuzubringen, eine vortreffliche Arbeit von der guten Seidler daselbst zu sehen.

ergebenst

Jena den 12. Februar 1818.               Goethe.

7975.
### An Louise Seibler.

Nicht einen Augenblick will ich säumen, mit den schnellsten Worten zu sagen, daß Sie mich durch Übersendung des Basreliefs in die größte Bewegung und Betrachtung versetzt haben! Jetzt bedarf es nicht mehr zu vergnügtesten Stunden; bisher wiederholte ich nur immer das Lied:

> Der Vorhang rührt sich hin und her
> Bey meiner Nachbarin ꝛc.

deßhalb auch zuletzt eine Ortsveränderung stattfand. Wo aber Ihr blauer reichlich ausgebildeter Streifen, auf blaßgelbem Grunde, sich herrlich ausnimmt, rathen Sie wohl nicht. Auf dem rechten Ufer der Saale, im Erker der Tanne, wo es wirklich schöner ist, als man es sich denken darf, da bewirthen Sie mich und meine Freunde mit der schönsten Gabe, wofür Ihnen der wärmste Dank entrichtet wird. Wie heute früh bey'm Gläserklang in Gesellschaft von hübschen jungen Leuten geschah. Die hellen, mitunter sonnenreichen Stunden des Tages verbringe ich auf dieser Zinne, wo des letzten Camsdorfer Bogens Wasser immer lebhaft unten rauscht. Nur die Nacht über wohne ich in der alten Nachbarschaft. Gleich jetzt erlebe ich den schönsten Sonnenuntergang. Mehr setze ich nicht hinzu, damit dieses Blatt nicht säume. In wenigen Tagen mehr.

Jena, den 12. Februar 1818. Goethe.

## 7976.

### An F. W. Schwabe.

[Concept.]

Ew. Wohlgeboren sende mit vielem Dank die hinterlassene Zeichnung zurück und bitte Herrn Wittich mich bestens zu empfehlen und zu entschuldigen, wenn sich vor der Hand nicht bestimmen läßt welchen Antheil ich an dem Taschenbuche nehmen könnte. Meine Zeit ist genau eingetheilt und ich weiß nicht wie ich alles leisten will was mir dieses Jahr bevorsteht. Mag indessen Ihr Freund mir von den Kupfern, wie sie nach und nach fertig werden, Abdrücke senden, so gäbe das vielleicht Anregung und Gelegenheit. Die Redaction kann ich auf keinen Fall übernehmen, will man mir aber die Mitarbeiter nennen, so kann ich mich darnach richten und, wenn es Bekannte sind, mit ihnen conferiren und dadurch wenigstens den guten Willen zeigen den ich auf deroselbe so wohlmeinende als bringende Vorstellung bey mir gerne walten lasse. Mich bestens zu geneigtem Andenken empfehlend.

Jena den 13. Februar 1818.


## 7977.

### An A. v. Goethe.

Du erinnerst mich, mein lieber Sohn, an jenen König der den goldnen Pokal zum drittenmal in den Strudel warf ohne zu bedenken, daß der Taucher indeß seine Kraft erschöpfte.

Ich sage soviel! Hätteſt du mir, gleich als ihr den Entſchluß faßtet, Vorſatz und Wünſche gemeldet; ſo wäre vielleicht etwas zu thun geweſen; nun ſcheint es aber ganz unmöglich. Von Herrn von Müller vernahm ich das erſte Wort, und dachte in meiner Art nach, was Poetiſches allenfalls hier zu Hülfe kommen könnte, wobey ich denn fand daß eine **allgemeine Einleitung** hinreichend, ja allein ſchicklich ſey: denn da ſie lauter bekannte Masken ſind, ſo kann man die leichte Auflöſung des Räthſels der Sagacität des Zuſchauers wohl überlaſſen. Wollte man aber ja ein jedes Stück einführen, ſo würde es ein dritter ſchicklicher thun als der Dichter ſelbſt, der ſich eigentlich nur wiederholen müßte, wenn der dritte gegen ihn und das Publicum zugleich galant ſeyn darf. Zeige dieſes Herrn Canzlar vor, in ſolchen Dingen iſt derſelbe gar glücklich. Er hilft euch wohl bald aus aller Verlegenheit. Es müſſen ja nicht ewig Stanzen ſeyn, für jedes Stück fände ſich eine eigne Form.

Im Gefühl daß ich auch was Schickliches und Artiges zu dieſer Handlung hinzuthun könnte, habe ich ſchon geſtern Abend einiges vorgenommen, es gelang aber nicht und ich mußte es fahren laſſen.

Meine Schlußworte ſind alſo dieſe: helft euch auf obgeſagte Weiſe! dadurch ſchneidet ihr mir den Weg

nicht ab, wenn ich ihn noch betreten kann. Bringe
ich etwas zusammen, so laß ich's gleich hier drucken,
sende dir's durch einen Boten kurz vor Thorschluß.
Rechnet aber nicht darauf: denn ich weiß jetzt noch
gar nichts davon.

Daß die drey bösen Dämonen wegbleiben ist sehr
gut und braucht keine Entschuldigung. In ihrer
alten herrlichen Gestalt sind sie zum Teufel geschickt
und wie sie jetzt, von dorther wiederkehrend, abermals
unter uns walten, würden sie, obgleich maskirt, sich
auf einem Maskenball sehr schlecht ausnehmen.

Soviel für dießmal! Grüße die sämmtlichen Wohl=
wollenden zum allerschönsten, sie mögen ja fleißig
beten, damit noch etwas zu Stande komme; die Muse
besonders und die Hoffnung sollen's an ihrem Ein=
fluß nicht fehlen lassen.

Auf dem Tannenwipfel
b. 13. Febr. 1818.                                   G.


7978.

An J. F. H. Schlosser.

[Concept.]

Ihr liebes Schreiben, mein Werthester, Bester,
vom 7. Februar erhalte ich, wegen meiner Abwesen=
heit von Weimar erst heute den 13. Da ich nun
daraus und aus der Beylage des Herrn Dr. Schulin
einen abermaligen, unerwarteten Verlust von 300 Gul=
den erblicke, und bey dem neuen Gebot nicht deutlich

ist ob und wann die Kaufsumme abgezahlt werden soll, welches bey der vorigen Unterhandlung nicht ausgesprochen war; so bleibt mir, besonders da mich diese Angelegenheit gerade in einem drangvollen Momente berührt, nichts übrig als an Ihre reine Liebe und Güte Anspruch zu nehmen und sowohl für mich als für meine Erben und Nachfahren auf das allerfeierlichste zu erklären:

Daß ich alles das was Sie, mein Werthester, in der Angelegenheit des Verkaufes des Ochsischen Hauses beschließen werden eben so als wenn ich es selbst ausgesprochen hätte ansehn will und werde, so daß gegenwärtiges Blatt die völlige Eigenschaft einer Specialvollmacht haben und behalten solle.

Was den Wustischen Insatz betrifft so ersuche dagegen dessen Verkauf nicht vorzunehmen. Denn da er sicher und gut ist, und Sie wegen des Ochsischen Hauses noch immer einige Qual um meinetwillen haben werden, so lassen wir denn diese Sache auch auf sich beruhen. Fahren Sie nur fort mit der seltenen Gefälligkeit und Treue sich meiner Angelegenheiten so als Ihrer eignen anzunehmen.

Ihrem werthen Familienkreise mich andringlich empfehlend.

Jena den 13. Februar 1818.

7979.

**An F. v. Müller.**

Gar wohl empfand ich daß mein Zutrauen zu Ew. Hochwohlgeboren nicht könnte zu Schanden werden. Also nur eiligst den allerschönsten Dank und einige Bemerkungen.

1) Die Zahlen würde ich weglassen.

2) Es wird abgedruckt jedesmal zwey Stanzen auf eine Seite, und so geben sich die acht ersten Seiten von selbst.

3) Wollen Sie die eingelegte Stanze Seite 9 gelten lassen, so rückte man sie in die Mitte der Seite ohngefähr wie sie hier geschrieben ist.

4) Alsdenn kämen die drey letzten Stanzen gegen einander über Seite 10 und 11 und die Seite 12 blieb leer. Doch alles Ihrer nähern Einsicht überlassend.

5) Da aus der Bemerkung über der 13. Stanze hervorzugehen scheint, als wollten Sie die drey letzten Stanzen später produciren, so könnte doch die meinige an eben der Stelle mit abgedruckt werden, oder auch auf einem besondern Blatte wie es Ihnen gefällig ist.

Alles ist schön und gut. Um den Boten nicht aufzuhalten sage nur nochmals herzlichsten Dank und wünsche fröhlichstes Gelingen.

mich allerseits
empfehlend
Jena den 16. Februar gegen 9 Uhr. 1818. G.

7980.
An Adalbert Schöpke.

[Concept.]

Auf Ihre freundliche Sendung halte ich mich verpflichtet zu erwidern: daß die mir mitgetheilten Compositionen sowohl hier als in Berlin, wohin ich sie an Freunde und Kenner gesendet, gute Aufnahme gefunden, deßhalb ich Sie denn wohl ermuntern darf auf dem Wege den Sie erwählt und den Ihnen die Natur anweist treulich zu verharren.

Die Fragen die Sie mir vorlegen lassen sich vielleicht gar nicht beantworten, ob schon im Gespräch Andeutungen zu geben wären, die dem praktischen Künstler Vortheil brächten.

Auf Ihre Frage zum Beyspiel was der Musiker mahlen dürfe? wage ich mit einem Paradox zu antworten Nichts und Alles. Nichts! wie er es durch die äußern Sinne empfängt darf er nachahmen; aber Alles darf er darstellen was er bey diesen äußern Sinneseinwirkungen empfindet. Den Donner in Musik

nachzuahmen ist keine Kunst, aber der Musiker, der
das Gefühl in mir erregt als wenn ich donnern
hörte würde sehr schätzbar seyn. So haben wir im
Gegensatz für vollkommene Ruhe, für Schweigen, ja
für Negation entschiedenen Ausdruck in der Musik,
wovon mir vollkommene Beyspiele zur Hand sind.
Ich wiederhole: das Innere in Stimmung zu setzen,
ohne die gemeinen äußern Mittel zu brauchen ist der
Musik großes und edles Vorrecht.

Empfehlen Sie mich in Ihrem ehrwürdigen Kreise,
und [lassen mich] wenn ich dieß Jahr nach Töplitz
kommen sollte einer freundlichen Aufnahme genießen.

Jena den 16. Februar 1818.


7981.

An Zelter.

Du hast, mein Werthester, aus dem Abgrunde
deines Tonvermögens schöne und gute Worte spendirt,
daß ich sogleich die Pflicht fühle dir etwas Freund=
liches zu erwidern.

Du kennst Jena zu wenig als daß es dir etwas
heißen sollte wenn ich sage: daß ich auf dem rechten
Saalufer, unmittelbar an der Camsdorfer Brücke,
über dem durch die Bogen gewaltsam strömenden,
eisbelasteten Wasser, eine Zinne (vulgo Erker) in
Besitz genommen habe, die schon seit so vielen Jahren
mich, meine Freunde und Nachkommenschaft gereizt

hat daselbst zu wohnen, ohne daß nur Jemand sich
die Mühe gegeben hätte die Treppe hinauf zu steigen.
Hier verweile ich nun die schönsten Stunden des Tags,
den Fluß, die Brücke, Kies, Anger und Gärten und
sodann das liebe närrische Nest, dahinter Hügel und
Berge und die famosesten Schluchten und Schlacht=
höhen vor mir. Sehe bey heiterm Himmel die Sonne
täglich etwas später und weiter nordwärts untergehen,
wornach meine Rückkehr zur Stadt regulirt wird.

In dieser, nahezu absoluten, Einsamkeit ist das
dritte Heft von Kunst und Alterthum dem Druck
zugefertigt. Das zweyte zur Morphologie bewegt
sich auch. Die Darstellung der entoptischen Far=
ben, im Zusammenhang mit meiner Farbenlehre,
denke ich vor Ostern auch noch zu gewältigen. Sage
das Freund Schultzen, wenn du ihn irgend wo hab=
haft wirst.

Dabey darf ich nicht vergessen daß wir die ent=
schiedensten Anstalten haben Witterung zu beobachten,
wobey ich an meiner Seite die Wolkenformen und
Himmelsfarben mit Wort und Bild einzuweben
suche.

Da das nun aber alles, außer Windesbraut und
Wasserrauschen, vollkommen tonlos abläuft, so bedarf
es wirklich einiger innern Harmonie um das Ohr
aufrecht zu erhalten, welches blos möglich ist im
Glauben an dich und was du thust und schätzest.
Daher nur einige Stoßgebete, als Zweige meines

Paradieses! Magst du sie mit deinem heißen Elemente infundiren, so schlürft man's wohl mit Behagen und die Heiden werden gesund.

Apocalypse am letzten! Vers 2.

Einen Spaß den ich dir meldete hast du nicht verstanden. Jenem Componisten nannte man einige seiner Werke und fragte ihn welches er für das beste hielte. Er antwortete Il matrimonio secreto, die Composition von Paesiello meinend. Dadurch wird die Antwort geistreich, artig, wie ich dir nicht zu entwickeln brauche.

Dem böhmischen Freunde will ich also freundlich antworten. Rath und That muß freylich jeder bey sich selber suchen.

Da ich so manches Liebe von deiner eignen Hand empfange und dagegen wenig erwidere, so sende ich dir ein uralt Blättchen, das ich nicht verbrennen konnte, als ich alle Papiere, auf Neapel und Sicilien bezüglich, dem Feuer widmete. Es ist ein so hübsches Wort auf dem Wendepunct des ganzen Abentheuers, und giebt einen Dämmerschein rückwärts und vorwärts. Ich gönne es dir! Bewahre es fromm. Was man doch artig ist wenn wir jung sind!

und sofort und ewig

Jena den 16. Februar 1818. Goethe.

7982.

An J. C. Stark.

[Concept.]

Ew. Wohlgeboren
erhalten hiebey die Erklärung der Frau Geh. Kirchen=
räthin Griesbach, zugleich ein Verzeichniß welches Herr
Hof=Marschall von Bielke von Weimar mitgebracht.
Was die zehn Bettstellen anbetrifft so war ihm selbst
nicht klar ob man denn dazu gar keine Betten ver=
langt. Dieses wird sich ergeben. Bey Ew. Wohl=
geboren jedoch frage ich an ob sich das Verzeichniß
der vorjährigen gemietheten etwa gefunden hat? Auch
ob wegen der Schornischen Wohnung für die Frau
Oberhofmeisterin etwas bewirkt worden? In einigen
Tagen gedenke ich nach Weimar zu gehen und wünschte
alles dort zu besprechen und abzuthun.

Zugleich soll ich im Namen meiner Kinder Ew.
Wohlgeboren ganz freundlichst ersuchen sich der jungen
Frau in ihren gegenwärtigen Zuständen gefällig an=
zunehmen, auch in den kritischen Augenblicken die sich
Anfang März einstellen dürften zu unserer aller Be=
ruhigung beyzustehen. Hochachtung und Zutrauen un=
abänderlich betheurend.

Jena den 17. Februar 1818.

7983.

## An Christian Wilhelm v. Dohm.

Ew. Excellenz wollte nicht eher für das Übersendete meinen verbindlichsten Dank aussprechen als bis ich diesen schätzbaren Theil eines höchst willkommenen Werks gelesen und mich darüber mit Freunden, nach geschehener Mittheilung, mehrmals besprochen. Nun aber darf ich sagen daß auch diese Fortsetzung allgemeine Zufriedenheit bewirkt, und daß Ew. Excellenz jedermann verpflichtet ist wenn Sie die, von uns zwar verlebte aber, durch neue Zeitereignisse, nur allzusehr in den Hintergrund gedrängte Epoche so lebhaft wieder hervor rufen und uns dadurch ganz eigentlich verjüngen.

In gleicher Gesinnung hat mir mein gnädigster Herr befohlen Hochdenenselben Dank und Antheil zu versichern.

Möge der Winter der mich dießmal ganz freundlich behandelt sich zu Ew. Excellenz Gunsten gleichfalls erklärt haben.

ganz gehorsamst

Jena den 19. Februar 1818.   J. W. v. Goethe.

## 7984.
### An A. C. v. Preen.

Hochwohlgeborner
Höchstgeehrter Herr
Von Ew. Hochwohlgeboren Sendung habe jedes=
mal nur Angenehmes zu erwarten und so hat mir
auch die letzte besonderes Vergnügen gewährt, welches
ich in einer mündlichen Unterhaltung wohl auszu=
sprechen wünschte.

Aus dem beygefügten Aufsatz tritt nun freylich
das Einzelne allzulebhaft heraus, was mir im Ganzen,
als ich jenen Versuch der Inschriften entwarf, dunkel
vorschwebte, deswegen auch jene Zeilen nur als Ver=
such nicht aber als Vorschlag mitzutheilen wagte.

Die höchst ehrenvolle Theilnahme die mir an dem
ersten höchst folgereichen deutschen Monumente gegönnt
wird läßt mich auch in dieser Zwischenzeit nicht ruhen,
ich habe die Inschriften oftmals hin und wiedergedacht
und doch nichts besseres, auch nicht einmal etwas an=
deres finden können. Der Dichter muß sich in solchen
Fällen auf Eingebungen verlassen, die ihm vielleicht
ganz allein recht scheinen, weil er sie wiedergiebt wie
er sie empfangen hat.

Mit dem Verfasser der Beylage wünschte ich wohl
ein paar Stunden eine heitere Unterhaltung, nicht um
ihn zu überreden, sondern ihm die Ansichten wie ich
sie hege freundlich mitzutheilen. Schriftlich aber mich

darüber zu äußern fällt mir ganz unmöglich; indem gerade der jetzige Augenblick für mich in vielfachem Sinne prägnant ist und die Gegenwart alle meine Aufmerksamkeit fordert, so daß Tag und Kraft kaum hinreichen wollen.

Ich eile daher zu versichern: daß alles was man in dieser Angelegenheit beschließen möchte meinen vollkommensten Beyfall hat: denn diejenigen welche auf ein bekanntes Publicum, nach entschiedenen Zwecken zu wirken berufen sind stehen in einem ganz andern Verhältniß als der Entfernte, der von dem was er billigt und mißbilligt nur sich und einem nahen Kreise, und das nicht immer, Rechenschaft geben kann.

Da übrigens die Sache nicht äußerst dringend ist und die Hauptpuncte alle glücklich bestätigt worden, so soll mir höchst erfreulich seyn wenn Ew. Hochwohlgeboren mich mit weiteren Mittheilungen beglücken. Ergiebt sich auch indessen bey mir nach Ihren Wünschen ein guter Gedanke, so verfehle nicht ihn, selbst ohne weitere Aufforderung, anzudeuten.

ganz gehorsamst

Jena den 19. Februar 1818.    J. W. v. Goethe.


7985.

An C. v. Knebel.

Schon seit einigen Tagen ist es nicht ganz just mit mir, deswegen ich heute zu einiger Medicin greifen mußte, um nicht morgen von meiner Reise abgehalten zu werden. Ich vermisse daher ungern gute Speise und Gesellschaft zu Mittag. Die besten Wünsche in Hoffnung baldigen Wiedersehens.

Jena den 20. Februar 1818. G.

7986.

An C. F. E. Frommann.

Zu freundlichem Abschied und Hoffnung baldigen Wiedersehens, Beyliegendes zur gefälligen Vertheilung. Jena den 21. Februar 1818. G.

7987.

An Sartorius.

Eine Antwort, mein Theuerster, auf Ihren lang erwarteten Brief hat sich von Woche zu Woche verzögert. Seit dem 21. November v. J. bin ich anhaltend in Jena, wo ich außer meinen gewöhnlichen Geschäften auch noch die akademische Bibliothek zu behandeln übernommen, worüber die Göttinger aber, ich mag mich bemühen, wie ich will, nicht eifersüchtig seyn werden.

Das dritte Heft von Kunst und Alterthum wird diesem Briefe bald folgen; möge darin einiges für Sie erfreulich seyn. Der Divan ist auch in Druck gegeben, bey dessen Revision ich mich immer mit Vergnügen der guten Stunden erinnere, die ich mit meinen werthen Freunden und Gevattern zugebracht. Gelangt dieser Aftermahometaner dereinst zu Ihnen, so werden Sie ihn in seiner Maskenhülle freundlich aufnehmen, indem Sie einen wohlbekannten Freund dahinter nicht verkennen.

In Jena hab' ich mir ein freundliches Quartier ausgesucht; unmittelbar über der Camsdorfer Brücke, in dem Erker eines hohen Gebäudes, wo ich denn ein bewegtes Hin- und Herwandern der beiderseitigen Uferbewohner täglich vor Augen habe, bald schleichenden, bald rauschenden Fluß, ruhende Stadt, in einem Thale, das täglich anmuthiger zu werden verspricht.

In diesem Jena selbst, das gegenwärtig so viel Lärm in die Welt sendet, ist es jetzt so still als niemals, weil Jeder in seinem eignen Laboratorium die Raketen und Feuerkugeln verfertigt, womit er die Welt in Staunen setzen und womöglich entzünden möchte. Bey diesen Eruptionen sitz ich ruhig wie der Einsiedler auf der Somma. Und hiermit allen guten Geistern empfohlen. Möge ich von Ihrem Befinden das Beste hören.

Gruß und Treue

Weimar [Jena] den 23. Februar 1818. Goethe.

7988.
An G. Moller.

Ew. Wohlgeboren
angenehme Sendung war mir doppelt erfreulich, als
sie mir einen Beweis gab Ihrer fortgesetzten Thätig=
keit sowohl, als auch eines geneigten Andenkens. Diese
Sammlung giebt immer mehr Licht über jene frühern
Zustände und über die Art in der Kunst zu denken
und zu wirken. Sehr angenehm war mir die Spitze
des Pfarrthurms: der wackere Künstler hatte die Ab=
sicht dem guten Frankfurt eine ganz andere Ansicht
zu geben, die jetzt, bey der noch so schönen Lage, durch
den stumpfen Thurm höchst unerfreulich bleibt. Ich
habe von Jugend auf das Gefühl gehabt, daß diese
flache Mütze durchaus widerwärtig sey.

Das Fac simile des Cölner Doms empfange mit
Dank und wünsche irgend etwas Angenehmes und
Nützliches dagegen zu erwiedern. Die Aufopferung des
Originals scheint mir wahrhaft heroisch und um desto
löblicher und rühmlicher. Wenn man dort gute An=
stalt macht diesen Schatz zu bewahren, so wird dieser
Ihr guter Wille noch in späten Zeiten gepriesen
werden.

Schließlich darf ich nicht unterlassen die höchst
reinliche Genauigkeit Ihrer Blätter zu rühmen; sie
erfreut bey allen architectonischen Zeichnungen, am
meisten aber ist sie bey dieser altdeutschen Bauart

willkommen, weil das Schlanke des Ganzen, das Zarte und Zierliche des Einzelnen uns dadurch auf das Angenehmste entgegentritt.

Womit ich denn, unter den besten Wünschen mich angelegentlichst empfehle.

ergebenst

Weimar den 24. Februar 1818. Goethe.


7989.

An J. H. Meyer.

Wenn Sie, mein Theuerster, diese Zeit in die Ferne nichts von mir vernommen, so war es darum, weil ich eben jetzt Ihre Nähe gar sehr vermißte: Das dritte Heft von Kunst und Alterthum hab ich ausgefertigt, wobey denn freylich Ihr Beyrath und Beyfall mir sehr heilsam gewesen seyn würde. Veranlaßt durch ein Werk des verstorbenen Bossi in Mayland: über das Abendmahl des Leonardo da Vinci, bey Gelegenheit von Durchzeichnungen die der Großherzog mitgebracht, welche Bossi selbst über verschiedene Copien des Bildes verfertigt, noch mehr angeregt von Bemerkungen welche Gaëtano Cattaneo diesen Blättern hinzugefügt, habe einen Aufsatz geschrieben, der beynahe fünf gedruckte Bogen füllt und das dritte Heft abschließt. Zu meiner großen Erbauung habe bey dieser Gelegenheit mich um Leonardo's Lebensgeschichte und den Inhalt seiner Schriften in der Nähe bekümmert, da man denn mit immer neuer Verwunderung dieses außerordentliche Talent betrachten lernt.

Auch ist der Abdruck eines Manuscripts der Vaticana von seinem Trattato della Pittura in vorigem Jahr zu Rom erschienen, worin mehrere bisher unbekannte Capitel, ja Bücher, befindlich, und auf 22 Kupfertafeln kleine, leichte, geistreiche Figuren beygefügt, wie sie Leonardo zwischen seine Manuscripte hineinzuschreiben pflegte. Es ist nicht unwahrscheinlich daß diese Copie, mit großer Sorgfalt, was Text und Kupfer betrifft, im sechzehnten Jahrhundert gemacht worden. Der römische Herausgeber, unter Beystand des Herrn de Rossi, hat es an größter Sorgfalt nicht fehlen lassen. Nur ein flüchtiger Blick welchen ich hineinthun konnte überzeugt mich von dem großen Gewinn der uns dabey zu Theil wird.

In vielen andern Stücken war mein jenaischer Aufenthalt gleichfalls fruchtbar; Ein Heft zur Morphologie ist vorbereitet, am Divan der Druck angefangen und so wollen wir sehen was wir dieses Jahr fördern können.

In der Naturwissenschaft wird durch vorzüglich gute Köpfe das Summa Summarum gezogen von verschiedenen Capiteln, wodurch uns denn der Erwerb mehrerer Jahrhunderte mit Bequemlichkeit zu Theil wird. Curt Sprengels Geschichte der Botanik und des Dresdner Carus Handbuch der Zootomie geben uns die erfreulichsten Übersichten. Ich, für meine

Person, habe dabey die Zufriedenheit, daß meine alten Ideen sich täglich mehr bestätigen und der Einfluß meiner Arbeiten auf die Wissenschaft nach und nach anerkannt wird. Dieses kommt mir sehr zu Paß da ich wirklich einige Ermuthigung brauche wenn ich meine alten Papiere, die mir von solchen Bemühungen sehr zerstückelt übrig sind, confrontiren und redigiren soll.

Wünschenswerth ist es für uns daß Sie bald wiederkehren, ob es für Sie selbst ersprießlich und heilsam ist, werden Sie am besten fühlen und beurtheilen. Die Aussicht auf den See läßt sich freylich im mittlern Lande nicht ersetzen, indessen hab' ich mich so gut als möglich postirt, indem ich in Jena mein Quartier über der Camsdorfer Brücke, in dem Erker der Tanne genommen, wohin Sie denn schönstens eingeladen sind um wenigstens eines rauschenden Flusses, einer rauchenden Stadt und eines anmuthigen Thales nicht zu ermangeln. In diesem Jena selbst, das jetzt so viel Lärm in die Welt sendet, ist es stiller als niemals, weil jeder in seinem eignen Laboratorium die Raketen und Feuerkugeln verfertigt, womit er die Welt in Staunen setzen und wo möglich entzünden möchte. Bey diesen Eruptionen sitz ich ruhig wie der Einsiedler auf der Somma. Und hiermit allen guten Geistern empfohlen.

Weimar den 24. Februar 1818.     G.

7990.
An C. F. E. Frommann.

Ew. Wohlgeboren
erhalten zugleich mit dem Gegenwärtigen, oder doch
bald darauf, durch den Bibliotheks= und Museums=
schreiber Färber die Abschrift von den sechs ersten
Bogen des dritten Heftes Kunst und Alterthum; haben
Sie die Güte solche baldigst nach Wien zu schicken,
denn Herr von Cotta in seinem letzten Briefe sagt:
daß wenn auch nur ein Theil des Manuscripts bey
der Censur eingereicht würde, dadurch schon dem Nach=
drucker das Handwerk gelegt sey. Übrigens wird
fleißig fortgeschrieben und das übrige Manuscript
kann auch bald abgehn.

Hier in Weimar bin ich wiederholten Festlichkeiten
nicht entgangen, wobey ich mir gestehn muß, daß
unsere Leutchen ihren Aufzug sehr lobenswerth voll=
bracht haben.

Mich bestens empfehlend in Hoffnung baldigen
Wiedersehens
ergebenst
Weimar den 27. Februar 1818.           Goethe.


7991.
An H. Mylius.

[Concept.] Ew. Wohlgeboren
erhalten auch einmal von mir ein Schreiben dessen gute
Aufnahme ich mir wohl erbitten darf. Sie haben

für unsern gnädigsten Herrn so viele Aufmerksamkeit daß ich wohl hoffen kann daß auch mir davon ein Theil werde zu Gute kommen.

Da Sie mit Herrn Gaëtano Cattaneo in so genauer Verbindung stehen, so lege ein Blatt an denselben bey, welches ihm zu interpretiren bitte. Ich thue dieß mit so mehr Zuversicht, als ich mir die Freyheit nehme die darin gedachte Summe von Franken an denselben auszuzahlen, wogegen ich hier mit Serenissimi Rechnungsführer sogleich Richtigkeit pflegen werde.

Mehr füge ich dießmal nicht hinzu, weil Ihro Königl. Hoheit wegen der Bücher aus Bossi's Auction sogleich zu antworten gedenken.

Ew. Wohlgeboren und Frau Gemahlin empfehle mich zum allerbesten.

Weimar den 28. Februar 1818.


7992.

An G. Cattaneo.

[Concept.]

Herr Director Gaëtano Cattaneo hat die besondere Gefälligkeit gehabt mir zwey Verzeichnisse von Bronze-Münzen zu übersenden. Nun ersuche hiermit denselben sowohl aus dem Verzeichniß A als B für die Summe von    Franken nach eigner Überzeugung geneigt auszulesen, wobey es denn hauptsächlich darauf ankommt

1) daß die Medaille ein gutes Kunstwerk und möglichst erhalten sey.

2) stellt sie zugleich eine bedeutende Person vor so ist es desto besser.

3) wäre vorzüglich auf das 15. und 16. Jahrhundert zu reflectiren.

4) lege ein kurzes Verzeichniß bey welche Stücke ich, vorausgesetzt daß sie gut erhalten sind, vorzüglich wünsche.

Ich bitte die Kürze dieses Blattes zu entschuldigen und hoffe nächstens einen Aufsatz über das Abendmahl des Leonard da Vinci, welcher so eben in's Französische übersetzt wird, zu günstiger Prüfung zu übersenden.

Mich angelegentlichst empfehlend, aufrichtige Dankbarkeit versichernd.

Weimar den 28. Februar 1818.


7993.

An J. G. Schadow.

Ew. Wohlgeboren
erhalten hierbey mit vielem Dank meine rückständige Schuld, und wünsche daß diese Sendung Sie in gutem Wohlseyn antreffen möge. Für die Notizen, die Sie mir wegen Vorbereitung des Gusses geben, bin ich höchlich dankbar. Es ist sehr interessant zu sehen wie eine solche Technik sich aufklärt und erleichtert. Wie

gern möcht ich von diesem bedeutenden Geschäft mich persönlich belehren. In meinem dritten Heft von Kunst und Alterthum geb' ich dießmal nur die allgemeine Einleitung des Unternehmens; wie man von der Arbeit selbst und von der Ausführung dem Publicum Kenntniß giebt, wird erst zu überlegen seyn.

Mit den besten Wünschen und in Vertrauen auf Ihr fortgesetztes Wohlwollen

ergebenst

Weimar den 2. März 1818.      Goethe.


7994.

An D. Artaria.

[Concept.]

Vielen Dank bin ich Ihnen, mein werthester Herr, für die Gefälligkeit schuldig daß Sie baldigst eine bedeutende Sendung von merkwürdigen Kupfern an mich abgehen lassen; nur muß ich gestehen: ich äusserte jenen Wunsch gegen Ihren Herrn Bruder in der Vermuthung, die Preise der Blätter könnten sich denenjenigen einigermassen annähern, welche ich seit so vielen Jahren, für mich und für öffentliche Anstalten sammelnd, zu zahlen gewohnt war.

Nun ersehe ich aber aus dem nachgesandten Verzeichniß daß der Geldwerth solcher Kunstwerke sehr hoch gestiegen, welches mir zwar angenehm seyn kann, indem ich manche davon besitze, aber mich auch zugleich schmerzt, weil ich auf eine weitere Anschaffung Verzicht thun muß.

Beyliegendes Blatt bemerkt die wenigen Kupfer welche auszuwählen ich mich nicht enthalten konnte. Die übrigen kommen sorgfältig gepackt nächstens wieder zurück. Herr Rath Schlosser in Frankfurt ist angewiesen den Betrag gegen Quittung auszuzahlen und ich verfehle nicht meinen Dank abzustatten für die zwar angenehme aber verführerische Unterhaltung welche Sie mir gestatten wollen. Denn ich will nicht leugnen, daß die meisten Abbrücke vortrefflich und sehr wohl erhalten sind.

Eine Übereinkunft die man mit Ihrem Herrn Bruder von Seiten Großherzogl. Bibliothek getroffen wird mir Gelegenheit geben von Zeit zu Zeit etwas von Ihnen zu vernehmen.

Der ich mich zu geneigtem Andenken empfehle.

Mögen Sie einigen Rabatt geben, so werd' ich es dankbar erkennen; er möchte um so mehr billig seyn als das treffliche Kupfer: die Bekehrung Pauli von Michel Angelo ringsherum beschnitten ist. Leider hatten noch einige schätzbare Blätter dieser Sammlung dasselbe Schicksal, die ich sonst wohl behalten hätte.

Weimar den 2. März 1818.

7995.

**An das Großherzogliche Stadtgericht
zu Weimar.**

[Concept.]

Der neue Besitzer des ehemaligen Hertelischen Hauses am Frauenthor, Kammerdiener Lämmermann, gedenkt, unter Anleitung des Hof=Zimmer=Meisters Schenk, den an meinen Garten stoßenden Theil seines Gebäudes zu verändern. Aus dem eingereichten an= liegenden Riße geht hervor daß man eine niedrige Wand über die Gebühr erhöhen, nicht weniger mehrere in meinen Garten schauende Fenster anbringen wollen. Mündliche Äußerungen des Besitzers und Zimmer= manns stimmen mit dem Riße nicht überein, ja man leugnet das was derselbe ganz deutlich ausspricht. Übrigens scheinen zwischen beiden Verhältniße ob= zuwalten wodurch die Sache trübe wird.

Da ich nun hieraus manche Unannehmlichkeit und Verdruß zu befürchten habe, und keineswegs zu leiden verbunden noch gesonnen bin daß meine natürliche Freyheit von dergleichen lästigen in mein Garten= Eigenthum gehenden Fenstern willkürlich beeinträchtigt werde; so ersuche hiedurch Hochlöbliches Stadtgericht, gedachten Bau zu sistiren und denen Unternehmern deutlichen Grund= und Aufriß anzubefehlen, woraus ihre Absichten und Wünsche unfehlbar zu erkennen seyen, damit man das Rechtliche ohne Weiteres zugestehen, das Widerrechtliche aber ebenmäßig ablehnen könne.

Weimar den 3. März 1818.

7996.

An C. G. v. Voigt.

Darf ich Ew. Exzell. um die Acten wegen Wellers bitten? Vor Ostern wünschte die Sache abgethan, da ich Gelegenheit habe den Prinzen zu sprechen über=
nehm ich es gern.

Vulpius zeigt sich wie immer völlig ohne Reflec=
tion über sich selbst.

Was soll man zu Fries Selbstvertheidigung sagen?

W. d. 4. März 1818. G.


7997.

An Johann Gottfried Ludwig Kosegarten.

[Concept.]

Ew. Wohlgeboren
werden mit dem Gegenwärtigen die letzte Revision des Ersten Bogens meines Divans erhalten. Mögen Sie die Gefälligkeit haben solchen durchzugehen, wenn Sie etwas zu erinnern finden, es zu bemerken und als=
dann an mich zurückzusenden. Sie werden mich durch Ihre einsichtige Theilnahme sehr verpflichten; wie ich denn nächstens wieder einer belehrenden Unterhaltung entgegen sehe.

Mit den reinsten Wünschen und besten Empfeh=
lungen.

Weimar den 5. März 1818.

7998.

An J. C. Wesselhöft.

[Concept.]

Ew. Wohlgeboren
erhalten hiebey den Correcturbogen zurück. Ich erbitte mir noch eine Revision, welche an Herrn Prof. Kosegarten mit beyliegendem Brief zu übergeben wäre, der sie mir sodann gefällig zuschicken wird.

Wollten Sie dem Buchbinder bemerken, daß die für mich bestimmten Exemplare des dritten Hefts von Kunst und Alterthum nicht beschnitten werden.

Mit den besten Wünschen und Empfehlungen.

W. den 5. März 1818.


7999.

An F. v. Müller.

Ew. Hochwohlgeboren
für die Mittheilung der Selbstvertheidigung und der übrigen Acten, welche noch heute zurück erfolgen sollen, höchlich dankbar, bitte nur mit einem Worte anzuzeigen, ob diese Selbstvertheidigung schon im Druck ausgegangen.

Mit den reinsten Wünschen und besten Empfehlungen

gehorsamst

Weimar den 5. März 1818.                  Goethe.

8000.
An Ernst Gottfried Freiherrn v. Obeleben.

[Concept.]

Ein Verzeichniß von italiänischen Mineralien, wel=
ches Ew. Hochwohlgeboren den Liebhabern der Oryk-
tognosie und Geognosie anbieten, ist mir zu Handen
gekommen. Dadurch veranlaßt, ersuche ich Dieselben
mir Nachstehendes gefällig zu übersenden.
Ein Analzim mit Kalkspath, Faserzeolith ꝛc. in
    Mandelstein.
Drey Fischversteinerungen von Monte Bolca.
Ein Exemplar Grünerde Brentanico (vielleicht kry=
    stallisirt?).
—    —  Bologneserspath.
—    —  Gyps, krystallisirt, von M. Donato
           bey Bologna.
—    —  Ruinenmarmor, rohes Stück.
—    —  Analzim von den Cyklopeninseln.
Da mir hierbey hauptsächlich zu thun ist, einen
Eingang fernerer Verbindung zu machen, so ersuche
Dieselben, mir instructive Stücke in Mittelgröße zu
senden nebst den nächsten Preisen. Wollen Sie mir
überhaupt ein Verzeichniß mit Ihren Preisen schicken,
so wird sich eher beurtheilen lassen, inwiefern man
weiter gehen könnte.
Der ich mit besonderer Hochachtung unterzeichne.
Weimar, den 6. März 1818.

8001.

An Carl Sondershausen.

Indem ich das mitgetheilte Melodram dankbar zurücksende, halte ich für Pflicht zu bemerken, daß der Hauptgedanke nicht deutlich genug ausgesprochen, die Ausführung aber zu weitläufig gerathen ist. Worüber vor allen Dingen ein einsichtiger Componist zu befragen wäre.

Weimar, d. 6. März 1818.

ergebenst
Goethe.


8002.

An C. v. Knebel.

Wenn unser Freund seine Noten an's englische Ministerium nicht reinlicher verfaßt als den beykommenden Brief, so weiß ich nicht, was die Herren denken sollen. Hohler, leerer, absurder und pracheriger ist mir nie etwas vorgekommen und doch zieht der Kerl immerfort seine ewige Knicker-Silhouette, die immer magerer wird, je vornehmer er thut.

In kurzer Zeit denk ich wieder bey euch zu seyn. Möge dem kleinen Menschenkind das getrocknete Obst wohl bekommen, es ist auch nicht eine Gerningische Mirabelle dabey.

Meine Zustände diese letzten Tage waren nicht die besten. Eine Parallelgeschichte zu deinem Thee hat

mich auf eine Weile unbrauchbar gemacht. Ich würge mich indessen durch und bringe Tag vor Tag, ja Stunde vor Stunde, nur das Nothwendigste zur Seite. Man weiß gar nicht, wie viel man trägt und wie
5 viel man sich dazu noch auflädt.
Nun lebe zum schönsten wohl und grüße die Deinigen.
Weimar den 7. März 1818. G.

8003.

An Zelter.

Den schönsten Dank für dein Mitternachts-An=
10 denken. Hier etwas über den alten Mayer aus einem Buche das dich unterhalten wird. Möchte ich doch auf Fausts Mantel getragen mich in's Opernhaus zu deiner großen Function niederlassen. Irdische Mittel und Wege bringen mich schwerlich nach Berlin. Näch=
15 stens mancherley.
W. den 8. März 1818. G.

[Beilage.]

A Bergame, on a encore la fureur des musiques d'église. J'ai cru voir les Italiens de 1730.

Les beautés de la musique d'église sont pres-
20 que toutes de convention, et, quoique Français, je ne puis me faire au chant à tue-tête. Rien ne coûte aux Bergamasques pour satisfaire leur passion; elle

est favorisée par deux circonstances, le célèbre Mayer habite Bergame ainsi que le vieux Davide. Marchesi et lui furent, à ce qu'il me semble, les Bernin de la musique vocale, des grands talens destinés à amener le règne du mauvais goût. Ils furent les précurseurs de madame Catalani, et Pachiarotti, le dernier des Romains.

Mayer eût pu trouver un sort plus brillant, mais la reconnaissance l'attache à ce pays. Né en Bavière, le hasard l'amena à Bergame, et le chanoine comte Scotti l'envoya au Conservatoire de Naples, et l'y soutint plusieurs années; dans la suite on lui offrit la chapelle de Bergame, et, quoiqu' elle ne soit que de douze ou quinze cents francs, les offres les plus brillantes n'ont pu l'attirer ailleurs. Je lui ai ouï dire à Naples, où il a fait la cantate de Saint-Charles, qu'il ne voulait plus voyager: en ce cas, il ne composera plus. Il faut toujours en Italie que le compositeur vienne sur les lieux étudier la voix de ses chanteurs et écrire son opéra. Il y a quelques années que l'administration de la Scala offrit dix mille francs à Paisiello; il répondit qu'à quatre-vingts ans l'on ne courait plus les champs, et qu'il enverrait sa musique. On le remercia.

Mayer, comme on voit, est dû à la générosité d'un amateur riche; il en est de même de Canòva, il en est de même de Monti. Le père de Monti ne lui envoyant plus d'argent, il allait quitter

Rome en pleurant; il avait déjà arrêté son veturino. L'avant-veille, il lit par hasard quelques vers à l'Académie des Arcades. Le prince Braschi le fait appeler: „Restez à Rome, continuez à faire de beaux vers; je demanderai une place pour vous à mon oncle." Monti fut secrétaire des commandemens du prince.

Il trouva dans une maison un moine, général de son ordre, homme plein d'esprit et de philosophie. Il lui proposa de le présenter au prince neveu: il fut refusé. Cette modestie si singulière piqua le prince; on usa de stratagème pour lui amener le moine, qui bientôt après fut le Cardinal Chiaramonti.

Le patriotisme est commun en Italie; voyez la vie de ce pauvre comte Fantuzzi de Ravenne, que l'on m'a contée à Bergame; mais ce patriotisme est dégoûté de toutes les manières et obligé de se perdre en niaiseries.

A Bergame, Mayer et Davide dirigent une musique d'église; on leur donne un oro, c'est-à-dire une pièce d'or.

---

On nous redonne un opéra de Mayer, Elena, qu'on jouait avant la Testa di Bronzo. Comme il paraît languissant!

Quels transports au sestetto du second acte! Voilà cette musique, de nocturne, douce, attendrissante, vraie musique de la mélancolie, que j'ai si souvent entendue en Bohême. Ceci est un morceau de génie que le vieux Mayer a gardé depuis sa jeunesse, ou qu'on lui a donné; il a soutenu tout l'opéra. Voilà un peuple né pour le beau: un opéra de deux heures est soutenu par un moment délicieux qui dure à peine six minutes; on vient de cinquante milles de distance pour entendre ce sestetto chanté par M^{lle} Fabre, Remorini, Bassi, Bonoldi etc., et pendant quarante représentations, six minutes font passer sur deux heures d'ennui. Il n'y a rien de choquant dans le reste de l'opéra, mais il n'y a rien.

Vorstehendes sind Auszüge aus einem seltsamen Buche: Rome, Naples et Florence, en 1817. Par M. de Stendhal, Officier de Cavalerie. Paris 1817. welches du dir nothwendig verschaffen mußt. Der Name ist angenommen, der Reisende ist ein lebhafter Franzose, passionirt für Musik, Tanz, Theater. Die paar Pröbchen zeigen dir seine freye und freche Art und Weise. Er zieht an, stößt ab, interessirt und ärgert, und so kann man ihn nicht loswerden. Man liest das Buch immer wieder mit neuem Vergnügen und möchte es stellenweis auswendig lernen. Er scheint einer von den talentvollen Menschen, der als Offizier, Employé oder Spion, wohl auch alles zugleich, durch den Kriegesbesen hin= und wieder gepeitscht

worden. An vielen Orten ist er gewesen, von andern weiß er die Tradition zu benutzen, und sich überhaupt manches Fremde zuzueignen. Er übersetzt Stellen aus meiner Italiänischen Reise und versichert das Geschicht=
⁵ chen von einer Marchesina gehört zu haben. Genug man muß das Buch nicht allein lesen, man muß es besitzen.

Weimar den 8. März 1818.     G.

## 8004.
## An C. G. v. Voigt.

Ew. Excellenz
¹⁰ senden, wie ich von Serenissimo vernehme, diese eng=lischen Zeitungen gewöhnlich nach Jena; könnten Sie einleiten daß, nach gemachtem Gebrauch, solche an den Bibliotheks= und Museumsschreiber Färber abgegeben würden, so dürften sie uns sehr zu Gute kommen,
¹⁵ denn nach darin enthaltenen Notizen möchte auch wohl in der Folgezeit öfters Nachfrage seyn.

                         gehorsamst
W. den 8. März 1818.     Goethe.

## 8005.
## An die Erbgroßherzogin Maria Paulowna.

[Concept.]

Unsern theuern Prinzessinnen hat Herr Professor
²⁰ von Münchow in dem vorigen Jahre nicht allein den

auf Mathematik bezüglichen Unterricht selbst in Jena
ertheilt sondern auch die Stunden des Professor Wei=
chardt allhier eingeleitet und, von Zeit zu Zeit herüber=
kommend, nachgesehen und geholfen. Ferner hat er
auf Sittlichkeit, Gesinnung und Betragen eingewirkt,
Aufmerksamkeit erregt und festgehalten und was er
sonst noch für Verdienste um die theuern Zöglinge sich
erworben hat. Ihro Kayserl. Hoheit haben deshalb
einigemal gnädigste Erkenntlichkeiten ihm zustellen
lassen, die er dankbar empfing. Seine Reisen hierher
waren frey so wie dessen Wohnung und Verköstigung.

Alles dieses mochte für einen angehenden oder
vorübergehenden Zustand gehörig seyn. Da man aber
Höchsten Orts wünscht, daß bey nächstem Sommer=
Aufenthalte in Jena die Lectionen fortgesetzt, eine
theilnehmende Bemühung beybehalten, auch in der
Folge ein hiesiger Aufenthalt statt finden möge; so
hat man zu Beruhigung beyder Theile annehmlich
gefunden, irgend ein Fixum auszusetzen und sich
wechselseitig auf das laufende Jahr zu verbinden.
Professor von Münchow würde das was bisher ge=
leistet worden fernerhin übernehmen, wogegen man
demselben Höchsten Orts [vierhundert Thaler] in
vierteljährigen Raten auszahlen zu lassen geneigt wäre.
Wegen seiner Anherreise und dessen hiesigem Aufent=
halt blieb' es bey'm Alten.

In der Überzeugung daß hiedurch eine größere
Freyheit in dem wechselseitigen Verhältniß statt fin=

ben werbe, hat man Gegenwärtiges Ihro Kayserl. Hoheit, nach manchem Bedacht, vorzulegen für Pflicht geachtet.

Weimar den 10. März 1818.


8006.

An C. L. F. Schulz.

Ihr lieber theurer Brief, mein Bester, fand mich im Bette, unbehaglich an einem vorübergehenden Übel; doch war die Lage keineswegs von der Art daß man mit Frohsinn den Plan einer großen Stadt hätte betrachten können, durch dessen Anleitung man sich munter und schnell durch das Labyrinth der Straßen bis zu seinen Freunden finden sollte.

Bey meinem Winter-Aufenthalt in Jena hab' ich mich gut gehalten, weil ich mit Sorgfalt den drohenden Übeln auszuweichen im Stande war. Hier aber, wo ich mich niemals schonen kann, lag ich schnell darnieder, weil Verkältung und was dem anhängt meine Übel entscheidet. Und so ist denn an keine Reise zu denken so wenig als an einen behaglichen Aufenthalt bey meinen auswärtigen Freunden. Die Ärzte bestehen darauf daß ich Anfang May's nach Carlsbad soll, da ich denn Anfang Juny's wieder zurück seyn werde.

Freund Meyer ist noch in der Schweiz, und wird in gedachter Zeit wahrscheinlich wieder hier seyn. Dieß alles trifft zusammen mit dem Inhalt Ihres Briefes, wenn ich ihn recht verstehe; und so müssen wir denn wohl unsere Wünsche bis auf den Sommer ajourniren.

Überhaupt bin ich genöthigt auszusprechen, daß mir jede Reise und auswärtiger Aufenthalt außer denen Sommermonaten unmöglich wird, auch daß ich der unleidlichste Gast bin, dem man nur auf seine eigenste Art etwas zu Gute thun kann, weil man ihm sonst gewiß immer etwas zu Leide thut. Eben jetzt hat mich das Wohlwollen meiner hiesigen hohen Gönner auf acht Tage unbrauchbar gemacht. Was ich bey dem Sommer-Aufenthalt an einem großen Ort verlöre darf ich nicht fragen noch zählen; was ich gewinne, hab' ich dankbar anzunehmen, wie ich denn in jedem Sinne mäßig und genügsam zu seyn Ursache habe.

So eben als ich schließen will fällt ein starker Schnee und tröstet mich einigermaßen, daß ich in der nächsten Woche die herrliche Aufführung der Graun=schen Passion nicht mitgenießen kann. Tausend Grüße an die werthen Ihrigen und an alle Freunde. Herrn Minister von Altenstein mich auf's andringlichste empfohlen wünschend.

Weimar den 11. März 1818. G.

## 8007.

**An C. D. v. Münchow.**

[Concept.] [11. März 1818.]

Ew. Hochwohlgeboren
sind wie ich glaube nicht abgeneigt Ihren Einfluß
auf Unterricht und Bildung unsrer lieben Fürsten
Kinder wie bisher fortzusetzen, so daß theils eine gefällige Anherkunft theils in den Sommermonaten ein
fruchtbarer Unterricht statt fänden. Da nun das vergangene Jahr gewisse Zeichen fürstlicher Erkenntlich-
keit durch meine Hände gegangen sind, ich aber wohl
fühle daß solche willkührlichen und gewissermaßen zu-
fälligen Gaben den Geber wie den Empfänger oft in
Verlegenheit setzen, so war es mir angenehm daß unsre
jungen Herrschaften für das nächste Jahr eine gewisse
Verbindlichkeit aussprachen und Ew. Hochwohlg. eine
Remuneration von 400 rh. Sächsisch in vierteljährigen
Raten zudencken mögen. Geschieht es mit Ihrem Ein-
vernehmen so bleibt übrigens alles beym alten sowohl
wegen der frühen Hierher Reise und dem hiesigen Aufenthalt. Zu Ostern würde der erste fällige Termin
durch mich abgereicht werden, es sollte mir sehr angenehm seyn wenn wir dadurch auf dieses Jahr aus
aller Zweydeutigkeit gesetzt würden, was die Folge
betrifft würde eine wechselseitige Beredung nach vorliegenden Umständen immer Statt finden. Mich bestens
empfehlend.

8008.
An F. v. Müller.

Ew. Hochwohlgeboren das Mitgetheilte dankbar zurücksendend, frage an: ob Sie nicht vielleicht das auf beygefügtem Blättchen bezeichnete Musikstück durch Herrn von Verlohren von Dresden herschaffen lassen. In Berlin ist die Partitur mit dem übrigen verbrannt.

W. den 11. März 1818. G.

8009.
An C. G. Frege und Comp.

[Concept.]

Ew. Wohlgeboren verfehle nicht folgende Nachricht zu ertheilen. Meine Geschäftsführer in Frankfurt a/M. haben ein Negoz unternommen, aus welchem gegen Ende des Monats die Summe von neuntausend Gulden Rheinisch und drüber für mich könnte erzielt werden. Kommt es zu Stande, so nehme mir die Freyheit gedachtes Geld an Dieselben durch ein Frankfurter Haus übermachen zu lassen und bitte solche für meine Rechnung so lange bey Sich zu verwahren bis ich darüber zu disponiren Gelegenheit finde.

Ich werde diese wie andere Gefälligkeiten dankbar anerkennen und meine desfallsige Schuld mit Vergnügen abtragen.

Weimar den 13. März 1818.

## 8010.
### An C. v. Knebel?

Hiebey erfolgt die prinzliche Schlußerklärung, welche die Gabe für Weller nur auf Ein Jahr bestimmt. Mehr war durch Vorstellungen und Zögern nicht zu erlangen. Aus der OberAufS.Casse erhält W. daher vierteljährlich die Summe von 37 rh. 12 gr. Cassegeld gegen Quittung deren Art und Form hier bey liegt. Lebe wohl und nimm mit dem besseren Willen vorlieb
Jena b. 16. März 1818. G.

## 8011.
### An A. v. Goethe.

Da Herr Geheime Hofrath Stark nach Weimar geht will dir mein lieber Sohn noch einiges vermelden.

1) In der Auction zu Kahla wird alles übertheuer bezahlt, Pächter und Landleute putzen mit den Meubles ihre Häuser, Apotheker Schwarz hat so manches, sogar ein paar Doppelpistolen gekauft.

2) Wenn Ottilie sich munter fühlt die Sibyllen auf künftigen Montag in's große Zimmer zum Abendmahl des Herrn einzuladen so sende Sonnabend die fertige Druckschrift.

3) Der lieben Mittheilerin des Shakespearschen Gedichts sage den schönsten Dank, es ist gewiß von

ihm und also ganz herrlich. Ich quäle mich mit einer Übersetzung damit es euch einigermaßen nahe kommt.

4) Auf inliegendem Blatt stehen einige Wünsche, erhalte ich's mit den Sonnabends-Boten, so ist es auch schon gut.

Jena den 18. März 1818. G.

5) Beykommender Brief meldet etwas höchst erfreuliches. Wünsche guten Empfang.

6) Die Musik gieb der lieben Gräfin, vielleicht macht sie sich solche so schön zu eigen, wie Mitternacht.

---

Möge euch alles wohl gerathen, das häßliche Wetter ist wirklich auf der Tanne so häßlich nicht.

Das allerbeste!

G.

8012.

An Zelter.

Zum grünen Donnerstag soll dieser Brief abgehen, zur Zeit da du deine großen Thaten verrichtest, welche dir (da an der Ehre weiter gar nichts mehr gelegen ist) in den Geist Freude und Geld in den Beutel bringen sollen. Schreibe mir von dem Erfolg was du gerne willst und magst, so derb als möglich, denn das kleidet euch Berliner doch immer am besten.

In diesen Tagen hast du mir eine große Wohl=
that erzeigt, denn das mitternächtige Lied ist mir gar
gehörig und freundlich vorgetragen worden, von einem
weiblichen, zarten Wesen, so daß es nur der letzten
Strophe etwas an Energie fehlte. Da hast du nun
einmal wieder deine Liebe und Neigung zu mir recht
redlich und tüchtig abgestempelt. Mein schwer zu be=
wegender Sohn war außer sich, und ich fürchte er
bittet dich aus Dankbarkeit zu Gevatter.

Ich stehe wieder auf meiner Zinne über dem rau=
schenden Brückenbogen, die tüchtigen Holzflöße, Stamm
an Stamm, in zwey Gelenken, fahren mit Besonnen=
heit durch und glücklich hinab, Ein Mann versieht das
Amt hinreichend, der zweyte ist nur wie zur Gesellschaft.

Die Scheite Brennholz bilettantisiren hinterdrein,
einige kommen auch hinab wo Gott will, andere
werden in Wirbel umgetrieben, andere interimistisch
auf Kies und Sandbank aufgeschoben. Morgen wächst
vielleicht das Wasser, hebt sie alle und führt sie
Meilen weit zu ihrer Bestimmung, zum Feuerheerd.
Du siehst daß ich nicht nöthig habe mich mit den
Tagesblättern abzugeben, da die vollkommensten Sym=
bole vor meinen eigenen Augen sich eräugnen.

Soll ich aber aufrichtig seyn so ist diese Ruhe
nur scheinbar: denn gerade das musikalische Wesen
eurer Charwoche hatte ich lange zu verehren und zu
genießen gewünscht und nun schwebt Auge und Geist
über das der Scheitholzflöß=Anarchie.

Um mich aber wirklich rein auszusprechen, so trö=
stet mich's wenn ich dir sage: Bist du recht ehrlich
gegen mich gesinnt; so wirst du mich nicht einladen
nach Berlin zu kommen — und so fühlt Schultz,
Hirt, Schadow und wer mir eigentlich wohl will.
Unserm trefflichen Isegrimm, den ich viel zu grüßen
bitte, ist es ganz einerley: denn es fände sich nur ein
Mensch mehr dem er widersprechen müßte. Von den
hundert Hexametern mag ich eben so wenig wissen als
von den hundert Tagen der letzten Bonapartischen
Regierung. Gott behüte mich vor deutscher Rhythmik
wie vor französischem Thronwechsel. Dein mitternäch=
tiger Sechsachtel Tact erschöpft alles. Solche Quanti=
täten und Qualitäten der Töne, solche Mannichfaltig=
keit der Bewegung, der Pausen und Athemzüge! Dieses
immer Gleiche immer Wechselnde! Da sollen die
Herren lange mit Balken und Hütchen — ◡ ◡ —
sich unter einander verständigen, dergleichen bringen
sie doch nicht heraus.

Nun vergessen sie immer daß sie uns früher, bis
zur langen Weile, versicherten: ein Poet sey kein
Grammatiker! Homer, Homeriden, Rhapsoden und
alle das confuse Geschlecht haben so hin gesaalbadert
wie Gott gewollt, bis sie endlich so glücklich gewesen
daß man ihr dummes Zeug aufgeschrieben, da denn
die Grammatiker sich ihrer erbarmt und es nach zwey=
tausendjährigem Renken und Rücken endlich so weit
gebracht, daß außer den Priestern dieser Mysterien

niemand mehr von der Sache wisse noch wissen könne. Neulich versicherte mich jemand, Xenophon habe eben so schlechte Prosa geschrieben als ich; welches mir denn zu einigem Troste dienen sollte.

Den Raum zu füllen gedenke ich noch eines Scherzes der mich unterhält. Unsere Mayländer Freunde, die wir durch des Großherzogs Reise gewonnen, Männer von außerordentlicher Bedeutung, Kenntnissen, Thätigkeit und Lebensgewandtheit, welche zu cultiviren ich alle Ursache habe, verstehen kein Deutsch.

Nun lasse ich meinen Aufsatz über's Abendmahl hier in's Französische übersetzen. Durch einen gewandten Franzosen, der als Emigrirter zu uns kam, die Invasionsvisite seiner lieben Landsleute und was draus folgte bey uns ausgehalten hat. Dieß ist ein ganz eigener Spiegel wenn man sich in einer fremden Sprache wieder erblickt. Ich habe mich um die Übersetzung meiner Arbeiten nie bekümmert, diese aber greift in's Leben ein, und so giebt sie mir viel Interesse. Will ich meine deutsche, eigentlich nur sinnlich hingeschriebene Darstellung im Französischen wieder finden; so muß ich hie und da nachhelfen, welches nicht schwer wird, da dem Übersetzer gelungen ist die logische Gelenkheit seiner Sprache zu bethätigen, ohne dem sinnlichen Eindruck Schaden zu thun.

---

Bin ich dir nun oben mit Erzählung von Stammholz-Floßen lästig geworden, so muß ich zum Schluß doch noch sagen: daß Heute, Gründonnerstag, an deinem Feste, auch in Kösen an der Saale, über Naumburg, der große Holzmarkt gefeiert wird, wo künftige Stadt= und Landgebäude zu hunderten roh auf dem Wasser schweben. Gebe der Baumeister aller Welten ihnen und uns Gedeihen. — Auf der Saal=Zinne in Sturm und Regen

tui amantissimus.

[Jena] am 19. März 1818.         G.


8013.
An den Großherzog Carl August.

**Ew. Königliche Hoheit** ersehen gewiß, aus beykommendem Briefe des Director von Schreibers, Fol. 16 und 17 anliegender Acten, mit Vergnügen, daß der famose Heuhandel sich glücklich und gänzlich zerschlagen hat und also die schon bestimmten und angewiesenen 600 Gulden gerettet sind.

Als die Sache zur Entscheidung kam zeigte sich daß der unselige Jahn von denen angekündigten sechs Bänden auch nicht einen befriedigend vorlegen konnte, so daß Director von Schreibers berechtigt war ihm den ganzen Handel aufzukündigen. Das fünfte Hundert, welches mit der nächsten Sendung anlangen soll, ist von dem früheren Vorrath bezahlt und noch 200 Gulden übrig.

Mit der neuen Anweisung von 1000 Gulden wollen wir weislich verfahren. Nach Verabredung mit Renner werde von bedeutenden Skeletten einiges bestellen, bey welcher Auswahl uns die Arbeiten von Spix und Carus zu Gute kommen. Das Museum auf dem Heinrichsberg wächst auch recht lobenswürdig, und da man über diese Dinge weit mehr Klarheit hat als vordem, so soll, hoffe ich, nur Nützliches geleistet werden.

Wegen der Fortsetzung der Flora Austriaca wollen wir uns wohl bedenken. Auf alle Fälle ist gute Witterung abzuwarten, wo man wieder auf den Museen arbeiten kann. Beykommende Acten erbitte mir zurück, ich werde sogleich den guten Schreibers trösten, der in Verzweiflung zu seyn scheint daß er nur einen Augenblick jenem unzuverlässigen Menschen traute.

Jena, auf dem Tannenwipfel, geschaukelt wie ein horstender Rabe. b. 19. März 1818.

Aufrichtigst wünschend
verehrend
unterthänigst
Goethe.

8014.
An Döbereiner.

Ew. Wohlgeboren verfehle nicht zu melden, daß Serenissimus wünschen, Dieselben möchten in diesen Tagen nach Weimar kommen. Ich wünsche hierüber nähere Auskunft zu

geben und würde morgen früh um 10 Uhr anfahren, um eine lang entbehrte Unterhaltung zu genießen.
Jena den 22. März 1818. Goethe.

### 8015.
### An August und Ottilie v. Goethe.

Das Einzige wünscht ich daß meine Kinder ein paarmal im Paradiese mit mir auf und ab liefen, sie würden sich erfreuen über den verwandelten Papa. Ich bin, wenn nicht aus dem Regen in die Traufe, doch aus der Traufe in den Regen gerathen. Theater und Universität! Eins und ebendasselbe! — Mit Backfischen bin ich gesegnet, der größere, ja der größte soll euch eine frohe Mahlzeit seyn. Gedencket
Jena d. 22. März 1818. G.

### 8016.
### An A. v. Goethe.

Zu wünschen:
1) Herr Canzleyrath Vogel wünscht einen Brief von Herrn Hüttner wieder zu erhalten, er muß sich unter den letzten Papieren finden, die ich zurückgelassen habe, es sey daß sie auf dem Schreibtisch liegen geblieben oder daß sie in das Schränkchen geschoben worden, es wäre gut wenn man ihm solchen auffinden könnte.

2) In Paris hält sich ein Lord Egerton auf, Abkömmling des großen englischen Hauses, er sendet unsern Bibliotheken zum Geschenk seine Werke in mehreren Exemplaren, welche von Bedeutung zu seyn scheinen, auch niemals in Handel gekommen sind. Ich wünschte von ihm Particularia zu erfahren, weil ich antworten und danken muß. Sagen unsere literarischen Hülfsmittel nicht genug von ihm, so hätte Seine Excellenz der Herr Staats=Minister von Voigt die Gnade durch den Herrn von Treutlinger völlige Notiz einzuziehen.

3) Ich habe vor meiner Abreise einen Brief vom Herrn Director Cattaneo erhalten, den ich in Weimar zurück ließ und jetzt gerne hier hätte, er muß wie der Hüttnerische entweder auch auf dem Schreibtische oder in den Schiebeschränken liegen.

4) Bey Kupferstecher Ermer nachzufragen, ob derselbe an den Buchstaben der alten Inschrift zu schneiden angefangen habe, und ob ich davon Abbrücke sehen könne.

Jena den 23. März 1818. G.

8017.

An J. A. G. Weigel.

[Concept.]

Ew. Wohlgeboren haben mir durch Ihre neuste Sendung besonderes Ver= gnügen gemacht, wovon Sie sich desto gewisser über=

zeugen werden da Ihnen die Preise solcher Kunstwerke bekannter sind als mir selbst. Nur wenige dieser Blätter erreichen die Summe die ich mir persönlich als Ziel würde gesetzt haben. Die übrigen hätte ich, wären sie mir nach und nach angeboten worden, durchaus theuerer angekauft.

Haben Sie die Gefälligkeit auch in der Folge gleiche Sorgfalt für mich zu tragen. Könnte ich übrigens den Catalog dieser Auction, mit beygeschriebenen sämmtlichen Preisen erhalten, so würde mir es zur Belehrung und künftig zu einiger Richtschnur dienen. Den Winklerischen Auctions=Catalog und andere besitze ich schon auf diese Weise.

Was das englische Papier betrifft, so würde mir ein Buch, sorgfältig auf eine Rolle gewickelt und gut eingepackt, mit der fahrenden Post willkommen seyn.

Um gefällige Nachricht bittend wenn sonst etwas im Kunsthandel Merkwürdiges vorfällt. Mich zum geneigten Andenken empfehlend.

Zugleich bemerke daß ich postfrey bin, und daß auch künftig größere Packete mit der fahrenden Post an mich geschickt werden können.

Jena den 23. März 1818.

8018.
An C. G. C. Vogel.

[Concept.]

Ew. Wohlgeboren
haben gewünscht einen Brief Herrn Hüttners wieder zu erhalten, ich schreibe deshalb nach Weimar wo ich denselben zurückgelassen habe. Sollte man ihn nicht finden so werde ich ihn bey meiner Rückkunft sogleich aufsuchen. Eine Kleinigkeit, die ich noch von London wünsche, habe ich hierbey bemerkt und ersuche Dieselben um gefällige Beförderung.

Herrn Hüttner wäre wegen seiner gefälligen Sorgfalt verbindlichster Dank abzustatten und zugleich nachstehender Nachtrag zu entschuldigen.

Man wünscht vom Philosophical Magazine und zwar vom Jahr 1803 auch noch den Monat August No 63, man bemüht Herrn Hüttner ungern in dieser Angelegenheit abermals.

Mit den besten Empfehlungen.
Jena den 23. März 1818.


8019.
An Carl Gustav Carus.

Ew. Wohlgeboren
Sendung kommt mir zu einem glücklichen und bedeutenden Moment: denn indem ich seit einem Jahr den

Auftrag habe in Jena, unter Leitung Herrn Professor
Renners, eines vorzüglichen Mannes, dessen Verdienste
Ihnen gewiß nicht unbekannt sind, eine Schule der
Thierkunde einzuleiten und zu fördern, damit uns die
höchst nothwendigen und nützlichen Haus=Geschöpfe, im
gesunden und kranken Zustand, sodann auch in ihrem
Bezug zu der übrigen animalischen Welt genauer
bekannt würden; so gab mir dieß den schönsten
Anlaß ältere leidenschaftliche Studien zu erneuern,
meine Papiere vorzunehmen und einiges, als Zeug=
niß meines innigsten Antheils, dem Publikum dar=
zulegen.

Wenn ich nun schon längst ein Compendium ent=
behrte, welches methodisch genug angelegt wäre den
hohen Begriff zu erleichtern und die ungeheure Na=
turidee knapp im Einzelnen und lebendig im All=
gemeinen nachzuweisen; so mußte mir Ihre Arbeit
höchst erwünscht seyn und ich zweifle nicht daß in
wenigen Jahren sich der akademische Unterricht nach
Ihrer Leitung richten werde. Wie sehr hätte ich ge=
wünscht dieses nächsten Sommer schon bey uns zu
erleben.

Da ich mich seit vierzig Jahren in diesem Felde
redlich abquäle; so gehöre ich gewiß unter die welche
Ihr Werk höchlich schätzen. Nur wenige Stunden
konnte bisher darauf verwenden, allein ich sehe schon
auf jedem Blatt, auf jeder Tafel meine Wünsche er=
füllt. Das von andern Geleistete, Bekannte, aber in

tausenderley Schriften und Heften Zerstreute gesammelt und mit Neuem, Eignen vervollständigt.

Ich nehme nun mit desto mehr Zuversicht meine alten Papiere vor, da ich sehe daß alles was ich in meiner stillen Forscher=Grotte für recht und wahr hielt, ohne mein Zuthun, nunmehr an's Tageslicht gelangt. Das Alter kann kein größeres Glück empfinden als daß es sich in die Jugend hineingewachsen fühlt und mit ihr nun fortwächst. Die Jahre meines Lebens die ich, der Naturwissenschaft ergeben, einsam zubringen mußte, weil ich mit dem Augenblick in Widerwärtigkeit stand, kommen mir nun höchlich zu Gute da ich mich jetzt mit der Gegenwart in Einstimmung fühle, auf einer Altersstufe wo man sonst nur die vergangene Zeit zu loben pflegt.

Nehmen Sie beykommendes Heft freundlich auf! Sie finden größtentheils darin worüber wir einig sind. Zu Michael hoffe ein zweytes zu senden. Unterrichten Sie mich von Zeit zu Zeit von Ihren Zuständen und Arbeiten, ich habe Pflicht und Muße daran Antheil zu nehmen.

Vergessen darf ich zum Schlusse nicht daß die geistreiche Behandlung der Tafeln für den allgemeinen Begriff, wie er hier erwartet werden kann, sehr willkommen erscheint. Verzeihen Sie übrigens eine etwas eilige Behandlung Ihrer so wichtigen Arbeit. Bey so vielem Zudrang bin ich gewohnt daß Freunde es nicht so genau mit mir nehmen: denn manchen lieben

werthen Brief ließ ich unbeantwortet eben weil ich
etwas Würdiges zu erwidern mir zur Pflicht machte.
                    Das Beste wünschend
                              ergebenst
Jena b. 23. März 1818.              Goethe.

8020.
An F. v. Müller.
Ew. Hochwohlgeb.
geneigte Sendung erfreut mich höchlichst als Zeichen
Ihrer Andenckens und Wohlwollens. Übrigens be=
schäftigen mich seit mehreren Tagen: schlechte Finanzen,
Notablen auf Notablen, General Staaten, National
Convent, National Garden und das volle Drunter=
und Drüber von Jakobinern, Feuillans, die rechte
und lincke Seite, Mord und Todschlag, nebst höf=
lichem Ersuchen an's Volck: es möge sich doch auf
andre Weise amüsiren. ppp. Hieraus sehen Sie, mein
Theuerster, daß ich mich nicht verwundern darf wenn's
in der Welt wunderlich und geschwind geht. Wenige
Monate waren hinreichend erst genannte Geburten,
mit tausend vor= und nach Geschwistern hervorzu=
bringen.

Leben Sie wohl, gedencken mein. Grüßen Sie
alle schönen Tugenden und Vorzüge
                              von dem Alten
[Jena] b. 25. März 1818.    auf dem Tannehorst.

8021.

An C. F. E. Frommann.

Ew. Wohlgeboren
erhalten abermals einen Theil des Manuscripts, das
fehlende, drittehalb Bogen betragende, ist zunächst ver=
sprochen worden.

Auch wünschte zu wissen, wann der Druck des
zweyten Hefts der Morphologie angefangen werden
könnte, damit ich mich wegen einem kurzen Aufenthalt
in Weimar danach richten könnte.

Sodann sende ein merkwürdiges Manuscript, wel=
ches wir in demselben Format, wie es liegt, Seite für
Seite wünschten abdrucken zu lassen. Die dazu ge=
hörigen seltsamen Schriftzeichen sind deshalb in Holz
geschnitten worden. Es hat damit Zeit bis nach der
Messe: doch wünschte vorher noch einen Überschlag der
Kosten.

Mit den besten Wünschen und Empfehlungen.

Kupferstecher Müller wird erinnert und resp. be=
auftragt

ergebenst

Jena den 25. März 1818. Goethe.


8022.

An Ottilie v. Goethe.

Du mußt, meine liebe Tochter, doch kein ganz
echtes Vaterlandsgefühl in dir hegen, sonst hättest

du dem, obgleich versiegelten Packet seine Gottlosig=
keit angefühlt. Bedenke nur! dieser schreckliche Dra=
matiste läst die wahre preußische, uralte Dreheinigkeit
Perkunos, Potrimpos, Pikollos aus dem ewigen Eichen=
laub herabstürzen, weil das leidige Gelichter: Ottokar
von Böhmen, Rudolph von Habsburg, ja sogar ein
anonymer Graf von Habsburg sich einfallen lassen
meine eblen alten Bernstein=Preußen heimzusuchen
und zu cristenen (Frage die liebe Mutter was das
heißt).

Werners Kreuz an der Ostsee hat uns dieses gar=
stige Spectakel schon einmal zugemuthet; da war es
aber doch wenigstens Original; jetzt kann es keines=
wegs passiren, am wenigsten vor mir als einem echten
Bernstein=Patrioten.

Willst du deshalb, meine allerliebste Tochter, mit
einigen Redensarten, die dir vielleicht zu Gebote stehen,
uns höflichst herausziehen, so conformire dich, in
meinem Namen, mit Geheime Rath Wolf, welcher
zum Druck räth und einen, für den einzelnen Beur=
theiler höchst lästigen Ring und Reif, oder Kette wie
man will (in der Kunstsprache Cyclus genannt) dem
Publicum an den Hals wirfst, das recht gut weis wie
es dergleichen Dinge los werden soll. Überzeugt daß
du dir eine Freude machst dergleichen, einem wahren
Ostsee=Freunde höchst widerwärtige Dinge zu beseti=
tigen, überlaße ich deiner vorsteherlichen Weisheit
Mittel und Wege zu erwählen und zu ergreifen.

Dazu kann ich nicht unbemerkt laſſen daß der Dramatiſt der Erfinder der vor Zeiten rumorenden Fahrküchen iſt und, da dieſe nicht ſonderlich Schmackhaftes hervorgebracht, es jetzt in einem andern
5 Geſchmacksfelde verſuchen will.

Möge für dieſe Peinen die ich dir auflade dir alles andere zu Gute kommen und Mons. Misele geputzt und glänzend bald unſere ſämmtliche Begrüßungen auffordern.

10 Grüße die verehrten Sibyllen, die heitern Muſen und was ſonſt froh und nützlich vereint ſeyn mag.

Das ſchönſte Lebewohl!

Kannſt du für das ſehr wohlgerathne, mir ſehr liebe Bild des unvergeßlichen Grafen Reden irgendwo
15 einen Danck abſtatten ſo verpflichteſt du mich durch Erfüllung dieſer Pflicht.

Friede dir! und Wohlgefalle
bey allen guten Leuten.

Jena den 26. März 1818. G.


8023.
An A. Genaſt.

[Concept.]

20 Da ich ſchon längſt der Frau Geheime Regierungsräthin von Voigt die Mittheilung beykommenden Büchleins ſchuldig bin, ſo ergreife um ſo lieber eine Gelegenheit daſſelbe abzuſenden als ich zugleich mich

erkundigen kann, wie sich Herr Geheime Hofrath be=
findet, wie es Ihnen und den lieben Ihrigen geht, da
ich mich denn freylich auch zum freundlichen Andenken
empfohlen wünsche.

Möge genannter werthen Freundin beykommendes
Heft auch einigen Antheil abgewinnen. Nächstens
persönlich das Weitere hoffend.

Sehen Sie Herrn Beuther so danken Sie ihm für
die übersendeten prächtigen egyptischen Decorationen.
Können Sie mir einen Wink geben wie ich diesem
geschickten und gefälligen Mann auch einmal etwas
Freundliches erwiese, so würden Sie mich verbinden.

Mit den besten Wünschen.
Jena den 26. März 1818.


8024.
An J. H. Meyer.

Eigentlich, mein theurer Freund, haben wir uns,
vor und nach dem Abscheiden, ein wenig unbehülflich
benommen, daß wir uns nicht wegen einer fleißigeren
Communication verabredeten. Ich hatte so manches
zu schicken, das ich bis an die Grenze frankiren konnte;
weil man uns aber die Schweiz in allem so theuer
vorspiegelte, so fürchtete ich immer Ihnen disproport=
tionirte Kosten zu verursachen. Daraus mag denn
das Gute entspringen daß wenn wir uns wiedersehn
manches ganz frisch mitzutheilen seyn wird.

Zunächst aber schreiben Sie mir doch: wenn Sie die Rückreise anzutreten gedenken. Meine Absicht ist sehr frühe nach Carlsbad zu gehen, ehe der Menschen=strudel sich um dem Wasserstrudel wirbelt. Auch um bald wieder hier zu seyn, da es gar manches zu thun und anzuleiten giebt, schwerlich sind Sie um diese Zeit schon wieder hier! Woher kommt es daß Sie gar keine Neigung zeigen Ihr schweizerisches Baaden zu besuchen? ich würde mich glücklich schätzen ihm so nahe zu seyn.

Was Ihre Rückreise betrifft wage ich keinen Rath zu geben; thun Sie was Ihnen zuletzt am erfreulich=sten scheint; doch würde mich zunächst Ulm und Mün=chen anreizen. In Ulm sollen nach Hirts Versiche=rung sich wundersame altdeutsche Dinge befinden, unter andern nennt er einen Meister Hans Baldung Grien*) mit großer Hochachtung, von dem er selbst ein sehr schätzenswerthes Bild acquirirt hat.

In München sind Abgüsse der Phigalischen Bas=reliefs angelangt. Louise Seidler hat mir eins, blau Papier, schwarze Kreide, weiß gehöht, in Größe des Originals zugeschickt, unter Langers 'Einfluß sorg=fältig gearbeitet. Es ist ein Abgrund von Herrlich=keit, und wohl unerläßlich solche zu betrachten: denn, genau besehen, wird an den Aeginetischen wenig Freude

---

*) Doch ich irre! das Hauptbild dieses Meisters ist nicht in Ulm, sondern zu Freiburg im Brisgau.

zu haben seyn. Es sind zusammengestoppelte Tempel=
bilder, von ganz verschiedenem Kunst=Werth (die liegen=
den vielleicht zugearbeitet) die immer problematisch
bleiben müssen. Glauben wir doch nicht daß die Alten
alle ihre Röcke aus ganzem Tuch geschnitten haben.

Den Phigalischen aber muß man nachsagen daß
sie kapital und echt sind. Bereiten Sie sich vor von
den Münchner Wissenden Folgendes zu hören: „Das
Lebendige, die Großheit des Styls, Anordnung, Be=
handlung, das Relief alles ist herrlich. Hingegen
kann man bey so viel Schönem die außerordentliche
Gedrungenheit der Figuren, die oft kaum sechs Kopf=
längen haben, überhaupt die vernachlässigten Propor=
tionen der einzelnen Theile, wo oft Fuß oder Hand
die Länge des ganzen Beins oder Arms haben u. s. w.
kaum begreifen. Und was soll man sagen daß man
an den Coloß beynahe in allen Vorstellungen erinnert
wird."

Mir löst sich dies Räthsel folgendermaßen auf:
diese Basreliefs sind nicht selbständige Werke, sie
sind architektonischen Zwecken, einem allgemeinen Effect
untergeordnet.

1. Die Figuren sind gestutzt in Bezug auf dorische
   Ordnung.
2. Der Haupteffect sollte erreicht werden durch Zu=
   sammen= und Gegenstellung der Figuren und
   zwar nur in Absicht auf die bedeutenden Körper=
   theile. Hier ist nichts versäumt! Wie sich be=

deutende Gelenke und Schlußglieder, Hand, Knie, Fauſt, Kopf pp. zuſammen verhalten, es fordert Anbetung.

Nun aber dieſes zu bewirken und um zu allererſt die maſſenhaften Partien zu reguliren, Pferdehals und Männerbruſt einander entgegen zu ſtellen, und dazwiſchen doch noch einen Amazonenbuſen geltend zu machen, da bleibt einmal ein Fuß geſtaucht, verlängert ſich ein Arm über die Gebühr. Wollte man das in's Gleiche bringen ſo entſtünde ein nettes, aber würkungs= loſes Getreibe.

Sieht man nun in dieſem Sinne die übrigen ama= zoniſchen und centauriſchen Gebilde, nur wie ſie uns das Induſtrie Comtoir gegeben, ſo findet man über= ſchwengliche Kunſt und Talent, höchſte Weisheit und Thatkraft, unbedingt frey, einigermaßen frech.

So dürfte man auch wohl annehmen, daß bey der= gleichen weitläufigen, verdungenen Arbeiten man keines= wegs erſt Modelle gemacht und mit Fäden, Zirkeln oder ſonſt, höchſt gewiſſenhaft verfahren. Wenn der Hauptbegriff gegeben war, ſo arbeitete der Künſtler wohl auch aus dem Stegreife, wie denn auch jetzt nicht immer Cartone gemacht werden, dagegen auf grundirter Leinwand, wo nicht inventirt und ſkizzirt, doch wenigſtens aus freyer Hand gezeichnet und dann friſch drauf los gemahlt wird.

Man bemerkt, wie die Freundin meldet, verſchiedene Behandlungsarten: oft das genauſte Studium der Na=

tur in den männlichen Körpern, dagegen wieder manches roh und flüchtig. Alles dieses scheint mir auf eine rasche, hohe, verwegene Thätigkeit hinzudeuten.

Der Bemerkung wegen Wiederholung des Colossen würde ich entgegen setzen: man möge doch bedenken wie man uns nun bald seit 2000 Jahren mit Muttergottes=Bildern ennuyirt habe.

Dies alles wünscht ich freylich von Ihnen beurtheilt: denn nach leichten Umrissen des Ganzen und einer einzelnen, treu=fleißigen Nachbildung kann man doch nur im Allgemeinen urtheilend herumtappen.

Und so will ich denn schließen, und meinen Discurs über das Abendmahl beylegen. Indem er Ihnen zu denken giebt wird er manches zu wünschen übrig lassen. Mir scheint bey allen diesen Dingen, die doch mehr oder weniger rhetorisch sind, der Hauptzweck daß man Werth und Würde der Kunst immer wieder einmal zur Sprache bringe.

Vale iterum atque iterum.

fröhliches Wiedersehn!

Jena den 26. März 1818.       G.

———

Die Leipziger Kunstlotterie (denn so darf man wohl jede Kupferstichauction nennen) ist höchlich zu unsern Gunsten ausgeschlagen. Etwa ein halb Dutzend nur sind zu dem Preis gelangt wo ich mir selbst Grenzen gesetzt hätte; sehr viele höchst billig und der größte Theil noch unter unsern gewöhnlichen Preisen.

Auf die Franzosen, die nun wie billig im Verschiß sind, bietet niemand. Den Olymp von Primaticcio, etliche dreyßig Figuren, gut erhalten für 2 Groschen und so weiter von ihm und Rosso. Die Landschaften nach Caspar Poussin von Glauber, Glaubers eigene Erfindungen und Arbeiten, allerliebste Sachen wie geschenkt, von Sebastian Bourdon eine Menge selbst radirt, worunter Haupt= und Nebenblätter sein Ver= dienst zu erkennen, um gleichfalls schimpfliche Preise. Eigenhändige Radirungen von Champaigne nach eige= nen großen Bildern, auf die er sich was zu Gute that, kostbare Abdrücke immer in selbigem Maaßstab bezahlt. Leichte frevelhafte Radirungen von Watteau; das lustigste aber Watteau's Portrait von ihm selbst gemahlt, von Boucher radirt, das höchste Document gallischer Kunst=Nichtigkeit in jenen Jahren! würde ich um keinen Preis hergeben, kostet 2 Groschen. Le Sueur viel und vorzüglich.

Noch viel toller aber ist es mit den Niederländischen Weltgeschichts= und Zeitungsbildern, vom Schluß des 17. Jahrhunderts. Da ich dergleichen unbedingt ver= langte, so ist ein Hagelwetter von Romeyn de Hooghe, Joh. und Georg Lütkens über mich hergefallen, wor= unter ganz kostbare Sachen sind, welche, mit dem was wir schon besitzen, den Begriff der Zeit völlig ab= schließen. Die größten Platten verschollener Schlachten, mit ihren Helden ad vivum vorgestellt, wurden, nur daß es was hieße, für einen Groschen hingegeben;

anderen Sammlungen, wie Lütkens Kirchengeschichte, ging es viel schlechter.

Eine Handzeichnung von Romeyn (Einen Thaler) spricht das Verdienst ihres Meisters in Absicht auf Conception und Effect vollkommen aus.

Der Einzug von Ludwig dem 14^ten in Dünkirchen, von van der Meulen selbst radirt, übertrifft alle Erwartung. Ein später gleichfalls mitgekommner, nachgearbeiteter Abdruck läßt erst das Verdienst des älteren recht erkennen.

Sollte ich nun schließen ohne zu sagen daß Paul Brill, durch Egidius Sattler und Nieuland, Jodocus Momper, durch Theodor Galle, besonders aber durch Ekbert von Panderen, Mucian aber durch Cornelius Cort, in vortrefflichen, mehr oder weniger erhaltenen, wiederhergestellten, oder geringeren Abdrücken zu uns gekommen sind, so habe ich viel gesagt. Und dennoch muß ich noch hinzusetzen daß von den Rubenischen Landschaften eben so viel zu rühmen ist. — Damit ich ende sage ich nur daß Einhundert Blätter der Italienischen Schule gleichfalls gefunden sind.

in fidem

Jena den 26. März 1818. G.

8025.

An Antonie Brentano.

Sie haben uns, verehrte Freundinn, auf das anmuthigste durch eine köstliche Sendung überrascht, sie

giebt uns, in diesen, immer etwas bedencklichen Tagen, neue Hoffnung und Zuversicht: denn wie sollten die Götter ungefällig genug seyn das Familienfest zu stören dessen Feyer die wohlgesinnteste Freundschaft
5 statlichst vorbereitet. Nehmen Sie den aufrichtigsten Danck für so thätige Theilnahme, und verzeihen der Kürze dieses Briefes, den ich nicht verlängern will um unser frohes Anerkennen eiligst auszubrücken.

Möge die Beylage einiges Vergnügen gewähren und
10 mich Ihnen wäre es nur auf Augenblicke näher stellen. Den theuren Hausgenossen und Nachbarn die lebhafte=sten Grüße
treu verpflichtet
Jena d. 26. März 1818. Goethe.


8026.
An A. v. Goethe.

15 Zu wünschen:

1) Daß du einen Zeddel machst was dir aus der Museums Casse zu Gute kommt wegen deiner dies=jährigen Expeditionen hierher.

2) Und mir eine Papierscheere sendest.

20 3) Daß Ermer veranlaßt werde seine Rechnung für die geschnittenen Buchstaben zu machen.

4) Daß beyliegendes Briefchen zu Kupferstecher Müller komme.

5) Auf den Repositorien an der Thüre steht ein
25 deutsches Manuscript welches in Hexametern eine Reise

auf das Riesengebirge darstellt, dieses wünscht' ich herüber.

6) Unter'n französischen Revolutionsschriften befindet sich eine die den Titel führt Actes des Apôtres. Diese wünsche bald herüber.

7) Nächstens werden die 4000 rh. Sächs. von Leipzig her auf den Hals kommen, eile sie unterzubringen.

8) Dagegen laß mich aber nicht immer in der Weinklemme, einzeln bey Freunden zu borgen ist beiden Theilen unbequem, unschmackhaftes Zeug theuer bezahlen ganz verdrießlich. Das Beste wird seyn man beredet's mit Ramann daß er von Zeit zu Zeit einen Eimer hierher schicke. Ich sehe nicht warum man sich mit einem Zwischendepot doppelte Mühe und unangenehmes Versäumniß machen soll.*)

9) Beykommende Packete und Briefe besorgst du in der Stadt und auf die Post.

10) Die Sendung an Meyer habe offen gelassen damit du solche lesest, besonders in Bezug auf die neue Kupferstichacquisition.

Valete

Jena d. 27. März 1818.         G.

---

*) Da du vor Abgang des Gegenwärtigen die durstigen Seelen hinlänglich gelabt hast; so soll dir deswegen das gebührende Lob nicht ermangeln.

## 8027.
### An die Gebrüder Felix.

[Concept.]

Die Herren Vorsteher der akademischen Rosen=kellerey haben bey mir, schon seit einigen Jahren, den Burgunder getrunken mit welchem Sie mich regel=mäßig zu versehen pflegen; da man nun diesen Wein an und für sich für gut befunden, zugleich aber auch mit seiner Egalität, insofern solche zu erwarten, zu=frieden gewesen, so hat man den Entschluß gefaßt sich deshalb mit Ihnen in Connexion zu setzen. Mögen Sie das durch Herrn Rent=Amtmann Lange zu er=öffnende Verhältniß, wie ich nicht zweifle, mit Ver=gnügen erwidern, so werden Sie bey guter und immer gleicher Lieferung wahrscheinlich auch von Ihrer Seite zufrieden seyn. An prompter Bezahlung wird es niemals fehlen.

Jena, den 27. März 1818.

## 8028.
### An Matthias v. Flurl.

[Concept.] [Jena, 28. März 1818.]

Ew. Hochwohlgeboren haben, einstimmig mit Herrn Oberbergrath Wagner, das Kabinett der mineralogischen Gesellschaft in Jena dergestalt bereichert daß, ob uns gleich manches Gute und Lehrreiche zu Theil wird, Ihre Sendung jedoch zu einem besonderen Danck auffordert.

Unser gnädigster Herr der Großherzog, welcher für alles Bedeutende was geschieht, und um so mehr wenn es heimische Zwecke befördert, ein anerkennendes Gefühl hegt, betrachtete die nunmehr anständig auf=gestellte Folge jener höchst bedeutenden Mineralien mit viel Vergnügen und Theilnahme, daher glaube ich mich berechtigt von denen mir anvertrauten sehr gut gerathenen Bildnissen zwey Exemplare zuzusenden, mit dem Wunsch daß die wohlwollenden Freunde Sich unserer dabey immer so gern erinnern mögen als wir durch Ihre reichliche, unterrichtende Gabe immerfort zu einem dankbaren Andenken verpflichtet sind.

Jena den 26. März 1818.

8029.

An v. Trebra.

[Concept.] [Jena, 28. März 1818.]

Mit dem freundlichsten Dank für die gute Auf=nahme meiner kleinen Sendung überschicke sogleich eine chemische Zauber=Formel nach dem neusten Schnitt, welche die Wissenden von Freiberg gewiß alsogleich lösen und benutzen werden.

Wäre noch eine Notiz von der Prüfung jenes merkwürdigen Erzgesteins übrig, woraus sich ersehen ließe was solches noch außer den Metallen enthalten, und ob etwa Schwefel beygemischt gewesen? so würde es für uns sehr interessant seyn.

Dank nicht weniger für das geneigte Andenken an
meine Kinder. Ich habe sie vor ohngefähr zehn Tagen
ganz munter verlassen und höre daß sie sich in Er=
wartung und Hoffnung geduldig hinhalten.
Soviel für dießmal, damit die wissenschaftliche
Anfrage nicht aufgeschoben werde!
Jena den 25. März 1818.


8030.
An F. G. Hand.
[Concept.]
Schon lange habe ich das Vergnügen entbehrt
mich mit Ew. Wohlgeboren zu besprechen. Geschähe
es mit Ihrer Zufriedenheit so würde ich Sie morgen
früh gegen 11 Uhr zu einer Spazierfahrt abholen.
Jena den 28. März 1818.


8031.
An Julie Auguste Christine Freifrau
v. Bechtolsheim.
[Concept.]
Wenn, theuerste Freundin, ich mir die Freiheit
nahm in Ihre Psalter einzugreifen, so geschahe es um
Ihr Eigenstes aufzuregen, alles also was Sie em=
pfinden, dencken, urtheilen und verbessern ist recht:
denn es war ja nur bey mir der leichte Federzug
eines Augenblicks.

8*

Ob Sie gleich, meine Beste, in allem Guten ge=
wandt sind so könnten Sie doch immer von uns alten
Herrn noch etwas lernen: setzten Sie in Ihrem lieben
Briefe statt vor dreyßig Jahren, seit dreyßig Jahren,
so hätte man sich das Unwahrscheinliche überreden
lassen, weil es gar zu schmeichelhaft wäre.

Verzeihen Sie der fremden Hand und überzeugen
Sich von der treuen Anhänglichkeit Ihres alten Freun=
des und Verehrers.

Jena den 29. März 1818.


8032.
An C. G. v. Voigt.

Wohlthätiger konnte mir nichts seyn als daß
Ew. Excellenz wieder zum Vortrage sich eingefunden,
und daß ich sodann von Ihrer eigenen Hand vernahm
wie das uns alle beängstigende Übel auch nur ein
Übergang gewesen. Mögen die in unserer lieben Zeit=
lichkeit immer wechselnde Zustände einem so theuren
Freunde und dadurch uns selbst zum Allerbesten ge=
rathen.

Die verspätete Zahlung erfolgt hierbey. Ich habe
die Exemplare mit gutem Muth und Wunsch in die
Sparbüchse von lieben Kindern niedergelegt, und es
mag seyn daß wir uns auf unsere Eigenheit etwas
einbilden, aber diese Medaille wird sich künftig im
hohen Range erhalten. Daß Ew. Excellenz, nach auf=

gewendeter Sorge und Mühe, wenigstens ohne Schaden
und Mühe geendigt, ist in dieser lieben deutschen Zeit=
lichkeit schon dankenswerth, wo jeder dem andern den
heutigen Tag verkümmern muß, um nur nothdürftig
5 selbst etwas zu gelten. Mögen Sie außer dem was
für die Bibliothek bestimmt ist, auch Ein Dutzend für
die Zeichenschule zurück behalten und beide Zahlungen
geneigtest aus der Casse heben, so wird in folgender
Zeit gar manchen jungen nachstrebenden Gemüthern
10 etwas höchst Erfreuliches zu Theil werden.

Was Ew. Excellenz beygetragen um ein so ehren=
haftes und unserm theuern Fürsten wahrhaft so
nothwendiges Verhältniß wieder herzustellen möge
Ihnen und uns wie Tausend Anderes zum Segen
15 gedeihen.

Angeregt durch ein Wort Ihres Schreibens, wo
die Zeit als ein seltsamer Genius zur Bedeutung
kommt, möcht ich so viel sagen: hat man denn ganz
vergessen daß die Zeit ein Element ist, das nur Werth
20 und Würde durch den Sinn des Menschen erhält.
Was ist denn Wasser und Feuer wenn wir sie ge=
währen lassen aus Ohnmacht, Unverstand oder Leicht=
sinn? und so ist's auch hier — und wie viel wäre
noch hinzuzusetzen.

25 Was mich auf der Zinne, bey einer in Großherzog=
lichen Landen vielleicht einzigen An= und Aussicht,
dennoch betrübt ist das Gefühl der Einsamkeit und
Überzeugung daß ich die wertheften und würdigsten

Freunde dieses obgleich sehr bedingten doch immer hübschen Genusses nicht theilhaft machen kann.

Ein Wagestück weitläufige Commissionen in eine Leipziger Kupferstichauction zu geben ist mir besonders geglückt: denn da mir nur darum zu thun ist meine Sammlung in kunsthistorischem Sinne zu vervollständigen habe ich meistens nur solche Dinge bezeichnet die jetzt in Verachtung oder gar, wie die Studenten sagen, in Verschiß sind, dadurch ist eine Last von guten Kunstwerken zu mir gekommen, die mir noch lange Zeit nach dem ersten Genuß genugsam zu denken geben. Und daß eine solche Unterhaltung hier am Ort höchst nöthig sey ermessen Ew. Excellenz ohne daß ich umständlich werde. Die Societät ist hier, wie überall und vielleicht noch mehr, von dem wichtigen Interesse des Tags erschüttert, wo jeder Einzelne das allgemeine Wohl und Weh zum Vorwand nimmt um seine Abneigungen möglichst wirksam zu bethätigen.

Nächstens sende das dritte Heft von Kunst und Alterthum, dessen Abfassung, Druck und Revision mir manche lange Winterzeit verkürzten und die Nächte zum Tag verlängerten.

Schließlich nehmen Ew. Excellenz gewiß freundlichsten Antheil, wenn ich vermelde daß ich mich so wohl befinde als ich nach Jahren und Umständen nur hoffen kann. Auf Morgen ist mir die erste Dose frischen Löwenzahns versprochen, wovon ich denn die trefflichen Wirkungen schon vor'm Jahre zu preisen hatte. Möge bald mir das Glück werden persönlich aufzuwarten, gar manches zu referiren und mir wie sonst Rath und Beystand zu erbitten.

Ihrem verehrten Kreise mich angelegentlichst em‍pfehlend

Jena den 29. März 1818.

treu geeignet
Goethe.


8033.

An C. F. E. Frommann.

Ew. Wohlgeboren
erhalten hierbey den Anfang des nächsten Stücks Kunst und Alterthum, es könnte ein Schutztitel voraus‍gehen mit der Aufschrift Bildende Kunst, auch würde ich rathen den Haupttitel mit der Bezeichnung zweiter Band gleich vorausgehen zu lassen, damit man ihn zuletzt nicht nöthig hätte. Die Morphologie würde ich rathen ohne alle Titel fortzusetzen, die Bogen- und Seitenzahl giebt Anleitung genug. Es wird mir sehr angenehm seyn, wenn diese Dinge bald in Bewegung kämen, da sie schon viele Jahre sich ruhig verhielten.

Darf ich noch einen Wunsch äußern, so ist es der: daß ich wünsche jenen Aufsatz über das Turnwesen einzusehen. Wobey ich versichere, daß ich nur meine eigene Erbauung und Belehrung zur Absicht habe. Zu Myrons Kuh kommt ein Kupfer, welches dann auch wohl auf dem Titel anzumerken wäre. Doch darüber werde ich mich so wie über manches andere mit Meister Johann seiner Zeit besprechen.

Mit den besten Wünschen und Empfehlungen
ergebenst
Jena den 31. März 1818. Goethe.

8034.

An A. v. Goethe.

Hierbey erhälst du, mein lieber Sohn,
1) Ein Blanket für deine Quittung.
2) Ein dergleichen für die Remuneration der Bibliothekspersonen.
3) Autorisirte Quittung für Querner.
4) Ottiliens Auctionsbestellung leider mit Protest zurück.
5) Vermelde daß die schwarzen preußischen Hoheiten wieder in meinen Händen sind, da ich denn Ottiliens eigenen Wunsch vernehmen möchte. Jetzt sind ihrer sechse, soll noch ein siebenter hinzukommen, so würden sie besser in ein Rund als in ein Oval taugen. Dieses Rund könnte man sodann wieder in einen vierecten Rahmen bringen. Giebt sie mir selbst darüber freundlichste Auskunft, so werde ich das Möglichste thun das Tabernakel ihrer Hausgötter heraus zu putzen.
6) Die beykommende Abtheilung des Grunerischen Catalogs wünsche baldigst verglichen.

7) Das Exemplar der Propyläen welches auf meinem Schreibtische steht.

— — —

Was sich sonst an Briefen und Zeitungen vorgefunden hat, schickst du ohnehin.

Jena den 31. März 1818.   G.

8035.

An Carl Ernst Schubarth.

[Concept.]   [Jena, 2. April 1818.]

Ihr Büchlein, mein Werthester, das Sie mir anmelden, ist noch nicht zu mir gekommen; Freunde jedoch sprachen günstig davon, ohne mich im Besondern aufzuklären. Da Sie nun in einer Art von Sorge zu seyn scheinen wie ich es aufnehmen könnte; so halte ich für Pflicht Sie durchaus zu beruhigen.

Wenn man das Leben zugebracht hat sein Innerliches auszubilden, mit dem Wunsche auch nach außen genießbar und nützlich zu werden; so kann uns nichts erfreulicher begegnen als wenn wir vernehmen daß Gleichzeitige, noch mehr aber daß Jüngere sich mit unsern bekannt gewordenen Arbeiten dem Werden nach beschäftigen. Denn indem sie dieses thun, so sprechen sie aus: daß sie nicht nur dasjenige was einer Jugend gemäß ist sich aus dem Vorliegenden heraus nehmen würden, welches bequem wäre, auch gewöhnlich geschieht und allenfalls gelten kann, sondern daß sie gern erführen wie es denn eigentlich um ihren Vorgänger gestanden und wie solcher, bey entschiedenen, von der Natur aufgedrungenen Anlagen, erst dem Genius indulgirt, durch's Ungeschick sich durchgehalten, dann dem Geschick nachgeholfen und auf der wilden Woge des Lebens doch noch, ohne gerade zu stranden, sich in irgend eine heilsame Bucht geworfen?

Hat dieses der junge Freund im Auge, so bereitet er sich selbst die wünschenswertheste Bildung: denn ob wir eine einzelne Thätigkeit, die sich mit der Welt mißt, unter der Form eines Ulyß, eines Robinson Crusoe auffassen, oder etwas ähnliches an unsern Zeitgenossen, im Laufe sittlicher, bürgerlicher, ästhetischer, literarischer Ereignisse wahrnehmen ist ganz gleich. Alles was geschieht ist Symbol, und, indem es vollkommen sich selbst darstellt, deutet es auf das Uebrige. In dieser Betrachtung scheint mir die höchste Anmaßung und die höchste Bescheidenheit zu liegen. Diese Forderung haben wir mit dem Obersten und dem Geringsten gemein.

Um nun von diesen überschwenglichen abstrusen Betrachtungen auf das Nächste zurückzukehren, will ich gern bekennen daß ich von Personen, denen es gefiel freundlich über mich zu reflectiren manches gelernt und sie deßhalb verehrt und bewundert habe. So hat mich Delbrück aufmerksam gemacht daß meine kleinen, wenigen Gedichte an Lida die zartesten unter allen seyen. Das hatte ich nie gedacht noch viel weniger gewußt

und es ist wahr! es macht mir jetzt Vergnügen es
zu dencken und anzuerkennen. Und ich beeile mich
Ihnen dieß zu sagen, noch ehe Ihre Blätter zu mir
kommen. Was ich sodann erwidern kann hängt von
manchen innern und äußern Zufälligkeiten ab; doch
wünsch ich mir einen so guten Augenblick wie diesen
wo ich in vollkommener Freyheit Ihren guten Willen
erwidern könnte.

8036.

An den Großherzog Carl August.

[Concept.]  [Jena, 3. April 1818.]

1) Es wird von großer Bedeutung seyn, wenn
jene Camelia reifen Samen tragen sollte. Ich habe
das Innere der sehr schönen Krone genau untersucht,
und alle die, Dachziegelartig übereinander geschobenen
Blätter, die man gar wohl für Nectarien ansprechen
kann, ließen keine Spur von Antheren sehn. Eben
so interessant ist daß der Fruchtknoten etwas orange=
artiges zeigt, da das natürliche System die Camelien
dorthin annähert.

2) Die beiden sorgfältigen . denckend=praktischen
Pflanzenfreunde Cushing und be Courset machen mir
große Freude. Wer die Resultate will muß auf die
Mittel achten, und so haben sie die beiden Haupt=
erfordernisse Boden und Klima immer im Auge.
Japan ist überall wo man es zu erschaffen weiß.

Hat sich doch der Keulenbaum in Belvedere einheimisch gefühlt.

3) Den Aufsatz über's Abendmahl lasse ich durch Labés in's Französische übersetzen um den Mailändischen Freunden einigermaßen freundlich entgegen zu kommen. In dieser Sache ist aber etwas Seltsames das ich noch nicht zu entziffern weiß. Schon die wenigen Worte welche Cattaneo auf die Tecturen der Lucidi schrieb sind durchaus zu Bossis Ungunsten, und ich habe mich deshalb mit rednerischen Phrasen hingeholfen. Nun aber in seinem letzten Briefe, in welchem er mir nähere Erläuterungen über Bossis Leben giebt, bringt er eine so verwünschte Schilderung, daß der arme verblichene Teufel auf ewig vor dem Publicum verloren wäre, könnte ich täppisch genug seyn mich dieser Notizen, so wie sie da liegen zu bedienen. Wenn vom Parnaß die Rede seyn wird muß ich mir erst einen eignen Bossi machen, soll der Mensch und das Bild dem Deutschen erfreulich werden. Diese Italiener sind seltsame Personen, hohle Enkomiasten in ihren öffentlichen Vorträgen, heimliche Detractoren wenn sie Gelegenheit finden. Ich muß mich sehr irren oder Cattaneo hat in der Stille mit Graf Verri dem Gegner Bossis conspirirt.

Verzeihen Ew. Hoheit diese verdächtlichen Vorstellungen dem Alten auf dem Tannenhorst. Gutem Willen eines Jeden will ich gerne nachhelfen, wo ich aber Mißwollen fühle, bin ich auf meiner Hut,

um mich nicht unverjehns als Mitjchuldigen zu er=
tappen.

4) Ew. Königlichen Hoheit Wohlbefinden, durch
Döbereiner bestätigt, hat mir die Ankunft dieses ge=
schickten muntern Mannes dreyfach erfreulich gemacht.
Das Concept seiner Tabelle ist höchst angenehm über=
sichtlich, wo Traditionen und Vorurtheile immer nur
im Dunkeln ließen.

Auch sind die Versuche über die Differenz der
Luftarten in den Gewächshäusern besonders die über
der Blumenpyramide höchst wichtig. Auch ist mir auf
meinem Wege die neuste, so genaue als geistreiche
Chemie höchst förderlich geworden.

5) Decandolle Catalog des süblichen botanischen
Gartens, der gar viel Freundliches zu denken giebt,
folgt hierbey. Möchten Ew. Hoheit befehlen daß Decandolle Théorie élémentaire de la Botanique ver=
schrieben würde, so wäre es für mich ein großer Ge=
winn. In Leipzig woher ich ihn eiligst verlangte war
er nicht zu finden. Auszüge belehren mich wie er von
seiner Seite die Metamorphose der Pflanzen darstellt;
ich darf mir aber noch immer einbilden, daß meine
Methode reiner und zugleich faßlicher und also besser
ist. Da ich diese Dinge in meinen Heften wieder an=
knüpfe; so möchte ich nicht unbekannt scheinen mit dem
was unsere Zeitgenossen denken und sinnen.

6) Auf einem Spaziergang entdeckte ich gestern die
seltsamen Naturwesen, die sich von abgebissenem Gras,

wie jene Schweizer Geschöpfe von Steinen, eine Hülle bilden um dahinter zur Vollkommenheit zu gelangen. Mögen sie lebendig und thätig die kleine Reise vollenden!

## 8037.

**An C. G. v. Voigt.**

Ew. Excellenz werde nächstens einen ad Serenissimum gerichteten Bericht wegen der hiesigen Bibliotheksangelegenheiten übersenden. Alles was durch Handwerker geleistet werden kann gewinnt täglich ein besseres Ansehen, die Beyhülfe gelehrter Arbeiter wird nicht so leicht von statten gehen. Einstweilen sende jedoch einen Bericht Güldenapfels wegen dem bösen Willen der hiesigen Buchdrucker.

1) Dieselben werden am besten beurtheilen wie nach der jetzigen Gerichtsverfassung diesen Personen allenfalls beyzukommen wäre.

Der Mangel einer Controlle bey aufgehobener Censur ist freylich ein Haupthinderniß; der numero 8 gethane Vorschlag wäre wohl auslangend, die Ausführung aber würde von Seiten der Buchdrucker Widerspruch, und von Seiten der Syndikatsgerichte wenig Thätigkeit zu erwarten haben wenn man die Bemühung nicht honorirte, die doch von einiger Bedeutung ist.

2) Anbey bemerke daß Serenissimus neulich den Druck des Hammerischen Briefes, eine Erklärung des Heilsberger Monuments enthaltend, ernstlich urgirt, und ich habe nach vielem hin und her Überlegen
5 endlich für das Beste gefunden die darin vorkommenden seltsamen Schriftzüge in Holz schneiden zu lassen. Dieses ist ganz wohl von statten gegangen und sende davon nächstens einen Abdruck. Die Auslagen dafür sind ungefähr 20 Thaler. Nun macht Frommann
10 einen Ueberschlag was der Druck des Ganzen kosten könnte. Es gäbe drey Bogen in Folio, Titel, worauf die Inschrift als Vignette, und ein Blatt Einleitung, sodann auf zwey Bogen der Brief selbst. Der Aufwand würde nicht groß seyn, man druckte
15 es vielleicht für Rechnung der Bibliothek, Serenissimus verschenkte die Exemplare als gelehrte Alterthumsgabe.

Cotta kommt nächstens aus Italien zurück, vielleicht übernähme derselbe eine Partie Exemplare für
20 seine Rechnung. Doch wollen wir vor allen Dingen den Kostenanschlag abwarten.

3) Auch liegt ein Schreiben eines armen geschickten verwachsenen Niemands bey, welchem die Erlaubniß bey Körnern seinen Lebensunterhalt zu verdienen
25 und dabey auch durch Frequentation der Collegien sich mehr zu qualificiren wohl würde zu gönnen seyn. Mögen Ew. Excellenz diese billige Exemtion wie schon mehr geschehen gnädigst verfügen und mir davon zur

Beruhigung dieses in Körners Werkstatt mir längst Bedauern erregenden Subjects zugehen lassen.

4) Die höchst interessanten Blätter die uns über die nördliche Verbindung unserer Welttheile so wundervolle Hoffnung geben liegen gleichfalls bey. Knebel dankt mit mir zum allerschönsten. Möge besonders die Folge des geschmolzenen Eises auch uns diesen Sommer günstig seyn. Freylich wußten wir die letzte Zeit nicht mehr welche Jahrszeit wir uns widmen sollten.

5) Wegen eines andern, genannten Freund mit betreffenden Geschäftes nächstens dankbare Erwiederung.

Nächstens noch manches

          treu ergeben

Jena d. 3. Apr. 1818.        G.


8038.

An A. v. Goethe.

Heute nur mein lieber Sohn ein Weniges.
1) Ermers Quittung liegt bey.
2) Verschaffe mir baldigst meine Postauslagen.
3) Sende so bald möglich die 200 rh. an Kühn mit deiner Zurechnung, es wird das nicht hinreichen: denn bey der Veränderung des Rentbeamten thut sich alles hervor was sonst nur schlich und sich auf's folgende Jahr hinhielt.

4) In dem Töpfchen steht ein Glas mit wunder=
baren Naturwesen, welches sogleich mit inliegen=
dem Packet an Serenissimum geschickt wird.
5) Thut es mir besonders leid daß ich Herrn
Grafen Löpel abermals verfehle. Er bey seinem
großen Kunstbesitz wird deine Mappen und
Pappen nicht sehr hoch anschlagen. Empfiehl
mich ihm zum schönsten und dem ganzen wer=
then Freunde=Chor. Und somit Gott befohlen.
Sende dieses Blatt zurück mit Bemerkung des
Ausgerichteten.
Jena den 3. April 1818. G.

8039.
An C. v. Knebel.

Hierbey der so interessante als wunderliche 3te
Theil mit Danck zurück.
Ich wünschte daß Dr. Weller mich wenn Ihr ge=
speist habt besuchte, damit unser Geschäft abgeschlossen
werde. Vale.
J. d. 3. Apr. 1818. G.

8040.
An Adolph Müllner.

[Concept.]

Ew. Wohlgeboren
würde schon längst für die freundliche Sendung
meinen besten Dank erwidert haben, wenn Sie solche

nicht durch eine geringe Zugabe sehr unfreundlich ge=
macht hätten.

Ich bin so alt, daß ich alles was begegnet nur
historisch betrachten mag und also auch jedes Musen=
Erzeugniß nur dem Lustrum aneignen darf wo es
entstanden. In diesem Sinne schätze ich Ihre Arbeiten.
Und da nun in jeder Welterscheinung von absoluter
Billigung die Rede nicht seyn kann; so muß man die
relative Beachtung in liebevoller Sorgfalt bedächtig
pflegen.

Dieser Tugend mich befleißigend habe den schönen,
reinen Abdruck Ihres Trauerspiels nochmals durch=
gelesen und redlich durchgedacht, wie ich denn auch
künftig an Ihren Productionen jederzeit aufrichtig
Theil nehmen werde.

Jena den 6. April 1818.


8041.

An August Herrmann.

[Concept.] [Jena, 7. April 1818.]

Das hiebey zurückgehende Manuscript wäre schon
längst wieder in Ihren Händen, hätte ich nicht ge=
wünscht ein freundliches und bedeutendes Wort an=
zufügen; leider aber wenn man in Kunsturtheilen
redlich und zugleich verständlich seyn will muß man
zu weit ausholen, und dieß erlaubt die kurz gemessene
Zeit nicht. Lassen Sie mich aber wenigstens etwas

sagen das Ihrem Thun und Vornehmen vielleicht nicht ganz unfruchtbar bleibt. Wenn deutsche Jünglinge und Männer von mittlerm Alter sich nothgedrungen fühlen Empfindungen, Begebenheiten, Umgebungen rhythmisch auszudrücken so ist nichts natürlicher und nothwendiger in der Welt.

Bedenke man aber nur wie viel tausend Musikliebhaber sich auf ihrem Instrument fleißigst beüben ohne auf öffentliche Conzerterscheinung Anspruch zu machen. Hier haben wir die Paralelle zur Hand. Wer poetischen Drang in sich fühlt folge ihm, bilde ihn aus im Kreise seiner Familie, seiner Freunde, und hüte sich vor dem großen Publicum, in dessen Wellen er sehr bald verschlungen wäre.

So will ich sodann auch ohne Schmeicheley sagen daß ich Ihnen auf Ihren gebirgischen Pfaden, die mir nicht fremd sind, gern gefolgt bin, weil etwas Wirkliches, tüchtig Gesehenes aus Ihren Zeilen uns entgegentritt. Wie aber hieraus ein eigentliches Gedicht sich entwickelte, darüber müßte man einige Zeit an Ort und Stelle manches Zwiegespräch führen und hinterdrein würde noch über die Technik des deutschen Hexameters, mit den ächten Contrapunktisten, neue Verhandlung einzugehen seyn. Leider sage ich Ihnen hiedurch nichts was Ihnen nützen kann; halten Sie aber das fest daß alles was Sie in dieser Art vornehmen zuerst Ihnen und Ihren Freunden Freude bringe, bis irgend ein Kenner zufällig in Ihren Kreis tritt, und so sind Sie schon auf dem rechten Standpunkt.

Das beyliegende gedruckte Heft erfolgt blos zufällig weil es mir zur Hand ist, sollte es auch Sie gerade nicht selbst intressiren, so ist in Ihrer Nachbarschaft so mannichfaltige Bildung daß Sie vielleicht einem Freunde damit Freude machen.

Noch eine Lebensregel nehmen Sie geneigt auf: senden Sie ja kein Manuscript weg ohne es abgeschrieben zurück zu behalten: es giebt so viele Zufälligkeiten in der Welt daß man sich und andern die Verlegenheit eines Verlustes zu ersparen alle Ursache hat.

Jena den 31. März 1818.


8042.

An C. G. v. Voigt.

Ew. Exzell.
erhalten hiebey ein Dancksagungsschreiben, an Ihro Hoheit den Erbgroßherzog von Dr. Weller gerichtet, verschaffen Sie ihm eine gnädige Aufnahme, so wie Sie das an Dieselben gewendete Schreiben eines günstigen Blickes würdigen.

Um nun diesen jungen Mann in Thätigkeit zu setzen würden wir ihn, wie schon früher besprochen worden, bey Großherzogl. Oberaufsicht in Pflicht nehmen, ihn auf eine zu ertheilende Instrucktion im all-

gemeinen und auf einzelne zu erfolgende Aufträge
verweisen lassen.

Möchten Ew. Exzell. deshalb einen Erlaß an
Consistorialrath besorgen, welcher schon einigemal
für uns dergleichen Verpflichtung vorgenommen, und
das Mundum geneigt unterschreiben; so wäre auch
dieser Schritt geschehen. Erhielte ich das Blat noch
diese Woche, so könnte vor meiner Abreise das Ganze
abgethan seyn und ich theils noch einige Anordnungen
hinterlassen, theils bey meiner Ankunft in Weimar
das Nächste besprechen; da sich denn ergeben würde
wie nötig noch eine Person gerade dieser Art sey,
schnelle und bey einigem Bedacht schöne Hand, litte=
rarische Vorbereitung bis auf einen gewissen Grad,
gesetztes, nicht unfreundliches Betragen u. s. w.

Sowohl wegen der Museen als der academischen
Bibliotheck erfolgen Berichte vielleicht noch diese Woche,
oder ich bringe sie in der nächsten. Die Abreise
Serenissimi und die Ankunft eines kleinen Gastes in
meinem Hause lassen mich denn doch nicht länger
alhier verweilen.

Wie sehr wünschte ich alsdann persönlich und
mündlich versichert zu werden wie es Ihnen und den
theuren Ihrigen nah und ferne wohlgeht.

Die Mayländer Medaille ist eine gar erfreuliche
Erscheinung!

Treu verbunden

Jena d. 7. Apr. 1818. Goethe.

8043.
**An F. v. Müller.**

Jena den 7. April 1818.

Mein einzigster diplomatischer Freund ersieht aus dem Siegel daß sein geschätzter Ring in meinen Händen wohl verwahrt und nicht unbrauchbar ist.

In Gold habe ich die höchst erfreuliche Medaille durch Serenissimi höchste Gnade gesehen, wann aber wird mir durch Freundes Thätigkeit Silber und Kupfer zu Theil werden?

Heute von 3 Uhr an war ich sehr beneidenswerth, deßhalb aber doch nicht übermüthig, begrüße zum allerfreundlichsten und treusten.

G.

8044.
**An Christian Ernst Friedrich Weller.**

Könnte ich heut Abend um fünf Uhr Herrn Dr. Weller auf der Tanne sehen, und etwas von den Abschriften erhalten besonders den Erlaß an meinen Sohn, so wäre mir es sehr angenehm.

J. d. 7. Apr. 1818. G.

8045.
**An den Großherzog Carl August.**

[Concept.] [Jena, 10. April 1818.]

1) Die Medaille hat den großen Vortheil guter Kunstwerke, daß sie immer besser wird je länger man

sie ansieht. Das Bildniß hat trefflichen Charakter und Styl und es kann uns freuen den Künstler der Canova's Bild so vorzüglich gearbeitet hat hier wieder näher kennen zu lernen. Die Rückseite ist allerliebst gedacht und erinnert, was sehr geistreich ist, mehr an alte Gemmen als an Münzen.

2) Der Abdruck der Heilsberger Inschrift, eine sehr bedenkliche Aufgabe, nähert sich, nach mancherley Vorschlägen und Ueberlegungen, endlich der Ausführung. Eine glückliche Vorbedeutung ist, daß Ew. Königl. Hoheit diesen Ort vor kurzem zum erstenmal betreten.

Die in Buxbaum sehr zierlich und genau geschnittenen Lettern folgen in Abdruck hiebey gegen Wiedererbittung.

Sie sind so eingerichtet, daß sie, nach typographischer Technik, zwischen die herkömmlichen Lettern sich bequem einfügen lassen.

Nach beygelegter saubern Abschrift soll das Ganze ohngefähr Seite für Seite abgedruckt werden.

Die Unkosten sind gering und würde angenehmschicklich seyn, wenn es gar nicht in den Buchhandel käme, und Ew. Hoheit sich vorbehielten Alterthumsfreunden dadurch etwas Angenehmes zu ertheilen.

Zu den vier Blättern fügen sich noch zwey, ein Titel worauf die Inschrift selbst und ein Blat kurz gefaßte Nachricht von dem Orte, den Schicksalen, der Publication, bisheriger und letzterer Auslegung des Steines.

3) Was in diesen Tagen im botanischen Garten zu Jena geblüht giebt wohl Gelegenheit zu Vergleichung des weimarischen belvederischen Klima.

4) Die wunderlich eingehausten Larven sind, wie Beylage zeigt, den Naturforschern bekannt, auch ähnliche Geschöpfe, aber dergleichen die auf große Geschiebe sich Wohnungen gesellig bauen, fanden sich bis jetzt in Büchern noch nicht aufgezeichnet. Voigt wird weiter nachsuchen.

5) Döbereiner hat mir seine Tabelle vorgezeigt, es ist eine Freude zu sehen, was eine Wissenschaft wirken kann, wenn sie ihren ganzen Kreis methodisch durchzuarbeiten unternimmt und die einzelnen Gegenstände zu rangiren weiß.

6) Lenzen ist dieser Tage ein sonderbarer Fall begegnet, aus Ungarn meldet man ihm: ein sorgfältig emballirtes Kästchen bedeutender Mineralien sey an ihn abgegangen, und habe man solches einer Sendung an den Professor Fischer in Moskau beygefügt, in Hoffnung daß er das ihm Zugedachte sicherer und bequemer erhalten werde.

Die Unkenntniß der Geographie konnte Lenz diesem wohlwollenden Correspondenten nicht verzeihen.

7) Dagegen ist er heute höchlich erquickt worden: denn so eben kommt er auf die Tanne ganz eigentlich gesprungen und notificirt, daß zwey Kisten ganz postfrey von Lübeck her durch Munificenz der Schwedischen Patrone in Jena ankommen sollen.

Ich bin selbst voll Verlangen was sie enthalten. Es wird wieder neue Schränke kosten. Glücklicher Weise tritt der Frühling ein, wo man diese kalten und verkältenden Gegenstände wieder ohne
5 Gefahr näher behandeln kann.

8046.
An die Großherzogliche Oberbaudirection.
[Concept.]

Indem Unterzeichneter die gefällige Bemühungen einer hochansehnlichen Ober=Bau=Direction dankbar= lichst erkennt, erklärt derselbe in Übereinstimmung mit dem einsichtigen und billigen Gutachten, daß er, wenn
10 die auf dem beygelegten Risse durchgestrichenen Fenster sämmtlich wegfallen, dagegen die beiden Oeffnungen a und b in ihrer Breite, vorausgesetzt daß sie 6 Fuß 6 Zoll über den jenseitigen Fußboden, der unteren Linie nach, erhoben seyen, insofern zugeben wolle,
15 daß sie mit nicht zu eröffnenden Glasfenstern ver= schlossen werden.

Dabey will er jedoch sich vorbehalten, daß es ihm und den künftigen Besitzern des Gartens unbenommen bleibe von seiner Seite gleichfalls ein Gebäude zu
20 erheben, ohne daß die Besitzer des Nachbarhauses aus gegenwärtiger Nachgiebigkeit ein Recht solches zu ver= bieten ableiten könnten.

Die mitgetheilten Acten=Blätter erfolgen zunächst.
Jena den 10. April 1818.

8047.

An J. F. H. Schlosser.

Wäre Ihnen, mein Theuerster, nicht gleich bey der Geburt die entschiedenste Geschäftsthätigkeit und Fertigkeit von guten Geistern beygelegt worden und hätten sich nicht durch Anstrengung und Fleiß daraus nach und nach alle Tugenden Ihres ewig verehrten Vaters entwickelt, so daß Sie mehr für andere als für sich im Leben zu handeln geneigt ja genöthigt sind; ich wäre bey jeder neuen Sendung betroffen und beschämt, welche Mühe bis in's Einzelne Kleinste meine, obgleich nicht höchst wichtigen Geschäfte, Ihnen verursachen.

Bleiben Sie überzeugt meiner treusten Dankbarkeit und fahren fort bis sich dann doch zuletzt dieser Faden nach und nach abspinnt.

Zuerst also die Nachricht daß die Wechsel in Leipzig wohl angelangt, die Summe mir zu Gute geschrieben, sodann der größte Theil davon, auf mein Verlangen, hieher gesendet worden.

Zunächst folgt die Quittung über den Cassebestand vom ersten April. Wenn das zu Hoffende eingeht haben Sie die Gefälligkeit es mir anzuzeigen, vielleicht finde ich alsdann etwas draußen zu berichtigen.

Nächstens erfolgt die Vollmacht für Herrn Schulin, und kann ich die Bedingungen, worauf dieses

Geschäft endlich abgeschlossen worden, nicht anders als höchlich billigen.

Indem ich so eben mit den besten Grüßen, Wünschen und Segnungen schließen will, erhalte ich von Hause die Nachricht, daß ein neuer Sprößling in die Familie getreten.

Und als ich dieß vermelde darf ich hoffen, daß Ihr Haus einen Gevatter-Brief freundlich ansehen wird.

und so fort u. für ewig
Jena den 10. April 1818. Goethe.

8048.

[Concept.] An D. Artaria.

Die von Ew. Wohlgeb. mir zugesendete ansehnliche Kupferstichsammlung habe unter dem 4. März mit Dank zurück gesendet; auch wegen der wenigen Blätter, welche ich behalten, eine Anweisung auf Frankfurt hinzugefügt und meinen dortigen Geschäftsträger davon benachrichtigt.

Da ich nun aber von Denenselben keine Kenntniß erhalten, daß die Kiste glücklich angekommen, auch aus der vierteljährigen Berechnung meines Freundes nicht ersehe daß gedachter Posten dorten eingefordert worden und ich wegen jener höchst bedeutenden Sendung vollkommen beruhigt zu seyn wünschte, so ersuche Dieselben mir baldige Nachricht zu ertheilen.

Zu angenehmen Erwiderungen jeder Zeit erbötig.
Weimar [Jena] den [10. April 1818.]

8049.

An C. v. Knebel.

Das deutsche Recht in Bildern wird dir gewiß Vergnügen machen. Heut Abend hoffe [dich] endlich wiederzusehen.

[Jena] d. 11. Apr. 1818. G.

8050.

An F. v. Müller.

Ew. Hochwohlgeboren schönstens zu begrüßen, für vielfältiges Andenken und manche Sendungen bestens zu danken, ergreife eine mir sich darbietende Geschäftsgelegenheit.

Es hielt immer schwer mit den hiesigen Buchdruckern, welche an die fürstlichen Nutritoren Exemplare abzuliefern haben, in Ordnung zu kommen. In Gefolg der neuen Ereignisse jedoch wird dieses Verhältniß immer unangenehmer, wie Dieselben aus beygehendem Schreiben des Prof. Güldenapfel geneigt ersehen werden.

Da mir die gegenwärtige Stellung der verschiedenen Behörden, welche hier wirken könnten, keineswegs deutlich ist, Dieselben aber hierüber am besten zu urtheilen wissen, so wünschte, daß Sie mir deshalb guten Rath ertheilten und die Wege anzeigten, welche man einzuschlagen hat. Denn von Seiten der Oberaufsicht sich mit den einzelnen Personen einzulassen würde das unangenehmste Geschäft seyn, besonders bey völlig ermangelnden rüstigen Subalternen.

Nächstens hoffe ich wieder bey Ihnen einzutreffen und darf mir wohl, wegen gewisser eintretender Um=
stände, einen vorzüglich freundlichen Empfang erwarten.

Der ich indessen recht wohl zu leben wünsche und mich und die Meinigen zu geneigtem Andenken an=
gelegentlich empfehle.

gehorsamst
Jena den 12. April 1818.                   Goethe.


8051.
An Döbereiner.

Ihro Königliche Hoheit werden morgen, Montag den 13ten, bey Ihnen an=
fahren und wünschen die Operation des Übersteigens des Wasserstoff=Gases über glühende Kohlen zu sehen, woraus das Gewisse Etwas entsteht.

Sagen Ew. Wohlgeboren mir durch Überbringer, inwiefern Sie hoffen etwas Erfreuliches zu leisten. Ich bin den ganzen Abend zu Hause, wenn Sie mit mir sich darüber zu besprechen wünschten.

Mit bestem Willen und Wünschen
Jena den 12. April 1818.                   Goethe.

8052.

**An C. G. v. Voigt.**

Serenissimus waren gestern froh und gnädiges Muths, betrachteten manches mit Theilnahme und Beyfall. Die Aufsicht von der Tanne gewährte grünendes Land von flüchtigem Schneegestöber heimgesucht. Für Wellers beschleunigte Anstellung danke zum besten. Seine Beyhülfe kommt mir erwünscht, da eben gerade jetzt Färber heirathet. Doch war dieser auch seither fleißig. Wie Sie geneigt aus beyliegendem Ackten=Fascikel sehen werden. Das Inventarium der Veterinair Schule ward diese Tage gefertigt, man glaubt nicht was für Einzelnes in einer solchen Anstalt enthalten ist. Den Bibliothecks Bericht bringe mit. Den Museen Bericht mit Bilanz konnte nicht enden, da Kühn vor seinem Abgang unendlich beschäftigt ist; doch ward alles vorbereitet, die Belege nach der neuen Etatsform von mir selbst geordnet, einstweilige Summen gezogen; so daß sich alles übersehen läßt. Sobald die Rechnung gefertigt und revidirt ist können auch wir abschließen. Der neue Rechnungsführer hat reinen Anschnitt und das Geschäft ist für die Zukunft gesichert und erleichtert.

Da ich zunächst aufzuwarten hoffe, lege nur noch ein Heft bey, zu geneigter Aufnahme. Umständlichen Gespräches mich zum voraus erfreuend

anhänglichst

Jena d. 14. Apr. 1818. Goethe.

8053.

An Köniß.

Ew. Wohlgeboren
Verdienste um die Großherzogliche mineralogische Societät sind mir seit langer Zeit bekannt. Sie haben
unser Museum schon vorlängst nicht allein durch bedeutende Mittheilungen bereichert, sondern auch die
Ihnen von uns empfohlenen, wißbegierigen jungen
Leute geneigt, ja gastfrey aufgenommen und sind, wie
mir Herr Director Lenz versichert, nicht abgeneigt,
von Ihren bergmännischen Schätzen uns manches Erfreuliche fernerhin zukommen zu laßen.

Alles dieses zusammen berechtigt mich, von denen
mir anvertrauten, Serenissimi Bildniß darstellenden
Medaillen Ew. Wohlgeboren eine zu überſenden, in
der Gewißheit, daß Dieselben mit hohem Vergnügen
das wohlgetroffene Bild eines Fürsten besitzen werden,
der alles Gute und Nützliche beachtet, vorzüglich auch
diejenigen Personen zu schätzen weiß, welche die ein-
heimischen Zwecke und Anstalten von nah und ferne
her befördern mögen.

Erhalten Sie uns ein geneigtes Andenken und
fahren fort, an unsern wissenschaftlichen Zwecken
ehrenvollen Antheil zu nehmen.

Jena den 15. April 1818.         Goethe.

8054.

An v. Trebra.

[Concept.] [Jena, 16. April 1818]

Hierbey, mein theuerster, verehrtester Freund, erhältst du ein Büchlein, woraus du dir etwas Gefälliges heraussuchen, übrigens aber solches Freunden und Lieben überlassen mögest.

Im Januar dieses Jahres machtest du uns mit einem Herrn von Odeleben bekannt, welcher italienische Mineralien anbietet. Der Director der mineralogischen Gesellschaft, welcher sich das gratis liebt, legte die Blätter bey.

Da aber, wie du selbst fühlst, die Präsidenten etwas liberaler denken, wählte ich einiges für eigene Rechnung aus, theils weil mir diese Gegenstände fehlten, theils um zu erfahren, wie es mit den Preisen des Herrn von Odeleben beschaffen sey.

Nun weist er mich an dich und ich lege die kleine Nota hier abermals bey.

Magst du dieß Minimum von Geschäft für mich arrangiren, so bestimme die Preise, sende mir die Stufen wohl eingepackt unter meiner Abdresse nach Jena, und die Zahlung wird ungesäumt erfolgen.

## 8055.

### An C. F. A. v. Schreibers.

[Concept.]     [Jena, 16. April 1818.]

Nicht leicht erlebt man einen so wunderbaren Ausgang eines unangenehmen Geschäftes! Denn ob er gleich nicht erwünschter hätte seyn können, so erregt er doch bey Ew. Hochwohlgeboren das verdriesliche Gefühl einem unzuverlässigen, widerwärtigen Menschen auch nur einen Augenblick getraut, und sich irgend zu einer billigen Vermittelung entschlossen zu haben. Glücklicher Weise verschlimmerte sich die Sache dadurch keineswegs, die Entdeckung seiner unzulänglichen Mittel gereicht uns zum Besten, indem sie uns Freyheit läßt nach wohl zu überlegenden Zwecken eine ansehnliche Summe zu verwenden.

Ueber die Fortsetzung der Flora Austriaca werde, nach erfolgter nächsten Sendung, mit unsern Pflanzenfreunden Rath pflegen, und Ew. Hochwohlgeboren Winke bestens benutzen.

Die angekündigten Skelette erwarten wir mit Verlangen, da nächsten Sommer zum erstenmal bey uns recht gründlich und eigentlich vergleichende Anatomie gelesen wird. Man hat gerade in dem Augenblick alle Ursache diesem herrlichen Wissen mehr Freunde und Schüler zu berufen, da des Herrn Professor Doctor Carus in Dresden Lehrbuch der Zootomie, mit beygefügten Tafeln, uns eine höchst wünschens-

werthe methodische Uebersicht zu Theil werden läßt.
Dürfte ich daher Dieselben ersuchen auch künftig für
uns in diesem Fache Sorge zu tragen, weshalb ich
mir eine kurze Schilderung unserer Bedürfnisse wohl
erlauben darf.

Vor allem also vom Osteologischen! da dergleichen
Präparate sich am besten transportiren und erhalten
lassen; wobey ich bemerke daß wir eigentlich nur zu
didaktischen Zwecken sammeln, wo die Repräsentanten
von Thiergeschlechtern und Arten schon befriedigen.

Von Hausthieren besitzen wir alles; an schönen
Pferden, die unser Marstall nach und nach verlor,
ist leider kein Mangel, die nächsten Geschöpfe des Feldes
und Waldes an harmlosen und wilden Thieren sind
auch vorhanden. Mehrere Affen, Tiger, Photen und
ein sehr schöner Elephantenschädel, ferner Geweihe,
Hörner und dergleichen gehen nicht ab; dasselbe gilt
von Vögeln von denen, wenn auch nicht ganze Ske=
lette, doch die bedeutenden Häupter vorhanden sind.

Die von Ew. Hochwohlgeb. angekündigten Geschöpfe
erwarten wir mit Begierde, sie füllen bedeutende
Lücken unserer Sammlung; könnten wir nun nach
und nach diejenigen Gegenstände erhalten die auf an=
liegendem Blatte verzeichnet sind so würden unsere
ferneren Wünsche befriedigt seyn: doch gebe Folgendes
zu bedenken: um einen Künstler, wie derjenige ist von
dem wir durch Ew. Hochwohlgeboren Vorsorge so
manches besitzen, sammelt sich gar vieles was be=

sondern zu bidacktischen Zwecken nützlich seyn kann. So würden zum Exempel einzelne Theile bedeutender Geschöpfe, es sey nun vom Schädel, Rumpf oder Extremitäten sehr angenehm seyn: denn wenn man dergleichen im Ganzen auch schon besitzt, so mag man doch dergleichen Exemplare schonen und würde sie um gewisser Speculationen willen nicht gerne sprengen, zerschneiden oder zerstückeln. Auch giebt es lehrreiche Zusammenstellungen, wo man einen Theil des Körpers, nach den Stufen seiner Metamorphose, durch viele Thierarten nebeneinander stellt; ich will nur des Vorderarms erwähnen der aus der Function einer blos tragenden und sich allenfalls bewegenden, gegliederten Säule, sich zu der gewandtesten Supination und Pronation herauf bildet.

Verzeihen Ew. Hochwohlgeb. daß ich ausspreche was Ihnen längst bekannt ist, es geschieht nur um anzudeuten wie wir uns mit den Brosamen, die von einem Kaiserlichen Tische fielen, gar gerne begnügten.

Noch eine kleine gefälligst leicht zu erfüllende Bitte füge hinzu.

Von dem grau und meist klein gesprenkelten Wiener Pflastersteine besitze wohl einige geschliffene wohlgearbeitete Gefäße, aber es fehlt meiner Sammlung ein geschliffenes Blättchen, das ich von beygezeichneter Größe wünschte.

Noch mehr aber interessirt mich ein rohes Stück zu besitzen mit vielseitigem frischen Bruch). Mögen

Ew. Hochwohlgeb. mir zugleich Kenntniß geben, wo dieser Stein eigentlich vorkommt und in welcher geologischen Verbindung, so werden Sie mir etwas besonders Angenehmes erzeigen.

[Beilage.]

Zum Behuf der Zootomie wird gewünscht:
1) Skelettirter Büffelskopf, womöglich mit den Halswirbeln. (Könnte man mit mäßigen Kosten das ganze Skelett erhalten, so würde es angenehm seyn.)
2) Skelett vom Wolf,
3) — vom Biber,
4) — vom Känguruh,
5) — vom Singschwan,
6) — von der Rohrdommel,
(wenigstens wünscht man die Brustknochen dieser beiden Vögel, merkwürdig, weil die Luftröhre darin eingeschlossen ist).
7) Ein Skelett von Charadrius Himantopus.

Ferner wenn es möglich wäre:
8) Ein Exemplar Proteus anguinus,
9) Ein Exemplar Rana pipa,
(Beide jedoch in ihrer Integrität, weil man sie hier zu seciren denkt).
10) Theile von Skeletten, als Extremitäten von bedeutenden Geschöpfen, Wirbelknochen, Schädelfragmente und sonstiges würde nicht unangenehm seyn.

Jena den 8. April 1818.

**Nachschrift.**

Indem ich kurz vor meiner Abreise von Jena siegeln will kommt die Sendung von Wien, zwar angekündigt aber doch unvermuthet an, und ich kann sagen, da sie gleich in meiner Gegenwart ausgepackt wurde, sehr glücklich, welches freylich kein Wunder ist, da alles Zerbrechliche und Verbiegliche so vortrefflich gepackt war.

Die Aufstellung des Strauß-Skeletts soll gleich nach meiner Rückkunft erfolgen. Ich gehe morgen nach Weimar, weil Serenissimus den 20. dieses Sich nach Ems verfügen.

Die Samen, Edelsteine und brasilianischen Nachrichten nehme mit hinüber und bin gewiß viel Vergnügen dadurch zu erwecken. Gönnen Ew. Hochwohlgeboren mir stets ein gewogenes Andenken.

8056.

**An Weller.**

Sie erhalten hier, mein Bester! etwas zum Troste unseres guten Lenz. Sorgen Sie daß das Gedicht gleich gesetzt und der Abdruck corrigirt werde. Senden Sie mir alsdann eine Revision, und zwar doppelt; der Bote hat Ordre es abzuwarten. Da er nun wenigstens morgen früh bey Zeiten zurückkommt, sende ich das Blatt durch die Boten zurück. Dienstag früh wünsche ich 50 Exemplare hier zu sehen. Wie viel

der Bergrath will abdrucken lassen und wie er sie
austheilen mag hängt von ihm ab; nur bleibt es
dabey daß es keine Societätssache wird, sondern, wie
der Titel andeutet, ein Privatscherz.

Ich darf wohl kaum bemerken, daß, in der vor=
letzten Strophe, der erste und zweyte Vers, wie auch
angezeichnet, umzusetzen sind.

Das schönste Lebewohl! und die besten Grüße.

Weimar den 16. April 1818. G.


## 8057.
### An Kräuter.

Gegenwärtiges wird dem Bibliotheks = Secretär
Kräuter hierdurch dergestalt übergeben, daß derselbe
alles hierbey Nöthige auf's genauste besorge und so=
wohl das Eintragen des Angenommenen, als das
Rücksenden des Übrigen bewirke.

Weimar den 17. April 1818. J. W. v. Goethe.


## 8058.
### An Weller.

Danke recht sehr für schnelle Besorgung des Ab=
drucks sowohl als der übrigen Geschäfte. In dem
Gedicht bleibt in der fünften Strophe die Abbreviatur
wie sie steht

s'

hieburch soll nämlich angedeutet werden, der Vers heiße:

Wissende haben (s') sie zusammen gestellt.

Die übrigen Geschäfte wollen wir sachte hingehen lassen. Zu Ende der andern Woche hoffe ich wieder bey Ihnen zu seyn, indessen schreiben Sie mir mit der Post oder mit den Boten wenn irgend etwas Interessantes vorfällt.

Viele Empfehlungen an die Freunde. Mit den besten Wünschen.

Weimar den 18. April 1818. Goethe.


8059.
An die Erbgroßherzogin Maria Paulowna.

Durchlauchtigste Erbgrosherzoginn
gnädigste Frau,

Ew. Kayserl. Hoheit morgen frühe aufzuwarten werde leider abermals verhindert. So eben erfahre daß man die bestimmte Stunde angesezt hat um dem kleinen Ankömmling die Taufe zu reichen, wobey der Grosvater wohl nicht fehlen darf. Sonst war Höchst=benenselben Donnerstag um eilf Uhr mein Erscheinen nicht unangenehm, darf ich auf Höchste Bestimmung hoffen?

Ew. Kayserl. Hoheit
unterthänigster

Weimar b. 20. April 1818. J. W. v. Goethe.

8060.
An C. G. v. Voigt.

Ew. Excellenz
werfen in ruhiger Stunde auf Beykommendes geneigte Blicke. In diesen Tagen warte ich auf um sowohl den Inhalt derselben als manches andere zu besprechen.
Mich andringlichst empfehlend
gehorsamst
Weimar den 20. April 1818. Goethe.


8061.
An Nees v. Esenbeck.

Ew. Wohlgeboren
verbinden mich immer auf's neue, wenn Sie mich mit Ihren letzten Arbeiten gefällig bekannt machen. Durch Ihr größeres Werk konnte ich mich zuerst mit jenen fast unsichtbaren Naturerzeugnissen bekannt machen, da ich vorher als Freund faßlicher Gestalten beynahe einen Widerwillen gegen diese schwer zu unterscheidenden Geschöpfe, wie ich nicht läugnen will, empfand. Nun aber geben sie mir zu mancherley Betrachtungen Anlaß die ich nicht so leicht los werde.

Der Anblick jener in Ihrer neusten Sendung eingelegten Gentianen war mir höchst erwünscht, ich werde sie unter Glas fassen und Ihre Bemühungen an diesem schönen Geschlechte wieder beherzigen. In einer getrockneten österreichischen Flora, die unser Groß=

herzog mit von Wien gebracht, kommen herrliche Species hervor, auch die nahverwandte Swertia fehlt nicht. Leider können wir diese hochgesinnten Pflanzen nicht in unsere niedrigen Gärten herunter ziehen. —
Ihre Anstellung als Lehrer freut mich unendlich, es ist ein großer Gewinn wenn man genöthigt ist sich mündlich mitzutheilen, besonders der Jugend; alles reift schneller weil man gar bald gewahr wird daß man das Esoterische in's Exoterische verwandlen und durch eine Wechselwirkung beider die wahre lebendige Wissenschaft aufbauen müsse.

Die Pantherische Schrift habe nicht erhalten, auch bis jetzt noch nicht gesehen, Ew. Wohlgeboren kommen meinem Verlangen nach diesem Werk so freundlich zuvor, daß ich mir kaum ein Gewissen mache Ihr gütiges Erbieten dreust anzunehmen.

Mögen Sie Sich von meiner unwandelbaren Theilnahme dagegen überzeugen und mir bald Nachricht geben wie es Ihnen auf Ihrem neuen Lehr= und Lebenswege gedeiht.

Weimar den 21. April 1818.
ergebenst
Goethe.

8062.
An S. T. v. Sömmerring.

Ihre werthe Sendung, mein theuerster Freund! hat mich doppelt und dreyfach erfreut, da sie über den schätzbaren Gehalt mich auch noch Ihres fortdauern=

den Andenkens versichert. Es wird sich noch mehr als eine Gelegenheit finden um auszusprechen, was ich und Andere, und die Wissenschaft Ihnen schuldig sind. Auch uns beschäftigen die fossilen Reste gar sehr; in unsern Tuffsteinlagern, ja in dem aufgeschwemmten Kies finden wir Elephanten, Rhinoceros, Hirsche und Pferde, letztere besonders häufig, ganze Schädel mit allen Zähnen. Dieß ist uns seit geraumer Zeit bekannt, aber neuerlich wird man aufmerksam auf unsere Thüringer Kalkflöze, welche unsere geologischen Epochen eigentlich abschließen, und uns bisher nur Ammonshörner und manche Reste zweyschaliger Muscheln darboten. Bey größerer Aufmerksamkeit finden wir nun höher organisirte Überbleibsel, jedoch nicht häufig, bis jetzt schwer zu entziffern. Durch Ihren Vorgang angeregt soll es diesen Sommer an fleißiger Arbeit nicht fehlen.

Andenken und Liebe!<br>ergebenst

Weimar am 21. April 1818. Goethe.

8063.<br>An C. G. v. Voigt.

Nach dem von Ew. Excellenz gnädig gebilligten Inhalt beykommender Acten, habe die nöthige Ausfertigung, wie beyliegt, besorgt und bitte um geneigte Vollziehung.

Weimar den 24. April 1818. Goethe.

### 8064.

**An die Großherzogliche Ober-Baudirection.**

[Concept.]

Ergebenstes Promemoria!

In dem bey Großherzogl. Hochlöbl. Ober-Baudirection vom Zimmermeister Schenk eingereichten Promemoria, d. d. ben 7. März b. J. und dem bey'm
5 Herrn Ober-Baudirector Coudray aufgegebenen Protocoll haben Bauherr Cammerdiener Lämmermann und Zimmermeister Schenk einmüthig und bestimmt erklärt: „daß von denen in meinen Garten schauenden Fenstern des aufzuführenden Lämmermannischen
10 Hintergebäudes nur die zwey auf dem Flügel in der mittlern Etage als wirkliche Lichtlöcher gebraucht die übrigen aber blos zur Zierde in Tünch vertieft und angestrichen werden sollen."

Da ich aber jetzt deutlich wahrnehmen muß, daß
15 man nicht gesonnen ist obiges Versprechen zu halten, unter dessen strenger Erfüllung ich doch allein verstattet, zwey in meinen Garten gehende Lichtlöcher anzubringen, vielmehr allem Anschein nach sechs wirkliche Fenster angelegt werden sollen; so ersuche eine Hoch-
20 löbliche Ober-Baudirection zu bewirken: daß Bauherr und Zimmermeister streng angehalten werden ihrem Versprechen pünktlichst nachzukommen.

Der ich die Ehre habe mich mit vollkommenster Hochachtung zu unterzeichnen.
25 Weimar den 25. April 1818.

8065.
An F. v. Müller.

Ew. Hochwohlgeboren
für die gestrigen Mittheilungen zum allerschönsten dankend, sende die merkwürdigen Blätter zurück. Lassen Sie mich von Zeit zu Zeit vernehmen was vorgeht. Meiner schönen Schülerin hätt' ich freylich die Sinnes=änderung nicht angesehen.

Mit den besten Wünschen und Segnungen
Weimar den 27. April 1818.                    G.


8066.
An C. G. v. Voigt.

Ew. Excellenz
erhalten hiebey die verabredeten Expeditionen zu gefälliger Vollziehung. Sollte in Modo oder Stylo etwas versehen seyn, so bitte um Rectification.

Die zwar nicht architectonischen aber doch redlich technischen Vorarbeiten am Bibliotheksgebäude sind äußerlich glücklich gelungen und innerlich ist auch so viel schicklicher Raum gewonnen, so daß uns nichts hindert den vorgeschriebenen Plan verständig auszuführen.

Erhalten Sie mir Neigung und Theilnahme, und so will ich mich auch wohl über Wasser halten.

Was von Serenissimo vernommen wird bitte mir mitzutheilen.

Treulichst
Jena den 28. April 1818.                    Goethe.

## 8067.
### An F. G. Hand.

In dem von Ihro Kaiserlichen Hoheit mir übergebenen Verzeichniß der den Fürstlichen Kindern zu ertheilenden Stunden sind auch wöchentlich drey römische Geschichte angesetzt; möchten Ew. Wohlgeboren mir anzeigen welche Vor= oder Nachmittagsstunden Ihnen bequem wären.

Wegen der gewünschten Bücher ist Einleitung getroffen, der erste Transport wird nächstens anlangen. Balde mündliche Unterhaltung hoffend.

ergebenst

Jena den 28. April 1818. Goethe.

## 8068.
### An Weller.

Heute, mein werthester, seh ich Sie nicht auf der Tanne.

Beykommendes wünsche abgeschrieben; aber auf Einen Bogen, so daß es drey Seiten desselben einnimmt.

Viel Empfehlungen

J. 29. Apr. 1818. Goethe.

## 8069.
### An S. Boisserée.

Dem Großvater verzeihen Sie vielleicht daß der Freund so lange nicht geschrieben. Der Drang des

Lebens wird immer wunderlicher, man verbraucht seine Kräfte in der Nähe und es bleibt endlich zur Wirkung in die Ferne nichts mehr übrig. Möge in beyliegendem Heft einiges enthalten seyn das Ihnen Freude macht und zum Weiter=Denken Anlaß giebt. Das vierte ist auch schon angefangen, wobey die ersten Bogen eine Weile als Verzahnung stehn zum künftigen Fortbauen.

Die Ärzte wollen mich nach Carlsbad, ich gehe ungern hin, weil ich den Glauben daran verloren habe; ferner wird man gewohnt mancherley zu leiden und ist nicht so ungeduldig wie in der Jugend, wo man sich einbildet eine unbeschränkte und unbedingte Existenz erreichen zu können.

Übrigens war ich auf vielfache Weise thätig, wo= von manches gelegentlich zu Ihnen gelangen soll. Habe ich Ihnen schon gesagt, daß ich ein heiteres Quartier auf dem rechten Saalufer unmittelbar an der Brücke bezogen habe? Einen Erker von wo man Fluß, Land und Stadt zum schönsten besieht. Eben ist jetzt die herrliche Blüthenzeit; wie mag das erst bey Ihnen aussehen, oder vielmehr ausgesehen haben.

Diese Tage hatte ich ein besonderes Vergnügen das ich wohl mit Ihnen theilen möchte: mir ward ein Brief anvertraut den Meyer über Ihre Samm= lung geschrieben hatte. Es ist höchst erquicklich an= zusehen wenn ein so alter Goldschmid und Juwelen= händler ächte Waare gewissenhaft und freudig taxirt.

Es wollte sich nicht ziemen eine Abschrift zu erbitten, vielleicht giebt es Gelegenheit.

Hat sich in dem Hauptpunkte noch nichts entschieden? von Berlin höre nichts als den alten Rundgesang.

Das Schicksal indem es mir die Anordnung der akademischen Bibliothek überwies scheint sich wegen des Faustischen Monologs und jener frevelhaften Geringschätzung alles Wissens rächen zu wollen. Wir müssen suchen auch hier durchzukommen.

Bey Gelegenheit von Faust fällt mir ein zu fragen: ist Ihnen denn wohl das Trauerspiel Manfred von Lord Byron in die Hände gerathen? für mich war es höchst merkwürdig zu sehen wie er meinen Faust kennt und nach seiner eigenen Weise hypochondrisch misanthropisch umarbeitet. Wenn ich zugleich versichere daß ein außerordentlicher Geist, großes Talent, Durchdringen der Welt und Selbstbewußtseyn darin waltet, so wird man, wollte man mir auch gerade zu nicht glauben, doch auf dieses Produkt aufmerksam werden.

Ihren dem Musikus Klein mitgegebenen Brief erhalte ich erst diese Tage von Berlin, der Mann ging mit Gesellschaft durch Weimar und konnte sich nicht aufhalten, leider also daß mein guter Wille Ihre Empfehlung zu honoriren getäuscht worden. Zelter scheint sehr wohl mit ihm zufrieden zu seyn. Geheime Rath Willemer schrieb mir vor einiger Zeit daß ein Mufikus bey ihm auf der Mühle gewesen, von dem er das Beste prädizirt; ift es etwa eben derselbige? denn er hat mir ihn nicht genannt.

Ich höre daß Freund Thibaut fleißig Sing=akademien hält, fagen Sie mir doch auch gelegentlich ein Wort darüber.

Hegel, vernehme ich, geht nach Berlin, auch Seebeck foll dahin verſetzt werden. Minifter Alten=ſtein ſcheint ſich eine wiſſenſchaftliche Leibgarde an=ſchaffen zu wollen. Wir müffen fehen was er gegen die bepfründete, ſtarre Akademie ausrichten kann, das unbefoldete, bewegliche Publikum nimmt gewiß auch daran nur tagtäglichen Antheil. Sind die Händel über die Hierodulen auch zu Ihnen gelangt? Böttcher (wahrſcheinlich der Widerſacher) hat in ein heftiges Wespenneft geftochen. So lange er tückiſch handelte ging ihm alles hin. Wer offen befehden will muß nicht fo viele ſchlechte verwundbare Seiten blos geben. Von unfern innern Händeln fage ich nichts, ich ignorire fie fogar an Ort und Stelle und kenne nichts tag=verderblicheres als dergleichen Partheiklatſch.

Hundert und aber hundert Gedanken und Anſich=ten möchte ich mit Ihnen münblich theilen und aus=tauſchen, laſſen Sie mich daher noch einiges vorüber=gehend erwähnen.

Die famofe Bildergallerie der Philoftrate beſchäf=tigt mich ſchon feit vielen Jahren, wobey Meyer red=lich mitwirkte, ich habe die alten Vorarbeiten jetzt wieder aufgenommen, sie sollen im vierten Stück redigirt erscheinen. Diese, zwar gleichfalls ernste, aber doch heiter behandelte Gegenstände contrastiren wunderbar mit dem bedenklichen Bilde des Leonards da Vinci zu Mailand.

Die Engländer haben Facsimiles von Handzeichnungen aus der königlichen Sammlung herausgegeben. Daß man durchgängig die wundervollsten Dinge gewählt habe läßt sich denken.

Daniel, der die großen indischen Prospecte vor Jahren herausgab, hat eine niedlich kleine mahlerische Reise von Gravesand nach China gleichfalls bunt gedruckt herausgegeben. Es ist ein sehr verkäufliches Büchlein, zugleich auch voller Geist und Geschmack. Wahrscheinlich haben Sie es auf der akademischen Bibliothek.

Artaria war bey uns mit allerley alterthümlicher Trödelwaare, vor der unsere Fürsten sich hüteten. Seine Gemälde gaben meist die Apprehension neuere Hände möchten daran das Beste und Schlimmste gethan haben.

Sein Bruder Dominikus sendete mir ein Portefeuille alter italiänischer Kupfer, höchst löblich, treffliche Abdrücke, aber auch die Preise darnach. Nur mit Carolinen steigen sie. Ich habe etwan ein halb Dutzend behalten, unschätzbar wegen Gedanken und Ausführung. Fast hätte ich mich verleiten lassen mehrere zu wählen, der Cammer-Präsident aber widersetzte sich dem Gallerie-Inspector.

Aus einer Leipziger Auction dagegen habe ich eine Unzahl guter Blätter erhalten, höchst schätzbar zur Complettirung meines historischen Sammelns. Die Franzosen gelten jetzt gar nichts und so erhielt ich Sebastian Bourdon, Le Sueur, Glauber nach Poussin und zuletzt Watteau und Boucher fast umsonst, selbst Primaticcio galt nichts, weil er in Frankreich gemahlt hat.

Ebenso geht es mit gewissen Niederländern, besonders die zu Ende des 17. Jahrhunderts Zeitereignisse, Schlachten, Brand und Massacre mit Geist und Geschick eigenhändig radirten. Als Romega de Hooghe, Lyttens und andere. Callot und Stella werden nicht viel besser bezahlt. Ich mache eine Sammlung von dergleichen Dingen bis herauf in's 18. Jahrhundert. Sie geben, verbunden mit den satyrischen Bildern, den lebhaftesten Begriff damaliger Zustände; auch Hof= und Theaterfeste haben ihren eigenen Charakter, von den letztern besitze ich schöne Blätter, gezeichnet und gestochen von Augustin Carrache. Die meisten sind groß Folioblätter, worauf ein ungeheueres Gewühl dargestellt ist. Unsere Kupferstecherey hat dagegen ihre Systole in den Almanachen und die Politik diastolisirt in Tages= und Monatsblättern.

Und nun lassen Sie mich wie sonst mit einem Verslein schließen.

„Warum ist Wahrheit fern und weit?
Birgt sich hinab in tiefste Gründe?"
Niemand versteht zur rechten Zeit! —
Wenn man zu rechter Zeit verstünde:
So wäre Wahrheit nah und breit,
Und wäre lieblich und gelinde.

Und so, mit den freundlichsten Segnungen
verbunden
Jena den 1. May 1818. Goethe.


8070.

An C. G. v. Voigt.

Ew. Excellenz
erhalten dankbarlichst die unterzeichneten Quittungen.

Jedes unserer gemeinsamen Werke hat mich immer höchlich erfreut, nur haben Sie diesmal wie so oft Gefahr und Mühe allein übernommen. Doch genügt es, daß man sagen kann, es ist etwas Dauerndes Erfreuliches entstanden.

Heute drängt mich's zu schließen, denn ich habe den lieben Fürstlichen Kindern einen kleinen Spaß bereitet, der mich gerade vor Abend beschäftigt.

Übrigens geht es in Bibl. und Museums=Sachen durchaus nur wünschenswerth und wenn ich Doctor Wellers Anstellung mit Ew. Excellenz geneigtester Theilnahme früher zu bewirken trachtete, so kommt sie gerade jetzt zur rechten Zeit, da er in das auf=

geregte Geschäft eintretend seine Mitwirkung bethätigen kann.

Das bisher fehlende Vermehrungs-Buch, nicht weniger das gleichfalls neue Ausleihungs-Buch ist ihm übertragen.

Eifer und Anhaltsamkeit läßt sich auf diesen beiden Puncten am besten beweisen.

Die Handwerker zeigen den besten Willen; nächstens werde ich im Stande seyn vorzulegen wie die ganze Angelegenheit im October stehen wird.

Noch manches andere nicht unerfreuliche habe zu vermelden. Auf der Tanne lebe ich wie im Lande Gosen, heiter und klar, indeß über dem Ninive-Jena die schwarze Wolke der Politik, durchkreuzt vom Blitz der Straf-Urtheile, zu ruhen sich Gelegenheit nimmt.

Von unserm gnädigsten Herrn wünsche ich die besten Nachrichten. Nächstens will ich die bisherigen thätigen Ereignisse zusammenfassen und sie Denenselben übersenden.

Unsere verehrte Großherzogin geht, wie ich höre, nach Dornburg, geben Ew. Exzellenz mir einen Wink, so träfen wir uns vielleicht daselbst.

Es ist am Ende wirklich, als müßte man reisen um seine Freunde zu sehen.

Mich angelegentlichst empfehlend
     so fort und für ewig
Jena den 8. May 1818.      G.

## 8071.
### An C. W. C. Stichling.

Ew. Wohlgeboren
habe diese Zeit her mehr als einmal hieher gewünscht.
Den armen Kühn verfolgt bey seiner Ortsveränderung das Unheil auf allen Schritten, er selbst liegt
jetzt am Auge beschädigt danieder.| Indessen bleibt
das vorjährige Manual mit allen, zwar wohlgeordneten, aber doch noch nicht ganz berichtigten Belegen
versiegelt in meinen Händen.

Der neue Rentamtmann scheint zu dieser Rechnungsführung nicht geneigt, Kühn hat dem Accessisten
eine kleine Summe gegeben, größere habe ich schon
vorgeschossen und so trübt sich das neue Rechnungsverhältniß, indem das alte noch nicht aufgeklärt ist.

Wäre es möglich, daß Ew. Wohlgeboren in diesen
Tagen herüberkämen, wir würden bald auf's Reine
seyn. Fast hätte ich Lust den Rentamtmann Lange
auch als Rechnungsführer der Museums=Casse vorzuschlagen; die Bequemlichkeit wäre groß.

Ich habe jedoch auch wieder Bedenken dagegen.
Mündlich wäre das alles bald durchgesprochen.

Übrigens geht alles nach Wunsch, innerhalb der
Bibliothek verspricht man die Handwerks=Arbeit bis
Ende Mai fertig, außerhalb bis Ende Juli.

Anfangs Juni operiren die Bibliothekaren, und eh
der October herankommt soll schon ein Bedeutendes

geleistet seyn. Welches mir sehr angenehm seyn wird, weil Serenissimus auf dieses Geschäft einen besondern Werth legen.

Ew. Wohlgeboren werden deshalb gewiß, wie überhaupt gern eingreifen.

Des Kühns Versetzung und Unfälle paralysiren mir gerade die bedeutendste Seite, und wenn ich die Sache nicht so gut im Kopf hätte, so würden mich die Papiere in Verlegenheit setzen. Gönnen Sie mir also die Hoffnung, Sie auf der Tanne zu bewir=then, wo ich dießmal wenigstens für ein Gericht Spargel gutsagen kann.

Zu geneigtem Andenken mich empfehlend
                                        ergebenst
Jena den 8. May 1818.                   Goethe.


8072.

An A. v. Goethe.

Das gestrige Fest gelang zur großen Zufriedenheit der lieben Kleinen und wird weil das Lokal gar zu hübsch ist wohl manche Wiederholung erleben.

Gegenwärtiges bringt Rinaldo, warum er schon wieder nach Weimar läuft ist mir nicht deutlich. Wie die Menschen das Wort Feiertag hören, so sind sie alle verrückt, und niemand denkt daß er die größte Zeit seines Lebens müssig herum läuft oder gestreckt da liegt.

Sey so gut und schick mir etwas rothen Wein, der Löwenzahn bekommt mir mit diesem Vehikel am besten.

Beykommende Bohnen laß ja gleich legen, sie sind bunt und artig, es wird hübsch seyn wenn sie sich fortpflanzen, vielleicht haben sie auch verschiedene Blüthen daß davon auch einige Gartenzierrath zu hoffen ist.

Eine Artigkeit von Knebel lege ich bey, sonst wüßt ich nichts mitzutheilen.

Nach den Feiertagen versprechen alle Handwerker und Buchdrucker alle Thätigkeit, es soll mir lieb seyn wenn dieser Monat auch mir gute Früchte bringt.

In drey Wochen kommen Schweizer und Lyncker von Carlsbad zurück, im Allgemeinen gab ich Auftrag wegen des Quartiers. Man vernimmt alsdann das Nähere von den dortigen Zuständen.

Laß mir von den eurigen wissen, ich wünsche und hoffe daß euch alles zum Besten gedeihe.

Heute Nacht schlafe ich zum erstenmal auf der Tanne, denn es will nicht mehr schmecken die herrlichen Morgen im Brunnen zuzubringen.

Es wäre gar nicht übel wenn du einmal recht bey Zeiten angeritten kämest.

Grüße Ottilien zum allerschönsten, wenn sie gelegentlich wieder mobil ist soll sie mir herzlich willkommen seyn.

Jena den 9. May 1818.                    G.

8073.
An Kräuter.

Mit höchstem Unwillen hat man die angestrichnen Stellen des beykommenden Blattes bemerckt. Was sollen Vorgesetzte dencken und erwarten wenn junge Angestellte sich solche Unziemlichkeiten erlauben? Jena b. 9. May 1818.

Goethe.

8074.
An Cotta.

Ew. Hochwohlgeboren begrüße zum freundlichsten auf deutschem Grund und Boden höchlich erfreut daß die Reise glücklich vollendet worden: denn immer ist man doch in Sorgen, von so mancherley Zufälligkeiten möchte eine und die andere unterwegs die Theuern und Lieben ergreifen. Gar sehr hätte ich gewünscht von Ihnen gleich recht frisch die Schilderung des gegenwärtigen Italiens zu vernehmen; wie ich von manchen Seiten höre so ist es fast ein ander Land als ich es kannte. An hohem Genuß und freudiger Theilnahme die Ihnen beschert sey habe ich niemals gezweifelt.

Wir andern mußten unterdessen unsern Geist durch geistige Arbeiten beschwichtigen, einiges ist vollbracht manches vorgearbeitet. Das dritte Heft von Kunst und Alterthum wird in Ihren Händen seyn; am vierten ist angefangen zu drucken, das morpholo=

gische kommt gleich nach Pfingsten an die Reihe,
vom Divan sind fünf Bogen gedruckt, und so wollen
wir denn sehen was bis Michael zu fördern sey.
Zum Damenkalender sende den Schluß der neuen
Melusine, gute Aufnahme demselben wünschend.
Wegen des letzten Bands meiner Werke wüßte so viel
zu sagen. Rameaus Neffe nimmt, wie Sie früher
schrieben, zwölf Bogen ein, daran schließt sich man=
ches was die Propyläen enthalten; eine kurze chrono=
logische Übersicht meiner Arbeiten würde hinzu=
gefügt.

Wenn Sie alsdann die Pränumerantenliste woll=
ten hintenan drucken lassen, so wünsche ich deren
Communication, um vielleicht Städten und Freunden
etwas Artiges zu erzeigen und ein trockenes Register
mit einer geistreichen Wendung abzuschließen.

Die Abschrift des dritten Hefts von Kunst und
Alterthum ist nach Wien, das reine Manuscript vom
Divan wird aufbewahrt und kann zu seiner Zeit,
auf Anordnung, gleichfalls dorthin abgesendet werden.

Was und in welcher Ordnung aus den Proph=
läen zu nehmen wäre zeigt die Beylage, sowie auch
eine Berechnung hinzufüge welche mit der Ihrigen
zusammenzuhalten bitte. Eine kleine Note von Aus=
lagen füge hinzu. Kommt mir würklich hiebey etwas
zu Gute so würde ich es gleich von Herrn Frege be=
ziehen, damit zu Ostern reiner Abschluß wäre. Meiner
nächsten Sendung werde ein Promemoria beylegen

eines Autors der empfohlen zu seyn wünscht. Mit dergleichen bin ich niemals beschwerlich und auch dießmal wünsch ich für mich und ihn eigentlich nur eine klare Ansicht der Sache wie Sie Ew. Hochwohlgeboren allein geben können.

Mit den aufrichtigsten Wünschen mich bestens empfehlend.

Jena den 10. May 1818.

gehorsamst
Goethe.

[Beilage.]

Zu dem zwanzigsten Band meiner Werke, aus den Propyläen und zwar in folgender Ordnung abzudrucken.

I. Band 2. Stück Diderots Versuch über die Mahlerey. Seite 1 — 44.

II. Band 1. Stück Fortsetzung und Schluß. S. 4 — 47.

I. Band 1. Stück Wahrheit und Wahrscheinlichkeit der Kunstwerke. S. 55 — 65.

II. Band 2. Stück Der Sammler und die Seinigen. S. 26 — 122.

Die Seitenzahl beträgt also
44
43
10
96
───
193 = 12 Bogen, 1 Seite.

Jena d. 10. May 1818.

8075.

An C. G. v. Voigt.

Ew. Excellenz
in Dornburg zu begegnen habe ich nun die nächste
Hoffnung. Die Damen gehen, wie bekannt, Donners=
tags hinaus, mögen Dieselben über die nächsten Tage
disponiren. Wäre es später gefällig, so kann ich bey
der Nähe meines Aufenthaltes auch wohl einen Besuch
daselbst wiederholen.

Ihro Hoheit schienen von dem geistlichen Früh=
stück nicht übel zufrieden, ich hielt mich an's leibliche,
das bey dieser Gelegenheit bereitet war.

Die fürstlichen Kinder sind froh und genießen der
freien Welt. Ich hatte ihnen in den sogenannten
Teufels=Löchern einen kleinen Scherz bereitet, der wohl
ablief und Vergnügen machte. In diesen Jahren be=
darf es einen geringen Anlaß, um überrascht zu werden
und zufrieden zu seyn. Meine Wohnung auf der
Tanne wird mir dreyfach lieb, da sie mir nun als un=
entbehrlich erscheint. Ich komme dadurch aus aller
Berührung mit den Menschen, die, wie sich allgemein
und öffentlich beweist, sich ihrer Denkart dergestalt
hingegeben haben, daß einer, der sie nicht leidenschaft=
lich mit ihnen theilt, nicht zehen Worte sprechen kann
ohne sich zu befeinden.

Das ganz isolirte Bibliotheks=Geschäft ist deshalb
sehr erfreulich und geht seinen raschen Gang fort, wo=

von in einiger Zeit Relation abstatte, welches am besten geschehen kann, wenn ich bey Rath Vulpius Rückkehr die sämmtlich eingeführten Diarien mittheile. Dadurch wird die leichteste Übersicht möglich und die leichte Mühe, die man sich jeden Tag giebt, überhebt uns der großen Beschwerlichkeit das Vergangene im Ganzen wieder aufzunehmen, wenn das Einzelne längst schon verwischt ist.

Diese Tagebücher vertreten die Stelle der Acten, welche in einem solchen Geschäft nicht können geführt werden.

Wir beeilen uns, daß Serenissimus bey Ihrer Zurückkunft schon etwas Entschiedenes mit Augen sehen.

Die zugestandenen 1200 Thaler sollen bedeutende Wirkung hervorbringen.

Zu dauernder Neigung mich wiederholt empfehlend
Jena d. 13. May 1818. Goethe.


8076.
An den Großherzog Carl August.

[Concept.] [Jena, 15. Mai 1818?]

1) Vor allen Dingen vermelde daß die Münchner Freunde höchst geehrt und vergnügt sich über die Medaille ausgesprochen haben, sie scheinen ihre erste Sendung dagegen gar nicht in Anschlag zu bringen, sondern bekennen sich vielmehr als Schuldner.

2) Sodann ist denn auch, zu großem und würdigem Entzücken des Bergraths, der nordische Transport, in zwey Kisten, frank bis in Schloßhof, angekommen, und ist das Geschenk eines Kronprinzen wohl würdig. Etwa Exemplare alle von der größten Schönheit und Bedeutung. Island, die Westküste von Grönland, Lappland, Färöerinseln, Schweden und herab bis zur Insel Bornholm, alles wovon man theils gehört, theils kleine Stücke besessen. Sie werden, nach Ländern, sodann in sich systematisch geordnet, erfreulich und belehrend seyn.

3) Die Wiener Sendung ist höchst bedeutend. Der Strauß auffallend und erstaunenswürdig, Reiher und Kormoran sehr löblich, sowie auch die kleinen Schafschädel mit unendlich gedrehten Hörnern.

4) Ein ganz eigenes Geschenk hat Herzog von Egerton, reicher Engländer, der lange in Paris wohnt, der Jenaischen Bibliothek verehrt. Er läßt seit 1796 seine gelehrten Werke, und auch solche worin er Familiennachrichten mittheilt, kostbar in Paris drucken, sie kommen nicht in Buchhandel, sondern er verschenkt sie nur. Eine vollständige Sammlung hat er der Jenaischen Bibliothek gewidmet, eine andere woran nur ein griechisches Werk fehlt, soll der Vorsteher dieser Anstalt sich zueignen, und ein drittes liegt bey zu dessen weiterer Disposition. Dieses ist sogleich nach Weimar abgegangen. Wir wollen diese Schenkung als ein gutes Omen für das Geschäft betrachten.

5) Auch geht es rasch genug vorwärts. Während der Pfingstfeiertage kommt das bisher völlig fehlende Ausleihebuch, sowie das Vermehrungsbuch zu Stande, der Rath Vulpius ist hier und hält sich brav. Es hat sich noch ein junger thätiger Mitarbeiter gefunden.

Vor Ende May sind die Handwerksleute aus dem Hause, Anfangs Juny beginnt die Translocation, in den Sommermonaten kann viel gethan werden, für die Winterarbeit bestimmt man die Catalogen.

6) Berappung des Hauses, Versenkung des Hofes, äußere vollkommene Reinlichkeit ist vor Anfangs August versprochen und eh' das Jahr umgelaufen kann die Sache so gestellt seyn, daß sie durch bösen Willen und Trägheit nicht leicht wieder rückgängig zu machen ist.

7) Da die Anwesenheit der lieben fürstlichen Kinder zu allerley Unterhaltungen auffordert, so habe einen Versuch gemacht denen sogenannten Teufelslöchern eine gewisse Zu- und Ausgänglichkeit, letztere nach der Höhe zu verschaffen, wo man einer sehr angenehmen Aussicht genießt. Statt der vielen wundersamen Geschöpfe, die das Mährchen dämonisch dort walten läßt, hatten wir freylich nur ausgestopfte Thierchen und Vögel, sie thaten aber doch auf die kleinen Gemüther gute Wirkung, besonders da zuletzt, anstatt des großen unterirdischen, magischen Teiches, sich wenigstens in einer Gelte kleine lebendige Fische merken ließen. Die Witterung begünstigte den Scherz, und wenn man von Zeit

zu Zeit dieser extemporirten Anlage nachhilft, so kann
eine Erfreulichkeit mehr in der ohnehin so sehr be=
günstigten Gegend gar wohl entstehen.

8) Unsere jungen Herrschaften kamen bey bedenk=
licher Witterung gestern allhier an, warteten ein all=
gemein ausgebreitetes Gewitter ab, und fuhren um
5 Uhr bey heiterem Wetter nach Dornburg. Der dem
munteren Kleinen bisher ertheilte Unterricht ward
im Einzelnen beachtet und schien Beyfall zu gewinnen.
Wobey es eine große Freude ist die theuern Zöglinge
gesund und munter zu sehen.

8077.

An v. Uwarow.

Ew. Excellenz
als Vorsitzenden der Petersburger Akademie zu ver=
ehren macht mir die größte Freude, denn wenn in
Wissenschaften viel gethan ist, so kommen doch Re=
tardationen, ja Rückfälle gelegentlich vor, und sollte
man da nicht wünschen den geistreichsten Männern
die Aufsicht hierüber anvertraut zu sehen besonders
in einem so weiten Kreis, als der jetzt Ihrer Sorg=
falt übergebene!

Nehmen Sie meine dankbare Erwähnung in bey=
kommendem Hefte freundlich auf! Die hohe Freiheit
eines angebornen und durchgeübten Talents wird wohl
billig den guten Deutschen vorgeführt, welche wähnen

in der Beschränkung liege die Kraft. Welches im strengsten Sinne wohl wahr seyn mag, aber die rollende Zeit will andere Umsichten.

Nun aber laßen Sie sich Wunsch und Bitte nicht verdrießen! Ich habe von einem Grafen Tolstoi ein medaillenartig, wenig erhobenes Kunstwerk in Gipsabguß gesehen, das mich in Verwunderung setzte. Könnten Sie mir von den Arbeiten dieses verdienten Mannes etwas zusenden, auch von seinem Leben und Künstlerbeginnen einige Nachricht vermelden lassen, so würden Sie mich sehr verbinden. Denn wir Scheidenden müssen täglich mit größerer Liebe und Neigung auf dasjenige hinblicken, was wir zunächst thätiges zurücklaßen.

Ich lege noch einiges bey, woran Sie Theilnahme haben und erregen. Gar wunderlich wird es Ew. Excellenz auffallen, wenn Sie die Aushänge-Bogen eines Divans finden, der soeben gedruckt wird. In schrecklichen und unerträglichen Zeiten, denen ich persönlich nicht entfliehen konnte, floh ich in jene Gegenden, wo mein Schatz und auch mein Herz ist. Nur kosten und nippen konnt ich an Kewsers Quell, wobey denn doch eine wünschenswerthe Verjüngung erreicht ward.

Möge das Ganze Ihnen dereinst gefällig seyn und mir das Zeugniß erwerben, daß ich in ein Reich, wo Sie völlig zu Hause sind, nicht ganz ohne Geschick und Glück hineinstreifte.

Mögen Sie mir auch nur einen Wink zukommen laffen von dem, was Sie thun und vorhaben, so werden Sie mich erfreuen und beleben. Den reinften Antheil trauen Sie mir zu, so wie ich die von Ihrer Seite mir gegönnte Neigung verehrend mich aufrichtigft unterzeichne

gehorfamft

Weimar [Jena], d. 18. May 1818. J. W. v. Goethe.


8078.

An F. M. v. Klinger.

[Concept.] [Jena 19. Mai 1818?]

Dießmal will ich, mein Werthefter, nicht verftummend eine Sendung abschließen. Nehmen Sie Beyliegendes freundlich auf und theilen mit Freunden was jeden anmuthet. Im wunderbarften Wechfel der Dinge bin ich ohngefähr auf derfelben Erdscholle, wo Sie mich kannten, ja felbft in dem Garten an der Ilm wandle ich mit Kindern und nun einem Enkel. Viele Zeit verarbeite ich in Jena, jetzt mit Vereinigung und Ordnen der Bibliotheken beschäftigt. Man verzeiht nicht leichter den Menfchen ihre Verrücktheit, als wenn man sich mit dem abgiebt, was öfter fchon eben so närrifch war.

Allerley laffe ich drucken, aus alten und neuen Papieren Veranlaffung nehmend. Der vierte Band meines frühern Lebens, wozu Sie mir über Sich felbft

höchstfreundliche Aufklärung gaben, geht mir jetzt im
Sinne hin und wieder. Nur ist es Sünde, daß Ihre
schönen, aufrichtigen und unvergleichlichen Worte sollen
zerstückt werden. Ich nutze was jener Zeit gehört,
aber Ihre Darstellung muß unangetastet aufbewahrt
bleiben.

### 8079.
### An C. G. v. Voigt.

So sehr ich gewünscht hätte Ew. Excellenz und
werthe Familie endlich in Jena einmal zu begrüßen,
besonders da auch bey Regenwetter in den freundlichen
Sälen der Museen gar manches Herrliche und Erfreu=
liche vorgezeigt werden kann, so will ich doch nicht
läugnen, daß ich, bey Unsicherheit der Atmosphäre,
bey schlimmem Weg in dem höchst zerrissenen Mühl=
thal, selbst nicht rathen könnte eine zweifelhafte Reise
zu unternehmen.

Rath Vulpius wird das Tagebuch seiner hiesigen
Beschäftigungen gehorsamst vorlegen und mündlich
deshalb umständlichen Rapport thun. Aus beiden
zusammen werden Ew. Excellenz geneigt ersehen, daß
alles frisch vorwärts geht, daß für die Zeit eines
halben Jahres schon manches gethan ist und bey
einer solchen Vorbereitung bis Michael gar viel ge=
schehen kann. Haben wir nur den Juni überstanden
und gut angewendet, so können wir hoffen, daß das
Geschäft nicht wieder zurückgeht.

Mein Glaube bestärkt sich, die sämmtlichen Angestellten nehmen wahrhaften Antheil und die Professor-Weise, deren Maxime blos ist zu hindern und zu lähmen, kann uns nichts mehr anhaben.

Gar vielen scheint es ein Dorn im Auge, daß ein Todter mit so wenigem wieder aufgeweckt wird.

Den Bericht über die Statuten werde nächstens übersenden; wir können uns sehr kurz fassen, indem wir uns auf die weitläufige Darstellung des letzten Hauptberichtes berufen. Ich habe dort, die akademischen Anmaßungen voraussehend, alles derb und umständlich ausgesprochen, wir können jetzt desto kürzer und höflicher verfahren.

Über gewisse Dinge, welche die Ober-Aufsicht nicht berühren, erlauben Ew. Excellenz mir einige vertrauliche Bemerkungen:

In dem Statuten-Entwurf der philosophischen Facultät stehen die allerkomischsten Dinge. Eben dieselben Menschen, die eine unbegrenzte Preßfreiheit mit Wuth verlangen, wollen die Lehrfreiheit ihrer Collegen auf das unerlaubteste begrenzen und so erscheint überall nichts als Selbstsucht und heftige Wahrung des eigenen Vortheils.

Die Mittagsstunde ruft mich nach Dornburg, man sagt nicht viel Gutes vom Wege, der freilich nur ein übereilter Sommer-Weg ist. Weil dorther die Rückkunft nicht bestimmt werden kann, so schließe dieses Blatt mit den besten Wünschen und Grüßen, damit

es noch mit den heutigen Boten zu Ew. Excellenz
gelange.
                    und so fort und für ewig
    Jena den 19. May 1818.                              G.


                        8080.
                    An C. v. Knebel.
                        [Jena, 19. Mai 1818?]
    Gieb mir, mein bester, doch einige Nachricht wie
es in Dornburg aussieht. Es ging ein Gerücht der
Großherzog sey in Ems unwohl. Was vernahmst
du davon? Heute eilf Uhr gedencke ich hinab zu
fahren. Was macht der kleine? Weller käme viel=
leicht um 10 Uhr.
                                                        G.

                        8081.
                    An S. Boisserée.
    Nur mit wenigen Worten, aber gleich will ich
für Ihren liebwerthen Brief meine Danksagung ab=
statten.
    Mich freut es höchlich, daß Sie größtentheils
mit meinen Äußerungen zufrieden sind, denn auch
bey denselben Prämissen zeigt es schon von einem
hohen Grad Zusammenlebens, Mitempfindens und
Denkens, wenn wir im Urtheil öfters übereinstimmen.
Mehr sage ich nicht! Dieses Blatt möchte stocken,
und füge, damit der Brief nicht gar zu gewichtlos

sey, uralte Wunderſprüche über Menſchen=Schickſale
hinzu.

Empfehlen Sie mich Herrn Thibaut ſchönſtens.
Wahrſcheinlich beſitzt er die Duette von Durante,
ſonſt kann ich ſie communiciren. Ich wünſche ihm
und Ihnen Glück zu einem ſo wohl angelegten und
durchgeführten Unternehmen.

Gruß den Dreyen!
wie immer
Jena den 21. May 1818. G.

## Urworte, orphiſch.

### Δαίμων.

Wie an dem Tag der Dich der Welt verliehen
Die Sonne ſtand zum Gruße der Planeten,
Biſt alſobald und fort und fort gediehen
Nach dem Geſetz wonach Du angetreten.
So mußt Du ſeyn, Dir kannſt Du nicht entfliehen,
Das ändern nicht Sibyllen, nicht Propheten;
Und keine Zeit und keine Macht zerſtückelt
Geprägte Form die lebend ſich entwickelt.

### Τύχη.

Die ſtrenge Grenze doch umgeht gefällig
Ein Wandelndes, das mit und um uns wandelt;
Nicht einſam bleibſt Du; bildeſt Dich geſellig,
Und handelſt wohl ſo wie ein andrer handelt.
Im Leben iſt's bald hin= bald wiederfällig,
Es iſt ein Tand und wird ſo durchgetandelt.
Schon hat ſich ſtill der Jahre Kreis gerundet,
Die Lampe harrt der Flamme, die entzündet.

### Ἔρως.

Die bleibt nicht aus! — Er stürzt vom Himmel nieder
Wohin er sich aus alter Oede schwang,
Er schwebt heran auf luftigem Gefieder
Um Stirn und Brust den Frühlingstag entlang,
Scheint jetzt zu fliehn, vom Fliehen kehrt er wieder,
Da wird ein Wohl im Weh, so süß und bang.
Gar manches Herz verschwebt im Allgemeinen,
Doch widmet sich das Edelste dem Einen.

### Ἀνάγκη.

Da ist's denn wieder wie die Sterne wollten:
Bedingung und Gesetz und aller Wille
Ist nur ein Wollen weil wir eben sollten
Und vor dem Willen schweigt die Willkür stille;
Das Liebste wird vom Herzen weggescholten
Dem harten Muß bequemt sich Will und Grille.
So sind wir scheinfrei denn, nach manchen Jahren,
Nur enger dran als wir am Anfang waren.

### Ἐλπίς.

Doch solcher Grenze, solcher ehrnen Mauer
Höchst widerwärtige Pforte wird entriegelt,
Sie stehe nur mit alter Felsendauer!
Ein Wesen regt sich leicht und ungezügelt.
Aus Wolkendecke, Nebel, Regenschauer
Erhebt sie uns, mit ihr durch sie beflügelt,
Ihr kennt sie wohl, sie schwärmt nach allen Zonen;
Ein Flügelschlag! und hinter uns Aeonen.

Jena 21. May 1818.

8082.

An C. G. v. Voigt.

[Concept.]

Ew. Excellenz
erhalten hiebey den schuldigen Bericht wegen der akademischen Statute. Ich habe ihn einigemal umgeschrieben, weil es schwer war deutlich zu werden, nichts Unfreundliches zu sagen, und sich so kurz als möglich zu fassen. Ob ich zuletzt nicht vielleicht die Klarheit aufgeopfert habe, werden Sie selbst am besten beurtheilen.

Ich habe sogleich, schnellerer Förderung wegen, die Abschrift besorgt. Sollten Ew. Excellenz etwas zu erinnern finden, so ist die Mühe eines zweyten Mundums nicht groß. Ich enthalte mich aller Anmerkungen über die Nützlichkeit solcher Statutenhefte, da doch alles auf die Befolgung ankommt die sich niemand hier will gefallen lassen. Videatur die sehr schöne Bibliotheks=Ordnung von 1811 deren Haupt=Puncte sämmtlich übertreten werden, und es wird noch manchen Verdruß geben, bis man die einzelnen Herrn befolgen macht, was die Herrn sämmtlich beschlossen haben.

Erfreulicher war der mitgetheilte Brief. Wie sehr gönne ich dem jungen rüstigen fleißigen Mann die Unterstützung, die ihm so liebevoll angedeiht, und die er zu belehrendem Genuß so treulich anwendet.

Ich bin sehr verlangend, was er mir über das Philostratische Werk sagen wird, das ich jetzt nach meiner künstlerischen Weise behandle oder vielmehr dessen frühere Behandlung ich gegenwärtig wieder aufnehme und redigire.

Ganz gewiß wird eine kritische Bearbeitung des Textes manche Stelle aufklären und auch für den Künstler beleben.

Eben so erfreulich ist es mir wenn ich durch Ew. Excellenz und auch durch Ober=Baudirector Coudray vernehme, daß Hessens Bildung gelingt, daß er Glück und Gunst hat und beides verdient.

Eine Person auch nur dem Architekten ähnlich gebildet zu sehen habe längst gewünscht, da man mit Betrübniß gewahr wird wie seit dem ungeheuren Aufwand von Kunst und Geld, wodurch das fürstliche Schloß, wie es möglich ist, wurde, das Baukünstliche bey uns unter das gemeinste Handwerk hinunter ge= sunken ist, es verhält sich mit diesen Dingen wie mit den organischen Wesen, der Mensch wächst langsam aber verfault geschwind. Möge Coudray diesen Laza= rus aus dem Grabe rufen ehe er noch mehr —

Auf das angekündigte Werk mit Gänse=Füßen, die Stimme des Zeit=Geistes an das deutsche Volk, bin ich sehr neugierig und enthalte mich aller vor= eiligen Bemerkung, aber soviel sieht man doch, daß es noch alt und wohl benkende Menschen giebt, die ge= legentlich auch nicht schweigen werden.

[Jena] d. 25. May 1818.

8083.

An Nees v. Esenbeck.

[Concept.] [Jena, 25. Mai 1818.]

Ew. Wohlgeboren
reichhaltige Sendung, die ich Ihrem Fleiß, Ihrer Auf=
merksamkeit ja der freundlichsten Aufopferung verdanke,
gedachte ich mit einem nicht ganz gehaltlosen Briefe
zu erwidern, auch hatte ich schon weit hinein dictirt,
als ich bemerkte, daß meine gegenwärtige Lage mir
nicht erlaubt, mich an diesen Gegenständen genug zu
sammeln, um etwas einigermaßen Zulängliches an
denjenigen zu senden, der ganz im Besitze solcher
Kenntnisse sich befindet. Nehmen Sie daher meinen
verbindlichsten kurzgefaßten Dank, mit der Bitte, auf
Ihrer neuen Laufbahn, die ich doppelt und dreyfach
segne, auch meiner zu gedenken. Wie ich denn dagegen
was Sie thun und leisten, nicht aus den Augen lasse.

So eben druckt man am zweyten Stücke meiner
Morphologie, da ich denn täglich aufgefordert werde
mich Ihrer zu erinnern, und mir gar oft ein Stünd=
chen Unterhaltung wünschte. Nehmen Sie beyliegenden
Text zu gefälliger Betrachtung auf und laßen mich
bey Recapitulation dieser uralten concentrirten Dar=
stellung menschlichen Geschickes, geistig in Ihrer Nähe
walten.

Jena, den 21. May 1818.

8084.

An C. F. Tieck.

[Concept.]                [Jena, Ende Mai 1818?]

Wenn ich das Datum Ihres werthen Briefes vom [26. Februar], welcher in weniger als vier Wochen mir zugekommen, bedenke, so finde ich freylich höchst unrecht daß man sich nicht öfters ein Merckmal giebt, man sey auf diesem Weltkörper körperlich noch bey= sammen.

Sie haben, werthester Herr Tieck, so viel Zeug= nisse Ihres kostbaren Talents bey uns aufgestellt, daß wir weder treppauf= noch treppabwärts gehen könnten, ohne Ihrer zu gedenken, und wenn wir, in jener nicht lange vergangenen Zeit, manchmal nicht ganz über= ein stimmten, so findet sich nun, es waren ganz kleine Differenzen gegen die Widerstreite, welche sich in den letzten Kunstjahren hervorthaten.

Wenn dasjenige, was die Weimarischen Kunst= freunde zuletzt außsprachen, Ihnen Freude gemacht hat, so beweist dieß, daß wir alle zusammen immer im alten Sinne verharren, in welchem wir sonst so thätig wirkten. Daß Sie es von Ihrer Seite nicht fehlen lassen, daran habe ich nie gezweifelt.

Freylich kommt es hauptsächlich darauf an wie der Künstler beschäftigt wird. Äußere Nöthigung ge= reicht ihm zum Vortheil wie zum Nachtheil.

Nun erlauben Sie mir aber einen kleinen Auf=
trag, den ich an Sie ergehen lasse und den Sie zu
erfüllen geneigt seyn werden, wenn er Ihnen auch
einige Mühe macht.
Sie kennen sehr wohl den sogenannten Florentini=
schen Ruinen=Marmor, ich besitze ihn selbst in größeren
und kleineren Stücken zu Dutzenden, er wird in Flo=
renz verarbeitet und kann nicht rar seyn. Niemals
habe ich aber erfahren können wo er eigentlich bricht,
noch weniger aber ist mir jemals ein rohes Stück,
mit frischem unpolirtem Bruch zu Handen gekommen.
Sie werden mich deshalb sehr verbinden wenn Sie
mir den eigentlichen Punct [angeben] wo er bricht,
und was für Marmor=Arten, wie sie uns durch
Trivialnamen der Steinschneider schon bekannt sind,
in seiner Nähe brechen.
Am meisten würden Sie mich verpflichten, wenn
Sie mir einige derbe, faustgroße Stücke mit frischem
Bruch, von Bearbeitern und Schleifern ganz unan=
getastet, gelegentlich anschaffen und senden möchten,
da Sie ohnehin nach Deutschland schwerere Dinge zu
schicken Gelegenheit haben. In München finden sich
Freunde, die dergleichen Packete gerne zu mir ge=
langen lassen.

8085.

An A. v. Goethe.

Eigentlich, mein lieber Sohn, wäre gerade heute Ottiliens Gegenwart sehr wünschenswerth gewesen, denn die Übel haben sich zusammen genommen um zu fliehen, aber leider durch die Augen, da man denn indessen gar nichts sieht.

Ob in einigen Tagen die Thätigkeit wiederkehren könnte muß sich zeigen, es bedarf Geduld, Tropfen, und Kräuter=Kißchen. Für den Augenblick bin ich sehr matt und kann im Kopf nichts zusammen bringen.

Herkules, mit welchem sich die gewaltigen Drucker= Pressen schon längst beschäftigen sollten, spukt nur leider wie ein elysischer Schatten hinter verbundenen Augen.

Im Reiche der Wirklichkeit kommen mir gute Bissen aus Madame Frommanns Küche sehr schmack= haft entgegen. Könntet ihr mir ein Töpfchen leichte Citronen=Gelée senden, so würdet ihr mich sehr er= quicken, vielleicht erhieltet ihr auch aus der Conditorei etwas Himbeeressig, Eingemachtes und Quittenbrod.

Meine Mutter sagte immer, niemand dürfe außer= halb Frankfurt wohnen, in der Stadt könne man doch einem Kranken ungesäumt alles reichen, wozu er Lust habe.

Frau v. Schiller ist angekommen. Gestern meldete sich Herr Barclay de Tolly bey mir. Wer ihn von euch zuerst sieht entschuldige mich, es war nicht möglich ihn anzunehmen.

Es ist halb 5 Uhr und der Kutscher noch nicht zurück, die Boten erwarte ich auch später und wüßte
5 daher weiter nichts zu sagen, als daß die andere Hälfte des Ehecontracts sich bey mir noch nicht gefunden hat, worüber Ottilie sehr lachen wird. Sie war überhaupt allerliebst und gerade heute vermisse ich sie gar sehr.

10 Nun lebet wohl, auf ein baldiges Wiedersehen; ich will indessen ruhen und schlafen und mich erhohlen; die Nächte sind gar viel besser und da wird sich's in einigen Tagen schon ergeben. Lebet wohl und grüßt Alles.
15 Jena den 2. Juni 1818. G.


8086.

An G. Cattaneo.

[Concept.] [Jena, 5. Juni 1818.]

Mit sehr viel Vergnügen befolge ich die Befehle meines gnädigsten Herrn des Großherzogs, wodurch ich den Auftrag erhalte Ihnen auf das letzte reichhaltige Schreiben vom 24. April eine vorläufige Antwort
20 danckbar zu ertheilen und zu vermelden, daß Höchst Dieselben mit dem Inhalte und allem was angekündigt wird höchst zufrieden und davon erfreut sind; gegenwärtig aber bey dem Aufenthalte im Bad

Ems sich außer Stand befinden sogleich ausführlich zu antworten.

Kommen Ihro Hoheit nächstens zurück so wird es unverzüglich geschehen. Wir alle wünschen unsern verehrtesten Herren, an Geist und Leib erquickt, bald wieder zu begrüßen.

Was mich betrifft so vermelde, daß die angezeigten Kisten noch nicht bey uns angekommen sind, deswegen ich auch auf Ihren werthen höchst interessanten, belehrenden Brief noch nichts erwidert.

Ich freue mich gar sehr auf diese Sendung und bin Ihnen für alle Sorgfalt und vielfache Bemühung höchlich dankbar. Auch versichere voraus, daß ich alles was Sie geneigt für mich gethan vollkommen billige, danckbarlichst anerkenne und mir die Freiheit erbitte auch künftig Ihre Theilnahme zu meinen Sammlungen und Studien aufrufen zu dürfen. Mich zu geneigtestem Andenken angelegentlichst empfehlend.

Jena den 2. Juni 1818.


8087.

An C. G. v. Voigt.

Acht Tage sind mir freylich wieder durch höchst unerfreuliche Übel verloren gegangen und ich hätte solche noch übler empfunden, wäre nicht durch treuen Fleiß der Angestellten das Bibliotheks=Geschäft unausgesetzt fortgeschritten.

Den Bibliothekar denke auf nächsten Sontag schon herüber zu citiren und mit Ende der Woche muß schon der Anfang gemacht seyn.

Was Ew. Excellenz wegen der Zukunft bemerken bedenke fleißig und hoffte solches schon vergangene Woche meine Kinder begleitend vorzutragen. Es geschieht nächstens. Die Einrichtung geht ganz natürlich aus der Sache selbst hervor.

Darf ich bitten beyliegenden Brief an Cattaneo nach Mailand besorgen zu lassen. Das andere Couvertirte möge Serenissimo gleich nach Ihro Ankunft zu Handen kommen.

Rückkehrendes Heft ist fürwahr von Bedeutung. Sachkenntniß und Überblick stehen im Gleichgewicht. Bezüglich auf Verfassung, scheint der Autor auf dem Punct zu stehen, wo die Franzosen 1789 den 17. Juni. Wir müssen abwarten wie der Deutsche jenem raschen Volk in seinen Epochen nachhinken wird. Aber sagen muß man, daß es das seltsamste Schauspiel von der Welt sey, das zu Hause nochmals auf dem Papiere zu erleben, was man dort im gewaltsamsten Drange aufeinander folgen sah.

Der Brief von dem jungen Osann hat mir viel Freude gemacht, er ist gerade in den Jahren alle diese Vortheile rasch benutzen zu können.

Übrigens will ich nicht läugnen daß ich schon längst überzeugt war, man habe nicht gar zu große Ursache die ausgegrabenen Rollen aufwickeln zu lassen, da die Bibliotheken selbst noch recht viele, wenn auch neuere, Manuscripte besitzen.

Den seltsam betitelten Tubus habe ich mit Verwunderung, ja mit Bewunderung gesehen, ich möchte über das Wie nicht gar zu bald aufgeklärt werden. Berechnung und Bewegung in so mancherley Bezügen bringen etwas hervor, das ganz nahezu den Schein einer organischen Production hat. Haben Sie indeß die Güte mir mitzutheilen, was Sie weiter davon vernehmen.

Manches andere verspare zu nächster Sendung da ich heute leider noch mit sehr trüben Sinnen operire.

Mich angelegentlichst empfehlend, bestätigtes Wohlseyn wünschend

gehorsamst

Jena den 5. Juni 1818.    J. W. v. Goethe.


8088.

An J. F. H. Schlosser.

Sie verzeihen, mein Werthester, wenn ich Ihnen um eines Scherzes willen heute beschwerlich bin, er ist aber gar zu artig als daß ich mich dessen enthalten könnte.

In Frankfurt verkauft man ein optisches Instrument von Ansicht wie eine kurze Tubus-Röhre, indem man durchsieht erblickt man farbige, regelmäßige Bilder, die sich bey der geringsten Bewegung mit der größten Regelmäßigkeit verändern; es ist eine Londoner Erfindung, den Namen wüßt ich nicht recht anzugeben, in einem Briefe dechiffrire ich Kalleidoscop. Zwey derselben wünsche zu besitzen. Der Kaufmann wird sie sorgfältig einpacken. Senden Sie mir solche gefälligst durch die fahrende Post, und schreiben den Betrag auf Rechnung.

Die Abdresse geht nach Weimar wie gewöhnlich.

Die Meinigen, denen es recht wohl geht, empfehlen sich mit mir Ihnen und den theuren Ihrigen zum schönsten.

Jena den 8. Juni 1818.

anhänglichst

Goethe.


8089.

An v. Trebra.

[Concept.] [Jena, 8. Juni 1818.]

Die Sendung bedeutender Mineralien, so wie der Nachtrag ist mir wohl geworden und ich habe daran deine Liebe und Freundschaft abermals deutlich erkannt. Der gute v. Odeleben ist mit schöner Beute zurückgekehrt, nun aber scheint ihm zum Handelsmann nicht der vollkommne Sinn von Gott gegönnt zu seyn, wozu besonders Ordnung und Accuratesse gehören. Und nun gar noch eine Krankheit! Hättest du nicht seine Bleistift-Note gefälligst ausgeführt und den Nachtrag besorgt; so wüßte man nicht woran man wäre. Nun aber ist alles gut, erfreulich und unterrichtend. Die Summe die ich zum Anbiß bestimmte ist eine Kleinigkeit und um desto mehr habe ich deine freundliche Vorsorge zu verehren.

In Erwiderung sende dir eine Assignation auf 50 rh.; was, meine Schuld abgezogen, übrig bleibt bitte nach deiner Überzeugung zu verwenden, besonders wünschte nach deinem Geschmack (um mich deiner eignen Worte zu bedienen) eine wunderschöne Stufe von Cölestin, ganz weiß in herrlichen Crystallen. Was alsdann für einen ausgezeichneten Nephriten übrig bliebe, würdest du auf einen solchen gefälligst verwenden.

Alsdann wollte ich dich ersuchen, da doch bey solchem Packen, Versenden und Auspacken immer irgend ein Bruch-Stück abfällt, daß du mir einige Crystalle von obgenanntem Cölestin schicktest, die ich dem Chemiker übergeben könnte, damit mir dieses dem Namen nach etwas problematische Mineral, welches seiner Schönheit wegen alle Aufmerksamkeit verdiente, auch dem Gehalt nach auf's genauste bekannt werde.

Die aus den Untersuchungen entspringende Zahlen und Zauberformeln sollen dir alsdann ungesäumt mitgetheilt werden.

Den Avis-Brief an Frege lege bey, welcher mit der Assignation zugleich abgehen kann.

Noch Tausendfaches hätte zu sagen, aber nur noch eben so vielfachen Dank und Gruß.

Jena den 21. Mai 1818.

Und da sieh nur das Vorstehende, theuerster Freund, du wirst mich bedauern. Das liegt nun schon so löblich vierzehn Tage, nur daß die Beylagen fehlten, ich aber ziehe mir indessen, schuldig oder unschuldig, eine grimmige Verkältung zu, die Ärzte, im Streit, ob daraus ein Rheuma oder Katarrh entstanden ist, lassen beide Teufel sich in meinen Gliedern balgen und ich befinde mich noch sehr schlecht davon.

Auf Anlangen deines lieben Mahnbriefes ist das erste Vernünftige, was ich thue, dir nochmals zu danken. Und füge nur noch lakonisch hinzu, um schöne Exemplare, leidlichen Preis, gutes Packen darf ich dich ja nicht einmal bitten.

Um eine recht gute Gypsplatte von Monte Donato wollte ich dich auch noch ersuchen, nicht größer als die letzte, aber so klar als möglich und ohne inneres Farbenspiel, ich bedarf derselben zu entscheidenden optischen Versuchen.

Und hiemit lebe bestens wohl. Meine jungen Leute, denen ich dein Andenken rühmte, grüßen zum freundlichsten. Sie würden zusammen passen, wenn sie sich auch nicht liebten, und das kleine dritte Wesen thut seinen herkömmlichen Effect.

Gott erhalte dich, sende bald, aber nach Weimar. Ich hoffe mich soll nichts hindern dir sogleich zu melden und zu danken.

Jena den 6. Juni 1818.

8090.

An C. G. Frege und Comp.

[Concept.] [Jena, 8. Juni 1818.]

Ew. Wohlgeboren verfehle nicht zu vermelden, daß ich zu Gunsten des Herrn Ober=Berghauptmann v. Trebra in Freiberg eine Assignation auf 50 Thaler Sächsisch ausgestellt habe, welche gefälligst zu honoriren und Herrn v. Cotta in Stuttgart auf Rechnung zu zeichnen bitte.

Mich zu geneigtem Andenken empfehlend
hochachtungsvoll.
Jena den 7. Juni 1818.

[Beilage.]

Die Herren Frege und Compagnie in Leipzig belieben an Herrn Ober=Berghauptmann v. Trebra in Freiberg oder Ordre gegen diese meine Assignation für Rechnung Herrn von Cotta in Stuttgart die Summe von 50 rh. Sächs. gefälligst auszahlen zu lassen. Jena den 7. Jun. 1818.

8091.

An C. L. F. Schultz.

Schon längst hätte ich gewünscht Ihre liebe Handschrift einmal wieder zu sehen, jetzt betrübt sie mich durch die Nachricht von einem so langen und schweren Übel. Was soll ich aber sagen, da wir nur zum

Wechsel-Leiden auf diese liebe Erde berufen zu seyn
scheinen! Auch ich erdulde jetzt, zwar kürzere, aber
doch alles mein Unternehmen für eine Zeit lähmende
Wehetage. Es ist das katarrhalische Zeug was uns
das Klima immer in den Weg wirft! Das mag
denn seyn, wir müssen darüber hinaus zu kommen
suchen.

Die Zeithefte, die Sie kennen, habe ich sämmtlich
gefördert; manche Bogen sind gedruckt, auch der Di=
van rückt vor, dem ich, wenn er erscheint, Ihre
frühere Gunst wünsche. Das Bibliotheks=Geschäft
geht seinen raschen Gang und da jüngere, einsichtige
Männer mit eingreifen, habe ich deshalb keine Sorge.

Den 20. Juni kommt unser Fürst. Die Nieder=
kunft der Erbgroßherzogin wird zu gleicher Zeit er=
wartet. Bis in die erste Hälfte des Juli hinein bin
ich gefesselt; dann aber muß ich nach Carlsbad,
was ich trotz meines behaupteten Unglaubens endlich
für höchst nothwendig halte. Nach dem letzten ka=
tarrhalischen Anfall kehre ich leider meine ganze Thätig=
keit nur wie mit Besen zusammen.

Meyer bedient sich gegenwärtig, auf bringenden
Rath, des Badener Wassers bey Zürich, ich weiß
kaum, ob ich ihn hier erwarten werde, und so hat
denn freylich der Hoffnungs=Blick auf das Berliner
Freundes=Bild ein ziemlich blasses Ansehn. Lassen
Sie uns den August erwarten und sehen was uns
bestimmt ist.

Sollte es uns aber besser gehen als dem heiligen Apostel? welcher sagt: als ich jung war ging ich wohin ich wollte, jetzt da ich alt bin nöthigt man meine Wege.

Von meinen jungen Leuten dagegen kann ich nur Erfreuliches melden, sie paßten zusammen und wenn sie sich auch nicht liebten. Das dritte Wesen übt seine vermittelnden Kräfte, sie genießen ihre guten Zustände in Weimar, und wünschen nichts mehr, als daß ich sie mit ihnen theilen möchte. Eben besuchen sie mich und grüßen zum schönsten.

Herrn Minister v. Altenstein empfehlen Sie mich zum dringendsten. Von jeher habe ich dessen Einsichten und Antheil, wovon mir so viel zu Gute kam, höchlich verehrt, und es schmerzt mich solchen Winken gegenwärtig nicht folgen zu können. Lassen Sie uns abwarten, was das Spätjahr bringen kann.

Von mannichfacher Thätigkeit in Berlin vernehme ich gar Vieles. Hier sind wichtige Zwecke, bedeutende Mittel und productive Kraft genug um hiernach Plane zu entwerfen, und die Ausführung zu leiten. Möge alles zum besten und erfreulichsten gedeihen.

Da man in der letzten Zeit mit niemand mehr reden mag, so lasse ich einstweilen drucken; wer's liest, nehme es auf, lehne es ab, darüber bleibe ich ganz ruhig. Wenn ich nichts zu sagen hätte, als was den Leuten gefiele, so schwiege ich gewiß ganz und gar stille. Wenn meine Freunde mich nur immer wieder erkennen!

Die Lehre von den entoptischen Farben denke ich im nächsten Hefte abermals um eine Stufe herauf= zuheben. Ich habe gar hübsche Analogien gefunden, wodurch sich diese Erscheinung, die erst ganz isolirt dastand, daß man neue Hypothesen ausklügeln mußte, sich immer gelenker und bequemer an das Bekannte schließt. Daß Sie Ihre Arbeiten in diesem Fache nicht fortsetzen konnten, thut mir sehr leid; denn wenn Sie solche nicht bis zu einem Grad zum Abschluß führen, so laufen wir Gefahr daß sie sich in's allge= meine verlieren und ohne Dank aufgespeißt werden. Je länger man sich in diesem wissenschaftlichen Wesen und Treiben umsieht, je weniger darf man hoffen, daß irgend etwas zusammentreffendes, zusammen= brennendes sich sobald zeigen werde. Jedermann ur= theilt nach andern Prämissen, oder urtheilt anders nach ebendenselben.

und so fort und für ewig.

Jena den 8. Juni 1818. Goethe.


8092.

An Güldenapfel.

Ew. Wohlgeboren
ersuche um nochmalige Gefälligkeit, mir eine der Reise= beschreibungen in die nordamerikanischen Staaten auf

kurze Zeit zu überlassen, wobey es hauptsächlich auf eine Karte dieses merkwürdigen Erdstrichs angesehen ist. Das ernste Studium des mir geneigtest mitgetheilten Werkes macht mir sehr viel Vergnügen, indem es über jene Zustände die wichtigsten Aufschlüsse giebt. Dankbar mich zu geneigtem Andenken empfehlend.

Jena, den 15. Juni 1818.

Ergebenst
Goethe.

8093.
An F. v. Müller.

Ew. Hochwohlgeboren Gefälligkeit nach langer Pause wieder einmal anzusprechen und Dieselben zugleich schönstens zu begrüßen, nehme mir die Freiheit.

Es wird erinnerlich seyn, daß ich meinen Aufsatz des Herrn Prof. Gülbenapfels wegen der Buchdrucker, welche die schuldigen Exemplare abzugeben theils versäumt, theils verweigert, vor einiger Zeit übersendete, da Dieselben mir Hoffnung machten, daß bey einer allgemeinen Verfügung auch dieses Punctus gedacht werden sollte.

Weil ich aber gar wohl weiß, daß dergleichen in's Ganze greifenden Einrichtungen manches Hinderliche im Wege steht, von mehr als einer Seite aber veranlaßt bin in diesem Falle einige Vorschritte zu thun; wollte ich um die doppelte Gefälligkeit bitten, einmal

mir jenen Aufsatz zurückzusenden, sodann mir aber
geneigtest anzuzeigen, auf welchem Wege ich etwa,
bis das Allgemeinere bestimmt wird zu diesem beson=
dern Zweck gelangen könnte. Denn Güldenapfels
5 Vorschlag ist zu weitläufig, und da man von Seiten
der Bibliotheks=Direction keine Zwangsmittel in
Händen hat, so würde man, bey jetzt allgemein ge=
wordener Renitenz, sich, wenn man Ernst brauchen
wollte, nicht sonderlich im Vortheil sehen.
10 Der ich in Erwartung geneigter Antwort mich
zum allerbesten empfehle.

          gehorsamst
Jena, den 18. Juni 1818.    Goethe.


8094.
An C. G. v. Voigt.

Ew. Excellenz
15 erhalten endlich wieder einmal einige schriftliche Worte,
die ich Ihnen hundert ja tausendfältig diese Zeit her
zugewendet. Der fatalste katarrhalische Zustand hat
mich vierzehn Tage für die nächste Nähe unbrauch=
bar gemacht; an eine Wirkung in die Ferne war gar
20 nicht zu denken. Das Bibliotheksgeschäft ging in=
dessen glücklich fort, weil der einmal eingeleitete Gang
nur verfolgt werden durfte. In kurzem wird das
Fach der Naturgeschichte aufgestellt seyn, als ein Ver=
such ob die übrigen auf gleiche Weise behandelt wer=

den können. Rath Vulpius berichtete wohl daß die Localität, ob zwar einfach eingerichtet, doch das Geschäft und den künftigen Gebrauch der Bibliothek höchlich begünstige. Bey allem was ich vornehme frage ich Ew. Excellenz immer im Geiste, und glaube, nach so vielen Jahren glücklichen Mitlebens, immer geneigten Rath und günstige Zustimmung zu finden.

Auch das Museumsgeschäft soll hoffe ich bald in Rechnungsklarheit kommen. Der gute Kühn hat, als Hypochondrist, so vielerley übereinander schichten lassen daß es schwer wird alles rein zu entwickeln. Doch muß es sich machen. Er hat das Manual und die Belege mit nach Heusdorf genommen und die Art wie Rent-Amtmann Müller die Sache angreift verspricht schon ein ganz klares Johannis Quartal und so die folgenden. Die Geschäfte in sich gehen durchaus einen löblichen Gang; sind sie auch bis in's Einzelne der Ausgaben schnell übersehbar, so bleibt nichts zu wünschen übrig.

Gar sehr freut mich daß Osann und Heß fortfahren ihre Zeit gut anzuwenden und Ew. Excellenz Beyfall zu verdienen. Nichts kann wünschenswerther seyn als junge Leute zu sehen die sich einem bedeutenden Fach mit Ernst und Anhaltsamkeit widmen.

Die englisch literarischen Notizen folgen mit dem besten Dank. Dort wird im größten Maasstab die ächte Staatsmaxime durchgesetzt: daß die Regierung dasjenige anschaffen, zusammenhalten und verewigen muß was der Einzelne mit vielem Fleiß gesammelt hat.

Der Besuch unseres alten Freundes Seebeck war diese Tage höchst erfreulich und belehrend, nur über eins habe ich mich zu beschweren: er offenbarte das Geheimniß des wundersamen Guck=Rohres. — Der Mensch ist wohl ein seltsames Wesen! Seitdem ich weiß wie es zugeht, interessirt mich's nicht mehr. Der liebe Gott könnte uns recht in Verlegenheit setzen, wenn er uns die Geheimnisse der Natur sämmtlich offenbarte, wir wüßten für Untheilnahme und langer Weile nicht was wir anfangen sollten.

Einige Dutzend gegoßne und geprägte Medaillen aus Erz sind mir von Mayland gekommen. Trefliche Männer! Einige von den besten Künstlern.

Noch eine wundersame Ausfüllung der unendlich langen Tage ist mir zufällig geworden. Ich befinde mich in einer Fülle von Schriften und Wercken den Zustand der vereinigten Staaten von Nordamerika entwickelnd. Es ist der Mühe werth in solch eine wachsende Welt hinein zu sehen.

Verzeihung dem Einsiedler! der Sie auf seiner Zinne nur einmal der schönen Aussicht theilhaftig machen möchte!

Jena d. 19. Jun. 1818. G.

8095.

An Döbereiner.

Mögen Ew. Wohlgeboren gefälligst mir die Operation anzeigen, wodurch der so fein getrübte Liquor entstanden, welcher künftighin keinem Physiker fehlen sollte, um die wichtige Erscheinung des Violetten bey dem ersten Grad der Trübe darstellen zu können. Ich bin so eben im Begriff, im zweyten Hefte meiner naturwissenschaftlichen Zeitschrift dieses Versuchs und Ihrer fortdauernden Theilnahme dankbar zu gedenken.

Ergebenst

Jena den 20. Juny 1818.                Goethe.


8096.

An Ottilie v. Goethe.

Dein ausführliches Schreiben, meine liebe Tochter, hat mir sehr viel Vergnügen gemacht und ich erwidere dir sogleich einiges in Hoffnung euch bald wieder zu sehen. Wenn du das Schwesterchen einige Zeit bey dir beherbergen willst, so wird es mir sehr erfreulich seyn, besonders wenn es in die Zeit fällt, wo ich auch zu Hause bin; da wir uns denn, wie ich hoffe, recht gut vertragen werden. Daß die Sibyllen in der östlichen Luft sich wohl befanden freut mich sehr, so wie es ganz natürlich schien, da sie sich ihres Ursprungs dorther wieder erinnern mußten. Die

Wirkung dieser Gedichte empfindest du ganz richtig, ihre Bestimmung ist, uns von der bedingenden Gegenwart abzulösen und uns für den Augenblick dem Gefühl nach in eine gränzenlose Freiheit zu versetzen. Dieß ist zu einer jeden Zeit wohlthätig, besonders zu der unseren. Ebenso darf ich dir die fünf Stanzen fernerhin empfehlen. Wie jene Gedichte das Gefühl, die Einbildungskraft erweitern, so eröffnen diese dem Nachdenken einen unendlichen Raum, und lassen alles, was wir nur erfahren haben, wie in tausendfältigen Spiegeln wieder erblicken.

Vor allen Dingen aber möchte ich euch wohl in Weimar wiedersehen, ich richte mich ein, daß es nach Verlauf einer Woche möglich wird; freylich habe ich zu thun, bis das Versäumte der unglücklichen vierzehn Tage wieder eingeholt wird. Mit einiger Anhaltsamkeit wird sich es auch wohl geben.

Mittlerweile ist ja wohl auch der Kleine von seiner erkünstelten Krankheit genesen.

Wenn mich die liebe Mutter Donnerstag besuchen wollte, so richtete ich mich darauf ein, je eher ich es weiß desto besser ist es, sonst ist es auch Mittwoch Abends Zeit durch die Boten.

Der Eurige

Jena den 21. Juny 1818. G.

8097.
An J. G. Schadow.

Ew. Wohlgeboren
begrüße zum schönsten durch einen alten geprüften
Freund, den Herrn Doctor Seebeck, welchem Sie gewiß
gern einige Blicke in die Thätigkeit Ihrer Werkstätten
vergönnen mögen.

Darf ich zu gleicher Zeit Sie ersuchen, mir ge=
fällig anzuzeigen, auf welchen Punct der Ausführung
die Statue unseres Helden gelangt ist, so wird in
dem vierten Stück meiner Zeitschrift davon gebührend
Erwähnung geschehen.

Wie sehr wünschte mich persönlich von dem allen
überzeugen zu können, leider trübt sich die Aussicht, die
ich hatte, Sie diesen Sommer zu besuchen. Eine Reise
nach Carlsbad ist unerläßlich. Was der Herbst geben
kann müssen wir erwarten. Bleiben Sie, wie dem
auch sey, meines aufrichtigen ununterbrochenen An=
theils gewiß

ergebenst

Jena den 21. Juny 1818. Goethe.


8098.
An C. G. v. Voigt.

Ew. Excellenz
erhalten hiebey einige Geschäftssachen, da ich denn zu
einem jeden Falle einiges notirt habe, welches zu be=
herzigen bitte.

1) die neue Museums=Rechnung und den Rentamt=
mann Müller betreffend.
2) bezüglich auf akademische Bibliothek.
3) Kaufmanns Vorschuß.
Noch gar manches halte zurück, weil ich mich näch=
stens mündlich auszusprechen hoffe.

Was verlautet Näheres von Serenissimi Ankunft und mögen Ew. Excellenz mir von dem Vernommenen geneigteste Kenntniß geben.

Übrigens da ich mich von hier loszumachen suche empfind ich wieder mit wieviel Verhältnissen uns ein halbes Jahr verschlingen kann, und wie, bey mög= lichster Thätigkeit, doch manches zurückbleibt. Die ver= lohrnen 14 Tage haben mich sehr verkürzt, doch seh ich alles Nothwendige ist nachzuholen, ehe ich, und ich hoffe bald, das Glück habe persönlich wieder aufzu= warten.

Tausendfach verbunden

Jena den 22. Jun. 1818.   J. W. v. Goethe.


8099.

An den Großherzog Carl August.

[Concept.]   [Jena, 27. Juni 1818.]

Unterthänigstes Promemoria.

Was die Bibliotheksangelegenheit betrifft dürften wir wenn es nicht ruhmrebig klänge versichern daß die Strategie im Äußern und Innern bisher gut gelungen und eins dem andern glücklich gefolgt sey, eins in's andere gut eingegriffen habe. Noch acht bis vierzehn Tage und wir können einen reinlichen Zustand produciren. Alle vorgeschlagene und gnädigst approbirte Vorarbeiten sind meistens vollbracht, sogar einiges in der Ausführung mit geringerem Aufwand von Zeit und Kräften hergestellt. Nun sind wir an der Taktik und daß diese denn auch zum Gewinn führe wird neue Aufmerksamkeit gefordert. Das Fach der Naturgeschichte ist aus der Schloßbibliothek in die neuen Räume der akademischen gebracht, alles was dieser Art in der akademischen zerstreut umherstand ist gesondert und in eben demselben Raume aufgestellt. Nun geht die Verbindung vor sich, und der nunmehr vereinigte Vorrath wird nach einem mit Hofrath Voigt verabredeten Schema geordnet. Nun müssen, bey dieser ganz neuen Aufstellung, alle Bücher frisch gezeichnet, und die Einleitung der künftigen Catalogen, wonach jedes Buch an seiner jetzigen Stelle zu finden ist, muß getroffen werden, wozu Aufmerksamkeit, ruhige Behandlung und Genauigkeit erfordert wird. Um die Arbeit zu erheitern, haben wir als Probe das angenehme und in sich selbst naturgemäß leicht anzuordnende Fach der Naturgeschichte gewählt. Hier soll nun, ohne daß irgend etwas anders angerührt wird, ein Muster aufgestellt werden wie alle übrigen Fächer zu behandeln seyen.

Der große Vortheil den wir auf diesem Wege erreichen ist daß wir die übrige Bibliothek nicht zu schließen brauchen und immer noch Bücher jedes andern Fachs wöchentlich, wie bisher, zweymal ausgegeben und eingenommen werden können.

Bey dem mineralogischen Museum sind die über Moskau von Ungarn aus instradirte Mineralien, wahrscheinlich durch die Vernunft eines Zwischen-Spediteurs, doch noch bey Zeiten angekommen. Hiebey kann ich nicht genug die Thätigkeit sämmtlicher Angeordneter rühmen, welche, jeder in seiner Art, unabläſſig theils gearbeitet, theils die Arbeiter angetrieben und beauffichtiget, es wird daher auf eine billige Remuneration derselben zu denken seyn.

Freylich ist am meisten zu wünschen daß das bisher Geschehene in höchsten und hohen Augenschein möchte genommen werden, in etwa vierzehn Tagen wird das Ganze zwar noch nicht fertig, das meiste aber doch zu produciren seyn.

8100.

An G. Cattaneo.

[Concept.]

Die glückliche Ankunft der für Weimar bestimmten Sendung von Büchern und Medaillen verfehle nicht sogleich zu vermelden. Jene enthalten für den Kunstfreund wahrhafte Schätze und diese haben mir ein großes Vergnügen gewährt, so daß ich für Ihre geneigte Bemühung und für die Sorgfalt, womit Sie die Aufträge ausrichten wollen, den verbindlichsten Dank abstatte.

Da nun aus dieser ersten Sendung hervorgeht, daß noch manche wünschenswerthe Gepräge in jenen Sammlungen vorhanden seyn mögen, so ersuche Dieselben mir noch hundert dergleichen Medaillen nach eigner Überzeugung gefällig auszusuchen; wobey ich jedoch die Bitte hinzufüge, daß Sie sich möchten auf das 15. und 16. Jahrhundert beschränken und nur solche wählen, welche wahrhaften Kunstwerth haben und wohl erhalten sind.

Ich beeile mich Gegenwärtiges abzusenden und füge nur noch meinen verbindlichsten Dank hinzu für die schönen neuesten in Mailand geprägten Medaillen, wodurch mir die dortigen verdienten Künstler näher bekannt geworden.

Vorzüglich hat mich das Bildniß der Höchstseligen Kaiserin gerührt, indem es mich an die glücklichen Tage erinnerte, wo mir das günstigste Schicksal zu Theil wurde, dieser unvergleichlichen Dame in engerem Kreise aufzuwarten. Ist mir doch als wenn der Künstler, indem er sie als eine schwebende Gottheit vorstellt, ihr Hinscheiden geahndet und so Willkommen und Abschied zugleich vorgestellt hätte.

Zum Schlusse sey mir noch eine Bemerkung erlaubt, daß nämlich die Bücherkisten in einem sehr zerbrochenen Zustand angelangt, obgleich dadurch dem Inhalt nicht geschadet worden.

Eben so ist auch das Kistchen mit den Medaillen in Stücken zerbrochen angekommen, da es aber zwischen die Bücher eingeklemmt war, auch die Medaillen sorgfältig gepackt waren, so haben sie keinen Schaden gelitten. Ich bemerke dieses mit der Bitte bey der nächsten erbetenen Sendung einen starken wohlverwahrten Kasten nehmen zu lassen. Denn freylich mögen solche Waaren besonders bey'm Übergang der Gebirge viel zu leiden haben.

Die für unsern Fürsten bestimmten zwey silbernen Medaillen werden, so wie die übrigen Zeugnisse Ihres gefälligen Urtheils bey seiner nächsten Ankunft freundlich empfangen.

Herrn Brocchi danken Sie auf das verbindlichste für die übersendeten Werke. Die mannichfaltigste Belehrung, die mir schon bey früherer Kenntniß derselben geworden, verpflichtet mich zu besonderer Anerkennung. Möchte ich doch demselben, so wie auch Ihnen, verehrter Mann, für so viele Theilnahme und Bemühung etwas Freundliches erzeigen können. Der ich mich zu geneigtestem Andenken bestens empfehle und nur noch schließlich melde, daß eine französische Übersetzung meines Aufsatzes über das Abendmahl von Leonard bald erfolgen werde.

Ich schließe nur ungern, denn manches steht noch zu sagen zurück, und so muß ich noch aussprechen

und wiederholen, wie sehr die Medaille zum ehren=
vollen Andenken unsers Fürsten alle seine anhäng=
lichen Diener und Verehrer in Freude gesetzt hat, in=
dem dadurch auch ihre Wünsche und das, was sie
auszusprechen so gern Gelegenheit nehmen, von frem=
den Landen her ausgesprochen worden.
[Jena] Ende [27.] Juni 1818.


8101.
An Joseph Cogswell.

[Concept.]         [Jena, 27. Juni 1818.]

La lettre dont vous venez de m'honorer, Monsieur, n'auroit jamais pu arriver plus à propos; car consacrant quelques semaines de loisir à étendre et à perfectionner l'idée générale que j'avois conçue de la situation tant passée que présente des États-unis de l'Amérique, je m'entoure de tous les ouvrages anciens, ainsi que des descriptions de voyage les plus récentes.

La contemplation de cet état immense, composé de tant de diverses régions, a fait naître en moi le désir bien naturel d'en connoître les rapports géologiques qui, en désignant la forme de la surface de la terre, déterminent souvent la division des provinces diverses et nous mettent à même de juger jusqu'à un certain point, de leurs produits. Surtout quand nous savons y joindre les propriétés du climat.

Sous les ouvrages que j'avois consultés jusqu'à ce moment ne m'ayant procuré qu'une lumière très-incertaine je m'étois vu, dès le premier pas, arrêté dans mon travail, qui ne devoit pas être superficiel; ainsi vous jugerez facilement de l'agréable impression qu'a faite dans un tel instant sur moi l'ouvrage que vous m'avez envoyé, je me suis hâté de le parcourir, et je m'empresse de vous en temoigner ma vive gratitude.

Ayant à faire une réponse rélativement à l'envoi de Ms. Cattaneo, et désirant d'y joindre la présente, je ne puis m'étendre autant que je le voudrois, ni peindre l'admiration, que me causent la richesse de l'ouvrage et son excellente méthode. Je me bornerai à vous observer que la société minéralogique de Jéna recevra avec reconnoissance tout envoi qui nous éclairera sur les rapports géognostiques des États-unis. Nous désirons ardemment les documents des observations, indiquées à la fin de l'ouvrage, depuis page 637 jusqu'à page 641, qui nous donneroient une idée claire et parfaite de la carte géographique illuminée; et nous recevrons de même avec gratitude tout ce qui peut jeter quelque jour sur les importantes localités des États-unis, dont l'ouvrage fait mention. Si vous voulez bien nous faire cet envoi, ayez la bonté de l'adresser à la direction de la société minéralogique de Jéna, à remettre au château du prince, et comme la voie de Hambourg paroit la plus sûre, on pourroit le confier aux soins de Monsieur **Justus Perthes**, libraire très renommé de cette ville commerçante.

Désirant faire hommage à la bibliothèque publique de Boston de ceux de mes ouvrages qui pourroient avoir quelque intérêt pour les habitants d'outremer, ainsi que de ceux de quelques autres personnes, oserois-je vous prier à mon tour de me marquer occasionnellement où je devrois adresser un tel envoi. Puissent ces circonstances me fournir l'avantage de connoître de plus en plus ce pays étonnant, qui fixe sur lui les regards de l'univers, par l'état légal de paix, lequel favorise un accroissement, dont on ne sauroit préjuger les limites. Honorez-moi de votre souvenir, et tant que nous séjournerons ensemble sur ce globe, donnez-moi de tems à autre de vos nouvelles et de celles de vos compatriotes.

Abgesendet Ende Juni 1818.


8102.

An J. F. H. Schlosser.

Die Nachricht von der Vermählung Ihres Herrn Bruders macht mir große Freude; sie beweist mir, daß er in seinem neuen Zustande befestiget sey. Möge ihm alles das Gute werden, das er verdient. Bey meinem Aufenthalt in Frankfurt erinnere ich mich das Frauen=

zimmer gesehen zu haben. Ich überzeugte mich schon damals, auch nur dem allgemeinen Blicke nach, daß diese beyden Personen ein glückliches Paar machen könnten.

Die beyden Schaurohre sind glücklich angelangt, da ich denn für geneigte Anschaffung und sorgfältiges Packen doppelt Dank zu sagen habe. Sie zeigen die Gestalten ausgesucht schön. Man macht diese Rohre auch schon bey uns, aber es fehlt ihnen freylich die sorgfältige Wahl der einzelnen Gegenstände, worauf so vieles ankommt. Mögen Sie die Gefälligkeit haben das Geld, was für mich bey Ihnen vorräthig liegt, in Kopfstücken wohlgepackt auf der fahrenden Post unter meiner Abdresse nach Weimar zu senden, so bedarf es keines weiteren Umweges.

Ich wiederhole meinen tausendfältigen Dank für alle Sorgfalt, die Sie meinen Geschäften gewidmet, und bitte wegen des Ochsischen Hauses und was davon abhängt auch fernerhin um Dero geneigte Theilnahme. Empfehlen Sie mich und die Meinigen unter lebhaften Glückwünschungen in Ihrem theuren Familienkreise.

Bis jetzt hatte noch einige Hoffnung dieß alles persönlich auszurichten, die Ärzte aber beordern mich nach Carlsbad, denen ich denn wohl gehorchen muß.

Alles erspriesliche wünschend

treu verbunden

Jena b. 27. Jun. 1818.                         Goethe.

8103.
## An Cotta.

Ew. Hochwohlgeboren
verfehle nicht in Gefolg Ihres letzten werthen Schreibens vom 4. Juny einen kleinen Beytrag zum Damenkalender zu übersenden. Möge derselbe gut aufgenommen werden.

Auch ist das Promemoria des Professor Labés beygelegt. Dieses Werk ist, wie er selbst gesteht und wie es auch ganz natürlich ist, aus dem Gesichtspunkte der französischen Nation geschrieben, und ruht auf dem Urtheile ihrer vorzüglichsten Kritiker. Sollten Sie nicht abgeneigt seyn mit dem Manne sich einzulassen, so könnte er einige Hefte senden, woraus die Behandlung der alten, mittlern und neueren Zeit sich beurtheilen ließe. Von Herrn Frege erhebe 442 rh. 15 Groschen, da jene Zahlung an Felix meiner Aufzeichnung und Bewußtseyn nach ihre Richtigkeit hat.

Möchten Dieselben mir abermals einen Credit auf's künftige bey gedachtem Hause eröffnen, so würde es dankbar erkennen und auf meiner Sommerreise, die mich dießmal in das bergumschlossene Böhmen führt, davon genießen können.

Mein eifriger Wunsch ist, daß Ihnen Alles zu Glück schlage, und Ihnen die mancherley bisherigen patriotischen Duldungen reichlich mögen vergolten werden.

gehorsamst

Jena den 27. Juny 1818. J. W. v. Goethe.

8104.
An C. G. Frege und Comp.

[Concept.] [Jena, 27. Juni 1818.]

Ew. Wohlgeboren haben die Gefälligkeit gehabt eine Assignation von 50 rh. Sächs. zu Gunsten Herrn Ober-Hauptmann Trebra's zu honoriren, da ich denn gegenwärtig vermelde, daß ich an Herrn Auctionator Weigel unter dem heutigen Datum eine gleichmäßige ausgestellt habe.

Nun kommen mir, wie Herr v. Cotta wird gemeldet haben, bey'm Rechnungsabschluß von demselben 442 rh. 15 Groschen zu Gute, und ich würde daher Ew. Wohlgeb. ersuchen, mir nach Abzug jener 100 Thaler das Übrige und zwar dergestalt gefällig auf der Post nach Weimar zu übersenden, daß für 100 rh. Sächs. österreichische Einlösungs-Scheine, oder wie sonst das dortige Papiergeld gegenwärtig genannt wird, dabey wären, das übrige aber in Kopfstücken.

Der ich mich zu geneigtem Andenken bestens empfehle.

Jena, den 25. Juni 1818.


8105.
An J. A. G. Weigel.

[Concept.]

Die für mich abermals gefällig erstandenen Kupfer sind glücklich angekommen, und ich muß für den wohl überlegten Einkauf, eben wie für sorgfältige Packung den besten Dank sagen.

Durch Ihre Bemühungen erhält meine auf Kunst= geschichte hauptsächlich gerichtete Sammlung nach und nach eine erfreuliche Vollständigkeit; indem ich von den bedeutendsten Meistern, wenn es auch nur einzelne Stücke sind, dadurch erhalte.

Fahren Sie fort auch in der Folge meiner Lieb= haberey zu gedenken. Die beyliegende Assignation auf 50 rh. läßt einen kleinen Cassevorrath, welcher die nächsten Bände der griechischen Autoren zu berichtigen gewidmet sey. Auch wünsche abermals den Catalog von der nächst vergangenen Auction mit beygeschrieb= nen Preisen.

Haben Sie die Gefälligkeit alles, was Sie an mich senden, nach Weimar zu abdressiren.

Jena den 28. Juni 1818.

8106.
An Zelter.

Höchst erfreut hat mich deine Sendung vom 21. Juny, sie kam gerade zur rechten Zeit, als ich mich, nach einem zerstückelten Zustand von vierzehn Tagen, endlich wieder zusammen gefunden hatte; eigentlich war es nur Verkältung, bey dem heißen Wetter und scharfen Nordostwinde kaum abzuwenden. Nun geht es wieder gut, und ich treibe mein Wesen wieder fort, weiß aber nicht was zunächst aus mir werden wird

Uns ist ein Prinz geboren, dessen Taufe wir nun abzuwarten haben. Dann wollen mich die Ärzte in's Carlsbad, wozu ich keine Lust empfinde: denn mein gegenwärtiger Zustand, in welchem ich nach manchen
5 Seiten hin thätig seyn kann, ist mir sehr erwünscht und meine heitere Wohnung möcht ich nicht gern verlassen. Da wiege ich mich denn in Unentschlossenheit, erwartend wo ich denn zuletzt durch eine überwiegende Nöthigung hingetrieben werde.

10 Deine Motette hat mich erfreut und betrübt; erfreut, insofern ich sie mit den Augen aufnehmen und einigermaßen genießen konnte, betrübt, weil ich die Hoffnung aufgeben muß sie zu hören. Denn ich habe nicht einmal Knebeln den Spaß machen können das
15 Geburtstagslied vortragen zu lassen. Es sind unter den jungen Leuten hier recht hübsche Stimmen und Chorweise machen sie ihre Sachen auch gut. Was aber nicht nach Lützows wilder Jagd klingt, dafür hat kein Mensch keinen Sinn. Auch ist es, wie die Sachen
20 stehen, nicht einmal räthlich sich näher an sie zu schließen. Drüben in Weimar ist es eben so schlimm. Molke singt nichts als seine eignen Lieder, so daß die Gesellschaft, zu deren Vergnügen man ihn einlädt, zuletzt davon laufen möchte.

25 Mir bleibt also nichts übrig, als mich für einen Somnambüle zu geben, der durch verwechselte Sinne zu seinen Vorstellungen gelangt.

Wäre es dir nicht unangenehm, so sendete ich eine

Abschrift von dieser Partitur an Thibaut nach Heidelberg, er ist, obgleich Juriste, von Hause aus eine weiche musikalische Natur, und hat, wie ich höre, auf solide Weise um sich her einen Kreis versammelt wo sie ältere Compositionen mit Liebe, Leben und Sorgfalt aufführen. Es ist ein Abglanz von euch heraufgeregt; ich weiß zwar nicht wie rein er leuchtet, aber verständige Menschen waren damit sehr zufrieden.

Von meinem Divan sind zehen Bogen gedruckt, von Kunst und Alterthum neune, von Morphologie vier. Wo nicht alles doch ein Theil muß dir Michaelis zu Handen kommen. Keine Gesellschaft giebts mehr, wenigstens nicht für mich, und da unterhalte ich mich dictando in der Gegenwart, hoffend es werde künftig in die Ferne wirken.

Überhaupt kommt es einem so wunderbar vor wenn man das Treiben der Menschen (ich will zum Beyspiel nur von der bildenden Kunst reden die mir am nächsten liegt) mit Ernst und Wohlwollen betrachtet. Die schönsten Talente fragen bey mir dringend an was sie thun sollen? und wenn ich's ihnen redlich mittheile, und sie, überzeugt, die ersten Schritte thun; so lassen sie sich vom absurdesten Wochentage gleich wieder in die gemeinste Pfuscherey hineinschleppen, und sind so wohlgemuth dabey, als wenn es gar nicht anders seyn könnte. Ich indessen bleibe auf meinen alten Reden und sie thun als wenn ich gar nichts gesagt hätte. Wenn ich nicht irre so habt ihr Meister der Tonkunst dadurch einen größeren Vortheil, daß ihr gleich anfangs eure Schüler nöthigen könnt das anerkannte Gesetzliche anzunehmen. Wie willkürlich damit in der Folge freylich ein Individuum nach dem anbern verfährt, will ich auch nicht untersuchen. Und so lege ich denn dieser Sendung einige Vor=Fragmente bey, wobey du wenigstens den Vortheil hast daß du Herrn Sickler nicht zu berufen brauchst um sie auf= zurollen. Dieses alles schreibe ich dir unter einem bedeutenden Gewitter, welches, von Abend herüber, gerade auf meine Fenster strebt. Erst durch Staub= erregung, dann durch allgemeinen Regenguß, der den ganzen Himmel einnimmt, mehr als durch Blitz und Donner merkwürdig. Dieß zu beobachten ist meine Zinne herrlich gelegen, ich weiß nicht wie ich diesen Überblick aufgeben will. Noch vieles wäre zu sagen, aber das Papier kanns nicht tragen.

    und so fort und für ewig
Jena d. 28. Jun. 1818.         G.

---

    Morgenblatt 240. 1818.
 Ein strenger Mann, von Stirne kraus,
 Herr Doctor Müllner heißt er,
 Wirft alles gleich zum Fenster hinaus,
 Sogar den Wilhelm Meister.
 Er ganz allein versteht es recht,
 Daran ist gar kein Zweifel:
 Denn geht es seinen Helden schlecht,
 Ergiebt er sie dem Teufel.

8107.
An Alexander Vattemare.

Herrn Alexander wüßte nicht entschiedener meinen Beifall auszusprechen als durch die Erklärung: daß ich allen benen ihm schon ertheilten Zeugnissen mit Vergnügen beistimme.
Zu empfehlen weiß er sich selber.
Jena 30. Juni 1818. J. W. v. Goethe.


8108.
An Auguste Pallard?

Darf ich anfragen, ob ich Morgen Mittwoch nochmals zu Tafel aufwarten darf, da ich Donnerstag von hier für dießmal scheiden muß.

gehorsamst
[Jena] d. 30. Jun. 1818. Goethe.


8109.
An C. G. v. Voigt.

[Concept.] [Jena, Ende Juni 1818?]

Das zwar schon bekannte für uns so glückliche Ereigniß durch Ew. Excellenz freundlichstes Schreiben bekräftiget zu sehen, erfreut mich doppelt und dreyfach.

Was haben wir nicht zusammen für mannichfaltiges Gute und Glückliche erlebt! Leider daß zwischen das Beste und Erfreulichste der absurde Weltlauf sich immer hineindrängt.

In wenigen Tagen hoffe ich persönlich aufzuwarten und sende hier einen Revisions=Bogen zugleich mit dem Manuscript vom Hammerischen Briefe über die Heils=berger Inschrift. Die Hindernisse waren mannichfach und ich denke man wird uns die Retardation verzeihen, da man denn doch seit ungefähr tausend Jahren nicht wußte was das eigentlich heißen sollte.

Gar manches auf Kunst und Alterthum Bezüg=liche ist bey mir erregt worden und zugleich die Er=innerung einer kleinen antiken Münze, auf welcher der kleine Herkules mit den Schlangen sich herum balgt. Ich glaubte sie in Schwefel=Abguß zu besitzen, kann sie aber nirgends finden, Ew. Excellenz geben mir ge=wiß einige Nachweisung?

Aus den 15. und 16. Jahrhundert habe sehr schöne, meist gegossene Medaillen von Mailand er=halten. Höchst erfreulich ist es durch dieselben auf=gefordert zu werden, daß man nachfrage, wer denn ein solcher Mann, und wo er zu Hause gewesen. Da kommt man denn auf ganz eigene Entdeckungen.


8110.
An Weller.

Ich wünsche die sämmtlichen Tagebücher der bey der akademischen Bibliothek angestellten Personen.
Jena den 1. July 1818. G.

8111.

An J. H. Meyer.

Indem ich Ihnen, mein Werthester, einstweilen vier Monate Tabellen der dritten Classe übersende spreche den Wunsch aus Sie heute Mittag zu Tisch zu sehen, da denn auch mancherley gute Kupfer aufgetischt werden sollen.

Weimar den 5. July 1818. G.


8112.

An C. G. Frege und Comp.

[Concept.]

Ew. Wohlgeb.

letzte Sendung vom 1. July d. J. wodurch mir 342 rh. 16 Groschen Sächsisch theils baar in Kopfstücken theils in Einlösungsscheinen übermacht worden, ist wohl bey mir angelangt, welches hiedurch anzuzeigen nicht ermangele.

Wie ich denn über gedachte Summe hiermit quittire, das Geschäft als abgeschlossen anerkenne und mit verbindlichem Dank mir die Erlaubniß erbitte auch künftighin an Ihre Gefälligkeit Ansprüche machen zu dürfen.

Mich zu geneigtem Andenken angelegentlichst empfehlend.

Weimar den 6. July 1818.

## 8113.
**An J. F. H. Schlosser.**

[Concept.]

Die 900 Gulden sind mir glücklich eingehändigt worden, wofür ich den schönsten Dank sage, darüber quittire, nicht weniger die Quittung über die ganze Berechnung unterschrieben beylege.

Es thut mir sehr leid daß, eben in dem Augenblick, da ich hoffe Sie, mein Theuerster, von weiterer Bemühung wegen meiner Angelegenheiten befreit zu sehen, neue Hindernisse eintreten, wodurch Sie abermals behelligt sind. Darin bin ich völlig Ihrer Meinung daß man deshalb an den Bundestag nicht klagbar werden solle, und erwarte gern welches Auskunftsmittel Sie gefällig ausdenken.

Erhalten Sie mir ein freundliches Andenken und empfehlen mich den werthen Ihrigen.

Weimar den 7. July 1818.


## 8114.
**An Döbereiner.**

Ew. Wohlgeboren erhalten hiebey ein Stück weißen Cölestin aus Sicilien zu gefälliger Untersuchung. Die Crystallisation desselben, wie sie auf dem Derben auffitzt, ist außerordentlich schön, welches ich gelegentlich vorzuzeigen hoffe.

Mit dem Wunsch gute Nachricht von Ihrer Ge=
sundheit zu erhalten
ergebenst

Weimar den 7. July 1818.              Goethe.


## 8115.
## An C. v. Knebel.

Weimar den 8. July 1818.

Nach verklungenen Festen kann man sich denn
einmal auch wieder nach Feld und Garten umsehen
und da besuch ich dich denn vor allen Dingen und
trage meine Schuld ab, mit Beyfüge einer patrio=
tischen Zugabe.

Von mir kann ich nur sagen, daß meine Zeit
hingeht mit Ordnen, Zurechtelegen und Abschließen,
weil die Zeit Ernst macht und der July nach seiner
Hälfte eilt.

Leider fehlt es nicht an Wiederanknüpfen, denn
das Leben hört nicht auf zu enjambiren. Übrigens
geht mir's wohl, den Meinigen auch und so hoff ich
dich in einiger Zeit auf der Durchreise gleichfalls
wohl und vergnügt zu begrüßen. Mit den herzlichsten
Wünschen.
G.

## 8116.

**An C. F. A. v. Schreibers.**

[Concept.] [8. Juli 1818.]

Ew. Hochwohlgeboren
verfehle nicht anzuzeigen, daß Ihre Königliche Hoheit
der Großherzog in diesen Tagen glücklich angekommen
und nach dem frohen Ereigniß der Geburt eines
Fürstlichen Enkels bald sich in Jena umgesehen und
die von Ew. Hochwohlgeboren gesendeten Naturerzeug=
nisse mit Vergnügen beschaut, auch mir verbindlichen
Dank deshalb und die freundlichsten Empfehlungen
aufgetragen.

Ich ergreife diese Gelegenheit, um von meiner
Seite für die wohlbehalten angekommenen höchst inter=
essanten Granitmuster auf das angelegentlichste zu
danken. Ich werde dadurch über einen bedeutenden
geologischen Punct klar, über den ich mich bisher
immer im Dunkeln befand.

Dürft ich zu denen neuerlich erbetenen osteo=
logischen Präparaten auch noch ein Wolfsskelett ge=
legentlich erbitten, so würde unsere Sammlung auch
von dieser Seite den erwünschten Zuwachs gewinnen.

## 8117.

**An K. E. Schubarth.**

Ihre beiden Briefe, mein Werthester, habe wohl
erhalten und in der Zwischenzeit Ihr Heft gelesen,

da ich denn Ursache finde, mich für den Antheil, den Sie mir und meinen Arbeiten gegönnt, dankbar zu erzeigen. Dieses wüßte ich vorerst nicht besser zu thun als daß ich Ihre Frage mit Wenigem beantworte und Sie ersuche, auf dem Wege, den Sie eingeschlagen, standhaft zu verharren.

Es ist ganz einerley, in welchem Kreise wir unsere Kultur beginnen, es ist ganz gleichgültig, von wo aus wir unsere Bildung in's fernere Leben richten, wenn es nur ein Kreis, wenn es nur ein Wo ist. Verharren Sie bey'm Studium meines Nachlasses: dieß rathe ich, nicht weil er von mir ist, sondern weil Sie darin einen Complex besitzen von Gefühlen, Gedanken, Erfahrungen und Resultaten, die auf einander hinweisen, wie Sie schon selbst so freundlich und einsichtig dargestellt haben. Genügt Ihnen in der Folge diese abgeschlossene Region nicht mehr, so werden Sie von selbst sich daraus entfernen; führt Ihnen das Leben eine neue Wahlverwandtschaft zu, so werden Sie sich von Ihrem ersten Lehrer abgezogen fühlen und doch immer dasjenige schätzen, was Sie durch ihn gewonnen haben. Eine productive Bildung, die aus der Einheit kommt, ziemt dem Jüngling, und selbst in höheren Jahren, wo wir unsere Fortbildung mehr historisch, mehr aus der Breite nehmen, müssen wir diese Breite wieder zur Enge, wieder zur Einheit heranziehen.

Freilich weiß ich wohl, daß Sie mit der Welt in

Widerspruch stehen, die auf dem großen Jahrmarkt des Tages Zeit und Kräfte verzettelt; deswegen thäte man wohl, zu schweigen und für sich fortzuhandeln, wenn Mittheilung zum Leben und Wachsen nicht so höchst nöthig wäre.

Mehr sage ich nicht und schließe mit dem aufrichtigen Wunsch für Ihr Wohl und mit dem Verlangen von Zeit zu Zeit etwas von Ihnen zu hören.

Weimar, den 8. Juli 1818. Goethe.

8118.
An Weller.

Mir ist es sehr erfreulich daß man sich auf der akademischen Bibliothek durch Zufälligkeiten nicht hat irre machen lassen. Möge es immer so seyn und wir gelangen zu unserm rühmlichen Zweck.

Das wunderliche Fest ist merkwürdig genug, bemerken Sie ja dergleichen Dinge im Einzelnen, denn sie bezeichnen den Geist des Augenblicks. Könnten Sie mir von Herrn von Holzschuher, den ich bestens zu grüßen bitte, oder vom Herrn Prof. Danz die Carlsbader Badeliste, die sie wahrscheinlich mitgebracht haben, auf einige Tage verschaffen, so geschäh' mir ein besonderer Gefalle.

Fahren Sie fort die Handwerker zu treiben die sich durch Tod und Leben gar gern retardiren lassen. Notiren Sie alles was zu bedenken und zu besorgen wäre ehe ich nach Carlsbad gehe.

Könnte ich auch nur die ersten Bogen der französischen Übersetzung des Abendmahls nächstens erhalten so wär' es mir sehr angenehm, denn auch dieses kleine Geschäft müssen wir in 8—14 Tagen beendigt sehen. Mit den besten Wünschen

Weimar den 8. July 1818. G.


8119.

An J. H. Meyer.

Wegen des Verschlages, den Sie auf Ihren Boden wünschen, hab' ich meinen Sohn gesprochen, welcher den kürzesten Weg angiebt: daß Sie Herrn Baurath Steiner ersuchen daß er dieses Bedürfniß in die Bauregistrande einzeichne, da es denn an die Oberbaubehörde gelangt, welche deshalb das Nöthige anordnen wird.

Weimar den 9. July 1818. G.


8120.

An J. H. Meyer.

Möchten Sie wohl heute, nach vier, wenn Ihre Stunden geendigt sind, auf die Bibliothek kommen um dort wegen Catalogirung der Kunstsachen zu sprechen.

Beiliegendes insinuirten Sie Steinerten.

Das andre besprächen wir.

W. d. 11. Jul. 1818. G.

8121.
An den Großherzog Carl August.

Ew. Königlichen Hoheit
gnädigster Anmahnung und Befehl gemäß hat sich
Unterzeichneter gestern sogleich mit Hofrath Meyer
auf die Kunstkammer verfügt, wo man sich, wie die
Beylage ausweist, eine allgemeine Übersicht zu ver=
schaffen suchte. Nach diesen Rubriken, welche sich
in der Folge noch vermehren und rectificiren wer=
den, wird nun das Ganze aufgestellt und geordnet,
catalogirt und, wenn alles vollkommen berichtigt
ist, numerirt und ein eigentliches Inventarium ge=
fertigt.

Damit nun alles dieses noch vor Winters in Ord=
nung kommt, so ist die Einrichtung getroffen worden,
daß das sämmtliche Bibliotheks=Personal die Vor=
und Nachmittagsstunden, (nur Mittwoch und Sonn=
abend früh ausgenommen,) oben arbeite. Hofrath
Meyer wird täglich einige Stunden sich daselbst auf=
halten und alles was geschieht kunstgemäß leiten.

Hiebey wird hauptsächlich Rücksicht genommen daß
alle Gegenstände theils zur Evidenz kommen, theils
so aufbewahrt sind, daß man sie leicht finden kann,
damit dem verlangten oder befohlenen Vorzeigen der=
selben keine weitere Hinderniß im Wege stehe und
diese so ansehnliche Sammlung zu Nutzen und Ver=
gnügen jederzeit geschaut werden könne.

Entspricht nun Vorgesagtes Ew. Königlichen Ho=
heit gnädigsten Intentionen, so wird eine ausdrückliche
Billigung und erneuter Befehl dem Geschäft erst sein
wahres Leben und eine baldige Fördernißverleihen.
                                   unterthänigst
Weimar den 12. July 1818.     J. W. v. Goethe.


                        8122.
              An Johann Friedrich Gille.
[Concept.]
              Ew. Wohlgeboren
beachten gefällig beykommende Papiere und gönnen
mir in diesen Tagen das Vergnügen einer mündlichen
Unterhaltung.
   Man denkt an die Großherzogliche Landes=Direc=
tion von Seiten der Ober=Aufsicht p., welcher jetzt
das akademische Bibliotheksgeschäft aufgetragen ist,
diese Angelegenheit durch ein freundliches Communi=
cat zu bringen, wobey es jedoch, wegen mancherley
Verhältnissen, förderlich seyn möchte, wenn die Sache
vorher besprochen würde. Wie denn auch noch mehrere
Stellen aus den ältern Acten beyzubringen sind.
   Der ich mich mit vorzüglicher Hochachtung zu
unterzeichnen die Ehre habe.
Weimar den 13. July 1818.

### 8123.
**An Gotthard Ludwig Kosegarten.**

Das so unterhaltende als belehrende Verhältniß zu Ihrem Herrn Sohn macht mir die Wohnung in Jena besonders werth und angenehm, und ist mir doppelt erfreulich da es mich an frühere Zeiten er-
5 innert, wo ich den Einfluß von Ew. Hochwürden Arbeiten gar mannichfaltig empfand; deshalb mich auch die Distichen sehr gefällig überraschten und erfreuten.

Überdieß begünstigte der wiederkehrende Reisende meine Liebhaberey zu Naturproducten, indem er mir
10 längst gewünschte Denkmale der Vorzeit von der Insel Rügen mit eigner Beschwerlichkeit mitbrachte.

Zu gleicher Zeit erhielt ich frühere Abbildungen jener Gegenden von der Hand eines wehrten abgeschiedenen Freundes doppelt und ich entschloß mich
15 sogleich, sie Ihren guten Hausgeistern zu widmen.

Nehmen Sie diese Sendung freundlich auf und gedenken dabey mit den werthen Ihrigen eines aufrichtig Theilnehmenden.

          ergebenst
20 Weimar den 14. July 1818.  J. W. v. Goethe.

### 8124.
**An den Großherzog Carl August.**

Königliche Hoheit!

Das auf beykommenden Blättern eingeleitete Geschäft gehört wohl vor die LandesDirection; wollten

aber Höchstdieselben mir befehlen solches vorzubereiten;
so sollten bis zu meiner Rückkunft alle aufgestellten
Puncte erörtert und die Ausführung alsdann nach
Jhro Anordnung geschehen können. Hiezu ist der
Winter günstig und Ostern 1819 könnte alles voll=
bracht seyn.

unterthänigst

W. d. 14. Jul. 1818.          J. W. v. Goethe.

[Beilage.]

Es ist ein alter Wunsch, daß sowohl der äußere
als innere Thurm des Löberthors abgetragen und der
Graben ausgefüllt werden möge; wodurch außerhalb
ein schöner Platz gewonnen, nach innen aber eine freiere
Communication mit der Stadt eröffnet würde. Da=
durch wären gar manche Vortheile erreicht, ja man
kann sich von der Nothwendigkeit dieser Einrichtung an
jedem Markttage überzeugen. Dort halten die Wagen
der Holzverkäufer, sowohl des Brennholzes als der
Bretter und Pfähle, welche sich einander Platz und
Weg versperren. Kommt aber nun noch, wie in
letztem Jahre, ein lebhafter Fruchtmarkt hinzu, so ist
keine Polizey im Stande Verwirrung und daraus ent=
stehendes Unheil zu verhindern.

Betrachtet man nun gar die enge Passage, die
auf dem Riß mit einem Stern bezeichnet ist, welche
durch das Nutzholz eines dort wohnhaften Wagners
noch mehr verengt wird, so sieht man wie bald bey

irgend einem Unglücksfalle selbige versperrt und der Weg aus der Stadt und aus der Vorstadt nach den Teichen gehindert werden könne.

Allem diesem wird abgeholfen, wenn das äußere Thor abgetragen, ein kürzerer Canal geführt und der Graben ausgefüllt wird. Will man alsdann auch an den innern Thurm gehen, so ist Herr Hofrath Succow, dessen Haus ein Eckhaus würde, gar wohl zufrieden den dadurch nöthig werdenden Bau zu übernehmen.

Maurer-Meister Timmler versichert: das Ganze müsse ohne Kosten geleistet werden können, indem die gewonnenen Materialien den Arbeitslohn übertrügen. Dieser Gegenstand ist also wohl von der Art, daß er vorerst eine genauere Erörterung verdiente, deren sich die Behörden mit weniger Bemühung allenfalls unterziehen könnten.

Eine neue Anregung hiezu gibt die gnädigst befohlene Berappung des Bibliotheks- und Carcer-Gebäudes, welche, wie die roth punctirte Linie andeutet, mit dem Succow'schen Hause ohngefähr gleiche Richtung haben. Würde nun das Löberthor abgetragen und dort alles in reinlichen Stand gesetzt, so hätte man die ganze Reihe von dem Thurm der Anatomie bis an das Succow'sche Haus in einem Zustande, wie es einer Residenz- und Universitäts-Stadt allenfalls geziemt und es gäbe vielleicht Anlaß, daß die übrigen Außenseiten nach und nach

diesem aufgestellten Muster wünschenswerth ähnlich
würden.
unterthänigst

Weimar den 13. July 1818. Goethe.


8125.

An J. G. Schadow.

Ew. Wohlgeboren
letztes Schreiben hat mich höchlich erfreut: denn nach
den Zeitungsberichten mußte ich glauben der Haupt=
guß sey verunglückt. Das mindere Übel, obgleich groß
genug, hat mich daher getröstet. Möge das wichtige
und bisher so kunstreich=glückliche Unternehmen auch
am Schlusse gelingen, Ihnen zur verdienten Ehre!

Wegen der Inschriften kann ich nur Folgendes
sagen: ich habe sie, so gut sie gelingen wollten, Herrn
Cammerherrn von Preen vor geraumer Zeit zuge=
sendet; ich erhielt darauf eine umständliche Kritik
derselben, woraus hervorging daß man damit keines=
wegs zufrieden sey. Man schickte mir zugleich eine
andere, die mir nicht gefallen konnte, weil der Ver=
fasser von Grundsätzen ausging, die nicht die meinigen
seyn können. Ich antwortete freundlich: daß ich es
nicht besser zu machen wüßte und daher die Bestim=
mung der Inschrift denen Herrn Anordnern völlig
überlassen müßte.

Es sollte mir Leid thun wenn Ew. Wohlgeboren
durch diesen Incidentpunct aufgehalten werden sollten,

denn schwerlich können die Herrn sich über diesen Punct vereinigen. Dergleichen muß auf Verantwortung gethan, Lob und Tadel aber der Zukunft überlassen werden.

Ich gehe so eben nach Carlsbad und ersuche Dieselben mir unmittelbar dorthin von dem Gelingen Ihres Hauptgusses gefällige Nachricht zu geben.

Der ich das Beste wünsche, für die gute Aufnahme des Dr. Seebeck schönstens danke und mich zu geneigtem Andenken angelegentlich empfehle

ergebenst

Weimar den 14 Juli 1818.     Goethe.


8126.

An Weller.

Weimar, den 15. July 1818.

Sie haben mir durch Ihre Sendung viel Freude gemacht. Die Sorgfalt, mit der Sie und Herr Professor Labés zu Werke gegangen, ist musterhaft, so wie die letzte Abschrift. Für alles dieses bekenne ich mich als Schuldner. Daß Sie die Sendung nach Mailand mir fix und fertig in die Hand geliefert, dafür weiß ich Ihnen besondren Dank. Sie kam zur glücklichen Zeit; denn so eben ist Herr Mylius, dort ansässig und ein genauer Freund von Cattaneo, hier angekommen, der die Spedition sogleich übernimmt. Hierbey folgt der Brief, dessen Übersetzung ich mir gleich=

falls erbitte. Ich lege ein Couvert bey, damit auch die Aufschrift gleich gefertiget werden könne.

Nachstehendes Buch wünschte ich, bey Mauke bestellt, sobald als möglich zu erhalten; ich setze voraus, daß mir der Rabatt gleichfalls zu Theil wird: Geschichte der schönen Redekünste Persiens, von Joseph von Hammer. Wien 1818 in Quart. — Sonntags erscheine ich in Jena, um dort einige Tage zu verweilen. Mit Vergnügen werde ich die Fortschritte der äußern und innern Bibliothek betrachten.

8127.
An die Erbgroßherzogin Maria Paulowna.

Durchlauchtigste Fürstinn,
gnädigste Frau;

Ew. Kayserl. Hoheit morgen aufzuwarten sollte das längst erwünschte Glück haben; so eben jedoch werde beordert die Mayländischen Gäste nach Jena zu begleiten und die dortigen Merckwürdigkeiten vorzuzeigen. Vergebung also und gnädigste Erlaubniß auf folgende Tage und Stunden!

Die anvertrauten Papiere vorläufig banckbar zurück.
Verehrend, angeeignet
Ew. Kayserl. Hoheit
unterthänigster
Weimar d. 15. Juli 1818.          J. W. v. Goethe.

8128.
## An S. Boisserée.

Ehe ich nach Carlsbad gehe muß ich Ihnen für Ihren letzten Brief vom 29. Juny den schönsten Dank sagen. Zuvörderst also vermelde ich, daß das mir verehrte
5 Stammbüchlein jetzt erst in völlige Ordnung gekommen. Ein geschickter Buchbinder hatte solches zwar schon längst nach alter Weise geschmackvoll gebunden, die letzte Seite jedoch blieb auf dem vorigen Deckel kleben; diese ist nun auch abgelöst und gar zierlich angelegt.
10 Das Denkmal Ihrer freundschaftlichen Gesinnungen möge also noch ein paar hundert Jahre unverrückt bestehen.

Herrn Hofrath Creuzer danke zum schönsten für Büchlein und Nachricht. Sagen Sie ihm: er möge
15 ja verzeihen, wenn ich in meinen schriftlichen oder gedruckten Äußerungen den Kreis des Dichters und Künstlers überhaupt auf's engste begränze. Dieß geschieht zum Vortheil der Productivität, die sich gar leicht in's Nichtige verliert wenn sie nicht streng zu=
20 sammengehalten wird. Dagegen hat der Liebhaber, Kenner, Ausleger völlig freie Hand die Symbole zu entdecken, die der Künstler bewußt oder bewußtlos in seine Werke niedergelegt hat. Mögen Sie gleicherweise den Dragoman gegen die übrigen Freunde machen!
25 mich bey Herrn Leonhard entschuldigen daß ich ihm

so lange nicht geschrieben und für manches nicht ge=
dankt. Es soll mich unendlich freuen wenn er in
Heidelberg, wie ich nicht zweifle, einen ihm völlig
gemäßen Wirkungskreis findet.

Herrn Voß danken Sie für die Ankündigung. Ich
wünsche daß mir das Werk in diesen Tagen zu Handen
komme, damit ich mich auf der Reise und im Bade
recht heiter daran erfreue.

So grüßen Sie auch sämmtliche Freunde und
Genossen zum allerschönsten und Sich Selbst thun Sie
so gütlich als Sie können. Das Emser Bad hat
neuerlich Wunder gethan und ich hätte selbst Vertrauen
darauf.

Daß meine Orphika bey Ihnen gut aufgehoben
seyen wußte ich voraus. Wenn man das diffuse
Alterthum wieder quintessenziirt, so gibt es alsobald
einen herzerquickenden Becher, und wenn man die
abgestorbenen Redensarten aus eigener Erfahrungs=
Lebendigkeit wieder anfrischt, so geht es wie mit je=
nem getrockneten Fisch, den die jungen Leute in den
Quell der Verjüngung tauchten und als er aufquoll,
zappelte und davon schwamm, sich höchlich erfreuten
das wahre Wasser gefunden zu haben.

Bey diesem orientalischen Gleichniß muß ich ge=
denken, daß der Divan bis auf den zwölften Bogen
abgedruckt ist. Ob ich genöthigt sey bey Durchsicht
und Revision dieser Gedichte bey Ihnen und in erfreu=
licher Umgebung zu verweilen, werden Sie selbst er=

meſſen. Viel Neues finden Sie nicht darin, ich hoffe
jedoch manches was ſich in der guten Geſellſchaft
zeigen kann. Wie geſchwind das Leben wegrauſcht
ſieht man erſt wenn man genöthigt iſt ſolche Produc=
5 tionen nach einigen Jahren mit Aufmerkſamkeit wieder
zu beachten.

Möge in Ihrer Nähe den unvergeßlichen Freun=
dinnen Freude aus der Gegenwart und in der Er=
innerung geworden ſeyn. Brachte denn der unglückliche
10 Vater erſt die Nachricht des traurigen Geſchicks mit?
Betrachte ich dieſen Fall und den Wahnſinn des guten
Schelvers, ſo ſehe ich freylich die Welt von der Nacht=
und Nebelſeite, die ich leider auch längſt kenne.

Und ſomit allen guten Geiſtern befohlen!
15 W. d. 16. Jul. 1818. G.


8129.

An J. H. Meyer.

Mögen Sie, mein Wertheſter, beykommendes Heft=
chen leſen und ſodann die angeſchloſſene Handſchrift,
um zu beurtheilen, inwiefern letztere in Gefolg des
Vorhergehenden ſchicklich und nützlich ſeyn könne.
20 Bis auf Morgen das beſte Lebewohl!
Weimar den 16. July 1818. G.

8130.

An Albert Batzovsky.

[Concept.] [17. Juli 1818.]

Ew. Wohlgeboren der Mineralogischen Societät gewidmete Sendung hat so große Vorzüge und genoß des Beyfalls unseres gnädigsten Herrn des Großherzogs K. H. in einem solchen Grade, daß ich nicht anstehen kann Denenselben das wohlgerathene Bildniß dieses vortrefflichen Für=sten zu übersenden, in der Hoffnung daß es Ihnen angenehm sey und Sie Sich dabey unserer dankbaren Gesinnungen manchmal erinnern werden.

Weimar den 12. July 1818.


8131.

An G. Cattaneo.

Monsieur

Me voyant enfin à même de vous envoyer la traduction de mon petit traité sur la cène de Leonard et de Bossi, je ne me permettrai d'ajouter que très-peu de chose, en ce que le point capital, dont tout dépend, a été effleuré dans le cours de l'ouvrage. Il s'agit donc de savoir si les connoisseurs de Milan et vous surtout, Monsieur, approuvez ce que j'ai dit et avancé, puisque vous avez encore en original sous les yeux les objets dont je traite d'après des copies, et que vous avez été témoin oculaire de la conduite qu'on a observée, pendant que je n'en suis instruit que par l'histoire. Ce qui me fait espérer cependant qu'en général je n'ai pas beaucoup dévié de la vraie route c'est que j'ai commencé par suivre l'ouvrage de Bossi, et que là où j'ai cru devoir m'en éloigner, je m'en suis tenu à vos observations qui accompagnoient les dessins.

Si vous vouliez bien m'honorer encore de vos judicieuses remarques, il en résulteroit pour moi une instruction inappréciable.

Je m'en remets également à votre jugement pour savoir si cette traduction pourroit alors être livrée à l'impression.

La visite de monsieur Mylius et de son excellente épouse nous a causé une très-agréable surprise, et je n'ai pas besoin de vous dire que vous avez été l'objet de nos entretiens les plus doux et les plus animés.

J'ai l'honneur d'être,

Monsieur,

avec la plus parfaite estime et la
plus haute considération,
votre dévoué serviteur

Weimar le 17. juillet 1818.     de Goethe.

8132.
An C. G. v. Voigt.

Der Incidentpunct daß man mit den eingereichten Statuten überhaupt nicht zufrieden zu seyn scheint und die Höchsten Höfe deshalb neue Bearbeitung befohlen haben, überhebt uns einer baldigen Berichts=erstattung. Ich übergebe daher dasjenige was die philosophische Facultät eingereicht, mit Bitte, wenn die Sache in meiner Abwesenheit ernstlich zur Sprache käme, nichts inseriren zu lassen was unsern Museen und der oberaufsichtlichen Behandlung des akademi=schen Bibliotheksgeschäftes zuwider wäre.

Weimar den 17 Juli [1818.] Goethe.


8133.
An den Großherzog Carl August.

Ew. Königliche Hoheit
geruhen auf beykommende Actenstücke einen gnädigen Blick zu werfen.

1) Die Anordnung und Catalogirung des Kunstkabinetts betreffend; woraus ersichtlich, was in diesen Tagen geschehn. Zugleich auch, daß das Hauptgeschäft mit Ende des Monats vollbracht seyn kann. Eine Bearbeitung in's Einzelne durch Bemer=kung und Hinweisung auf Schriften und sonst findet nach und nach statt; vorerst wird das Kabinett in solchen Stand gesetzt, daß es jeden Augenblick in allen

seinen Theilen vorgezeigt werden kann, weshalb auch
eine bestimmte Anordnung ergehen wird.

2) Den Transport der Schloßbibliothek
betreffend; woraus ersichtlich, welche Masse von
Büchern schon in die akademische Bibliothek gebracht
worden. Diese nun methodisch aufzustellen, braucht
das jenaische Personal vielleicht Zeit bis Michael.
Alle die Bücher der genannten Fächer werden herauf
in den neuen Saal gebracht und mit den hier ver=
zeichneten verbunden. Sodann wird sich ergeben, was
den Winter über vorzunehmen und zu leisten sey.

3) Tagebuch des Dr. Weller. Daraus ist der
tägliche Gang des Geschäfts seit dem April zu ersehen
und dient zum Zeugniß der Anstelligkeit genann=
ten jungen Mannes. Bibliothekar Güldenapfel und
Bibliotheksschreiber Baum führen auch dergleichen,
und nur durch diese Anstalt wird es möglich, ein so
complicirtes Geschäft, worüber eigentlich keine Acten
zu führen sind, auch in der Entfernung zu übersehn.

4) Die Abtragung des Löberthors betreffend;
fol. 6 derselben findet sich ein Versuch, die alte In=
schrift an dem äußern Thurm abzuschreiben und zu
entziffern. Man wird bey Abtragung diesen Stein zu
erhalten suchen.

Gnädige Erlaubniß morgen früh bey Zeiten auf=
warten zu dürfen erbittend

unterthänigst

Weimar den 18. July 1818.         Goethe.

8134.
An C. G. v. Voigt.

Ew. Excellenz
genehmigen nochmals meinen herzlichsten Abschied, mit dem treusten Wunsche für Ihr und der theuern Ihrigen Wohl, und empfangen zugleich
1) das Communicat an die Landes=Direction mit Beylagen, welches zu befördern bitte.
2) Die Statuten der philosophischen Facultät, mit Bemerkung.

In Jena werde alles dergestalt einrichten, daß bis zu meiner Rückkunft die Geschäfte im Gange bleiben. Sollte etwas Unerwartetes vorfallen, so sey den Zurückgebliebenen erlaubt an Ew. Excellenz zu recurriren.

Mich aber= und abermals empfehlend
Weimar den 18. July 1818. Goethe.

8135.
An C. G. v. Voigt.
[19. Juli 1818?]
Ew. Excellenz
ersehen aus Beyliegendem gefällig das Verhältniß wie es um das Exemplar der Jenaischen A. L. Z. steht, welches noch an die dortige Universitätsbibliothek abzugeben ist. Wir können nunmehr mit gutem Gewissen das Anerbieten des Herrn Geh. Hofrath Eich=

städt annehmen, welches er in einem Briefe an Dieselben gethan. Der fehlende Jahrgang läßt sich ja wohl bey Gelegenheit aus einer Auction oder sonst completiren. ...

8136.
An Antonie Brentano.

Da mein Lebenswandel, verehrte Freundin, durch Zufälligkeiten schon so oft bestimmt worden, so hatte ich immer noch eine Art von Hoffnung Sie diesen Sommer zu sehen, die nun verschwindet, da meine Pässe wirklich für Carlsbad ausgefertiget sind.

Auch nicht ohne Veranlassung schreibe ich dießmal; denn vor allem muß ich melden, daß wir nicht so unklug mit dem köstlichen Wein verfahren als mein Dankbrief wohl sollte vermuthen lassen. Der Speisemeister von Cana würde uns höchlich getadelt haben, wenn wir so verschwenderisch damit umgegangen wären. Im Gegentheil ist das Fäßel erst dieser Tage angezapft und ein paar Flaschen mit Kennern auf Ihre Gesundheit ausgetrunken worden.

Ferner muß ich vermelden, daß Sie im ganz eigentlichen Sinne eine entschiedene Eroberung gemacht haben und zwar an unserem Fürsten, welcher mit Lebhaftigkeit Ihrer und Ihrer Kunstbesitzungen wiederholt gedenkt, worin ich denn, wie Sie überzeugt sind, sehr gern einstimme und so manche gute Stunde mit diesem trefflichen Herrn verlebe.

Hieraus entspringt nun wiederum ein Auftrag, zu dem ich noch vor meiner Abreise veranlaßt werde. Sie haben nämlich Jhro Hoheit aufmerksam gemacht auf den Nachlaß eines Handelsmannes, dessen Namen mir gerade nicht einfällt, ob ich den Mann gleich vor einigen Jahren unter seinen Kunstschätzen lebend angetroffen. Nun ist der Fürst nicht abgeneigt, verschiedenes, was er dort gesehen, anzuschaffen, allein weil auch Kupferstiche darunter sind, die man durch einen Mandatarius nicht wohl kaufen kann, indem alles auf den Abbruck ankommt, so wollte bey Jhnen anfragen, ob Sie uns nicht irgend einen einsichtigen und zuverlässigen Mann anzeigen könnten, durch den wir das Geschäft einleiten und führen möchten. Denn es entstehen gar mancherley Fragen, welche vorläufig zu beantworten wären.

Ob man einen detaillirten Catalog der Kunstwerke zu erwarten hätte, auf welche Weise sie verkauft werden sollten, ob durch Auction oder sonst aus der Hand?

Ferner um welche Zeit der Verkauf vor sich gehen könnte, und was dergleichen mehr ist. Es ist Jhnen gewiß ein zuverlässiger Mann bekannt dem man einen solchen Auftrag gäbe, und welcher für die Gebühr das Geschäft besorgte. Geben Sie mir einige Nachricht hierüber nach Carlsbad, so trifft mich der Brief daselbst bis Ende August, bringt mir sogleich erwünschte Nachricht von Jhrem Befinden, und be=

ruhigt mich über ein Geschäft das mir einige Sorge macht.

Mit tausend Wünschen und Grüßen!

anhänglichst

Weimar den 20. Juli 1818. Goethe.


8137.

An J. H. Meyer.

Sie erhalten hiebey mein Werthester die Probe=
zeichnung wie man den Titel zur Heilsberger Inschrift wünscht. Mögen Sie selbige nun an Ermern
abgeben und mit ihm den Akkord schließen was er
dafür verlangt. Er läßt sich immer sehr billig finden.
Mit dem Abdruck hat es Zeit bis zu meiner Rück=
kunft.

Möge Ihnen in der Zeit meiner Abwesenheit
alles wohl gelingen, und Ihre Gesundheit sich im=
mer mehr befestigen. Besuchen Sie mannichmal die
meinigen.

Jena den 21. July 1818. G.


8138.

An Friedrich Wilhelm Schwabe.

[Concept.]

Wer mit der Geschichte neuerer Mahlerkunst nur
einigermaßen bekannt ist, hat von dem Abendmahl
gehört, welches Leonard da Vinci in dem Dominicaner=

Kloster zu Mailand zu Anfang des 16. Jahrhunderts
gemahlt. Dieses Meisterwerk hatte das Unglück an
einem feuchten Platze angebracht zu seyn, verdarb des=
halb nach und nach und ward durch ungeschickte
Restauration völlig überdeckt und verdorben. Der
Werth dieses Bildes kam abermals zur Sprache, als
der Vice=König von Italien im Jahre 1807 die Nach=
bildung desselben in Mosaik anordnete. Weil nun
hiezu das Original nicht mehr Gelegenheit bot, sah
man sich nach Copien um, deren älteste in einem Klo=
ster zu Castellazzo sich befand, eine spätere hingegen
auf der Ambrosianischen Bibliothek.

Ritter Bossi, ein vorzüglicher Künstler, ward be=
auftragt hienach Carton und Copie zu verfertigen.
Beides ward ausgeführt und das Bild in Mosaik ge=
setzt, welches denn nun auch fertig geworden und nun=
mehr nach Wien transportirt wird.

Zu jener Arbeit, das verlorene Bild wiederher=
zustellen, mußte Ritter Bossi jene Copien genau stu=
diren; er zeichnete die Köpfe von beiden, die Hände
von der letzten durch, wonach er dann seine schwierige
Arbeit einrichtete. Als Ihre Königl. Hoheit der Groß=
herzog von S. Weimar im Jahre 1816 sich eine Zeit
lang in Mailand aufhielte, wurden gedachte Durch=
zeichnungen Höchstdenenselben bekannt. Sie waren
nach dem Tode Ritter Bossi's verkäuflich und als
wichtige Documente der Mahlerkunst befinden sie sich
gegenwärtig in Weimar.

Hievon nahmen die Mailändischen Verehrer Ihro Königl. Hoheit die Veranlassung eine Medaille prägen zu lassen, die auf der einen Seite das fürstliche Bildniß, auf der andern die Bildnisse Leonard da Vinci's und Ritter Bossi's mit schicklichen Umschriften darstellt. Diese ist es, welche man hieburch den Liebhabern der Kunst und den Verehrern des Fürsten darbietet. Wer sich übrigens von dem Bilde selbst und dessen Schicksalen, auch von den Copien, ihrem Werth und der Bedeutsamkeit der Durchzeichnung näher unterrichten möchte wird in
Goethes K. u. A. 1. Bandes 3. Heft
genugsame Nachricht finden.
Jena den 21. July 1818.


8139.

An C. F. v. Reinhard.

Oft genug, verehrter Freund, habe ich in der schweigsamen Zeit Ihrer gedacht und mich immer nach Ihnen erkundigt, jetzt aber finde ich mich doppelt und dreyfach aufgeregt, ein ausgesprochenes Wort an Sie gelangen zu lassen. Der Großherzog, mein gnädigster Herr, bringt mir Gruß und Nachricht, Frau v. Wolzogen desgleichen. Nicht ganz erwünschte, denn daß Ihre Lage etwas Peinliches haben müsse, kann ich mir denken; möge Ihr geprüfter Charakter Ihnen in Ihrer Lebensepoche auch beystehen.

So eben bin ich bereit nach Carlsbad zu gehen, wo ich an so vielen Stellen der schönen Tage gedenken werde, die wir, zwar in bedenklicher Zeit, doch in freudiger und lebhafter Theilnahme genossen.

Sie erhalten anbey verschiedene Druckschriften, mit denen ich mich seither beschäftiget. Sie finden darin gar manchen Gegenstand, über welchen wir uns früher unterhielten. Möge mein Andenken dadurch recht lebhaft erneuert werden. Kennen Sie solche schon, so bewahren Sie diese Exemplare zu meinem Andenken.

Einiges folgt.

treu anhänglich

Jena den 21. Juli 1818. Goethe.

8140.

An Ottilie v. Goethe.

Du erhältst hiebey meine liebe Tochter das Gewünschte, doch mit wiederholter Bitte die Hefte nicht aus der Hand zu geben. Lesen und vorlesen lassen bey dir kannst du nach Belieben. Denn die Neugierigen strecken schon ihre Hände nach diesem aus, mit keinem Interesse, nur um sagen zu können wir haben's schon gelesen. Grüße die großen und kleinen Freunde.

Kräuter möge wöchentlich einmal nach Carlsbad über Leipzig schreiben. Auch soll er sogleich zwey Hefte über das Abendmahl zu Mailand an Herrn Hofrath Schwabe zustellen.

August mag besondere Sorgfalt anwenden, Bey=
kommendes baldigst zu spediren, da er aus einer
Abdresse sehen wird daß ich einen alten Wunsch von
ihm endlich erfülle.

Mein großes Zutrauen zu euren musikalischen
Kühnheiten könnt ihr daraus ersehen daß hiebey noch
eine Partitur erfolgt, leider auch nur Baß und Tenor.
Könnt ihr sie mir auch zu Ohren bringen, so sollt
ihr doppelt gelobt seyn.

Stadelmann soll auch das lange runde Futteral
mitbringen, worinnen sich große Papiere gut trans=
portiren lassen.

Und so Ade,
Dem Miselé,
Dem schweigsamen Mann
Der Frau die reden kann pp

Jena den 21. July 1818. G.


8141.
An Carl Gottfried Kelle.

[Concept.] [Jena, 22. Juli 1818.]
Ew. Wohlgeboren
gefälliges Schreiben und interessante Sendung ist mir
zu rechter Zeit geworden, unmöglich war es mir aber,
im Drange der Geschäfte vor meiner Abreise nach
Carlsbad, ein bedeutendes Wort zu erwidern, lassen
Sie sich also diese nackte Anzeige gefallen und senden

das Übrige, von dem Sie melden, unter meiner Abdresse
nach Weimar, daß ich bey meiner Rückkehr solches
vorfinde und Ihr Zutrauen wie es Zeit und Um=
stände zulassen dankbar erwidere.

Den Inhalt Ihres mitgetheilten Aufsatzes konnte
ich im Augenblicke nicht gründlich würdigen. Der
Erinnerung nach jedoch kann ich nicht anders als der
Ansicht und Auslegung Beyfall geben. Mit den
besten Wünschen.

## 8142.
### An Ottilie v. Goethe.

Sonnabend den 25. trafen wir Hauptmann von
Seebach in Franzensbrunn, welcher uns, wie mehrere
andere, wegen des Unterkommens in Carlsbad angst
machen wollte; wir fuhren aber getrost dahin, vor
die drey Mohren, da wir denn gleich für die Nacht
in einem stattlichen Quartier, das für Capo d'Istria
bestellt war, den erfreulichsten Raum fanden. Des
andern Morgens wurde mein altes Quartier im
dritten Stock leer, das wir sogleich bezogen und uns
bis jetzt gar wohl und vergnüglich darin befinden.

Der Neubrunnen sagt uns beyden zu, den Sprudel
jedoch müssen wir vermeiden. Alle Mitgäste sind
freundlich und behülflich, die Österreicher ganz beson=
ders. Fürst Metternich hat den Abdruck des v. Ham=
merschen Briefs sehr gnädig aufgenommen, auch mir
sogleich ausgezeichnete Gunst bewiesen.

Madame Catalani ist angelangt, ingleichen Fürst Blücher, auch viele alte Freunde und Bekannte, deren jeder etwas Interessantes mit sich führt. Und so muß ich auch die besondere Aufmerksamkeit der Fürstin Reuß=Köstritz rühmen, die mich gleich den ersten Tag zum Thee auf den Hammer lud, und mich auf der Troschke hinaus fuhr.

Wer Lust hätte zu Festgelagen, könnte sie in diesen Tagen befriedigen: der Könige von Preußen und Sachsen Geburts= und Namenstäge werden gefeyert. Am Ende gehen diese Erfreulichkeiten doch wohl wieder auf einigen Verdruß hinaus.

Eine russische Dame, glaube Wranitzky, hat sich höchst theilnehmend nach unserer Erbgroßherzogin er= kundigt. Frau Gräfin Henckel bringt ja wohl höch= sten Orts deshalb ein freundliches Wort an.

Da der Tag sehr lang ist so habe ich an meinen mitgenommenen Arbeiten die beste Unterhaltung; nicht weniger sind die Steinkisten auf dem Boden schon ausgeleert, und ihr Inhalt wird sorgfältig geordnet. Ich bringe die hundert Stücke der Sammlung zusam= men, treffliche Exemplare und desto interessanter als des guten alten Müllers Confusion durch seinen seligen Hintritt ganz unauflöslich geworden ist. Um in dem engen Hause Platz zu gewinnen, bleibt den Erben fast nichts übrig als den ganzen Plunder auf die Chaussee zu schaffen.

Bey allem diesem Guten muß man die Theurung

ertragen lernen. Sie haben die alten Zahlen der Preise beybehalten, und der Gulden steht beynahe 8 gute Groschen. Dagegen wird aber auch nichts gekauft, weil jeder sein Geld zur täglichen Ausgabe braucht, indessen folgt hier etwas Chokolade, Stecknadeln und dergleichen. Aufträge der Art, welche Stabelmann erhalten, kommen mit Deny etwa in vierzehn Tagen.
So viel für diesmal!
Carlsbad d. 1. Aug. 1818.      G.


8143.
An C. F. A. v. Schreibers.

Ew. Hochwohlgeb.
in der Zeit meines Carlsbader Aufenthaltes zu schrei=
ben galt mir für eine angenehme Pflicht; daß aber
solches gleich Anfangs geschieht dazu werde von mei=
nem gnädigsten Herren veranlaßt.

Es hat nämlich demselben Herr von Boos, kayserl.
Rath und Garteninspector zu Schönbrunn, versprochen
Pflanzen der Justicia cristata zu senden, welches
aber noch nicht geschehen. Da jedoch Ihro Königl.
Hoheit eher alle andre Schuld als eine botanische er=
lassen; so bin ich aufgefordert Ew. Hochwohlgeb. zu
ersuchen gedachte Pflanze in Erinnerung zu bringen
und die Übersendung derselben zu bewirken.

Zugleich habe fördersamst zu melden daß mir
das Glück geworden Ihro des Herren Fürsten von

Metternich Durchl. hier schuldigst aufzuwarten um mich von einer fortdauernden gnädigen Geneigtheit zu überzeugen.

Nicht weniger gereicht mir zum größten Vergnügen daß Höchstdieselben den Abdruck des v. Hammerischen Schreibens mit Wohlgefallen aufnahmen; wovon ich denn auch ein Exemplar hier beylege, mit Bitte solches dem geistreichen Herrn Verfasser mit meinen besten Empfehlungen zuzustellen. Das Titelkupfer welches die Inschrift enthält ist noch in der Arbeit.

Da es die Absicht nicht seyn konnte dieses Kleinod in den Buchhandel zu geben, so ist solches Freunden der Literatur als eine angenehme Gabe bestimmt, und ich werde nicht verfehlen, sobald das Ganze beisammen ist, Ew. Hochwohlgeb. eine Anzahl Exemplare zu geneigter Vertheilung zuzusenden. Wir haben uns, wie Sie sehen, bemüht eine Art von Facsimile des merkwürdigen Schreibens hervorzubringen, und jedermann, der es bisher gesehen, hat darüber seinen Wohlgefallen bewiesen, und die glückliche Auflösung bewundert.

Mehres zu sagen verbietet die abstumpfende Brunnenkur!

gehorsamst

Carlsbad d. 3. August 1818.         Goethe.

8144.

An Gräfin Josephine O'Donell.

Die Freude meine verehrte, geliebte Freundinn so unvermuthet wieder zu sehen, war so groß daß mir der Ausdruck fehlte, und ich mich gar wunderlich dabey mag benommen haben. Als ich Sie verließ ergriff mich der Gedancke einige Tage zu bleiben, der aber leider den nächsten Bedingungen meiner Reise weichen mußte. Wie sehr hätte ich gewünscht jene schmerzlichen Erinnerungen, die wir so werth und heilig halten, mit Ihnen zu erneuern und der Erfüllung des Wunsches näher zu treten das unschätzbare Andencken das in unsern Herzen ewig lebt, auch schriftlich zu bewahren. Können Sie, bey Ihrer Rückkehr, von dem Lebensgange der Verehrtesten nähere Kenntniß geben; so würde die Erinnerung der herrlichen Gegenwart, die uns bis jetzt eigentlich nur betrübt, wieder mit einiger Freude lebendig, indem eine fromme Huldigung uns selbst zum Trost gereichte.

Ihrer Frau Schwägerinn und Herren Schwager bitte ich mich wiederholt zu empfehlen und meine nächtliche Zudringlichkeit zu entschuldigen, deren Anlaß wohl Verzeihung bewircken mag.

Gegenwärtiges wäre früher abgegangen, hätte ich nicht die Ankunft der versprochenen Tasse zu melden gewünscht, die mir noch nicht zugekommen ist. Jenes Büchelchen das ich Ihrer Güte verdancke hat mich an

Rhein, Mayn und Neckar begleitet, um die Handschrift
gar manches wohlwollenden Freundes aufzunehmen.
Und so habe ich Ihr köstliches Andencken auch in je=
nen Gegenden nicht von der Seite gelaßen.
                    Und so fort und für ewig
CB. d. 4. Aug. 1818.                              G.


8145.
An A. v. Goethe.
Carlsbad den 8. August 1818.
In gegenwärtigem Kasten befinden sich:
1) Steine, welche bey Seite gelegt werden.
2) Steck= und Haarnadeln, nach den Adressen abzugeben.
3) Trüffeln für die Winterküche aufzubewahren.
4) Getrocknete Früchte zum verschmausen.

---

Weiter sage ich nichts als daß wir uns, bey dem
herrlichsten Wetter, sehr wohl befinden. Die große
Hitze wird durch frische Lüfte gedämpft, die fast den
ganzen Tag über wehen, auch kommt die Sonne spät
in das Thal und geht früh wieder hinaus. Schattige
Spaziergänge sind immer aufzusuchen, die Gesellschaft
ist bedeutend, angenehm und verbindlich; darüber geht
aber auch der Tag hin und gethan wird gar nichts!
    Dieser Sendung folgt bald eine andere die Carls=
baber Steinsammlung enthaltend, und nun ein schön=
stes Lebewohl.
                                                  G.

8146.

An Zelter.

Dein Brief vom 9. July ist mir erst spät in Carls=
bad geworden. Heute sage nur soviel daß ich etwa
in 4 Wochen von Carlsbad weggehe und nachher in
Weimar oder Jena zu finden bin.

Sollte dieser Brief dich noch ereilen, so empfange
sogleich die Nachricht, daß es mir wohl geht. In
diesen Worten ist gar viel begriffen. Wünsche Gleiches
und damit Adieu.

Carlsbad, den 8. August 1818. G.


8147.

An Schopenhauer.

Endlich einmal wieder von Ihnen zu hören war
mir sehr angenehm: Sie gehen rasch Ihren Weg mit
Freudigkeit, wozu ich Ihnen Glück wünsche. Das
angekündigte Werk lese gewiß mit allem Antheil.
Geben wir uns doch viele Mühe zu erfahren, wie
unsre Ahnherrn gedacht, sollten wir unsern werthen
Zeitgenossen nicht gleiche Aufmerksamkeit widmen.
Daß der Artikel Farbe in dem neuen Lexikon erscheint,
ist recht löblich; manches wäre dabey zu erinnern,
doch alles muß einen Anfang haben. Wenn wir nur
erst die Controvers los wären, die immer, auf oder
ab, dem reinen natürlichen Vortrag schadet. Möge

die italiänische Reise glücklich seyn! An Vergnügen und
Nutzen wird es nicht fehlen. Vielleicht machen Sie von
einliegender Carte Gebrauch. Wohlwollende Lands=
leute bitte zu grüßen.
5 Das Beste wünschend
Carlsbad b. 9. Aug. 1818. Goethe.


8148.

An A. v. Goethe.

Der Garten=Inspector Skell bereitet sich zur Reise,
und so will ich denn eine kleine Sendung zurecht legen.
Anbey folgt ein Glas für Ottilien, an bessere Gaben
10 läßt sich nicht denken. Das Silber fällt immerfort
im Preise und alle Lebensbedürfnisse bleiben im alten
Tax, da muß man sich denn zusammenhalten, damit
die Casse ausreicht. Auch beklagen sich die Kaufleute
gar sehr daß sie keine Abnehmer finden. Alles ist
15 ohnehin viel theurer als sonst und von Tag zu Tage
durch den Curs noch theurer. Die Billigkeit und
Rechtlichkeit die sonst in den Carlsbadern war ist
gänzlich verschwunden, sie üben das Strandrecht gegen
jeden aus, den die Krankheit an ihr Ufer verschlägt.
20 Dagegen ist das Wetter noch immer ganz erfreulich,
nach einigen Gewittern des Morgens kalt genug, im
ganzen aber trocken und öfters heiter.
Die Oestreichischen Herrn und Damen bleiben
freundlich und theilnehmend. Ihre trefflichen Mittags=

mahle kommen mir, auf die gewöhnliche Kost der Speisehäuser, sehr zu statten. Der Hofmedicus ist munter und ich hoffe, auch ihm soll die Cur recht wohl thun, mir bekommt sie sehr gut, nur daß ich dießmal nichts arbeiten kann. Meine Papiere bringe ich wieder zurück wie ich sie mitgenommen habe. Zu Michaelis wird nur das Stück **Kunst und Alterthum** ausgegeben, das übrige mag zur Winterunterhaltung dienen.

Ein angenehmes Geschenk habe ich erhalten, eine kleine Statue von Erz, deren Schattenriß beyliegt. Freund Meyer mit meinen schönsten Grüßen vorzulegen.

Sonst giebt es hier in einer Prager Kunsthandlung noch sehr schöne Sachen, an Kunstwerken und Curiosen; Preise jedoch die mich gleich aus dem Laden hinaus gejagt haben, alles nach Dukaten. Unsere Sammlung würde hiernach ganz unschätzbar seyn.

Am 8. August sendete ich, mit der fahrenden Post über Hof, ein Kistchen mit getrockneten Früchten, Trüffeln und Gesteinen. Wahrscheinlich ist es in euren Händen wenn ihr Gegenwärtiges empfangt. Schreibt mir ja gleich über Leipzig so erhalte ich den Brief am achten Tage.

Wegen meiner Abreise bleibt es bey'm Alten. Richtet es so ein daß ich Sonntag den 13. September früh hier abreisen kann, wobey ich wegen des Wagens Folgendes zu bemerken habe.

Die Fenster an der Vorderseite sind ganz unbrauch=
bar und können nicht gemacht werden, sorge dafür daß
man sie heraus nimmt und ein Leder anschafft, womit
man die Vorderseite zumachen kann, weil sonst vor
Regen und Wind gar kein Schutz ist.

---

Und so will ich hinzusetzen daß ich mich gestern
doch verführen ließ einige versteinte Fische vom Monte
Bolca für deine Sammlung anzuschaffen. Sie sind
aber gar zu reizend und auch im Zootomischen Sinne
höchst merckwürdig.

Und so nehmt denn die besten Grüße und Wünsche!
Otilie und Misele sind hoff ich wohl. Ich muß diese
Tage sowohl körperlich als geistig loben. Es ist mir
manches unerwartete Gute, zu rechter Stunde wieder=
fahren. Adieu!

C B. d. 15. Aug. 1818.        Goethe.

An die Freundinnen viele Grüße.

Anbey noch den dringenden Wunsch daß für einen
Schreiber gesorgt werde. Diese sechs Wochen bringen
mich sehr zurück so daß ich nothwendig bey meiner
Rückkehr zur größten Schreibethätigkeit gelangen
muß.

8149.
An den Großherzog Carl August.

Ew. Königl. Hoheit
auch wieder einmal schriftlich aufzuwarten bedarf es, bey hiesiger Cur= und Lebensweise wircklich einer Anregung. Will man schreiben, so muß man aussetzen; und dann bemercke ich daß mir das Wasser mehr als sonst zu Kopfe steigt und auf die Augen wirckt; doch will ich nicht läugnen daß es mir für den Augenblick sehr wohl bekommt, möge es gleiche Folgen haben!

Skeel, der gegenwärtiges überbringt, hat mir erzählt wie gut meine botanischen Landsleute sich betragen haben und ich freue mich gar sehr auf die angelangten Gewächse.

Die mir gnädigst aufgetragnen Begrüßungen wurden alle ehrerbietigst und freundlichst aufgenommen und erwiedert. Fürst Metternich empfing die Probebogen des von Hammerischen Briefs mit Geneigtheit und Beyfall. Ein Exemplar ist nach Wien abgegangen und die Justicia cristata dringend erinnert worden. Das Titelkupfer zur Heilsberger Inschrift wird zierlich und sorgfältig gestochen und so näherte sich diese kleine Unternehmung auch einem erfreulichen Ausgang. Zu ähnlichen Zeugnissen unserer literarischen Thätigkeit werde bey meiner Rückkunft Vorschläge zu thun mir die Freyheit nehmen.

Die Fürstl. Schwarzenbergische Familie hat mich mit besonderer Gunst in ihrem Zirckel ausgezeichnet. Graf Bouqoy empfielt sich zu Gnaden, er ist noch immer gleich aufmercksam auf alles Wissenschaftliche und gleich thätig im Technischen. Capo d'Jstria ist mein Hausgenosse, gestern machte ich seine Bekanntschaft.

Vor allem aber hätte erwähnen sollen daß Fr. Gräfinn Odonel in Franzenbrunn, bey meiner Durchfahrt getroffen, und von hier aus einigemal Briefe gewechselt. Sie bleibt Ew. Hoheit immer in Gedancken anhänglich und der große Verlust hat in ihrem Gemüth den Werth älterer Freunde nur erhöht. Am 19ten hoffe sie hier zu sehen.

Die Absichten Ew. Königl. Hoheit auf den Hochwieserischen Nachlaß schienen mir nicht besser zu fördern als daß ich Frau v. Brentano um Rath fragte. Was sie vorgeschlagen und eingeleitet erhellt aus beyliegendem Schreiben. Wenn Friedr. Schlosser, der Vormund, das Nähere meldet lege solches alsbald vor und erbitte weitere Befehle.

Nun aber will ich ganz harmonisch abschließen indem ich vermelde daß Mad. Catalani sich hier aufhält und sich schon mehrmals öffentlich und abgeschlossen hören ließ. Sagen läßt sich nichts über dies seltene Natur= und Kunstproduct. Hier stehe ein Impromtü das ihr Gesang einem enthusiastischen Verehrer ablockte:

Im Zimmer, wie im hohen Saal
Hört man sich nimmer satt:
Denn man begreift zum erstenmal
Warum man Ohren hat.

Möge die Harmonie des Lebens Ew. Königl. Hoheit
immer umschweben!
                          unterthänigst
C. B. d. 15. Aug. 1818.                    Goethe.


                          8150.
                       An Kräuter.

[Concept.]          [Carlsbad, 15. August 1818?]

Für die wiederholten mir gegebenen Nachrichten von Weimarischen Vorfallenheiten danke zum schönsten, weil ich sonst von demjenigen was dort geschieht ganz entfremdet würde.

Der Titel zur Heilsberger Inschrift gefällt mir jetzt sehr, ich habe deshalb meine Approbation darunter geschrieben damit solche Ermern eingehändigt werde.

So ist mir auch sehr angenehm daß unsere Kunstschätze einsichtigen fremden Liebhabern vorgezeigt werden können. Führen Sie das Vermehrungsbuch des Museums sorgfältig. Sobald ich wieder komme wollen wir daran denken auf welche Weise man eine denkbare Erinnerung denjenigen Personen widmet denen wir den gegenwärtigen Besitz schuldig sind und die ferner=

hin etwas beytragen. Man erfüllt dadurch eine Pflicht und mancher wird angeregt irgend etwas Schätzens=werthes das er einzeln besitzt einem schon gebildeten Ganzen einzuverleiben.

Ihren letzten Brief vom 8. August erhalte ich den 14., da ich nun den 13. September von hier abzugehen gedenke; so sehen Sie hieraus daß Sie mir noch einige=mal schreiben können, worum ich Sie hierdurch ersucht haben will.

### 8151.
### An Carl Ernst Adolf v. Hoff.

[Concept.]

Ew. Hochwohlgeboren höchsterfreuliches Schreiben erhielt in dem Augen=blick als ich meine Reise nach Carlsbad anzutreten im Begriff war, und es trug nicht wenig dazu bey daß ich die eingeleiteten Geschäfte mit guter Hoffnung und Zuversicht hinter mir lassen konnte. Wenn ich jedoch bisher meinen schuldigen Dank verspätet, so darf ich wohl die höchst angreifende Brunnencur als Entschul=digung vorschützen, welche den Act des Schreibens verbietet, ja ohnmöglich macht; sodann ist eine zahl=reiche Gesellschaft, welche sich aller freyen Augenblicke bemächtigt, gleichermaßen anzuführen.

Da ich nunmehr aber in der Hälfte meiner Lauf=bahn einige Tage pausiere und meine Briefschulden überschlage, so verfehle nicht zu allervörderst auch

Denenselben auf das lebhafteste zu danken daß Sie mir die günstige Nachricht mittheilen und mich dadurch außer aller Sorge setzen wollen. Darf ich bitten bey Gelegenheit Jhro des Herzogs unseres gnädigsten Herrn Durchlaucht mit unterthänigster Empfehlung für die gewährte fürstliche Gabe die tief empfundene Dankbarkeit auszusprechen, wozu ich mich aufrichtigst bekenne und die unsere Nachkommen, wenn sie den Werth und den Nutzen der begünstigten Anstalt gewahr werden, auch für ewige Zeiten empfinden müssen. Mein unterthänigster nach Michael einzureichender Bericht wird eine Wiederholung dieser treuen Gesinnungen enthalten, sowie eine umständliche Darstellung des bisher Geschehenen.

Doch kann ich mich wegen dieses letzteren in der Zwischenzeit schon gänzlich beruhigen, indem ich hoffen darf daß Ew. Hochwohlgeboren den jenaischen Bibliotheks- und übrigen Anstalten, bey Jhrer Anwesenheit, geneigte Aufmerksamkeit und einigen Beyfall gegönnt und deshalb vorläufige günstige Relation abzustatten beliebt haben. Wenn es mir leid that denen beyden Herrn Commissarien nicht selbst die neuen Einrichtungen vorweisen und die Ursachen warum dieses oder jenes geschehen persönlich vortragen zu können, so bedenke ich dagegen daß man einsichtigen, billig denkenden Männern ohne Sorge die Beurtheilung einer Anstalt überlassen kann, die mit beschränkten Mitteln zu ihrem eigentlichsten Zwecke hingeführt

werden soll; da denn freylich manches, besonders
was äußere Form und Eleganz betrifft, zurück stehen
mußte. Indessen kann ich hoffen daß wenn alles nach
den einmal gefaßten Vorsätzen durchgeführt seyn wird,
das Neue und Erneute mit dem Alten äuserlich in
einiger Harmonie bleiben, innerlich aber ansehnlich
verbessert erscheinen werde.

Auch für die Folge geneigten Antheil, günstige
Aufmerksamkeit und Mitwirkung erbittend.

Carlsbad den 18. August 1818.


8152.

An Weller.

Carlsbad, den 18. August 1818.

Den schönsten Dank für Ihre Sendung und bey=
gefügte Nachricht. Die Übersetzung kam eben zu rechter
Zeit, daß ich sie dem Griechengönner Capo d'Istrias
überreichen konnte. Sagen Sie das Herrn Papado=
pulos mit den besten Grüßen. Mir geht es sehr wohl;
der Brunnen wirkt wie vor Alters, und ich hoffe,
mir einen leidlichen Winter zu unseren Arbeiten vor=
zubereiten. Daß diese in meiner Abwesenheit ununter=
brochen fortgehen würden, erwartete ich von dem guten
Willen, den Kenntnissen, der Thätigkeit und Anstellig=
keit aller Handelnden. — Bernhards Geburtstag hätte
ich wohl persönlich mitzufeyern gewünscht, und es
freut mich, daß mein Beytrag gut aufgenommen

worden. Wegen Schlegel soll Freund Knebel keine
Sorge tragen. Es war hier am Orte nichts von
ihm zu sehen; gedacht ward seiner auch nicht, und aus
einigen Andeutungen vermuthe ich gerade das Gegen=
theil von dem, was man uns möchte glauben machen.
Übrigens bin ich in eine sehr diplomatische Zeit
gekommen und dadurch in Verhältnisse zu bedeuten=
den Personen, wovon mündlich mehr. Das Wetter,
obgleich abwechselnd, begünstigt Cur und Spazieren.
Die alte Gebirgsluft tritt auch wieder hervor; man=
ches Gestein wird angeschlagen. Den 13. September
gehe ich von hier ab. Mögen Sie mir noch einmal
schreiben, so sey's Ende August.


8153.

An A. v. Goethe.

H. Geh. JR. Martin geht Morgen von hier ab
und bringt Euch diesen Gruß. Vom Trincken und
Baden bin ich noch immer gar wohl zufrieden. Die
Gesellschaft vermindert sich, doch giebts immer wieder
neue Bekannte und Theilnehmende, so daß man fort
und fort im Schweben erhalten wird.

So geht ein Tag nach dem andern hin. Vier
Wochen sind vorüber und die übrigen drey werden
eilig folgen. Abermals ist ein köstliches Erzbild bey
mir eingekehrt, das unter die ersten die wir besitzen
zu rechnen seyn wird. Und so wird mancherley ge=

wonnen, nur die Arbeit stockt worüber man sich
trösten muß.

Heute geht abermals ein Kistchen durch die fah=
rende Post ab. Es bleibt stehen bis ich zurückkomme.
Carlsbader Gebirgsarten enthält es.

Gar manchen schönen wissenschaftlichen Gewinn
habe ich auch zu rühmen. In so einer großen Masse
von Menschen finden sich immer bedeutende deren
Studien und Neigungen sich auf uns beziehen.

Und so lebet wohl und gedenckt mein. Mr. Misele
hoffe ich erwachsen zu finden.

C. W. d. 19. Aug. 1818. Goethe.


8154.

An A. v. Goethe.

Eure ausführlichen Briefe und reichliche Sendung
verdienen beschleunigsten Danck und Antwort. Also
entschließe mich vorerst zu sagen daß es mir wohl=
geht, daß ich die letzten Tage zur Cur wohlbenutzen
und sonst wohl gebrauchen werde.

Am 26ten, dem ersten völlig schönen Tag, waren
wir in Schlackenwalde. Das Zinnwesen von oben
überschauend, alter Zeiten gedenckend und mich in den
Gegenstand einrichtend. Der Bergmeister, von früheren
Verhältnissen her mir verpflichtet, hatte schöne Sachen
zurückgelegt, die er mir anbot. Zu Completirung
unsrer Zinnfolgen konnte nichts erwünschter seyn.

Mit Gr. Capodistrias wohne in einem Hause und gutem Bezug. Ohngefähr wie vormals mit dem König von Holland. Man begegnet sich, man kennt sich, man hat nichts zu theilen, destomehr mitzutheilen.

Die Professoren Weiß aus Berlin, Schweigger von München geben höchst unterrichtende Gespräche zum Besten. Ein junger langbeiniger Bergläufer macht mich endlich mit böhmischer Geologie bekannt.

Für das Bibliothecks Museum habe köstliche ur= alte und alte Elfenbeinschnitzereyen gekauft. Für mich einige Bronzen. Die Wohlfeile des Silbers und Theure der Waaren lehrt Maas halten, sonst war noch man= ches Verführerische zugegen.

Mit der Fürstl. Schwarzenbergischen Familie und Grafen Bouqoy ist für mich der gesellig belebte Kreis fortgezogen. Wie wohl es mir darin ergangen sollt Ihr mündlich vernehmen.

Nun geht es aber erst wieder an ein Steineklopfen. Einige Kasten werden bey Euch ankommen. Mehrere Centner bleiben hier. Auf dem Boden der drey Mohren ist abermals eine Vorrathskammer angelegt. Soviel und so wenig also von mir. An Euch gedenckend be= daure zuförderst Ottiliens Leiden und Entbehrungen. Ich hatte sie mir bey diesen Festlichkeiten recht staat= lich im Schleppkleide gedacht. Miseln begrüß ich, auch den Juncker und Rath bey Hof und Cammer. Otti= liens ausführliches Schreiben hat in mir den Wunsch erregt bald wieder bey euch zu seyn, auch gedencke mich diesen Winter nach Euern Wünschen einzurichten, um ihn bequemer, geselliger und hoffentlich besser als den vorigen zuzubringen. Arbeit giebt es genug, ich sehne mich recht wieder in Gang zu kommen.

Der Fr. Großherzoginn empfiel mich zum allerbesten. Großmama und Mama gleichfalls. Line soll schönstens gegrüßt seyn. Hier gab es manche Gelegenheit zur Untreue, jedoch ist ihr nichts entwendet worden.

Zum heutigen Tage gedenck ich Eurer fleißig. Einige schöne Geschencke sind mir geworden. Ein Apparat zu den Entoptischen Farbenerscheinungen höchst nett und bequem. Sehr willkommen weil mich eben diese Betrachtung beschäftigt.

Carlsb. d. 28. Aug. 1818. G.

Nun zur Erfüllung noch einiges! Kräuter vorerst soll wegen seiner Fest-Beschreibung höchlich gelobt werden. Er qualificirt sich zu einem Correspondenten des Morgenblats.

An dem Aufzug orientalischer Liebenden haltet fest. Bey der Rollenaustheilung habe einiges zu erinnern, welches um so leichter ausgeglichen werden kann, als noch zwey Paar hinzukommen. Ausgelegt muß die fremde Erscheinung gleichfalls werden, dafür will ich schon sorgen.

H. Graf Egloffstein hat mich zum Geburtstage freundlichst begrüßt, wobey der lieben Seinigen aufs beste gedacht worden.

Empfehlt mich der Fr. Oberhofmeisterinn, den allerliebsten Prinzessen, Mad. Batsch und den Schweizerinnen.

Aus beyliegendem Gekratze wird Freund Meyer schon den Werth des neuen Hausgötzen herausfinden. Es ist dieselbe Größe. Neugierig bin ich wo im Alterthum sich etwas ähnliches findet. Man hielt es für eine Sybille, vielleicht Vestale? Nun lebt wohl und gedenckt mein. Inliegendes baldigst zu Post.

C. B. d. 29. Aug. 1818. G.


8155.

An Wilhelm Dorow.

Carlsbad, 29. August 1818.

Ew. Wohlgeboren
bedeutendes Unternehmen nicht aufzuhalten, sende ich die mitgetheilten Papiere, die mir in Carlsbad zugekommen, baldigst zurück, wobey es mir sehr leid thut, daß ich nicht Ihren Wünschen gemäß einige Theilnahme zusagen kann.

Hätten mich meine Sommerreisen nach Wiesbaden geführt, so würde die Oertlichkeit, so wie die Gegenwart der aufgefundenen Schätze, auch Ew. Wohlgeboren Kenntniß und Einsicht mich wahrscheinlich nach Ihrem Verlangen bestimmt haben, aus der Entfernung jedoch eine passende Einleitung zu bewirken, findet so manche Hindernisse, die zu überwinden wir nicht Kraft fühlen.

Von Studien dieser Art bin ich für den Augenblick weit entfernt, so daß es mir auch bey völliger Muße schwer werden müßte, mich darein zu versetzen. Nun aber sehe ich diesen Winter auch nicht einmal Raum vor mir, wo dieß möglich werden wollte, indem ich mit entgegengesetzten Dingen mich nothwendig beschäftigen muß.

Verzeihen Sie daher, wenn ich ablehne, was ich zu einer andern Zeit begierig ergreifen würde, und erlauben mir Ihres Unternehmens bey Gelegenheit freundlichst zu gedenken.

Von Hamannschen Schriften besitze ich manches, wovon ich ein Verzeichniß übersende, sobald ich nach Hause komme. Mit den besten Wünschen

J. W. v. Goethe.


8156.
An Wenzel Joseph Tomascheck.

Ew. Wohlgeboren
verzeihen, wenn ich nicht früher die Ankunft Ihrer gefälligen Sendung vermeldet und die hinzugefügte geneigte Anfrage nicht sogleich beantwortet habe. Entschuldigen dürften mich die geistabstumpfenden Curtage und die Anforderungen einer bedeutenden Gesellschaft, der man sich so willig hingiebt.

Ihre Theilnahme an meinen Liedern werde ich erst recht zu schätzen wissen, wenn ich, nach Hause zurückkehrend, wiederholt vorgetragen höre, wie Sie Blumen und Blüthen meiner früheren Zeit neu belebt und aufgefrischt.

Wollen Sie bei'm folgenden Hefte über den meinen Liedern schon gewidmeten Antheil noch eine besonders ausgesprochene Widmung hinzufügen, so werde ich mich doppelt geehrt und eine vielfache Belohnung finden des fortwährenden Eifers, meine Lieder dem Lebens= und Kunstkreise des Musikers anzunähern.

Mit den aufrichtigsten Wünschen
ergebenst
Carlsbad, am 1. September 1818.   J. W. v. Goethe.

8157.
An August und Ottilie v. Goethe.
[Concept.]

Gegenwärtiger, wahrscheinlich letzter Brief bringt nicht so gute Nachrichten als die vorigen. Meinen Ge= burtstag feyerten wir, zwar im Stillen, doch muthig und frohen Sinnes. Kurz darauf zog ich mir, durch Erkältung, ein Übel zu schlimmer als jenes wovon mich die Schröpfköpfe befreyten.

Hier war die Gegenwart des heldenmüthigen Arztes höchst erwünscht und tröstlich: er rief sogleich eine Schaar Blutegel zu Hülfe, welche sich trefflich er= wiesen und, in Gesellschaft anderer Heilmittel, die Natur bald wieder auf sich selbst zurück brachten, so daß ich mich jetzt auf bestem Weg befinde und Sonn=

tags, den 13. gar wohl von hier abgehen kann. Sollte ich einen Tag länger ausbleiben, so seyd deswegen nicht in Sorge. Ich schreibe Gegenwärtiges weil ihr durch Madam Weiß, welche diesen Brief mitnimmt, vielleicht von meiner Krankheit, nicht aber von meiner Genesung erfahren würdet: denn ich verweile bis jetzt noch im Zimmer und lehne Besuche ab weil die Gesichtgeschwulst der rechten Seite noch nicht ganz zurückgetreten ist.

Sodann wünsche ich auch daß Freunde und Gönner dieß erfahren, weil es immer eine unangenehme Empfindung macht wenn derjenige, den man als Genesenen zu empfangen denkt, sich als Genesenden ankündigt und um Schonung bittet.

Doppelt und dreyfach freue ich mich diesmal bey euch auszuruhen, da das bewegte Leben, bey der ohnehin angreifenden Cur, sich denn zuletzt in diese Crise aufgelöst hat.

Möge ich hierdurch meinen Tribut für den Winter abgetragen haben und wir desto vergnügter und ungestörter beysammen wohnen. Dein Brief vom 28. war heute früh Zeuge meines leiblichen Befindens, auch war mir Kräuters Brief und Gabe sehr angenehm.

Ferner ist es mir lieb daß mit Thon die Einleitung getroffen ist, da ich ihn kenne und leiden kann.

Ich habe viel nachzuholen und werde mich Anfangs sehr in Acht nehmen müssen. Dieß alles hoffen wir mit Geduld und gemäßigter Thätigkeit zu überwinden, möge ich euch wohl und munter antreffen!

Empfehlt mich wie es sich schicken will den höchsten Herrschaften. Bey Frau v. Hopfgarten, Freunden und Freundinnen die besten Grüße.

Ist denn das Schwesterchen noch nicht angekommen? Es wäre sehr artig wenn ich euch alle zusammen träfe und eine solche Familienscene uns einmahl ungetrübt gelänge.

C. W. d. 4. Sept. 1818.


8158.

An C. v. Knebel.

Dir sey, mein verehrter Freund, hiedurch vermeldet, daß ich nach meinem Geburtstag, den ich noch ganz froh und munter beging, einen bösen katarrhalischen Sturz auszustehen hatte, von dem ich mich aber durch Hülfe unseres Rehbein schnell genug erhole, so daß ich Sonntag den 13. von hier abzugehen gedenke. Ich schreibe dieß, damit deine Freundschaft durch Gerüchte nicht in Sorge gesetzt werde.

Übrigens scheint diese Anmahnung an mich ergangen zu seyn, damit man sich nicht allzuglücklich fühle und dünke; denn die ersten fünf Wochen ist mir alles über Wunsch gegangen und gelungen, wovon viel zu sprechen seyn wird. Grüße die lieben Hausgenossen und alle Freunde; verzeih mir auch, wenn ich allenfalls durch Jena durchgehe, ohne bey dir einzukehren.

Treffliche Menschen habe ich kennen gelernt, manches Wichtige zur Erfahrung gesammelt, auch schöne Kunstwerke erworben um wohlfeilen Preis, wenn ich ineinander rechne, was mir geschenkt ward und was ich bezahlen mußte. Und so will ich aufhören, damit ich nicht in weitläuftige Relationen gerathe und mir vorwegnehme, was ich zu erzählen hoffe. Leider kann Eins der ersten Ereignisse gar nicht zur Sprache kommen. Von Madame Catalani darf unser Einer nur sagen: ich habe sie gehört, und da ist man auch schon fertig. Gelte das Inpromptu als ein Stoßseufzer, da uns Worte ermangeln:

Im Zimmer wie im hohen Saal
Hört man sich nimmer satt,
Denn Du erfährst zum erstenmal,
Warum man Ohren hat.

Carlsbad am 4. im Sept. 1818.     G.

8159.

An Anton Beschorner.
[Concept.]

Unter die unangenehmen Folgen, die meine plötzliche Krankheit nach sich gezogen, rechne besonders die Verhinderung Ew. Wohlgeboren in Carlsbad sprechen zu können. Wie gerne hätte ich Ihnen mündlich ausgedrückt wie sehr es mich freute, nach so manchen

Jahren mein Andenken bey Ihnen so lebendig und Ihre Theilnahme so thätig zu finden! Jener frühere Besuch, in so werther, nun abgeschiedener Gesellschaft, ist mir unvergeßlich geblieben und wie sehr dankc ich Ihnen daß Sie seit jener Zeit meiner gedacht und mich dergestalt bedacht daß mir auch von dem dießmaligen Zug eine höchst angenehme und belehrende Erinnerung bleiben muß.

Noch angenehmer würde es mir seyn wenn ich, auch gegen andere, des freundlich Mittheilenden immerfort erwähnen dürfte; doppelt werde ich daher dessen Aufmerksamkeit im Stillen seyern.

Möge nächstes Jahr mich wieder in diese Gegend führen, da ich denn zu allererst Ew. Wohlgeboren gesund und vergnügt, im Familienkreise wieder anzutreffen hoffe. Sollte ich aus unseren Gegenden etwas Freundliches erwidern können, so würde es mir viel Freude machen. Wie ich denn sogleich noch einige Stücke Cölestin der Post anvertrauen werde, die aber, wegen ihrer stänglichen Bildung, nicht ohne Gefahr zu versenden sind.

Mich nochmals fortwährendem geneigten Andenken empfehlend.

C. B. d. 7. Sept. 1818.

8160.
An Fürst Metternich.

Durchlauchtigster Fürst,
gnädiger Herr.

Die von Ew. Durchlaucht gnädigst mitgetheilten Hefte haben mich zu ruhigen Stunden höchstwillkommen beschäftigt und zu gar vielfachen Betrachtungen Anlaß gegeben. Bis man aber sich nur einigermaßen deutlich macht wohin so mancher bedeutende Mann, jeder von seinem besonderen Standpunkte aus, hinzielt, bis man allenfalls gewahr wird wo, bey einer solchen Leitung, das allgemeine Ziel gesteckt sey, da vergeht schon einige Zeit, Aufmerksamkeit und Vergleichung wird gefordert. Glaubt man sich denn zuletzt im Ganzen aufgeklärt; so tritt die neue Schwierigkeit hervor dasjenige durch Worte zu verdeutlichen womit der Gedanke sich allenfalls begnügt.

Stünde ich nun auch auf diesem Puncte, so würde das unerwartete Übel das mich befallen hat jede freye Behandlung untersagen; indem ich leider mich nur insofern zu erholen strebe daß ich ungehindert meine Heimath erreichen möge.

Herrn von Gentz, der mir die schönen Rosenquarze, ein gnädiges Andencken, überbrachte, habe ich meine Bewunderung jenes trefflichen Aufsatzes ausgesprochen, wie ich sie fühle. Möge die Folge, zu einer wircksamen Stunde, uns gleichfalls bescheert seyn!

Erlauben Höchstdieselben daß ich in einiger Zeit mich über die Jahrbücher der Literatur, von denen vielleicht noch das dritte Heft mir indessen zur Hand kommt, dergestalt erkläre, daß daraus erhelle wie ich diese Angelegenheit nicht aus den Sinne gelassen und wie ich nichts mehr wünsche als das Höchste unschätzbare Vertrauen durch eine danckbare Thätigkeit anzuerkennen und zu erwiedern.

Ew. Durchl.
unterthäniger
Carlsbad am 12. Sept. 1818. J. W. v. Goethe.


8161.
An A. C. Grafen v. Ebling.
[Concept.]
Ew. Excellenz
verfehle nicht die vom Herrn Grafen Capo d'Istria mir wiederholt aufgetragenen Begrüßungen sogleich schriftlich abzustatten. Noch in den letzten Augenblicken versicherte mir dieser treffliche Mann, mit welchem mehrere Wochen unter einem Dache zu wohnen ich das Glück hatte, daß es zu seiner Beruhigung dienen würde, wenn er in Frankfurt a/M., wo er den 20. dieses anzukommen gedenkt, Nachricht von Ew. Excellenz und den verehrten Ihrigen erhalten könnte. Bald hoffe mündlich das Weitere und die Verehrung auszusprechen, womit ich mich gegenwärtig unterzeichne.

W. den 18. September 1818.

## 8162.

### An Weller.

Sie empfangen hiebey, mein werthester Herr Doctor:
1) Die übersendeten Quittungen autorisirt zurück;
2) Jord. Brunus von Nola, der akademischen Bibliothek gehörig, wogegen mein mehrjähriger Zettel einzulösen wäre.
3) Eine vorläufige Resolution wegen des medicinischen Auditoriums.
4) Rath Vulpius wäre zu begrüßen; auf seine sämmtlichen Anfragen könnte Mittwoch Antwort und Entscheidung erfolgen.

W. d. 19. Sept. 1818. Goethe.

[Beilage.]

Das medicinische Auditorium betreffend, wäre gegenwärtig nur vorläufige Berathung zu halten, jedoch bis auf weitere Resolution nichts zu rühren.
1) Der Saal wird von Meister Werner ausgemessen.
2) Ein Anschlag gefertigt, wie hoch das Dielen könnte zu stehen kommen.
3) Ausmessung und nähere Bestimmung, inwiefern die Repositorien der Schloßbibliothek dem medicinischen Auditorium angepaßt werden könnten.
4) Was Meister Werner verlangt, diese Verände-

rung vorzunehmen und zwar für das Abbrechen, Anschaffen und Aufstellen, alles zusammen.
5) Machte Meister Timmler den Anschlag, was die Thür durchzubrechen, das Gewände aufzustellen u. s. w. kosten würde.
6) Ferner Tischler und Schlosserarbeit wegen der Thüre selbst.
7) Was es koste den Saal gelb wie die unteren Zimmer anzustreichen.
8) Wegen der Portraite wird Überlegung gepflogen werden.

Ist Vorstehendes alles berichtigt und verzeichnet, auch die Summe ausgeworfen, so wird alles an mich herüber zu weiterer Entschließung gesendet.

Weimar den 19. September 1818.     Goethe.

Zugleich wäre ein Anschlag zu machen, wie lange es dauren würde, wenn man die sämmtlichen Bücher der Schloßbibliothek noch vor Winters in das akademische Gebäude schaffen wollte, vorausgesetzt, daß sie Platz finden, um einstweilen alles unterzubringen. Hierüber würde mit Rath Vulpius und Prof. Güldenapfel zu sprechen seyn. Könnte ich über alles Mittwoch Aufklärung haben, so würde die Entschließung sogleich gefaßt werden können.

G.

### 8163.
### An Weller.

Hätten Sie mir, mein lieber Doctor, vor meiner Abreise Ihre Verlegenheit entdeckt; so hätte ich über die Mittel dencken können Sie daraus zu befreyen. Da wir jedoch, wenn ich Ihren Brief recht verstehe, nunmehr bis d. 18. Octbr. Zeit haben; so will ich die Sache ernstlich bedencken und das Weitere darüber mit Ihnen besprechen. Mein nächster Bericht soll auch zu Ihren Gunsten verfaßt seyn. Bis dahin guten Muth!

W. d. 19. Sept. 1818.　　　　　　　　　　　G.

### 8164.
### An C. F. E. Frommann.

Ew. Wohlgeboren mit den theuren Ihrigen hätte bey meiner Durchreise sehr gern zu begrüßen gewünscht, doch ich behalte mir's vor bey einem längern Aufenthalte, und frage gegenwärtig nur an: wie es bequem und gefällig wäre unsere vorsehenden Arbeiten nach und nach zu fördern.

Vor allen Dingen würde das Manuscript zu den letzten drey Bogen von Kunst und Alterthum übersenden. Das dazugehörige Kupfer ist fertig und wird durch Müller abgedruckt. Zur Decke wollen wir die Platte von nun an nicht weiter benutzen, Sie haben vielmehr die Gefälligkeit für einen gedruckten Umschlag zu sorgen.

Der Titel zur Heilsberger Inschrift ist auch fertig und gut gerathen; ich lege einen Probedruck bey. Haben Sie die Gefälligkeit mir so viel von dem Papier herüberzusenden, worauf der von Hammer'sche Brief gedruckt ist, als nöthig ist um für die sämmtlichen Exemplare den Titel zu erhalten.

Vom Divan erbitte mir die Aushängebogen 13 und 14; das noch nöthige Manuscript zum 15. erfolgt nächstens. Mit den Noten und Zusätzen fangen wir einen neuen Bogen an.

Was zur Morphologie gehört und sonst, erfolgen die Sendungen wie eine gewisse Masse Manuscript beysammen ist, damit Sie Ihre Einrichtung darnach machen können; und so wird sich denn nach und nach das seit acht Wochen Versäumte nachholen lassen.

Möge ich bey meinem nächsten Aufenthalt in Jena Sie und die theuren Ihrigen wohl und vergnügt antreffen. Zu erzählen giebt es manches, auch bin ich so glücklich gewesen von Kunst und Alterthümern und Naturproducten mehreres Bedeutende zu gewinnen, zu dessen Genuß ich Sie wohl allerseits einmal hierher einladen möchte.

Hat der liebe Sohn seine Stelle in Hamburg angetreten und was hat sich sonst in Ihrem Kreise Freundliches ereignet? worüber mir einige Nachricht erbitte.

            ergebenst

Weimar den 19. September 1818.     Goethe.

Das beykommende Schächtelchen enthält einen Be=
weis, daß sogar die Carlsbader Stahlfabrikanten
den vaterländischen Poeten in die Hände arbeiten,
mögen die Frauenzimmer sich dabey des Abwesenden
erinnern.

### 8165.
### An C. v. Knebel.

So nahe bey dir, verehrter Freund, vorbey zu
fahren, habe ich kaum über mich vermocht; meine
Rückkehr jedoch war dießmal so verklausulirt, daß ich
vorwärts mußte, ohne mich lange zu besinnen. Weller
gab mir Zeugniß von eurem Wohlbefinden und ein
Blick in die Bibliothek, wo alles so gar löblich und
ordentlich zu sehen war, machte mir mein kurzes Still=
halten höchst erfreulich.

Hier hab' ich alles wohl und munter gefunden
und wünsche nur kurze Zeit im Stillen zu leben,
weil denn doch der letzte Sturz, zu Anfang Septembers,
mich zur Aufmerksamkeit anregt, obgleich der Arzt, dem
ich in diesem Falle gern glaube, versichert, es sey zum
Heil gewesen.

Dem lieben Bernhard, den ich nun schon als einen
großen Menschen behandele, sende ich Schreibevorschrif=
ten, wie in Prag Jedermann schreibt. Wenn er sie
nur vor Augen hat, so wird sich's schon eindrücken,
wie er einmal die Feder führen soll.

Und hiermit für dießmal mich Allen zum schönsten empfehlend.

Weimar den 19. September 1818. G.


8166.
An C. F. E. Frommann.

[Concept.]

Ew. Wohlgeboren
sende sogleich die Gedichte welche noch in das Buch des Paradieses kommen sollen. Da der Vortitel hiezu schon auf dem 14. Bogen steht, so folgten die Gedichte auf dem 15. wie nachsteht:
Berechtigte Männer.
Auserwählte Frauen.
Begünstigte Thiere.
Siebenschläfer.
Abschied.

Die drey erstern folgen hierbey, die zwey letzteren sind schon in Ihren Händen.

Füllen diese zusammen den letzten Bogen, so wäre es gut, sollte noch etwas fehlen so möchte auch Rath zu schaffen seyn; weshalb mir geneigte Nachricht er= bitte.

Mit den freundlichsten Grüßen und treulichsten Wünschen schließend.

Weimar den 20. September 1818.

### 8167.
### An den Großherzog Carl August.

Ew. Königl. Hoheit
geruhen aus beykommendem Hüttnerischen Briefe zu
ersehen: wie Höchst Jhro anfängliche Intention, Zeich=
nungen in natürlicher Größe von den Elginischen
Marmoren zu erhalten, durch eine sonderbare Wendung
noch realisirt wird.

Den Hüttnerischen ausführlichen Vortrag wieder=
hole nicht, sondern vermelde nur soviel, daß ich mit
Hofrath Jagemann gesprochen, welcher den Antrag
sehr acceptabel findet und sich freut die beiden leeren
Wände seiner Werkstatt so würdig verziert zu sehen.
Geschieht es mit Ew. Hoheit gnädigster Zustimmung
so würde bald ein Brief an Hüttner abzulassen seyn,
damit noch vor Winters der Transport geschehen könnte.

unterthänigst

Weimar den 20. September 1818.      Goethe.


### 8168.
### An C. G. v. Voigt.

Ew. Excellenz
auf das allerfreundlichste zu begrüßen ergreife die
Gelegenheit da ich um Unterschrift bitte einer Verord=
nung an Kühn, dessen Krankheit man doppelt be=
dauern muß, weil er dadurch sehr unglücklich wird
und unser Geschäft bisher nicht so weit geführt werden

konnte, daß man das vergangene Jahr übersehen könnte. Doch ist der größte Vortheil daß Rentamtmann Müller mit einem ganz neuen Anschnitt anfängt und dadurch das Laufende sich in vollkommener Ordnung befindet.

Nächstens hoffe meine persönliche Aufwartung zu machen, bis jetzt wollte es mir noch nicht ganz gelingen mich wieder in's Gleichgewicht zu stellen.

Treulichst verpflichtet
Weimar den 20. September 1818. Goethe.


8169.
An J. C. Hüttner.

[Concept.]

In Gemäßheit beyliegenden Original=Briefes des Herrn Haydon und der beygefügten Vorschläge Herrn Hüttners wird genehmigt: daß die Fates in Lebens= größe gezeichnet für 10 Guineen, ferner die lebens= große Zeichnung des Theseus für 15 Guineen an= genommen werden. Man bittet die größte Vorsicht bey'm Einpacken anzuwenden, auch, wenn es noch vor Winters möglich ist, die Sendung nach Deutschland zu befördern.

Glücklicherweise findet man sich in dem Fall den Absichten der vorzüglichen englischen Künstler zu ent= sprechen, indem die Zeichnungen gleich nach ihrer An= kunft an einem sehr günstigen Platze aufgestellt werden können.

Weimar den 21. September 1818.

## 8170.

### An A. C. v. Preen.

Ew. Hochwohlgebornen
geneigtes Schreiben erhalte bey meiner Rückkunft aus
Carlsbad, wo ich, wie nicht zu läugnen ist, in der
ersten Hälfte des Augusts, gewisse peinliche Stunden
verlebte, weil die Nachricht von dem vollendeten Gusse
länger als zu vermuthen war außen bliebe. Ich
wohnte unserm verehrtesten Fürsten gegenüber und
fürchtete, in hypochondrischer Stimmung, daß ich eine
Hiobspost würde zu hinterbringen haben. Endlich er=
freute mich Herr Obrist von Nostitz, dessen freundliche
Aufmerksamkeit ich überhaupt nicht genug rühmen
kann, mit einem Berliner Zeitungsblatt, und kurz
darauf erschien ein Brief des Herrn Director Schadow.
Hierdurch war ich nun gänzlich beruhigt und befreyt,
und ergriff die Gelegenheit unserm Helden=Greise
dieses Ereigniß als ein glückliches Omen bey'm Ab=
schiede auszulegen.

Möge der Vollendung und baldigen Aufstellung
dieses ersten Denkmals, zu unser aller Freude, beson=
ders auch zur Belohnung Ew. Hochwohlgeb. nichts
weiter entgegen stehen.

Die Abänderung mit der Inschrift laß ich mir
sehr gern gefallen. Ich habe so oft die Erfahrung
gemacht daß man, bey dem besten Willen und der
größten Aufmerksamkeit, nicht immer den rechten

Punct trifft, welchen andere mit frischen Augen gar
bald gewahr werden.

Auf eine Reise nach Berlin muß ich dieses Jahr
ungern Verzicht thun, die zwey Monate in Carlsbad
haben mich schon gar sehr aus der Richte gebracht.
Von Zeit zu Zeit den Fortgang des Geschäftes zu
vernehmen wird mir höchst erfreulich seyn, der ich die
Ehre habe mich hochachtungsvoll zu unterzeichnen.

gehorsamst
Weimar den 21. September 1818.   J. W. v. Goethe.


8171.
An J. G. L. Kosegarten.

Weimar den 23. September 1818.
Sogleich nach meiner Ankunft verfehle nicht Ew.
Wohlgeb. auf's beste zu begrüßen und zu vermelden,
daß ich einen sehr freundlichen Brief von Ihrem Herrn
Vater erhalten habe; machen Sie ihm dagegen meine
schönste Empfehlung. Er sagt mir einiges von seinen
poetischen Arbeiten zu, möge er es gelegentlich über=
senden.

Zugleich nehme ich mir die Freiheit Sie zu er=
suchen, beygehendes Gedicht gefällig anzusehen. Ich
habe es in irgend einer Reisebeschreibung prosaisch ge=
funden und in diese freie Art von Rhythmen umge=
setzt: nun weiß ich aber nicht, wo es steht, noch
weniger aus welchem Zeitalter sich das Original her=

schreibt, woran mir doch gegenwärtig viel gelegen wäre. Gewiß können Sie mir darüber Auskunft geben. Sodann würde ich, wenn Sie erlauben, nächstens noch einige Nachfragen und Ansinnen folgen
5 lassen.

Der ich mich bestens empfehle und nichts mehr wünsche, als bald in Jena Ihres belehrenden Umgangs zu genießen.

8172.

An C. F. E. Frommann.

[Concept.]

Auf die geneigt mir gegebene Nachricht sende so-
10 gleich ein Gedicht welches gerade drey Seiten füllen wird, und zwar folgen die Gedichte des letzten Bogens nunmehr dergestalt auf einander:

   Berechtigte Männer.
   Auserwählte Frauen.
15    Begünstigte Thiere.
   Höheres und Höchstes.
   Siebenschläfer.
   Abschied.

Hievon mir eine Revision erbittend.
20  Ingleichen lege Manuscript zu Kunst und Alterthum bey; der Verfolg kommt ungesäumt nach.

Das Papier ist glücklich angekommen, der Abdruck des Titelblattes wird besorgt. Das werthe Hegelische Ehepaar habe das Vergnügen gehabt einen Augenblick zu sprechen; wie sehr hätte ich eine längere Unterhaltung gewünscht.

Der ich mich bestens empfehle und Ew. Wohlgeb. bey Ihrer Rückkunft von Leipzig gesund und wohl im Kreise der lieben Ihrigen zu begrüßen hoffe.
W. den 24. September 18.


8173.
An Weller.

Sie erhalten hiebey mein werthester Herr Dr.
1) Die Quittungen autorisirt zurück.
2) Eine Verordnung an Bibliothekar Güldenapfel, nach welcher das Translocationsgeschäft mit Anfang October geschlossen wird. Alsdann wird man verabreden, wie es den Winter über gehalten werden soll. Suchen Sie Timmlers Anschlag zu beeilen, weil ich meinen Bericht baldigst erstatten möchte.
3) Eine Erläuterung der Schröterischen Angelegenheit.

Unter vielen Empfehlungen das Beste wünschend
Weimar den 24 September 1818.　　　　G.

4) Ein Blatt Herrn Dr. Werneburg mit meinen besten Grüßen einzuhändigen.

[Beilage.]

Wegen Schröters dient Folgendes zur Erläuterung:

Schröter erhält vierteljährig 50 rh. Besoldung, ohngekürzt. Ferner 30 rh. vierteljährig für Auslagen, Präparate u. d. g. Über diese legt er beym Jahresschlusse Rechnung ab, welche der unserigen appendicirt wird; wodurch denn abermals eine Simplification unserer Museumsrechnung bezweckt wird.

Weimar den 24. September 1818. G.


8174.

An S. Boisserée.

Ihren liebwerthen Brief aus Ems empfing ich in Carlsbad, wo aber Brunnencur, Geselligkeit und hunderterley Zerstreuungen das Antworten ganz unmöglich machten. Nun will es hier in Weimar abermals stocken. Da ich aber durch Herrn Hegel vernehme daß Sie glücklich zurückgekommen sind, so begrüße Sie schönstens mit einigen Worten, denen ich Meyers gar löblichen Aufsatz hinzufüge. Bald hoffe das vierte Heft von Kunst und Alterthum nachsenden zu können, dem ich guten Empfang wünsche.

Der Divan ist abgedruckt wird aber noch zurückgehalten, weil Erläuterungen und Aufklärungen anzufügen sind. Denn ich hatte an meinen bisherigen

Hörern und Lesern, (alles höchst gebildete Personen,) gar sehr zu bemerken, daß der Orient ihnen völlig unbekannt sey; weshalb ich denn, den augenblicklichen Genuß zu befördern, die nöthigen Vorkehrungen treffe. Sie können denken wie oft mir unter diesen Arbeiten der Heidelberger Platz und Schloß unter die Augen tritt.

Weimar den 26. September 1818.


8175.

An C. F. v. Reinhard.

Gleich nach meiner Rückkunft vermelde, verehrtester Freund, daß ich Ihren theilnehmenden Brief in Carlsbad zu guter Zeit erhalten und, nach dessen Andeuten, weitere Nachricht abzuwarten gedencke. Für die übernommene Bemühung und Vorsorge sage meinen allerschönsten Danck.

Nach Carlsbad kam ich dießmal in der allerlebhaftesten Zeit, wo mir gar manches Gute geworden und meine Gesundheit glücklicherweise der Geselligkeit keinen Eintrag that. Mit Grafen Capo d'Istria wohnte in Einem Hause und kam dadurch diesem bedeutenden Manne näher als sonst wohl der Fall gewesen wäre. Daß ich mich dem Fürsten Blücher mehrmals vorstellen, in der Fürstl. Schwarzenbergischen Familie einiges Vertrauens mich erfreuen konnte, Mad. Catalani mehrmals hörte und sonst an mancher-

ley Gutem theilzunehmen aufgefordert war mußte
höchst erfreulich seyn.

Vorstehendes hatte nach dem Abscheiden der höch=
sten Herrschafften so eben geschrieben als mir ein Päckt=
chen überraschend zugesendet wird das goldene Kreuz
der Ehrenlegion enthaltend. Wie sehr ich Ihnen für
die Wendung verpflichtet bin, welche Sie diesem Ge=
schäft zu geben wußten werden Sie selbst ermessen.

Nun aber lege folgende Documente in Copien bey:
1.) Ordre royal de la Legion d'honneur.
2.) Lettre de Notification et d'envoi.
3.) Lettre à Mr. Treitlinger.
Sodann
4.) Conzepte der Antwort auf No. 1 und 2.

Ihre große Geneigtheit wird mich fernerhin unter=
richten und leiten, deßhalb folgende Fragen ergehen:

ad 1 und 2. Was für Titulatur und Courtoisie
bedient man sich in einem Schreiben an den Ordens=
Canzlar Herzog von Tarent.

ad 3.)
Ist ein Schreiben an Herzog von Richelieu nöthig?
Und welche Titulatur und Courtoisie würde dabey
gebraucht?

ad 4.)
Ist beykommendes Conzept eines Danckfagungs
Schreibens, so wie der Beylage, von der Art daß eine
französche Übersetzung gut aufgenommen zu werden
hoffen könnte.

NB ein gleichfalls eingesendeter Empfangschein geht sogleich ausgefüllt zurück.

Mehr sage nichts bey eilender Post, als wiederholten, aufrichtigen Danck. Und füge nur einige Bogen hinzu. Mögen sie eine heitre Unterhaltung gewähren und mein Andencken beleben! Das Ganze folgt in einigen Wochen.

treu geeignet
Weimar d. 28. S. 1818.                    Goethe.


8176.
An den Großherzog Carl August.

Ew. Königl. Hoheit geruhen, in Gefolg beyliegender Decoration, und der angefügten Schriften Sich unterthänigst vortragen zu lassen wie es Ihro Majestät dem Könige von Franckreich gefallen, bey dem letzten Ordens=Feste, unterzeichneten zum Officier der Ehrenlegion zuzulassen.

Weil ich jedoch einer solchen Auszeichnung mich alsdann nur erfreuen kann, wenn Höchstdieselben Ihro Fürstliche Genehmigung dazu ertheilen; so habe deshalb mein schulbiges Gesuch hiermit vorlegen sollen.

Mit lebenswieriger Verehrung und Anhänglichkeit
unterthänigst
Weimar d. 29. Sept. 1818.      J. W. v. Goethe.

## 8177.

### An K. F. M. Grafen Brühl.

Sie, mein theuerster Herr und Freund, möchte ich nicht ohne schnelle Antwort lassen; verzeihen Sie deswegen meinen eiligen Worten. Als Herr Musikdirector Seidel mir schrieb, er habe Lila in Musik gesetzt, so wünschte ich er hätte mir das früher eröffnet, damit ich noch etwas hätte daran thun können, um das Stück dem eigentlichen Singspiel zu nähern. So wäre es aber etwas ganz anderes geworden und da es nun so hingehen soll mache ich folgende Bemerkung:

Das Sujet ist eigentlich eine psychische Cur, wo man den Wahnsinn eintreten läßt um den Wahnsinn zu heilen. Haben Sie also ja die Güte daß der erste Aufzug sehr gut prosaisch, familienhaft, nicht zu schnell, expositionsmäßig vorgetragen werde.

Im zweyten Act heben Sie es gleich in eine fremde Region; daß Lila, der Magus und Almaide als Sprechende und Singende ihre Pflicht leisten dafür ist gewiß gesorgt.

Dem Friedrich, der im dritten Aufzug wieder ganz prosaisch hereintritt, geben Sie von Anfang eine uniforme de goût, daß er in das phantastische Zauberwesen nicht allzufremd eintreten möge; eben so geben Sie den übrigen keine ganz prosaischen Uniformen damit die Cur dem Zuschauer nicht allzu bisarr erscheine.

Was die Kleidungen betrifft, sagt das Stück selbst: daß man zu diesen psychischen Curzwecken schon vorhandene Masken= und Ballkleider anwende und darin lag auch der Spaß unserer ersten Aufführung auf dem dilettantischsten aller Liebhaber=Theater. Da Sie es nun aber in die höchste Region führen; so bleibt Ihnen auch auf diesem Standpunct ganz dieselbe Behandlung.

Der Oger wird wie eine Art von wilder Mann krausbärtig, so nackt, als es sich schicken will mit schwarzem Bärenpelze einigermaßen bekleidet und mit der gehörigen Keule vorgestellt, wo möglich, breit und derb. Der Magus dagegen lang gekleidet, verhüllt, langbärtig. Der Dämon, welcher blos Tänzer ist, mit seiner Umgebung leicht, sylphenhaft doch prächtig.

Almaide einfach und edel doch reich. Die Feen hiezu passend. Die Gefangenen können, wenn man will, verschiedene Nationalkleidungen tragen, aber alle mit einer Schärpe von schwarzem Pelze als Diener des Ogers.

Wenn bey uns alles von allen geleistet, gesprochen, getanzt und gesungen wurde; so beruht eigentlich darauf der Spaß der psychischen Cur, der durch eine höhere Vorstellung wie Sie solche geben müssen, gewissermaßen zerstört wird. Können Sie also sorgen daß das An= einandertreten der Poesie und Prosa, des Alltäglichen und Phantastischen nicht schreyend wird, sondern sich mit einander verbindet und zuletzt eine fröhliche An=

erkennung des Gewöhnlichen bey den Zuschauern nicht die Exaltation aufhebt, so ist es möglich daß das Stück Gunst erhalten und behalten kann.

Ihr Brief mein Werthester vom 25. September ist mir erst am 1. October geworden, deshalb schicke ich nach Seifersdorf und Berlin Duplicate der Antwort. Möge Ihnen nach einem ausgestandenen ungeheuren Unheil, das mich redlich und innig geschmerzt hat, alles Gute gelingen im Großen und Kleinen.

Mit diesem Theatersegen will ich zum freundlichsten abgeschlossen haben.

Weimar den 1. October 1818.

treugesinnt
Goethe.

8178.
An T. Renner.

Ew. Wohlgeboren interessirt gewiß das Kupfer in dem beyliegenden englischen Kunstheft und die Vergleichung der beiden Pferdeköpfe. Um selbst urtheilen zu können bleibt uns wohl nichts übrig als Abgüsse von beiden anzuschaffen. Indessen erregt der kurze Aufsatz von Haydon und das, was er von Mr. Charles Bell's Anatomy of Expression sagt, besondere Aufmerksamkeit. Kennen Sie das Werk? und sollte man es nicht kommen lassen?

Mit dem Wenigen mich zu geneigtem Andenken empfehlend

Weimar, den 2. October 1818.

ergebenst
Goethe.

8179.
An J. S. C. Schweigger.

[Concept.]

Ew. Wohlgeboren
auf's freundlichste zu begrüßen finde eine schöne Ge=
legenheit. Herr Osann, ein junger Mann von gutem
Hause, gebildet, wie Sie selbst gleich finden werden,
kommt um seine chemischen und physischen Studien
fortzusetzen nach Erlangen. Wie könnt ich ihn besser
empfehlen als wenn ich Ew. Wohlgeboren ersuche,
ihn freundlich aufzunehmen und ihm zu seinen Zwecken
behülflich zu seyn.

Für das mitgetheilte optische Instrument wieder=
hole meinen besten Dank, um so mehr als mir gerade
jetzt der Gebrauch desselben bedeutende Vortheile bringt.
Ich hoffe daß Sie den übrigen mir anvertrauten
Apparat und die dazu gehörigen Einzelnheiten in
Carlsbad bey den drey Mohren gefunden und gefällig
übernommen haben.

Wie gern ich mich jener angenehmen und lehr=
reichen Stunden erinnere, davon haben Sie gewiß die
volle Überzeugung. Möchten Sie mir einige Nachricht
geben wie Ihre Reise nach Töplitz geglückt, so würden
Sie mich sehr verbinden.

Erlauben Sie jedoch daß ich Wunsch und Bitte
hinzufüge.

Sie kennen so genau die Schleifanstalt des Bay=
reuther Marmors; nun kommen unter den dortigen

Platten solche vor die, in schwarzem Grund, weiße
kalkspäthige Ammoniten enthalten. Bey diesen tritt,
obwohl selten, der Fall ein, daß eine Kluft durchgeht
welche die Ammoniten verschiebt.
(wird Platz gelassen zu einem Quadrat von drei Zollen)
Wär es möglich mir eine größere oder kleinere Platte
dieser Art zu verschaffen, so geschähe mir ein ganz
besonderer Gefalle.

Kann ich für so manches Angenehme was Sie mir
erwiesen und erweisen auf irgend eine Art zu Diensten
seyn, so wird es mich auf's höchste freuen.

Unter den aufrichtigsten Wünschen und der Bitte
mich Herrn Nees von Esenbeck zum allerschönsten zu
empfehlen.

Weimar den 2. October 1818.

## 8180.

### An C. G. v. Voigt.

Auf beyliegendes, unmittelbar, mit einem Wincke
zur Beschleunigung, mir zugekommenes Schreiben, habe
mich eiligst erklärt. Es sollte mir sehr angenehm seyn
wenn diese Angelegenheit noch vor dem zu erstattenden
Hauptbericht in's gleiche käme. Länger bestehen kann
das Verhältniß nicht. Wie es aufzulösen habe nicht
ausfinnen können. Mögen Ew. Exzell. diesem Räthsel
das günstige Wort finden.

gehorsamst

W. d. 4 Octb. 1818.   Goethe.

8181.

**An den Großherzog Carl August.**

[Concept.]

Die mir gnädigst mitgetheilten akademischen Acten, deren Kenntniß mir schon früher gegönnt gewesen, habe fleißig durchgesehn und darf wohl sagen, daß das Geschäft zu endlichem Abschluß genugsam vorbereitet zu halten sey. Die revidirten Statuten, die Berichte der beiden Commissarien, die Vota des Herrn Staatsministers von Voigt, die vom Legationsrath Conta aufgestellte methodische Übersicht lassen über das Ganze keinen Zweifel mehr, so daß alle und jede Puncte durch eine endliche Entscheidung gar bald erledigt werden können.

Hiebey wollte ich jedoch die in früheren, bey den Acten befindlichen Aufsätzen gethane Bitte wiederholen daß alle auf die akademische Bibliothek bezüglichen Puncte vorerst beseitigt und bis zu einem erneuten Bibliotheks=Statut aufgehoben werden möchten.

Und zwar dürfte namentlich des §. 13 des Hauptstatuts siebente Abtheilung:

„Das Recht zu erlangen, daß die von der Facultät zum Ankauf für die Universitäts=Bibliothek vorgeschlagenen Bücher, nach Verhältniß des Antheils den die Facultät an der Bibliothekscasse hat, wirklich angeschafft werden" wegfallen, weil diese ältere Einrichtung schon seit dem Jahr 1810 nicht mehr be=

obachtet worden, und ehe dieselbe wieder neueingeführt werden kann, manches vorher zu bedenken und zu besprechen seyn möchte.

Ferner würden solche Specialeinrichtungen, wie in §. 5 und zwar in der Anmerkung zur dritten Abtheilung ausgesprochen sind, ausgelassen, wenn es heißt: „Anmerkung. In jedes angeschaffte theologische Buch wird der Preis und die Art der Gewinnung des Buchs eingeschrieben; und eben dieses ist auch im Bibliotheks-Catalog zu bemerken." Da einem solchen Bedürfniß durch das neueingeführte Vermehrungsbuch zum Theil schon abgeholfen, die Anordnung aber, wie sie hier ausgesprochen ist, nicht wohl stattfinden kann.

Eben dieses gilt von dem folgenden vierten Paragraph, welcher heißt: 4) „Auch hat der theologische Decan die Verpflichtung die halbjährige Visitation der Bibliothek bey dem Consilio arctiori in Anregung zu bringen, und die dabey bemerkten Mängel der Facultät anzuzeigen." Denn solange die interimistische Einrichtung dauert, und Großherzogliche Aufsicht beschäftigt ist die Schloßbibliothek der akademischen einzuverleiben und das Ganze methodisch aufzustellen, kann eine Visitation von Seiten der Akademie nicht stattfinden. Doch arbeitet man künftigen höchst wünschenswerthen Visitationen auf alle Weise vor, besonders durch das Vermehrungsbuch worin alle neuangeschafften Bücher aufgezeichnet werden. Ferner durch eine übersehbare Ordnung des Aufstellens, nicht weniger indem man durchgreifende Catalogen beabsichtigt.

Wenn man also unterthänigst bittet vorgemeldete Stellen aus den Statuten wegzulassen, so fügt man noch einen Wunsch hinzu: daß die redigirten und in's Reine gebrachten Statuten Großherzogl. Ober Aufsicht nochmals communicirt werden möchten, weil man bey der gegenwärtigen Lage der Acten doch einiges könnte übersehen haben.

Zum Schlusse jedoch will man bemerken, daß das von der Akademie selbst verfaßte und dem Bibliothekar übergebene Bibliotheks=Statut alles erschöpft, was die innere Verwaltung dieser Anstalt erfordert. Wobey Großherzogl. Ober=Aufsicht nichts angelegener ist als diese wohl überdachte Anordnung aufrecht zu erhalten und in Ausübung zu bringen, welches jedoch wegen unseliger Renitenz einzelner Personen bis jetzt nicht völlig zu erreichen gewesen.

Weimar den 5. October 1818.

8182.

An ?

Mit viel Vergnügen warte morgen auf. Herrn Dr. Noehden zu treffen wird mir sehr angenehm seyn.

Die besten Empfehlungen allerseits.

b. 6. October 1818. G.

8183.

An Weller.

Da der Termin herannaht, an welchem Ihre Schuldverschreibung verfallen ist, und ich schwerlich bis dahin nach Jena komme; so will ich nur soviel sagen: Daß ich jene Einhundert Thaler mit Interessen auf ein Jahr garantiren und Sie im Laufe desselben in Stand setzen kann diese Schuld abzutragen. Richten Sie die Angelegenheit hiernach ein und melden mir den Verlauf. Mit den besten Wünschen.

W. d. 7. Octbr 1818.              G.

8184.

An C. G. v. Voigt.

Ew. Exzell.

Wunsch und Winck, wie ich hoffe, gemäß thue folgenden Vorschlag.

1) Geh. Hofr. Eichstedt entläßt Prof. Güldenapfel zu Wehnachten in Frieden, welcher Besoldung und Deputat behielte.

2) Benamst G. H. R. Eichst. ein Subjeckt das er an dessen Stelle setzen will. Diesem können wir 8 Scheffel Korn 8 Sch. Gerste aus der Museums Casse versprechen. Für Anschaffung und Verantwortung trage Sorge.

Bey Abfassung des Museums und Bibliothecks Berichtes beseitige diese Sache indem ich ihrer nur im Vorbeygehn als abgethan gedencke, und höchste Billigung des Geschehnen erbittend.

Doch wünschte vorerst daß mein Vorschlag Gülden=apfeln ein Geheimniß bliebe, damit man sich vor allen Dingen seiner künftigen Thätigkeit bey der Acad. Bib=liotheck, nach Befreyung von der Literaturzeitung ver=sichern könne.

Indessen beeile die Aufsätze zu den Berichten, sie Ew. Exzell. vorzulegen.

treu verbunden

W. d. 7. Octbr. 1818.        J. W. v. Goethe.


8185.<br>An C. G. v. Voigt.

Ew. Excellenz
erhalten hiebey Verschiedenes, welchem ich geneigte Aufnahme erbitte.

1) Den Museumsbericht, dessen Entwurf schon seit Ostern bey mir liegt. Wegen Verspätung der Kühni=schen Rechnung blieb er so lang zurück, erst jetzt hab' ich die Summen genau auswerfen können. Genehmigen Ew. Excellenz denselben so kann er alsbald mundirt und eingereicht werden.

2) Das auslangende Votum, auf das Communicat der Landes=Direction bezüglich, lasse in Form eines

Communicats abschreiben, und es steht zu hoffen daß diese Angelegenheit sich auch erledigen wird.

3) Zwey in der Rauischen Auction, durch Ew. Excellenz Vorsorge, acquirirte sehr schätzbare alte Drucke.

gehorsamst

Weimar den 10. October 1818. Goethe.


8186.

An den Großherzog Carl August.

[Concept.]

Einen von Mayland angekommenen sehr bedeu= tenden literarischen Bericht lege Ew. Königl. Hoheit vor, mit der einzigen Bemerkung daß er deshalb schwierig zu lesen ist, weil, weder durch Rubriken noch Marginalien, der höchst mannichfaltige Inhalt ge= sondert, noch ein Überblick erleichtert worden. Wollen daher Höchstdieselben nach genommener Einsicht diese Blätter mir wieder zurücksenden; so kann ich eine ge= drängte summarische Darstellung gar leicht fertigen und dieselbe zu gnädiger Benutzung vorlegen.

Zugleich erwähne danckbar der letzten außerordent= lich interessanten Fossilien=Sendung.

Weimar den 12. October 1818.

8187.

An C. W. Freiherrn v. Fritsch.

Ew. Excellenz ausgezeichnet schätzbare Gabe wäre uns jederzeit höchst willkommen gewesen, zur gegenwärtigen aber wird sie es doppelt, da wir vor kurzen das Bibliothets = Museum geordnet, catalogirt und dadurch das Vorhandene sowohl als jedes Zuwachsende erfreulicher und genießbarer gemacht. Unser bereitwilliger Hofrath Meyer wird diesen Gemälden sogleich ihren gebührenden Glanz ertheilen, und wir werden uns die Freude erbitten daß Ew. Excellenz sie gelegentlich, ihrem Werthe gemäß zu Ehren des Gebers aufgestellt, freundlichst betrachten mögen. Nehmen Sie indessen unsern verbindlichsten Dank und erhalten den wissenschaftlichen sowohl als Kunstanstalten eine geneigte Gesinnung.

gehorsamst

Weimar den 12. October 1818.     J. W. v. Goethe.


8188.

An Lorenz Pansner.

[Concept.]     [13. October 1818.]

Ew. Wohlgeb.

haben mich mit einem erneuerten Diplom der verehrten Petersburger Gesellschaft für gesammte Mineralogie nicht wenig erfreut und ich verfehle nicht Dieselben zu ersuchen, meinen verpflichteten Dank dafür allerseits abzustatten. Damit derselbe jedoch nicht ganz leer erfunden werde, nehme ich mir die Freyheit, mehrere Exemplare von kleinen auf Geologie bezüglichen Aufsätzen beyzufügen, welche der Aufmerksamkeit der angesehenen Vorsteher und Mitglieder bestens empfehle.

Der gute Joseph Müller ist in einem hohen Alter vor einem Jahr gestorben, und die durch das Heft angezeigte Sammlung nicht mehr zu haben; doch gelang es mir bey dem dießjährigen Aufenthalt in Carlsbad eine vollständige zusammen zu bringen. Kann dieselbe der hochangesehenen Societät zu einigem Nutzen gereichen, so erbiete mich solche zu übersenden, wenn mir der Weg angewiesen würde, auf welchem sie zu spediren wäre, die Kiste würde nicht völlig einen Centner an Gewicht haben.

Der ich mich hiemit zu geneigtem Andenken bestens empfohlen wünsche.

Weimar den 22. September 1818.


8189.

An F. v. Müller.

Frau Canzlar von Müller, Einladung zum Abendessen Freytag den 16. October 1818.

J. W. v. Goethe.

8190.

An J. W. v. Bielke.

Ew. Hochwohlgeboren
nehme mir die Freyheit ein Blatt zu überreichen, welches in Gefolg der Befehle Ihro Kaiserl. Hoheit geschrieben worden. Nicht daß dieser Vorschlag gerade befolgt werde, ist die Absicht, sondern daß etwas in der Mitte stehe um beurtheilt zu werden. Eine Bemerkung sey mir wegen der Ausführung erlaubt.

Die Möglichkeit auch diese zu übernehmen lag mehrere Jahre her nur in meinem Verhältniß zum Theater; Regisseur und Untergeordnete behandelten einen Aufzug wie ein neues Stück das nur nicht auf der Bühne gegeben wird. Eine solche Unternehmung lag also völlig in meinem gewöhnlichen Geschäftsgang. Da nun dieses Verhältniß aufgehört hat, auch noch die Jahre hinzukommen die mich hindern persönlich einzugreifen und dadurch, bey Proben und an Festtagen selbst, eintretenden Zufälligkeiten zu begegnen, so wäre hierauf besondere Rücksicht zu nehmen und die nöthige Einrichtung zu treffen. Möchten Ihro Kaiserliche Hoheit sich von meinem besten Willen gnädigst überzeugen.

gehorsamst

Weimar den 18. October 1818.    J. W. v. Goethe.

8191.

An C. F. A. v. Conta?

Ew. Wohlgeb.

haben die Gefälligkeit mir wissen zu lassen ob für uns nach dem in der Beylage ausgesprochnen Wunsche etwas zu hoffen wäre.

ergebenst

W. d. 19. October 1818. Goethe.


8192.

An v. Trebra.

[Concept.]

Das allerliebste Büchlein, welches die höchst interessante Lebensepoche meines theuren Freundes darstellt, hat mich bey meiner Ankunft vor einigen Wochen freundlichst empfangen und ist sogleich, mitten im Tumulte hoher Durchreisenden, verschlungen worden. Heute aber erst gelange ich dazu meine Freude darüber auszusprechen und meinen Dank abzustatten. Wie schön und herrlich hast du dich selbst in voller Thätigkeit jüngerer Jahre geschildert und dadurch bewiesen, daß der Trieb mit Leidenschaft und Verstand das Gute zu wirken in dir noch immer lebt und thätig ist. Du erleuchtest mit dieser Fackel zugleich deine eigene Wirksamkeit und eine höchstwichtige Epoche des sächsischen Bergbaues. Wie lebhaft, gegenwärtig, treu und redlich ist alles gedacht und geschrieben, so daß es einem jeden, in jedem Geschäft höchst anregend werden muß.

Alles dieses und noch so manches Gute aus vorigen Zeiten besprach ich noch gestern Abend mit unserm Fürsten in munterer Gesellschaft, wodurch denn alles was sich auf den werthen Freund bezog vollkommen lebendig ward, und ich nun am frühen Morgen angeregt bin gegenwärtiges zu vermelden und, damit dieses Blatt sogleich abgehe, nur noch hinzufüge die besten Segenswünsche in der Hoffnung eines baldigen Wiederbegegnens. Diesen Sommer, als ich Gemahlin und Tochter antraf, dachte ich immer, es könne nicht fehlen der Freund werde sie abzuholen erscheinen, da denn Musterstücke der sämmtlichen Gebirgsarten auf dem Tische ausgebreitet, sowie in der Natur im Großen feststehend auf den Empfang sich in voraus etwas zu Gute thaten.

Und hiemit allen frommen Geistern und Seelen befohlen.

Weimar den 20. October 1818.

8193.

An Johann Baptist Grafen Paar.

[Concept.] [21. October 1818?]

Hierbey mein verehrter Freund erhältst du das versprochene Instrument zur Vermehrung deiner schon so weit gediehenen Sammlung. Da ich mich bey der

Wahl desselben ganz auf fremden Geschmack verlassen mußte, so wünsche 'daß derselbe nicht möge fehl getroffen haben, daß du in nachdenklichen rauchumwölkten Stunden dich dabey meiner freundlichst erinnern mögest.

Da ich bey unsern leider nur allzu kurzen Verhandlungen bemerken konnte, daß du manchen Aufschluß über meine oft diplomatischen Dichtungen verlangtest womit ich nicht allsogleich zu Handen war, so sende einige schriftliche Äußerungen des jungen Mannes, der auf eine eigensinnige Weise sich mit meinen Productionen beschäftigt und dessen Bemerkungen wenn sie auch nicht immer buchstäblich zu nehmen sind, doch immer als aufklärend und aufregend schätzbar bleiben.

Diesem mitgetheilten jedoch füge ich eine Bitte hinzu, die ich dir ernstlich an's Herz lege. Sonst führte ich manches Büchlein mit mir worinnen ich Gönner und Freunde Ihre Namen zu schreiben bat, dießmal versäumt ich 'es auf meiner Reise und bitte dich nun freundlichst das Verfehlte nachzuholen. Verschafft du mir die Hand und Namensunterschrift des verehrten Greises, mit welchem ich so glückliche Stunden verlebte und wo mir so manches unverdiente unschätzbare Glück geworden, so werde ich dir auf's neue höchlich verpflichtet seyn; und hiemit den schönsten Dank zu dem ich stündlich aufgefordert werde, indem die bedenkliche Sibylle mir immer vor Augen steht

und mich mit ihrer edlen Gestalt an die Stunde des
Abschieds mahnt wo ich sie zuerst erblickte.


8194.
An Bury und Comp.

[Concept.]

Dieselben erhalten das für mich früher gearbeitete
Ordenskettchen hiedurch zurück, indem ich, nach beyliegender Skizze, dasselbe zu vier Ordenszeichen eingerichtet
wünsche. Hiebey bemerke daß man dem St. Annen=
orden wohl auch eine Krone geben sollte.

Weiter setze nichts hinzu weil Sie die Einrichtung
eines solchen Schmucks am besten selbst verstehen, nur
ersuche um baldige Förderniß und Rücksendung.

Weimar den 22. October 1818.


8195.
An Sophie Caroline v. Hopfgarten.

Mit dem größten Vergnügen warte auf.

W. d. 22. Octbr 1818. Goethe.


8196.
An den Großherzog Carl August.

[Concept.]

Ew. Königl. Hoheit
erhalten hiebey unter den treulichsten Begrüßungen
zur glücklichen Wiederkehr

1) das Manuscript der Sappho.

Es kann dieses Stück noch zu mancher angenehmen Unterhaltung Gelegenheit geben: denn es urtheilt sich am heitersten wenn man bey dem was man billigt noch etwas zu erinnern hat.

2) die sehr in's enge gebrachte Relation des Herrn Cattaneo.

Ich läugne nicht, daß es mir schwer geworden ist mich durch dieses Perioden=Labyrinth durchzuschlingen.

3) Das erste Exemplar von der Heilsberger Inschrift; sobald sie beysammen sind so besorge die Sendung an Herrn von Schreibers und wo sonst hin Ew. Hoheit Exemplare befehlen.

Weimar den 23. October 1818.


8197.

An C. G. v. Voigt.

Ew. Excellenz
erhalten hiebey einige Expeditionen die sich nach Jena nöthig machen; die Berichte wodurch sie veranlaßt worden liegen bey. Sollte noch etwas zu erläutern seyn, so würde es Dr. Weller, der eben gegenwärtig ist, mit Vergnügen thun wenn ihm erlaubt würde heute Abend aufzuwarten.

In diesen Tagen hoffe ich selbst die Vergünstigung wieder anfragen zu dürfen.

gehorsamst

Weimar den 25. October 1818.                    Goethe.

8198.

An Weller.

Aufträge.

1) Die Tagebücher von Gülbenapfel, Baum und mir in acht Tagen an Großh. S. Ober=Aufsicht einzuschicken.

2) Soll Mechan. Otteny noch in nächster Woche den Windfang für sechs Thaler auf die rauch=bringende Esse setzen.

3) Kann sogleich mit nächster Woche die systematische Aufstellung der Glottic im neuen Expeditions=Zimmer vor sich gehen, die in der akademischen Bibl. sich befindenden Bücher der Glottic mit ordnungsgemäß beygefügt, die Zettel berichtiget, die Bücher signirt, numerirt und dann der Catalogus gefertiget werden, und zwar für sich bestehend, weshalb auch Papier gesendet wird.

4) Das Einheizen, Kehren der Expeditions=Zimmer und Bibliothek=Säle so wie noch einige andern dahin gehörenden Arbeiten werden vor der Hand von dem Diener Christian Römhild besorgt, wo=für selbigem von Zeit zu Zeit eine Remuneration aus der akademischen Bibl.=Casse gereicht werden soll.

5) Die Angelegenheit mit Timmler wäre dergestalt in Ordnung zu bringen, daß man ausein=andersetzte was er accordgemäß geleistet und

dann Punct für Punct aufzuschreiben was außer
Accord ist gethan worden. Sodann zu ermessen
wie lange Zeit und mit wie viel Leuten er ge=
arbeitet und wenn dieß geschehen in ihn zu drin=
gen, daß er Punct für Punct seine Forderungen
angiebt.

6) Gleichermaßen ist Rentamtmann Lange anzu=
halten daß er die in seinem letzten Quartal=
Extracte angegebene     specificire, damit man
sehe was auf jedem Posten verwandt worden.
Hiebey wäre ihm, daß das Geschäft gefördert
wäre, möglichst zu helfen.

7) Für Anschaffung des Holzes zu sorgen.

8) Wünsche zu erfahren wie weit die Thüre am
medizinischen Auditorium vom Fenster entfernt ist.

9) Wäre in dem Manual des Rentamtmann Lange
nachzusehen und auszuziehen, wie viel der Trans=
port aus der Schloßbibliothek in die akademische
bisher gekostet?

Weimar den 25. October 1818.     J. W. v. Goethe.


8199.

An J. G. Lenz.

Ew. Wohlgeboren
danke vielmalen für die Mittheilung so guter Nach=
richten. Die Papiere sende nächstens zurück und
werde nicht verfehlen für die einsendenden Freunde

Portrait=Medaillen auszuwirken. Auch wünschte ich, daß Sie mir in einem Briefe die Verdienste des Herrn Grafen Bedemar vom Anfange an auseinandersetzten, weil ich auch demselben etwas Freundliches erzeigen möchte.

Der ich recht wohl zu leben und fortdauerndes Sammlungs=Glück anwünsche.

ergebenst

Weimar den 26. October 1818. Goethe.

8200.

An J. G. Lenz.

Ew. Wohlgeboren abermals angenehme Nachricht hat mich höchlich er= freut und es wäre recht gut wenn Sie die schönen Herbsttage Sich eine kleine Bewegung machten um die angebotenen Geschenke persönlich zu acceptiren und Sich sonst umzusehen. Die Reisekosten wird unsere Museumskasse gerne tragen.

Das Beste wünschend.

ergebenst

Weimar den 26. October 1818. Goethe.

8201.

An C. G. v. Voigt.

Ew. Excellenz haben mich durch den Beyfall, den Sie den byzantinischen Alterthümern gegönnt, gar höchlich erfreut. Ein neu=

eres auch interessantes liegt bey. Die neueste Ordnung unseres Museums reizte mich diesen Zuwachs in Carlsbad anzuschaffen. Ferner sind mir auch hier einige runde Elfenbeinbilder von Bedeutung angeboten, um die ich mit gehoffter Beystimmung feilsche. Da Jedermann gegenwärtig nach der Kunst des Mittelalters fragt, so ist es wohlgethan eine geschichtliche Reihenfolge von solchen Monumenten bey Gelegenheit zu sammlen.

Dr. Weller, der sich durch Ew. Excellenz gnädige Aufnahme sehr geehrt fand, ist, neben den unterzeichneten Verordnungen, noch mit schriftlichen und mündlichen Aufträgen gestern abgegangen, dergestalt daß vor Weihnachten noch manches sowohl am Local als am Geschäft selbst geschehen kann.

Ein Bedürfniß unserer Zeichenschule und wie demselben, auf Verabredung mit Hofrath Meyer, abzuhelfen ist, zeigt sich aus der Beylage welche zu unterzeichnen bitte.

Baldige persönliche Aufwartung mir vorbehaltend
gehorsamst
Weimar den 27. October 1818.  Goethe.

Was Lenz für Schätze erhalten zeigen die gleichfalls beygefügten Papiere.

Noch bemercke daß, da Gülbenapfeln sein Pensum für den Winter vorgeschrieben ist, der beschlossene Abgang von der Literaturzeitung ihm wohl nunmehr anzukündigen und ihm die Verpflichtung seine Zeit dem Bibl. Geschäft zu widmen, aufzuerlegen wäre.

G.

Vor allem aber den schönsten Danck für die gütigste Belobung und reichliche Zugabe.

G.

8202.<br>An C. G. Carus.

Das mir neuerlich zugesendete Heft habe mit besonderm Vergnügen gelesen und mich der Ansichten erfreut die sich Ihnen auf dem eingeschlagenen Wege des Naturstudiums eröffnen mußten. Ich werde dieses neuen Zeugnisses Ihrer Thätigkeit in meinem nächsten Hefte nach Verdienst gedenken und empfehle mich zu fernerem wohlwollenden Andenken und Theilnahme.

ergebenst

Weimar den 28. October 1818.     Goethe.

8203.<br>An Johann Christian August Grohmann.

[Concept.]            [28. October 1818.]

    Ew. Wohlgeboren
danke mit wenigen Worten für das Übersendete. Sie ermessen selbst wie angenehm es mir seyn mußte aus jener großen und bedeutenden Stadt endlich Antheil und Zustimmung zu erfahren, woher mir sonst nur Widerwille und Verneinung entgegen kam. In mei=

nem nächsten Hefte gedenke mit Freuden Ihrer Arbeit,
da mir nichts Tröstlicheres begegnen können als mich
Denkart und Überzeugung nach in jungen Männern
wieder aufleben zu sehen.
  Mit den besten Wünschen mich zu fortdauerndem
geneigtem Andenken empfehlend.
  Weimar den 24. October 1818.

8204.
An C. G. v. Voigt.

Ew. Excell.
erhalten meinen verpflichteten Danck für die Ver=
mittlung des unangenehmen Geschäftes. Wie lebhaft
und aufrichtig er sey geht daraus hervor wenn ich
bekenne daß das Academische Bibliothecksgeschäft mir,
ohngeachtet seines guten Fortgangs dennoch lastet und
nun ein großer Theil Sorge weggehoben ist, da man
von Güldenapfel anhaltende Bemühung fordern kann.
  Gleiche Theilnahme fortdauernd mir erbittend
                                            treulichst
  W. d. 29. Octbr. 1818.             Goethe.

8205.
An J. G. Lenz.

Ew. Wohlgeboren
ersuche mir Wulfens Abhandlung vom kärnthischen
Bleyspathe herüberzusenden, damit man einen anschau=
lichen Begriff geben könne von der wichtigen Ver=
mehrung des Kabinettes.

Ich hoffe Portrait=Medaillen auszuwirken
1) für Herrn Leopold Marx, Hüttenverwalter,
2) für denjenigen der zu diesem Geschenke mit bey= getragen, den er in seinem Briefe an Sie ge= nannt,
3) für jenen Freund in Ungarn, dessen Sendung Serenissimus persönlich bewundert, weshalb mir die beiden letzteren Namen ausbitte.

Vielleicht läßt sich für den Empfänger auch etwas auswirken.

Das Beste wünschend.

ergebenst

Weimar den 30. October 1818. Goethe.


8206.

An S. Boisserée.

So eben scheidet unser trefflicher Zelter, und ich säume nicht Sie sogleich wieder einmal zu begrüßen. Nur wenige Tage sind alten geprüften Freunden hin= reichend, um sich vollkommen wieder zu erkennen und sich auch einmal über den Bestand der menschlichen Dinge zu freuen. Mag doch die Gestalt der Welt vergehen, wenn befreundete Gesinnung sich gleich bleibt; wenn man zu beiden Seiten fortfährt das Gleiche zu lieben und das Gleiche zu hassen; demselben Weg zu folgen, den entgegengesetzten zu meiden. So ging mir's dießmal mit einem alten echten Freunde, möge es mir doch auch wenigstens im nächsten Jahre mit lieben Jüngeren eben so wohl werden.

Das empfohlene Büchlein hat er mir übergeben und ich werde gleich daran gehen, sobald ich wieder zur griechischen Kunstregion zurückkehre, wovon mich gegenwärtig eine doppelte Ferne scheidet. Einmal die Hof= und Feenwelt, die sich ganz eigens, bey Annäherung hochzuferenden Gäste in Bewegung setzt; zweitens, die öftlichen Räume in denen ich, wie die Beylage besagt, sorgfältig zu pilgern mich wieder entschließen mußte. Schnell genug wird auf diese Weise der Winter vorübergehen. Denn an Zufälligkeiten fehlt es niemals, wodurch alle Zwischenräume von Zeit und alle Reste von Kräften aufgezehrt werden.

Möchten Sie mich zu Weihnachten mit der Nachricht von vollkommen günstiger Erfüllung Ihrer Wünsche und Plane glücklich machen!

Noch muß ich vermelden daß ich in der Zwischenzeit gar manches Schöne theils mir, theils unseren Museen zu eigen gemacht. Von zwey kleinen Statuen sende die Schattenrisse. Die stehende Figur ist von Bronze, unschätzbar an Würde und Großheit; die sitzende von Elfenbein, vielleicht schon aus dem dreyzehnten Jahrhundert zu schätzen. Erstere werden Sie mir gönnen. Letztere wünscht ich Ihnen, läge mir nicht unser Museum so nahe am Herzen, welches nach und nach eine wohl zusammenhängende Reihe

solcher Kunstwerke enthält. Von der ältesten byzan=
tinischen Flacharbeit habe drey kostbare Tafeln an=
geschafft. Sie enthalten in Miniaturschnitt unzählige
Heilige reihenweis geordnet.

Nun ereignet sich aber der sonderbare Fall, daß
wir keinen geschickten Silhouetteur mehr hier haben,
deswegen die gestern Abend unternommenen Schatten=
risse nicht communicabel sind, das Blatt jedoch soll
nicht liegen bleiben, vielleicht gelingt es ein andermal
besser. Den gedruckten Bogen bitte zu secretiren.

Tausend Grüße an die Haus= und Gallerie=
Genossen.

Weimar den 31. October 1818. G.


8207.

An Ottilie v. Goethe.

Da man veranlaßt worden den Zug von Oberon,
Titania, Feen und Elfen durch Kinder vorzustellen,
so werden Sie, meine liebe Tochter, es den Frauen=
zimmern die hierbey interessirt sind, anzeigen und
zugleich die Versicherung geben, daß man Sorge ge=
tragen habe, ihnen dagegen andere angenehme Rollen
zuzutheilen, mit dem Wunsch baldiger Besorgung.

Weimar den 31. October 1818. Goethe.

# Lesarten.

Der neunundzwanzigste Band, von Carl Schüddekopf herausgegeben, enthält Goethes Briefe von Januar bis October 1818. Die mit dem Fortschreiten der Ausgabe naturgemäss immer spärlicher werdenden Vorarbeiten der früheren Herausgeber wurden dankbar benutzt; als Redactor ist Bernhard Suphan betheiligt.

Zum Theil wiederholt aus den vorigen Bänden:

Über die Grundsätze, welche für Reihenfolge und Orthographie der Briefe gelten, vgl. Band XXII, 401 ff., über die zur Entlastung des Textes und Apparats getroffenen Massnahmen: Briefe XXIII, 437 und Goethe-Jahrbuch XXII, 299.

Als Goethes Schreiber kommen für diesen Band in Betracht: in Weimar Friedrich Theodor Kräuter, Johann John (ständig seit 21. September 1818, vgl. Tageb. VI, 245, 2) und ganz vereinzelt August von Goethe, in Jena Christian Ernst Friedrich Weller, Johann Michael Färber und Ludwig Daniel Maria Lavés, Lector der französischen Sprache (vgl. zu 8086), in Carlsbad Carl Stadelmann und in zwei Fällen der Weimarische Hofmedicus Dr. Wilhelm Rehbein, Goethes Hausarzt, der ihn in's Bad begleitete (Lavés und Rehbein fehlen bei Burkhardt in der Chronik des Wiener Goethe-Vereins Bd. XII, Nr. 1—2, 8—9).

Briefe an Goethe befinden sich, wenn nicht das Gegentheil ausdrücklich bemerkt wird, im Goethe- und Schiller-Archiv unter den alphabetisch geordneten Briefen.

Es bedeutet $g$ eigenhändig mit Tinte, $g^1$ eigenhändig mit Bleistift, $g^2$ eigenhändig mit Röthel, $g^3$ eigenhändig mit rother Tinte. In den Handschriften Ausgestrichenes führen die Lesarten in Schwabacher Lettern an, Lateinischgeschriebenes in *Cursivdruck* (vgl. XXII, 403).

**7943.** Handschrift, eigenhändig, im Besitz des Herrn C. Meinert in Dessau, im October 1889 zur Collation an's Archiv gesandt 1, 6 Ihr 13 Münchow 3, 1 welch 9 Dr Gedruckt: Strehlke I, 276; identisch mit dem von Strehlke I, 244. III, 175 angeführten, in Privatbesitz befindlichen angeblichen Briefe von demselben Tage an die Gräfin Ottilie Henckel v. Donnersmarck, vgl. zu 7842 und 7947. 7954; Antwort der Adressatin: Tageb. VI, 155, 10. 11 — 1, 2 Nicht erhalten 10 Dr. Carl Christ. Wilh. Adolph Weichardt (1786—1828), Professor der Mathematik am Gymnasium zu Weimar (Neuer Nekrolog der Deutschen 1828 VI 2, 508), vgl. 18, 1. 82, 2. 3, Tageb. VI, 176, 6 2, 1 vgl. 57, 3. 7845 6 Fr.[au Kirchenrat] G.[riesbach] 20 vgl. zu XXVI, 10, 1 26 vgl. zu XXVIII, 42, 13 28 Wohl ein Geschenk Goethes für die Prinzessinnen 3, 2. 3 vgl. zu XXVIII, 292, 13.

**7944.** Vgl. zu 2666. Eigenhändig. Gedruckt: Briefe an C. G. v. Voigt S. 386 — 3, 13—17 Der „Patient" ist nicht der Museumsschreiber Färber, wie O. Jahn S. 386 nach 142, 7 folgert, sondern Ferdinand Jagemann, Director des grossherzogl. freien Kunstinstituts, der am 30. December 1817 bei der Oberaufsicht um den Consens zu seiner Heirat mit Conradine Voelkel, geb. Johannson, nachsucht („Acta ... Anstellung und Beförderung des unter Grossherzogl. Ober-Aufsicht stehenden Personals, insbesondere das freie Zeichen-Institut betr. 1817—1820", Bl. 2). Das Gesuch ist mit sehr blasser Dinte geschrieben; Einwilligung der Oberaufsicht, von C. G. v. Voigt signirt, ebda. Bl. 1.

**\*7945.** Handschrift, eigenhändig, unbekannt. Hier nach einer Abschrift W. v. Biedermanns im G.-Sch.-Archiv — 4, 2 vgl. 37, 15. 46, 16. 65, 19. 73, 12. 74, 2. 176, 18. 197, 10. 220, 9. 295, 20. 325, 9.

Ein von Strehlke I, 129. III, 175 verzeichneter Brief Goethes vom 4. Januar 1818 an Clemens Wenzeslaus Coudray (vgl. 7775), den Umschlag zu einem Buche betreffend und beginnend „Ew. Wohlgeboren haben die Gefälligkeit", befindet sich nicht mehr im Besitz der Nachkommen und blieb daher unzugänglich.

**7946.** Vgl. zu 2666. Eigenhändig 5, 1 nächstens üdZ Gedruckt: Briefe an C. G. v. Voigt S. 387 — 4, 10 vgl. 5, 14.

43, 11. 44, 6. 73, 1. 142, 5. 163, 22, XXVIII, 302, 14. 322, 5   15 Bibliotheksumbau, vgl. 11, 13. 126, 7. 171, 24. 207, 21 und zu XXVIII, 270, 5, Tageb. VI, 156, 11. 12   5, 3 vgl. 6, 10   9 D. G. Kieser, Das Wartburgfest am 18. October 1817. In seiner Entstehung, Ausführung und Folgen. Jena 1818   12 Anmahnung an die auf der Wartburg versammelt gewesenen Studirenden der deutschen Universitäten, in Kiesers Schrift S. 111 ff.   5, 14 vgl. zu 4, 10.   **7947.** Handschrift, eigenhändig, 1892 im Besitz des Herrn K. Baedeker in Leipzig   6, 2 Übrigen   Gedruckt: G.-Jb. XIV, 161 — Zur Sache vgl. 7845. 7943.   **7948.** Vgl. zu 2666. Färbers Hand   7, 6 bebarfen   10—12 g   Gedruckt: Briefe an C. G. v. Voigt S. 388 — 6, 6 vgl. zu 4, 15   10 vgl. 5, 3.   **7949.** Vgl. zu 6705. Schreiberhand (wohl Färber) 7, 16 errinnen   8, 24 fernern   9, 1 herumflatterben   17 über=fiele, Sie nur Deyck   26—28 g   Gedruckt: R. Jung, Goethes Briefwechsel mit Antonie Brentano S. 51. Dazu ein Concept von Färbers Hand, Abg. Br. 1818, 7, dem zu 8, 24 gefolgt und woraus ferner zu bemerken ist: 7, 19 allein völlig verständlich Vermuthlich ist völlig nur durch ein Versehen in der Reinschrift fortgefallen   8, 18 sehn   24. 25 fernen — sehn $g^1$ aR für freude gegenwärtig seyn   28 ihm $g^1$ über ihn 9, 5 abgeschiebe [!] $g^1$ aus abgeschieben   7 in] mit   12 verehrte $g^1$ aus geehrte   13 Sonnenende $g^1$ aus schönen Ende   herrlichen $g^1$ aR für großen   16 wenn nach selbst   17 vor Ihren $g^1$ aus vorn   18 dürfen $g^1$ aus dürften   24 in nach und 24. 25 und — Nachbarschaft $g^1$ aR   26. 27 fehlt — Antwort auf den Brief der Adressatin vom 29. Dec. 1817 (Eing. Br. 1818, 18)   7, 13. 14 Über Goethes Ausscheiden aus dem Frankfurter Bürgerverbande vgl. zu 7907 und G.-Jb. XIII, 211   18. 19 Kunst und Alterthum, Heft II, mit dem „Sanct-Rochus-Fest zu Bingen", wozu Goethe die Anregung der Gastfreundschaft der Familie Brentano in Winkel im Herbst 1814 verdankte   21 A. Brentano schreibt: „Lieber als je sähe ich Sie hier Verehrter seit uns das Glück einen ganz köstlichen Van dyck in seltner Grösse und Schönheit zugeführt, ein Altarblatt aus des Meisters bester Zeit, eine Grablegung vorstellend, 9 gross vollendete Figuren zieren dieses beinahe 12 Schuh hohe und über 7 Schuh breite herrliche Gemählde, in dessen Anblick man wirklich leidensfähiger, ergebungsvoller wird" 8, 5 A. Brentano: „D͞r Grambs musste nach nahmenlosen Leiden endlich, vor kurzem, sterben"; vgl. zu XXV, 40, 8 9 Pauline Servière (vgl. zu XXV, 59, 12) fragt am 20. Oct. 1817 (Eing. Br. 1817, 660): „Haben Sie Etwas in Paris zu bestellen, in 10—12 Tagen reise ich dorthin um einige Monate da zu bleiben"; A. Brentano: „Unsre Paule ist seit 2 Monathen in Paris, um sich am Heimweh nach den Frankfurter Pfarrthurm abzuquälen, es will ihr dort durchaus nicht gefallen" 16 A. Brentano schreibt vom Freiherrn v. Stein, dass er „leider viel an Gicht und Augenschmerzen leide", vgl. Pertz, Steins Leben V, 160 19 Steins zweite Tochter Therese, damals 15 Jahre alt, heirathete 1827 ihren Vetter Graf Louis Kielmannsegge 9, 7. 8 A. Brentano schreibt: „Ohnehin bin ich Ihren Weimar sehr böse, das meines geliebten Oheims Sonnenfels [vgl. ADB. 34, 628] so bös satyrisch erwähnt, und so schöne, seine kleinen Schwachheiten weit überwiegenden Geistes und Herzenszüge nicht einmahl gegen jene aufzuwiegen geneigt sein will, die hiesige Zeitung hat dieses grelle Gemählde aus der Weimarer entlehnt" 10. 11 vgl. XXV, 193, 12, Werke II, 272  19. 20 Eins der beiden in G. L. Kohlbachers Catalog der Brentanoschen Gemälde (Frankfurt 1870) unter Nr. 80 und 81 verzeichneten Thierstücke des Jan Weenix.

**7950.** Vgl. zu 7195. Färbers Hand  10, 10. 11 verſpäten 25. 26 *g* Gedruckt: Westermanns Monatshefte 77, S. 91. Dazu ein Concept von derselben Hand, Abg. Br. 1818, 6, woraus zu bemerken: 10, 4 die Medaillen *g* aR für ſie  6 bey= gedruckt *g* aus begedruckt  7 es *g* aR für Es  10 meinem *g* aus meinen  10. 11 verſpäten  11 jenen *g* aus jenem  12 nun= mehro nach den  zu *g* üdZ  13 umſtändlich nach wünſchte  möchte *g* über zu können  14 ſeyn kann *g* über iſt  15 wünſchen nach wiſ(ſen)  17 Darnach folgt: ja die Gegenwart des theuern Herrn Staats-Rath Schulz, des alten gegen mich immer freundlichſten Freundes Hofrath Hirt, hat in [üdZ] mir den frevelhaften Gedanken eine(r) Reiſe nach Berlin erregt, einen ſchönen Traum begünſtigt, von dem ich nun leider nach und nach wieder erwache 18 dortigen $g^1$ über doppelten 19 haben $g^1$ aus hat 20 doppelte $g^1$ aR für viele 21 Sie $g^1$ aus sie Möge $g^1$ aus möge 22 daß $g^1$ aus das 25 fehlt 26 Jena — 1818 $g$ aR — 10, 2. 3 vgl. XXVIII, 210, 7. 337, 15 11 vgl. 11, 15. 13, 15. 19, 15. 37, 9. 70, 3. 118, 19. 144, 2 und zu XXVIII, 25, 16 12 „Blüchers Denkmal", Kunst und Alterthum I 3, 103, Werke 49 II, 76, vgl. XXVIII, 85, 16. 130, 6 19 vgl. zu XXVIII, 192, 7. 261, 9.

**7951.** Vgl. zu 6161. Färbers Hand (11, 1—14, 16; 14, 23 —15, 3) und eigenhändig (14, 17—22; 15, 4) 12, 18 bekleidet 13, 10. 11 haltbar — hellenisch $g$ aR 14. 15 an $g$ üdZ 14, 17 —22 $g$ 15, 2 Fliehe aus Fliehen 4 $g$ Gedruckt: S. Boisserée II, 207. Dazu ein Concept von Färbers Hand, Abg. Br. 1818, 3, woraus zu bemerken: 11, 6 diesem $g$ aus diesen 9 Anfange 10 und Canzleyverwandten $g$ aR für kurz vor Anfang des dreißigjährigen Krieges 18 darin aus darinnen 20 nöthigten $g$ aus nöthigte 12, 2 von welchem $g$ aR für dessen 4 sprach $g$ nach gedachte 5 schon nach ich vormals gesagt $g$ aR für erwähnte 7 früherer $g$ aus früher 8 ist denn $g$ aR für ist 9 Loos $g$ aR für schikfal Darnach $g$ aR Jena b 16 Jan 1818 13 sich nach immer unter uns $g^1$ aR 18 bekleitet [!] $g^1$ aus bekleidet 21 Deuteleyen $g^1$ aus Deuteleyn 23 da — Beste $g^1$ aR für was man im $g^1$ aus in Vordergrund 24 Zoega $g^1$ aus Zoecha 25. 26 tastete — Dunckeln $g^1$ aR für extrahirte [darüber $g^1$ vagirte, dann wieder ausradirt] 27 dionysischen $g^1$ aus dionisischen leiden $g^1$ aus leiten 28 Welker $g^1$ aus Woelker 13. 1 Täglich mehr $g^1$ aus nun immermehr 4 Herrmann nach Alinea und Da man in Leipzig eigenster $g^1$ aus eigentster 6 kennen nach sind unschätzbar 10. 11 hellenisch fehlt 11 aus nach an s(einer) 12 mir $g^1$ über wir 17 Sie $g^1$ über sie 18 Jahrs 19 kann ich mich $g^1$ aR für fange ich an 21 wenden $g^1$ aR für zu entledigen doch $g^1$ üdZ Raum $g^1$ aR für Platz 22 Dann — 28 Auf Bl. 5 b, ohne Verweisungszeichen 23 denn fehlt unserm $g^1$ aus unsern 14, 1—5 fehlt; dafür $g$ aR Jena b. 16. Jan. 1818; dann folgt auf demselben Bl. 5 b:

Sie werden dieses Programm mit Interesse lesen, es ist völlig in dem Sinne in welchem ich auch denke. Warum der Verfasser gar sehr ins Allgemeine gespielt hat, weiß ich freilich nicht zu

fagen, daß [lies: da] feine Behandlungsart im Ganzen viel Klug=
heit zeigt, fo wollen wir abwarten was weiter daraus erfolgen
kann, mich förbert eine folche öffentliche auf eine öffentliche Anſtalt
gegründete Erklärung gar ſehr, ich kann raſcher zu Werke gehen,
und darauf kommt jetzt alles an.
 6. 7 Laſſen—widmen! fehlt  9 Forſchungen $g^1$ aus Forſchung
12 erſcheinend $g^1$ aus erſcheinen  14 Blicken $g^1$ aus Blicke  14. 15
und — verlangen, Vorworte nicht fehlen $g^1$ aR für nicht fehlen.
Darnach folgt mit Alinea: Eigentlich lebe ich in einer wunder-
ſamen Einſamkeit, über die ich mich nicht beklagen will, indem
ſie mir erlaubt ganz zu ſein was ich noch ſein kann.  17—15, 4
fehlt — 11, 1 vgl. Boisserée II, 205: „Kurz vor Weihnachten
das schöne Stammbuch von Herrn v. König gesandt" (nach
einem Vermerk Boisserées auf Goethes letztem Brief vom
4. Dec. am 14. Dec. 1817 abgegangen); vgl. 239, 5, Tageb.
VI, 151, 20. 153, 6  13 vgl. zu 4, 15  15 vgl. 10, 11  18 vgl. 87, 19.
104, 6. 108, 13. 111, 9. 251, 12 und zu XXVIII, 305, 16  12, 2
vgl. XXVIII, 62, 23  3 vgl. 70, 16. 161, 16  11 Vom 5. Januar
1818 (S. Boisserée II, 205)  24 Georg Zoega (1755—1809), vgl.
ADB. 45, 386  25 Carl August Böttiger (1760—1835), vgl.
ADB. 3, 205  28 Georg Friedrich Creuzer (1771—1858), vgl.
zu 7881 Johann Arnold Kanne (1773—1824), vgl. ADB. 15, 77
Friedrich Gottlieb Welcker (1784—1868), vgl. ADB. 41, 653
13, 4 vgl. XXVIII, 283, 8. 291, 14  7 vgl. 45, 4  15 vgl. zu
10, 11  26 —28 vgl. 7959  14, 23 vgl. Werke IV, 71.
 ***7952.** Concept von Färbers Hand, Abg. Br. 1818, 9
15, 7 Beriſch  17 frühere — Der Adressat, anhaltischer wirkl.
Geh. Rath in Dessau (1751—1837, vgl. ADB. 29, 2), hatte,
nachdem der Buchhändler C. Ackermann in Dessau am
9. September 1817 (Eing. Br. 1817, 586) wegen der in Behrisch's Nachlass vorhandenen Goethischen Handschriften angefragt hatte, ohne dass Goethe antwortete (15, 13), am
24. December 1817 durch Knebels Vermittlung bei Goethe
angefragt, „ob er diese ihm gewiss interessanten Urkunden
seiner Jugend", in welchen er sich „in dem Augenblick"
seiner ersten geistigen Entwicklung zu erblicken vermöchte,
zu erwerben wünschte, vgl. G.-Jb. VII, 119 f., Tageb. VI,
157, 14. 15. Goethe bezahlte vier Louisd'or für die Manuscripte, vgl. Tageb. VI, 160, 18. 19. Rode antwortet am

26. Jan. (Eing. Br. 1818, 55): „Ew. Hochwohlgeboren durch die übersandten Papiere einen angenehmen Dienst geleistet zu haben, gereicht mir zur wahren Genugthuung. Der vorige Besitzer derselben fühlt sich durch das dafür erhaltene Geschenk sehr beglückt".

**7953.** Handschrift von Schreiberhand (wohl Färber) in der Kgl. Bibliothek zu Berlin  16, 22 Sich *g* üdZ  20 lies bem  24 verfichern *g* üdZ  17, 3 *g* Gedruckt: Gaedertz, Magazin für Literatur, 5. Sept. 1891, vgl. G.-Jb. XIII, 284, und Bei Goethe zu Gaste S. 289. Dazu ein Concept von Färbers Hand, Abg. Br. 1810, 10, woraus zu bemerken: 16, 2 länger nach als  Jahren  4 ben  8 rechter *g* aus rechten  10 die Stufen *g* über fie  14 Kurzem· *g* aus Kurzen  20 ben  22 Sich fehlt  23 Dank  24 verfichern fehlt  17, 2 werde 3. 4 fehlt, mit Ausnahme des Datums — 16, 5 Eichhorns Brief vom 29. Mai 1816 in den Eing. Br. 1818, 29, vgl. XXVIII, 304, 3  20 vgl. zu XXVIII, 295, 2.

**7954.** Handschrift, eigenhändig, in der Hirzelschen Sammlung; hier nach einer Abschrift der Leipziger Universitätsbibliothek  17, 22 rathlich  Gedruckt: Strehlke II, 460 — Zur Sache vgl. 7943  18, 1 vgl. zu 1, 10  2 vgl. 8007.

**7955.** Vgl. zu 4102. Färbers Hand  19, 4 biefem *g* aus biefen  11 guten  20, 1 Daß *g* aus Das  4 *that—question!* *g*  5 Rofini  welche aus welches  6. 7 *Il — secreto. g*  8 *Elena g* Mayer *g* aus Meyer  9. 12 Sechstett *g* (?) aus Sechsbett  11 *Notturno g*  Wäre *g* aus Wär  14 Seyt *g* (?) aus Seyb in Jena üdZ  20 tob  24 *g* Gedruckt: Briefwechsel II, 433. Dazu ein Concept von derselben Hand, Abg. Br. 1818, 11, woraus zu bemerken: 19, 1 getroffen *g* aR aus gemacht  4 biefen  11 zwar nach fo guten  12 wohl *g* über gut  20 willen folche *g* aR für willig fo  27 bieren *g* nach führen (*a quatre*) *g* zwischengeschrieben  20, 3. 4 *g*  5—25 fehlt, mit Ausnahme des Datums — 18, 23 Durch die am 9. Januar 1818 übersandte Composition des Liedes zu Knebels Geburtstag ("Lustrum ist ein fremdes Wort"), vgl. 38, 7, XXVIII, 358, 1. 361, 4, Briefwechsel II, 427  19, 9 Von Adalbert Schöpke, vgl. zu 7980  15 vgl. zu 10, 11  20, 3 Über Goethes Berliner Reise vgl. 77, 14. 83, 17. 90, 4. 197, 25. 292, 3

und zu XXVIII, 226, 5   5 vgl. 56, 5—11   8 vgl. 77, 10. 17 ff.
15 Zelter, K. F. C. Fasch, königl. preuss. Kammermusikus;
Berlin 1801, vgl. Tageb. VI, 155, 22.
**7956.** Vgl. zu 6243. Färbers Hand   21, 3 in   12 er=
neuten   15 manigmal   20 g   Gedruckt: Hamburg. Nachrichten 1877, Nr. 59. Dazu ein Concept von derselben Hand,
Abg. Br. 1818, 12, dem zu 21, 3. 12 gefolgt und woraus ferner
zu bemerken ist: 21, 7 Sollicitiren $g^1$ aus Solicitiren   10
Staatsverhältnisse $g^1$ aus Staatsgesetze   12 erneuern $g^1$ aus
erneure   13 verschaffen $g^1$ aus verschaffe   Gelegenheit nach die
14 einem $g^1$ aus einen   — 21, 9 vgl. 40, 21 und Tageb. VI,
161, 23—25 („Canzlar von Müller, das Gesuch der verwittwe-
ten Jacobi betreffend").
**\*7957.** Concept von Färbers Hand, Abg. Br. 1818, 15
22, 6 Es $g^1$ aus es   9 dem g aus den   11 angenehm find g
aus anzunehmen   Sollten g aus sollten   18 dem g aus den
20 diesem g aus diesen   Datum nach Tageb. VI, 161, 22. 23 —
22, 2 vgl. zu 7940   19 vgl. zu XXVIII, 104, 20.
**\*7958.** Concept von Färbers Hand, Abg. Br. 1818, 16
23, 10 würde g aus werde   — Zur Sache vgl. Tageb. VI,
161, 26. 27, Uhde, L. Seidler ², S. 190.
**7959.** Handschrift unbekannt. Gedruckt: K. F. Burdach,
Rückblick auf mein Leben, Leipzig 1848, S. 328   25, 21 um
Dazu ein Concept von Färbers Hand, Abg. Br. 1818, 13,
dem zu 25, 21 gefolgt und woraus ferner zu bemerken ist:
23, 19 Wohlgebornen   20 dem g aus den   20. 21 Augenblick
21. 22 Arbeiten g über Papiere   24, 7 erweitern g über er-
läutert   8 erleichtern kann g aus erleichtert   13 eine nach
unter meinen Augen   15 Augenblick   manigfache $g^1$ aR   16
von nach und   18 um g üdZ   20 geforderten $g^1$ über nothwendigsten   23 auf g über und   24 daß wenn $g^1$ über und
sobald wie   28 da g über und welches   25, 1 es g üdZ   2
fand g über kann   3 Ihrem g aus Ihren   Vortrag   3—5
einen — Sie $g^2$ aR für das (g aus daß) Besondere bequem
unterlegen zu können, wie Sie solches   5 reichlich $g^2$ über
daraus   6 Zwar $g^2$ über freilich   10 Weib — allenfalls. $g^1$
aR   13 in nach immer   das $g^2$ aus daß   14 mehrere $g^2$ aus
mehrerer   19 dem g über zum   Begrif   führen $g^2$ aus führt
20 Ihrem g aus Ihren   Program   21 und g über um, das

versehentlich ungestrichen blieb und so in die Reinschrift gelangte    22. 23 menschlicher $g^1$ aus der menschlichen    23 gefunden ja kranken $g$ aR    24 um] und    25 Ihnen $g^1$ aus ihn acabemisch $g^1$ aR für in der Wissenschaft    25 das $g^1$ aus daß 26, 1 so $g^1$ aR für da    den $g^1$ aus denn    2 allem $g^1$ aus allen    8 würde $g^1$ aus wirbe    9 Jena den 20. Januar 1818 — 23, 20 vgl. 13, 25; Burdachs Begleitbrief ist vom 23. Nov. 1817 datirt    24, 4 Die Kgl. anatomische Anstalt in Königsberg 13 vgl. zu 7546.

\*7960. Handschrift von Färber, Eing. Br. 1818, 43, rechtsspaltig; links Kräuters Antworten vom 28. Januar 26, 20 werbe    22 neuere $g$ aus neue    27, 1 Sybillen    8. 9 *Plum Pudding g* — 26, 15 fehlt    19 vgl. zu XXVIII, 270, 15    22 vgl. 38, 5    27, 8 vgl. 37, 20    15 fehlt.

7961. Vgl. zu 6677. Eigenhändig. Gedruckt: „Zum 24. Juni 1898. Goethe und Maria Paulowna", S. 29 — 28, 6 Maria Paulownae Brief vom 12./26. Januar 1818, abgedruckt: „Goethe und Maria Paulowna" S. 63, vgl. Tageb. VI, 163, 11. 12    18. 19 Die von der Erbgrossherzogin zur Geburtstagsfeier ihres Gemahls am 2. Februar angeordnete Festlichkeit, bei der ein von Riemer gedichteter Maskenzug (Riemers Gedichte I, 93) aufgeführt wurde; vgl. 7967.

7962. Vgl. zu 2666. Eigenhändig    30, 8 die üdZ, versehentlich über nur geschrieben    31, 10—18 Auf besonderm Quartblatt    10—17 Färbers Hand    18 $g$ Gedruckt: Briefe an C. G. v. Voigt S. 390. Datum nach Tageb. VI, 163, 17. 18 — 29, 21 vgl. Tageb. VI, 158—163    24 Kotzebues Pamphlet „Doctor Bahrdt mit der eisernen Stirn, oder Die deutsche Union gegen Zimmermann", o. O. 1790, vgl. Goedeke [2] V, 276    30, 22 Gruner, Professor der Medicin in Jena; vgl. 120, 23, Tageb. VI, 170, 19. 176, 13. 177, 6. 196, 24. 202, 20. 256, 6 und Werke 36, 142 f.    28 vgl. Werke 36, 142    31, 10—18 vgl. Tageb. VI, 161, 4. 5. 311 f.

\*7963. Handschrift von Färber in demselben Fascikel wie 7939, Bl. 10, rechtsspaltig    33, 3 $g$ Auf Spalte 1 links Carl Augusts Antwort: „1.st 2. 18 Diesem Vorschlage trete ich gänzlich bey: wir wollen also noch 6 Cent. im luxuriosen Zustand nehmen, und sie in denen drey terminen bezahlen, auf jeden 200 fl. CM. und hinter drein überlegen was mit

den andern angebothenen zu machen sey". Zur Sache vgl.
7939. 7969. 8013. 8055 — 31, 20 Vom 10. Jänner 1818, in
demselben Fascikel wie 7939, Bl. 5—8.

*7964. Concept von Färbers Hand, Abg. Br. 1818, 17
33, 7 Höchst Denenselben nach von  treusten  10 das g aus daß
11 meine g aus meinige  11. 12 alles Unfreundliche g aus ich vom
allen Unfreundlichen  13 zerstört g aus zerstörte — 33, 8 Der
Geburtstag der Grossherzogin, vgl. Tageb. VI, 164, 21.

7965. Handschrift, nach Jahn eigenhändig, unbekannt.
Gedruckt: Briefe an C. G. v. Voigt S. 389 — 34, 2 vgl. zu
7966 und Tageb. VI, 165, 2. 3.

*7966. Concept von Färbers Hand, Abg. Br. 1818, 18
34, 17 unter aus unterm  23 In g über Mit  Bedenklichkeiten
nach durchflochtenen  23. 24 durchflochtenen g aus durchflochten
35, 2 übersehen g aus übersehn  3 Untergeordnete g aus unge=
ordnete  5 sehn g aR für sind  doch g über denn — Datum
nach Analogie von 7966 und der Stellung in den Conceptheften. Als Adressat könnte der gothaische Minister Bernhard August v. Lindenau (1779—1854, vgl. ADB. 18, 681)
in Betracht kommen; an C. G. v. Voigt ist wohl wegen 34,
1—3. 41, 11—22 nicht zu denken.

7967. Vgl. zu 6677. Eigenhändig. Gedruckt: "Zum
24. Juni 1898. Goethe und Maria Paulowna", S. 30. Dazu
ein Concept von Färbers Hand, Abg. Br. 1818, 19, woraus
zu bemerken: 35, 12. 13 fehlt  14 Kaiserliche  21 Höchst Die=
selben nach mir  mir g üdZ  21. 22 es mir aufs  23 mich
nach nicht  36, 3 Nichts aus Nicht  5. 6 doch durch gewisse
Ereignisse immer  7 kann g über können  9 glücklichste g über
anmuthigste  10 selbst fehlt  11 schnell] geschwind  es g über
ich  12 Höchst fehlt  14 und — mehr g aR für dazu auch
16. 17 eigentlich g aR für deutlich  17 fortdauernder g aus fort=
dauernter  18 auch fehlt  den aus denn  heiterer  20 ver=
handeln  bleibt] ist  21. 22 ich diese mir so höchst werthe [g aR
für intressante] Angelegenheit nicht aus den Sinne verliehre
26 zu den g aus zum  unseres  Darnach folgt aR: Jena den
31. Januar 1818.  27—37, 2 g  28 Tag  37, 3—5 fehlt, mit
Ausnahme des Datums  5 3.] 2. — Zur Sache vgl. zu 7961.

*7968. Handschrift von Färber, Abg. Br. 1818, 38
38, 2 sie fehlt — 37, 9 vgl. zu 10, 11  15 vgl. zu 4, 2  20 vgl.

27,8  22 vgl. zu 7961   38,1 vgl. zu 4,15   5 vgl. 26,22
7 vgl. zu 18,23   12 vgl. Tageb. VI, 164,17.18. 166,6. 311.

**\*7969.** Cassirtes Mundum von Färbers Hand in demselben Fascikel wie 7939, Bl. 13   39,3—10 Nachträglich auf Bl. 14 hinzugefügt für und werden das Uebrige gefälligst besorgen   24 Geschäftsfertigkeit g aus Geschäftsthätigkeit   40,4 g — Zur Sache vgl. 7963   38,23 In einem Briefe an Goethe vom 2. Febr. 1818 (in demselben Fascikel wie 7939, Bl. 12), welcher beginnt: „Den besten Danck für alles liebes und gutes! Sage an Schreibers recht viel schönes dass er mich so sorgsam und so weise aus dem fatalen Heuhandel herausgezogen hat"   39,21 Der Landkammerrath Carl Bertuch († 5. October 1815).

**7970.** Vgl. zu 6243. Färbers Hand. Gedruckt: Allg. Zeitung 1877, Nr. 120. Dazu ein Concept von derselben Hand, Abg. Br. 1818, 20b, woraus zu bemerken: 40,12 Zeilen aus Theilen   19 allerschönsten nach freu(ndlichsten?)   21 Wittbe 41,1 bie nach fie   3 ber aus bes   6 fowohl nach mehr, dafür g aR mir   9.10 fehlt, mit Ausnahme des Datums — 40,7 vgl. Tageb. VI, 167,14.15: „Canzlar von Müller. Okens Urtheil in Copia"   15 Okens „Isis"   21 vgl. zu 21,9 und Eing. Br. 1818, 67.

**7971.** Vgl. zu 2666. Färbers Hand   41,21 Einzelnen g aus Einzeln   42,17 in fortwährender g aus auf fortwährende 21 1801 g aR ohne Verweisungszeichen   22 kärnthnischen g in Lücke   25 uns g über wir   26 in nach uns   43,4 durch nach selbst lieberliche] Hörfehler für widerliche?   11—44,2 g Mit Voigts Notiz: „resp. 9. Febr. 1818". Gedruckt: Briefe an C. G. v. Voigt S. 392. Die Nachschrift (44,3—13), g auf einem besondern Folioblatt, undatirt, aber vermutlich hierher gehörig, gedruckt: Briefe an C. G. v. Voigt S. 384, Anm. 2 — 41,13 vgl. zu 34,2   42,1 vgl. 45,13. 46,9.20. 47,9. 50,17. 54,20. 62,8. 66,15. 89,10. 93,19. 158,18. 171,17. 203,21   43,11 vgl. zu 4,10   18 vgl. zu 28,18. 19, XXIII, 259,9 44,6 Wellers, vgl. zu 4,10.

Den Aufenthalt auf der Tanne benutzte Goethe vom 8. bis 19. Februar 1818 zur Aufzeichnung ungedruckter meteorologischer Beobachtungen (Quartbogen, Färbers Hand und g), die das G.-Sch.-Archiv 1888 von G. v. Loeper erwarb; vgl. 55,18—22.

**7972.** Concept von Färbers Hand, Abg. Br. 1818, 21ᵇ 45,₄ *De Graecorum g* aus *Degretorum* — 44,₁₈ vgl. 125,₁₉ 45,₄ vgl. 13,₇.

**7973.** Concept von Färbers Hand, Abg. Br. 1818, 23 45,₁₉ Armuth ₂₀ phigalischen g¹ aus philalischen ₂₁ noch nach mit ₂₂ Streit g¹ aR Paare g¹ aus Paaren zwey nach noch Pferde g¹ aus Pferden 46,₂ Facsimile in g¹ aR für *facimile* mit ₃ alle g¹ aus mit allen ₄ angebeutet, g¹ aR 13.14 verlangt g¹ nach bestellt — 45,15.16 vgl. Tageb. VI, 169,₂₄. ₂₅ ₁₈ vgl. zu 7975 46,11 vgl. zu 7908.

**7974.** Handschrift unbekannt. Gedruckt: G.-Jb. VIII, 150 — 46,₁₆ vgl. zu 4,₂ ₁₈ Am 21. Februar, vgl. 61,1. 6, Tageb. VI, 174,15 ₂₂ vgl. zu 7975.

**7975.** Vgl. zu 6195. Färbers Hand. Gedruckt: H. Uhde, L. Seidler S. 184, ² S. 153. Dazu ein Concept von derselben Hand, Abg. Br. 1818, 22, woraus zu bemerken: 47,1 mit nach Ihnen ₄ jetzt nach und ₅ vergnügtesten nach den 7.₈ Lücke ₁₄ da g üdZ bewirthen Sie g aus bewirthet mich ₁₅ der schönsten g aus ihrer schönen ₁₅ wofür — wird. Jede Stunde der Tages Hälfte g aR für Die Hälfte der Zeit bringe ich in unsern Brunnen bey der Hauptwache zu. Die Tageshälfte auf der Zinne die in diesem Gesichtskreis ihres Gleichen nicht hat.

Ob ich gleich aus Ihren Worten und aus den früheren allgemeinen Begriff mir die Vorstellung machen kann des unerfreulichen Verhältnisses Langers gegen das Publikum, so wünschte ich doch Sie schickten mir die Schmähschriften damit ich mir einen Begriff machen könnte was die andern wollen und schelten

16—18 Wie — geschah fehlt 18—22 Die — Nachbarschaft aR 21 wohn g¹ über bin 22 Gleich — 25 fehlt — 47,3 vgl. 45,18. 105,20, Schuchardt, Goethes Kunstsammlungen I, 289, Nr. 676, Eckermanns Gespräche vom 20. October 1828, Uhde, L. Seidler ² S. 153 7.₈ vgl. zu XXVIII, 253,23 9.13 vgl. zu 42,1.

**7976.** Concept von Färbers Hand, Abg. Br. 1818, 25. Adresse: „An Herrn Hofrath Schwabe nach Weimar" 48,₂ vielem g üdZ ₄ und — sich g aR für nur kann ich ₅ läßt g üdZ ₇ wie aR für was alles g üdZ ₁₂ man g über er 13 ben aus benn 16 berofelbe *g* über Ew. Wohlgebornen 17 laffe aus laffen 17. 18 zu — Anbenken *g* aR — 48, 3 L. W. Wittich in Berlin (vgl. XXVII, 336, 14) bittet am 6. Januar (Eing. Br. 1818, 74) um einen Beitrag zu seinem Taschenbuch oder um dessen Redaction und übersendet durch seinen Freund, den Hofrath Schwabe in Weimar, Zeichnungen zu den darin aufzunehmenden Kupfern.

**7977.** Handschrift von Schreiberhand (wohl Färber) unbekannt. Gedruckt: Grenzboten 1873 III, 297     48, 20 jenem 50, 7 feiner    17. 18 *g* Dazu ein Concept von Färbers Hand, Abg. Br. 1818, 26, dem zu 48, 20. 50, 7 gefolgt und woraus ferner zu bemerken ist: 48, 20 jenen nach den    21 ben goldnen Pokal aus ein Bokal    49, 1 baß *g*¹ aus bas    9 wobey *g*¹ aus babey    19 Er *g*¹ über Diefer    20—22 Es — Form. *g*¹ aR 25 einiges vorgenommen, *g*¹ aR für etwas gewonnen    28 ben nach nicht    50, 1 nicht *g*¹ üdZ    Bringe nach wenn ich    2 etwas nach noch    9 von — abermals *g*¹ aR für abermals wieder 10 obgleich nach fich    fich *g*¹ üdZ    17. 18 fehlt — Antwort auf Augusts Brief vom 11. Februar (Eing. Br. 1818, 79), worin er zur Feier des Geburtstages der Erbgrossherzogin (16. Februar) im Namen von 50 Theilnehmenden um Stanzen zur Vorführung von 7 Goethischen Stücken (Epimenides, Laune des Verliebten, Mahomet, Egmont, Iphigenie, Tasso und Götz) bittet; vgl. Tageb. VI, 171, 11. 12. 19. 20. 172, 18—21. Goethe dichtete nur eine Stanze „So wandelt hin, lebendige Gestalten", vgl. Hirzels Verzeichniss 1884, S. 84 und 7979 48, 21 Schillers „Taucher"    49, 6 vgl. Tageb. VI, 170, 22 50, 6 August schreibt über die Vorführung des Epimenides: „Die feindlichen Dämonen, der List, des Kriegs und der Unterdrückung, bleiben weg weil niemand da war sie vorzustellen, und man könnte sogar in den zu machenden Versen eine Anspielung darauf machen".

**\*7978.** Concept von Färber in demselben Fascikel wie 7907, Bl. 100    50, 22 und *g*¹ üdZ    51, 12. 13 gegenwärtiges *g*¹ aus ich das gegenwärtige    15 ben] benn    22 fo nach fich wie    23 Ihren — Antwort auf Schlossers Brief mit Beilage Schulins vom 7. Februar 1818 in demselben Fascikel Bl. 96; Schlossers Antwort vom 20. Februar 1818: ebenda Bl. 101. Vgl. 8009.

**\*7979.** Vgl. zu 6243. Färbers Hand 52,19 an eben *g* aus neben 20 ober nach und einem] einen 53,4.5 *g* — Zur Sache vgl. zu 7977.

**\*7980.** Cassirtes Mundum von Färbers Hand, Abg. Br. 1818, 24. Dazu ein Concept von derselben Hand, Abg. Br. 1818, 29, woraus zu bemerken: 53,19 wage ich *g* aR zu *g* üdZ 23 Sinneseinwirkungen *g* aus Sinneseinwirkung Den *g* über Ein Musik nach der 54,2 in mir *g* aR für aus= drückt daß in Menschen als fehlt wenn nach wird 2.3 ich — hörte *g* aus er — hört 3 wirbe mir sehr *g* üdZ 4 Ruhe, für Schweigen *g* aR für Ruhe 5 entschiedenen nach vo(U= kommenen?) 8 zu brauchen *g* aR, darüber *g*¹ sonderlich 10 Ihren 11 lassen mich fehlt 12 sollte aR 13 Jena gegen über. den 16. Februar 1818 — Antwort auf des Adressaten („Theolog im 4. Jahre") Brief aus Leitmeritz vom 1. Januar (Eing. Br. 1818, 30) worin er seine Lebensgeschichte erzählt, Compositionen Goethischer Lieder (mit Guitarrebegleitung) zur Prüfung übersendet und fragt: „Welches sind die Gränzen der Nachahmung in der Tonkunst? Welchen Be- rührungspunkt haben Natur und Kunst in derselben? Wie lässt sich das Schöne in der Musik definiren?" Vgl. dazu 19, 9. 56, 12, Briefwechsel mit Zelter II, 435 f.

**7981.** Vgl. zu 4102. Färbers Hand; mit Zelters Notiz: „23. Febr. erhalten". Gedruckt: Briefwechsel II, 438. Dazu ein Concept von derselben Hand, Abg. Br. 1818, 30, woraus zu bemerken: 54,15 Tonvermögens so schöne 18 etwas *g* aus was 19 sage nach dir 21 Bogen nach geneigtesten 55,6 Schluchten aus Marschschluchten 18 wir *g* üdZ 23 Windes= braut und Wasserrauschen *g* aus dem (*g* aR für das) Wasser= rauschen und Luftsturm 28 einige Stoßgebete *g* aus ein Stoß= gebet 28. 56. 1 meines Paradieses! *g* aus aus meinem Paradiese 56, 1 sie *g* über es 4 am — 2 *g* nach Cap(itel) 5 Einen nach N(och?) 14 Darnach folgt aR: Jena den 7. Febr. 1818. 15 beiner *g* über eurer 16 ich fehlt 20 Abentheuers *g* aus Abendtheuers 21 einen *g* aus ein 24. 25 fehlt — 54, 15 In seinem Briefe vom 29. Januar 1818 (Briefwechsel II, 435) 20 vgl. zu 42,1 55,11 vgl. 10,11 12 vgl. zu 65, 18. 99, 16. 101, 6. 169, 1. 220, 11. 286, 11 13 vgl. 199,3 18—22 vgl. zu 7971/2 28 vgl. zu 77,9 56, 5 vgl. 20, 5 12 vgl. zu 7980

17 Angeklebt ist Goethes eigenhändiger Brief an Charlotte v. Stein aus Palermo vom 18. April 1787 (= 2589).

Ein weiterer undatirter Brief Goethes an Zelter, beginnend „Da unsere Correspondenz ohnehin", den Strehlke II, 423. III, 175 im Anschluss an 7981, Dörings Sammlung S. 317 unter dem 25. Februar 1818 aufführt, ist als Beilage zu 7942 in Band XXVIII, S. 359 abgedruckt.

Ein undatirter Brief Goethes an Charlotte v. Stein, beginnend „Leider war alles bestellt", den Strehlke II, 294. III, 175 nach der ersten Auflage des Briefwechsels III, 455 auf den 17. Februar 1818 setzt, gehört vermuthlich unter den 10. November 1807, vgl. Briefwechsel ² II, 696. III, 637.

*7982. Concept von Färbers Hand, Abg. Br. 1818, 32    57, 7 ergeben $g^1$ über auffklären    8 jedoch $g$ üdZ    9 gemietheten etwa $g$ aus gemiethet hat    19. 20 Hochachtung — betheurend $g$ — 57, 3 vgl. zu 2, 1    11 Sophie Caroline v. Hopfgarten    12 vgl. zu 46, 18    18 Goethes erster Enkel Walther wurde am 9. April geboren, vgl. 87, 10. 89, 9, Tageb. VI, 194, 9.

*7983. Handschrift von Färber, 1894 im Besitz von v. Zahn & Jaensch in Dresden (vgl. deren Catalog 42, Nr. 142) 58, 19 $g$    Dazu ein Concept von derselben Hand, Abg. Br. 1818, 33, woraus zu bemerken: 58, 4 gelesen nach selbst    14 Dank nach in seinem Nahmen    19. 20 fehlt, mit Ausnahme des Datums    20 19.] 18. Ferner ein cassirtes früheres Concept von derselben Hand, Abg. Br. 1818, 32ᵇ, woraus zu bemerken: 58, 2 eher $g^1$ aus ehr    2. 3 verbindlichsten $g^1$ aus verbindlichen    4 Werks selbst gelesen    6 besprochen $g^1$ aus gesprochen    8 daß $g^1$ üdZ    9 wenn Sie $g^1$ üdZ    11 gedrängte $g^1$ aus gestellte    14 Hochbenenselben in seinem Nahmen Dank    16 der mich $g^1$, von Färber mit Dinte nachgezogen, über den ich    17 zu nach gleichfalls    19. 20 fehlt, mit Ausnahme des Datums    20 19.] 18. — Antwort auf Dohms (vgl. ADB. 5, 297) Brief aus Pustleben vom 4. Jan. 1818, mit dem er den 3. Band seiner „Denkwürdigkeiten" übersendet, vgl. Tageb. VI, 164, 9. 24. 165, 8.

7984. Vgl. zu 7194. Färbers Hand    60, 21 $g$ Gedruckt: Raumers Historisches Taschenbuch 1862, S. 382. Dazu ein Concept von derselben Hand in dem gleichen Fascikel wie 7140, Bl. 81, woraus zu bemerken: 59, 1. 2 Färber auf $g^1$

3, 4 jedesmal $g^1$ aR   4 und $g^1$ üdZ   5 besonderes $g^1$ aus besonders   6 wohl $g^1$ üdZ   9 heraus $g^1$ aus hervor   10 Inschriften $g^1$ aus Inschrift   11 auch $g^1$ aR   14 höchst nach gewu   15 auch in dieser $g^1$ für auch in der   16 die $g^1$ aus diese   17 einmal $g^1$ aus einmals   22 Beilage $g^1$ aus Beilagen   24 ihm $g^1$ aus ihn   60, 2 vielfachem $g^1$ aus vielfachen   4 kaum $g^1$ über nicht   9 nach $g^1$ über zu   11 dem $g^1$ aus den   13 das $g^1$ aus daß   15 worden $g^1$ üdZ   18 Ergiebt nach mögen   auch bey mir $g^1$ üdZ   indessen $g^1$ aR mit Verweisungszeichen   19 selbst $g^1$ über auch   20 Aufforderung $g^1$ unter Anregung anzudeuten $g^1$ nach mitzutheilen   21. 22 fehlt, mit Ausnahme des Datums — 59, 5 Vom 8. Februar 1818, in demselben Fascikel wie 7140, Bl. 77   8 „Unmassgebliche Gedanken über die Inschriften zum Blücherschen Monument", von Preen, in demselben Fascikel, Bl. 78 f.   10 vgl. 10, 12. 236, 12. 291, 22 und zu XXVII, 39, 18. XXVIII, 21, 10.

**7985.** Handschrift von Färber im G.-Sch.-Archiv, als Depositum der Grossherzoglichen Bibliothek. Gedruckt: Briefwechsel II, 244; vgl. dazu H. Uhde in den Hamburg. Nachrichten 1877, Nr. 60 („just" statt „gut") — 60, 23 vgl. Tageb. VI, 174, 4. 5   61, 1 vgl. zu 46, 18, Tageb. VI, 174, 15.

**7986.** Handschrift unbekannt. Gedruckt: G.-Jb. VIII, 150 — 61, 6 vgl. zu 46, 18.

**7987.** Handschrift unbekannt; gedruckt: Neue Freie Presse, Morgenblatt vom 8. Januar 1878   62, 4 Aftermohametaner   17 eigenen   20 fitz   21 Sonne   Dazu ein Concept von Kräuters Hand, Abg. Br. 1818, 36, dem zu 62, 4. 17. 20. 21 gefolgt und woraus ferner zu bemerken ist: 61, 10 von nach auch   11 v. J. fehlt   13. 14 behandeln   62, 2 ich üdZ   8 freundlich   11 beiderseitigen $g$ aus beiden   13 ruhende] rauchende, was aus Analogie zu 66, 13 wohl in den Text aufzunehmen ist   15 gegenwärtig $g$ über jetzt   20 ich so ruhig   22 befohlen   24. 25 fehlt, mit Ausnahme des Datums — Antwort auf des Adressaten Brief vom 15. November 1817, worin er für die Aufnahme in Goethes Hause (vgl. zu 7853) dankt   61, 11 vgl. zu XXVIII, 300, 19   17 vgl. zu 10, 11   19 vgl. zu 4, 2, XXVIII, 188, 3   62, 8 vgl. zu 42, 1   15—22 vgl. 66, 19—26.

**\*7988.** Vgl. zu 7211. Kräuters Hand 64, 6 $g$ Dazu ein Concept von derselben Hand, Abg. Br. 1818, 33$^b$, woraus zu bemerken: 63, 10. 11 burch ben $g$ aus aber bem 13 flache fehlt Müße nach ftumpfe 22—64, 3 aR mit Verweisungszeichen 22 Schließlich $g$ aus Schlüßlich 25 meiften ift fie eben bei 64, 2 baburch $g$ üdZ 4—7 fehlt, mit Ausnahme des Datums 7 24.] 23. — Antwort auf des Adressaten (vgl. zu 7211) Brief vom 6. December 1817 (Eing. Br. 1818, 107), mit dem er die Fortsetzung seiner „Denkmäler deutscher Kunst" und seinen Stich des Kölner Doms übersendet (vgl. Tageb. VI 174, 19. 20).

**7989.** Vgl. zu 2677. Kräuters Hand 64, 19 Cattano 66, 4 Baß Theilweise gedruckt: Riemer, Briefe von und an Goethe S. 119, Mittheilungen II, 673. Dazu ein Concept von derselben Hand, Abg. Br. 1818, 34, woraus zu bemerken: 64, 15 Lonarbo 16 mitgebracht nach von Mayland 19 Gaetano $g$ aus Gaedano 24 denn immer mit 65, 3. 4 Vaticana $g$ aus Vaticaner 5 Jahre 8 Leonharb 10 diese aus dieser 11 Kupfer] Figuren 18. 19 Morphologie p 19 vorbereitet nach gleichfalls 22 den Natur=Wissenschaften 23. 24 verschiedener Capitel gezogen 26 Curt $g$ aus Curts 27 Carus $g$ aus Charus 66, 4 Baß 19 Thals 21 stiller aus es jetzt so still 24 möchte aus möchten 24. 25 ich so ruhig 25. 26 hiemit 26 befohlen 27 24.] 23. — 64, 11 vgl. zu 10, 11 14 vgl. zu XXVIII, 305, 16 16 vgl. zu XXVIII, 306, 9 19 vgl. zu 7934 65, 4 vgl. zu XXVIII, 339, 17 18 vgl. zu 55, 12 19. 20 vgl. zu 4, 2 26 Kurt Sprengel, Geschichte der Botanik. Neu bearbeitet. Th. I. II. Altenburg und Leipzig 1817, vgl. Tageb. VI, 151, 22 27 vgl. zu 8019 66, 15 vgl. zu 42, 1 19—26 vgl. 62, 15—22.

**7990.** Handschrift unbekannt, vgl. Liepmannssohns Catalog 104, Nr. 296. Gedruckt: G.-Jb. VIII, 150 — 67, 7 vgl. zu XXVIII, 288, 3 13 vgl. Tageb. VI, 174 ff.

**\*7991.** Concept von Kräuters Hand auf einem Folioblatt des G.-Sch.-Archivs, rechtsspaltig 68, 2 kann $g$ über darf 2. 3 ein Theil $g$ üdZ 15 und üdZ — 68, 5 = 7992 13 vgl. Tageb. VI, 176, 17; ein Brief von Mylius an den Grossherzog Carl August vom 24. Januar 1818 in den Eing. Br. 1818, 110. Vgl. ferner zu 243, 15.

**\*7992.** Concept von Kräuters Hand auf demselben

Blatt wie 7992, rechtsspaltig 68, 18 befonbere *g* üdZ 23 geneigt aus gefällig 69, 1. 2 unb — fey *g* nach fey 7 Stücke *g* üdZ 15. 16 aufrichtige — verfichernd, *g* — Zur Sache vgl. 7934. 7991 68, 19 vgl. Tageb. VI, 176, 17. 26 69, 12 Die Übersetzung des Aufsatzes über Leonardos Abendmahl stammte von Ludwig Daniel Maria Lavés, Lector der französischen Sprache in Jena, vgl. 91, 12. 211, 25. 230, 2. 242, 13 und Tageb. VI, 172, 8. 9. 183, 17—19.

**7993.** Vgl. zu 7195. Kräuters Hand 70, 10 *g* Gedruckt: Westermanns Monatshefte 77, 91 Dazu ein Concept von derselben Hand, Abg. Br. 1818, 37, woraus zu bemerken: 69, 19 hiebey 22 Vorbereitung aR 23 ift nach war 70, 1 Geschäft unb seinen Einzelnheiten mich 2 Hefte 3 K. u. A. 5 selbst aR 8 Mit aus Mich mit unb nach angeleg(entlich) 11 März] Febr. — 69, 19. 20 „12 Thlr. für die Medaillen" Tageb. VI, 178, 20 21 In einem Briefe vom 27. Januar (Eing. Br. 1818, 57) 70, 3 vgl. zu 10, 11.

**\*7994.** Concept von Färbers Hand, Abg. Br. 1818, 28 70, 13 balbigſt *g* aus mir so bald 15. 16 äufferte jenen *g* über daß ich diesen Wunsch — geäusert 17 bie nach daß 17. 18 ber — annähern *g* aR für denjenigen sich nähern könnten 20 war *g* über gewesen 22 ber — sehr *g* für dergleichen Blätter in ihrem Geldwerth sehr 71, 1. 2 zugleich *g* aus sogleich 2 weil *g* über indem 4 Beyliegendes — Kupfer *g* aus Auf beiliegenben Blatt habe ich bie wenigen verzeichnet 8 Betrag nach kleinen 10 bie aus bies 11—13 Denn — sind Kräuters Hand aR 15 zogl. Bibliothek — 26 Kräuters Hand — 70, 14 vgl. 161, 21, Tageb. VI, 169, 19. 170, 6. 27. 171, 27. 174, 22. 175, 3. 11. 13. 23. 24. 176, 9. 19. 20. 26. 178, 21—23 und 8048 16 vgl. 12, 3. 71, 15. 161, 16 71, 7 vgl. Tageb. VI, 178, 20. 21.

**\*7995.** Concept von Kräuters Hand in dem Fascikel des G.-Sch.-Archivs „Acta privata. Den intendirten Hinterbau des Nachbar Lämmermann betr. 1818", Bl. 1 72, 1 Hertelischen aus Herberischen 5. 6 anliegenbem aR 15—19 unb —werbe; aR 19 Stabtgericht über Bau-Departement 25 März aus feb(ruar) — Zur Sache vgl. 8046. 8064. Der Lämmermannsche Neubau lag auf der Rückseite des Goethischen Gartens, an der Ecke der Ackerwand und Marienstrasse, vgl. Tageb. VI, 178, 4. 13. 14. 26. 179, 1.

**7996.** Vgl. zu 2666. Eigenhändig. Gedruckt: Briefe an C. G. v. Voigt S. 395 — 73,1 vgl. zu 4,10   7 „Rechtfertigung des Professor Fries gegen die Anklagen, welche wegen seiner Theilnahme am Wartburgs-Fest wider ihn erhoben worden sind. Aktenmässig dargestellt von ihm selbst. Jena 1818", vgl. 74, 12, Tageb. VI, 178, 27. 28. 179, 7—9. Über die Parodie vgl. Tageb. VI, 312.

\*7997. Concept von Kräuters Hand in dem Fascikel des G.-Sch.-Archivs „Correspondenz mit Herrn von Cotta und Herrn Frommann. 1819. 1820", Bl. 2 — 73, 12 vgl. zu 4, 2.

\*7998. Concept von Kräuters Hand in demselben Fascikel wie 7997, Bl. 2$^b$ — 74, 2 vgl. zu 4, 2   4 = 7997   7 vgl. zu 10, 11.

\*7999. Vgl. zu 6243. Kräuters Hand   74, 19 *g* — 74, 12 vgl. zu 73, 7.

**8000.** Handschrift unbekannt. Gedruckt: W. v. Biedermann, Goethe und das sächsische Erzgebürge, Stuttgart 1877, S. 206, wohl nach dem Concept, da der Name in der Unterschrift fehlt — Über den Adressaten vgl. Biedermann a. a. O. S. 205; Goethes Brief wurde veranlasst durch ein von Odeleben unter'm 6. Januar 1818 gedruckt ausgegebenes „Verzeichniss der zu Kleinwaltersdorf bei Freiberg befindlichen italienischen Fossilien". Vgl. ferner 8054.

**8001.** Handschrift unbekannt. Gedruckt: Greizer Zeitung 1874 Nr. 199 — 76, 1 vgl. Tageb. VI, 179f.

**8002.** Vgl. zu 268. Kräuters Hand. Gedruckt: Briefwechsel II, 245 — 76, 9 J. J. v. Gerning, vgl. Knebels Brief vom 27. Februar 1818 (Briefwechsel II, 244)   17 Knebels Sohn Bernhard.

**8003.** Vgl. zu 4102. Kräuters Hand   77, 9—16 Auf einem umränderten Sedezblättchen, mit Zelters Notiz: „Erhalten den 12. März"; die Beilage auf einem besondern Quartbogen   78, 11 *Naples* nach *Bergame*   21 *l'admiration* Zur Nachschrift (80, 14—81, 7) ein Concept von Kräuters Hand, Abg. Br. 1818, 40, woraus zu bemerken: 80, 14 Vor≠ stehende   20 freche *g* über prächtige   25 benen   26 Employé, Spion, oder auch   27 Kriegsbesen   81, 2. 3 und — zuzueignen fehlt — 77, 9 Die am 1. März (Briefwechsel II, 444) übersandte Composition von Goethes „Um Mitternacht" (Werke III, 47), vgl. 55, 28   10 vgl. 20, 8   13 Der Aufführung der Graunschen Passion (Tod Jesu) am Charfreitag, vgl. 84, 20. 88, 18   14 vgl. zu 20, 3   17 In den Auszügen aus Stendhals (Henry Beyles) Schrift sind die Lesarten des Originals (S. 292 ff. S. 19 f.) wieder hergestellt; Goethe las sie am 18. und 19. Januar 1818 (Tageb. VI, 159 f.)

**8004.** Vgl. zu 2666. Kräuters Hand   81, 12 gemachten   16 g Gedruckt: Briefe an C. G. v. Voigt S. 395.

*****8005.** Concept von Kräuters Hand in demselben Fascikel wie 7829, Bl. 43   82, 2. 3 Weißhart   23 Lücke — Zur Sache vgl. 7829. 7830. 7842. 7846. 7943. 7954. 8007   82, 2. 3 vgl. zu 1, 10   23 vgl. 85, 14.

**8006.** Vgl. zu 6901. Kräuters Hand. Gedruckt: Briefwechsel S. 175. Dazu ein Concept von derselben Hand, Abg. Br. 1818, 41, woraus zu bemerken: 83, 7 war aus warb   10. 11 Straßen zu seinen Freunden finden aus Straßen bei seinem Freunde befinden   13. 14 drohenden g üdZ   17 denn in der nächsten heiligen Woche an 20 Anfang aus Anfangs   84, 9 Gute] Liebe   15 wie ich über liegt [Hörfehler]   denn fehlt 20 der nach im — 83, 5 Vom 25. Februar 1818 (Briefwechsel S. 172)   6 vgl. Tageb. VI, 177, 13. 14   8 Schultz hatte einen Plan von Berlin übersandt, auf dem mit Rothstift die Wohnungen der Berliner Goethefreunde ausgezeichnet waren 17 vgl. zu 20, 3   20 vgl. 105, 3. 158, 9. 167, 16. 197, 17. 206, 14. 215, 25. 219, 3. 237, 5. 239, 1. 247, 9. 248, 26. 252, 1. 22. 253, 21 23 vgl. zu XXVIII, 260, 8   84, 20 vgl. zu 77, 13.

*****8007.** Eigenhändiges Concept mit Bleistift, schwer leserlich, in demselben Fascikel wie 7829, Bl. 44   85, 6 statt nach wie bi(sher)   15 Geschieht nach Sind   Über mit ein unleserliches Wort gestrichen   17 frühen üdZ — Zur Sache vgl. zu 8005.

*****8008.** Vgl. zu 6243. Kräuters Hand, umrändertes Sedezblättchen — 86, 4 Die Oper Elena von Simon Mayer (vgl. 20, 8. 79, 23); denn Zelter schreibt am 1. März 1818 (Briefwechsel II, 445): „Die Oper Elena von Mayer ist verbrannt". Über Heinrich Ludwig Verlohren vgl. zu 6340.

*****8009.** Concept von Kräuters Hand in demselben Fascikel wie 7907, Bl. 113 — Schlosser meldet am 17. März

1818 (in demselben Fascikel, Bl. 109) dass 5310 Th., 6 Groschen in 6 Wechseln an Frege abgegangen seien. Freges Antwort, falsch vom 13. März 1818 datirt, in demselben Fascikel, Bl. 108.

**8010.** Handschrift, eigenhändig, in der Hirzelschen Sammlung (unvollständig gedruckt: Neuestes Verzeichniss 1874 S. 222, an August v. Goethe?), hier nach einer Abschrift der Leipziger Universitätsbibliothek — Nach Knebels Beziehungen zu Weller (vgl. XXVIII, 302, 14. 322, 6) ist er, nicht August v. Goethe, als Adressat anzunehmen.

\*8011. Handschrift von Färber im G.-Sch.-Archiv (alph.), Foliobogen, rechtsspaltig beschrieben 87, 10 Starcke — 87, 10 vgl. zu 57, 18 19 vgl. zu 11, 18 20. 21 „Aus einem Stammbuch, von 1604", Kunst und Alterthum II 3, 32, Werke III, 46. 387f. 88, 10 Gräfin Caroline Egloffstein, vgl. zu 89, 4.

**8012.** Vgl. zu 4102. Färbers Hand, mit Zelters Notiz: „24. März 1818" 92, 8 $g$ Gedruckt: Briefwechsel II, 453. Dazu ein Concept von derselben Hand, Abg. Br. 1818, 44, woraus zu bemerken: 88, 23 Berliner $g$ aus Berlinern 89, 2 erzeigt $g$ aus erzeugt 3 einen 9 Gevatter $g$ aus Gevattern 13 Ein Mann $g$ aus Einer 18 wächst $g$ aus wächs 23 sich $g$ üdZ eräugnen $g$ aus erauignen 25 das $g^1$ über dieses 26 eurer $g$ über bey einer 28 der $g$ aR 91, 2 michs $g$ aus mich 3 wirst $g$ aus würst 4 Der Strich $g$ üdZ 8 dem $g$ aus denn er $g$ über man müsste $g$ unter kan 11 Rythmik $g$ aR für Ritnik 12 Thronwechsel $g$ aus Conwechsel 12. 13 mitternächtiger $g$ aus mitternächtige 13 Solche $g$ über Diese 14 solche $g$ über diese 15 Das zweite der $g$ über diese 16 Da nach daß 17 Die Versfüsse $g$ üdZ 20 sie $g$ über die Herren sie aus Sie $g$ üdZ 21 Homeriden $g$ aR Rhapsoden $g$ aus Rapsoten 22. 23 und — Geschlecht $g$ aR 26 und es $g$ aR für mit 27 Renken $g$ aus Ränken 91, 4 sollte $g$ aus solle 5 Den — ich aR für Des Platzes wegen will ich 6 der nach gedenken unterhält nach noch 7 durch $g$ über auf 9 welche $g$ aR für die 12 hier $g$ üdZ 16 eigner 19. 20 Intreße 26 von $g$ üdZ 6 Auf — 9 fehlt — 88, 18 vgl. zu 77, 13 89, 2 vgl. zu 77, 9 4 vgl. zu 88, 10 9 vgl. zu 57, 18 10 vgl. zu 42, 1 26 vgl. zu 77, 13 90, 4 vgl. zu 20, 3 6 Friedrich August

Wolf, vgl. Zelters Brief vom 1. März 1818 (Briefwechsel II, 446)   9 Zelter schreibt von F. A. Wolf: „Hat er Dir denn nicht seine 100 Hexameter geschickt? womit er nichts Geringeres intendirt als solche Hexameter zu machen die sich wie ein non plus ultra von Prosa ausnehmen sollen"; vgl. Tageb. VI, 186, 4. 5   91, 12 vgl. zu 69, 12.

*8013. Handschrift von Färber in demselben Fascikel wie 7939, Bl. 17   92, 12 anliegenden   93, 19—21 g Linksspaltig Carl Augusts Antwort vom 22. März: „HE. v. Schreibers ersuche ich abermahls herzlich für seine sorgfalt zu dancken, die fernere Benutzung des Credites und der Anweisungen überlasse ich Ew. Exellenz um sie nach und nach zum besten der Museen zu verwenden"   — 92, 11 Vom 4. März, praes. 19. März 1818, in demselben Fascikel Bl. 15; vgl. 7963. 7969   93, 3 vgl. 98, 2 und zu 7546   14 vgl. 8055   20 Carl August schreibt: „Übrigens wünsche ich dass es auf dem Tannen Wipfel dort entlich ein mahl Windstille werde".

8014. Handschrift unbekannt. Gedruckt: Briefe an Döbereiner S. 102   — 94, 1 vgl. 125, 4, Tageb. VI, 186, 14.

8015. Handschrift, eigenhändig, im Besitz von Alexander Meyer Cohn, vgl. den Catalog seiner Autographensammlung S. 38, früher in der Sammlung Wagener, vgl. R. Lepkes Auctionscatalog vom 26. Febr. 1878, Nr. 724. Gedruckt: Albert Cohn, Ungedrucktes, Berlin 1878, S. 83. Sollte 1818 verschrieben sein für 1817? Dann gehörte das Billet als Nr. 7684ᵃ in Band XXVIII, 29.

*8016. Handschrift von Färber, Eing. Br. 1818, 160, rechtsspaltig; linksspaltig Augusts Antworten, von Kräuters Hand   94, 14 vgl. 8018   95, 1 vgl. 173, 17, Tageb. VI, 202, 5, Werke 36, 143   10 vgl. zu 7273   13 Vom 11. Februar 1818, im G.-Sch.-Archiv   18 Zur Inschrift von Heilsberg, vgl. 101, 9. 111, 21. 127, 3. 135, 7. 223, 3. 249, 7. 254, 23. 257, 5. 264, 20. 266, 13. 286, 1. 317, 10 und zu XXVIII, 5, 1.

*8017. Concept von Färbers Hand in dem Fascikel des G.-Sch.-Archivs „Verhältniss zu Auctionator Weigel in Leipzig von 1817—1822", Bl. 30   95, 24 befto gewiffer g über felbft   96, 1 da Jhnen g aR für indem   2 bekannter nach Jhnen   4 hätte g über wirde   5 wären fie mir g aus wenn man mir fie   worden g über hätte   6 angekauft haben.   19 merkwürdiges nach etwas — 95, 22 vgl. 108, 22. 118, 3. 162, 1. Tageb. VI, 185, 13. 27. 186, 2. 15; Weigels Brief vom 13. März 1818 in demselben Fascikel, Bl. 24    96, 14 Weigel antwortet am 13. März auf Goethes Anfrage wegen „farbigen Papiers": „Man kann dergleichen hier in ziemlich grossem Medianformat und in verschiedenen Farben das Buch zu 1 rh. 20 gr. haben".

*8018. Concept von Färbers Hand in demselben Fascikel wie 7908, Bl. 12    97, 7 hierbey g über nächst    und g über so — 97, 2 vgl. 94, 14.

8019. Die Originale von Goethes Briefen an Carl Gustav Carus wurden im Juni 1891 für das G.-Sch.-Archiv erworben. Färbers Hand    100, 3—5 g    Gedruckt: Göthe. Zu dessen näherem Verständniss von C. G. Carus, Leipzig 1843, S. 4. Dazu ein Concept von derselben Hand, Abg. Br. 1818, 47, woraus zu bemerken: 97, 20 indem nach ich    98, 4 die aus diese    5 Haus — g aR    6 sodann g üdZ    7 zu der übrigen animalischen g aus auf die übrige animalische    genauer g aus genau    12—99, 7. 8 Wenn — empfinden auf einem besondern Folioblatt eingeklebt (98, 26 konnte bisher g üdZ    99, 2 eignen g üdZ    4 ich üdZ) für eine gestrichne frühere Fassung, woraus zu bemerken: 98, 13 schon längst g aR für schon früher    ein Compendium aus den Mangel eines Compendiums    14 methodisch genug $g^1$ für gleich von Haus aus    15 hohen fehlt    16 knapp] ernst    im Einzelnen $g^1$ aR    lebendig $g^1$ über spielend    20 wird    20—22 Wie — erleben.] Es thut mir weh [$g^1$ über leid] daß dieses nicht schon diesen Sommer bey uns geschieht.    23—25 Da — schätzen. $g^1$ aR für Da ich mich seit vierzig Jahren redlich [$g^1$ über endlich] abquäle so gehöre ich gewiß unter die welche [$g^1$ über die] Ihre Leistung [$g^1$ über Arbeit] am höchsten zu schätzen wissen.    25. 26 Bis jetzt konnte ich nur wenige Stunden darauf [$g^1$ aus auf das Werk] verwenden    26 sehe] sah    27—99, 7. 8 erfüllt — empfinden] erfüllt und ich nehme desto eher [$g^1$ aus ehr] mit Zuversicht meine alten Papiere vor, da [$g^1$ über weil] ich — empfinden    11 mit nach mich    12 stand g aR für befand    13 mit der Gegenwart $g^1$ und g aus im Augenblick    17 darin aus darinnen    18 Michael aus Michaeli    25. 26 eine etwas leichte Behandlung gestrichen, dann wiederhergestellt    26 eilige $g^1$ unter leichte    Ihrer $g^1$

über einer 100, 2 mir $g^1$ üdZ 3—5 fehlt — 97, 19 Adressat (vgl. ADB. 4, 37) übersendet am 10. Februar (Eing. Br. 1818, 100) sein „Lehrbuch der Zootomie, mit 20 von ihm selbst radirten Kupfertafeln", Leipzig 1818; vgl. 65, 27, 8055. 8202, Tageb. VI, 173, 2. 18. 174, 11  98, 2 vgl. zu 93, 3 99, 16 vgl. zu 55, 12.

**8020.** Vgl. zu 6243. Eigenhändig. Gedruckt: Allgemeine Zeitung 1877, Nr. 120, mit dem falschen Datum vom 25. Mai 1818 — 100, 9 In dem Werke von Jean François Georgel: Mémoires pour servir à l'histoire des évènements de la fin du dix-huitième siècle, depuis 1760 jusqu' à 1810, par un contemporain impartial. Avec la gravure du fameux collier. Paris 1817, vgl. Tageb. VI, 183 ff.

**8021.** Handschrift unbekannt, vgl. J. A. Stargardts Auctionscatalog vom 3. Juni 1889, Nr. 86. Gedruckt: G.-Jb. VIII, 150 — 101, 2 Wohl zu Kunst und Alterthum, Heft II  6 vgl. zu 55, 12  9 vgl. zu 95, 18.

**\*8022.** Vgl. zu 7694. Färbers Hand  102, 2. 3 Dramatifte aus Drammatifte  18 uns $g$ aR  23 weiß $g$ aus weiß 103, 1 baß $g$ aus bas  2 Drammatift  3 fonderlich $g$ aus fonderliche  13—19 $g$, mit Ausnahme des Datums. Dazu ein Concept von derselben Hand, Abg. Br. 1818, 57, woraus zu bemerken: 101, 22 hegen $g^1$ aR für tragen  102, 2. 3 Drammatifte $g$ aus Drammatifus  13 fan nach aber  18 uns $g$ üdZ 103, 2 vor Zeiten rumorenber $g$ aR für jener  3 unb $g$ aR biefe $g$ über jene  fonderliche aus fonderliches  7 *Mons. Misele g*  8 fämtliche $g$ aus fämtlichen  13—19 fehlt, mit Ausnahme des Datums, welches $g$ — Ottilie übersendet am 25. März (Eing. Br. 1818, 165) ein handschriftliches Drama von Friedrich v. Kurowski-Eichen (vgl. Tageb. V, 342, Goedeke III [1], 762) mit den Worten: „Wenn Ihnen beiliegendes Packt, lieber Vater, gegen meine preussische Abkunft einigen Unwillen giebt, so darf ich nichts dagegen einwenden, nur aber bemerken, dass Geheimrath Wolff nicht nur mein Mitschuldiger ist, sondern eigentlich der Hauptanführer. — Der Himmel weiss was für christliches Unheil in der Prutena stecken mag". Der Verfasser selbst schreibt in seinem Begleitbriefe aus Suhl vom 18. März (Eing. Br. 1818, 162): „Der Herr Geheimrath Wolf in Berlin, welcher dieses Schauspiel bereits bey der Berliner Theaterdirection unter seinem Schutze eingereicht hat, schreibt mir, dort würde es bis zur Aufführung noch wenigstens ein Jahr dauern, er rieth mir es drukken zu lassen, zuvörderst aber womöglich mir das Urtheil Ew. Excellence gehorsamst zu erbitten" 102, 11 vgl. Schriften der G.-G. XIV, 309   103, 3 vgl. zu XXIV, 115, 12   7 Ottilie schreibt: „Miselés Garderobe vermehrt sich fast täglich, und ich wollte er benutzte sie bald" (vgl. zu 57, 18)   10 Ottilie dankt für das 2. Heft von Kunst und Alterthum und fügt hinzu: „In diesen Tagen werden sich die Sibillen dazu versammeln, die Zeit her keine Sitzung gehabt da Fr. v. Schardt verreist, und meine Mama unwohl war"; vgl. 204, 18   14 Von August am 25. März (Eing. Br. 1818, 163) übersandt, vgl. Tageb. V, 205, 4. 5. VI, 187, 24. 313, Briefe XXVIII, 438.

**\*8023.** Concept von Färbers Hand, Abg. Br. 1818, 56  104, 5  beifommenbeš nach auch   6 auch $g$ üdZ   11 unb üdZ — 103, 22 Byrons „Manfred", vgl. 159, 12, Tageb. VI, 188, 19  104, 6 Leonardos Abendmahl, vgl. zu 11, 18.

**8024.** Vgl. zu 2677. Färbers Hand. Unvollständig gedruckt: Riemer, Briefe von und an Goethe S. 122. Dazu ein Concept von derselben Hand, Abg. Br. 1818, 49, woraus zu bemerken: 104, 19 baš $g$ aus baß   20 aber $g$ üdZ   21 vor= fpiegelte $g$ aus vorfpiegelt   immer nach eben doch   21. 22 biš= proportionirte $g$ aus noch diefe proportionirte   105, 1 aber nach fchr(eiben)   14 follen $g^1$ aus foll   16. 17 Hanš — Grien fehlt, ebenso die Anmerkung   19 Phigalifchen $g^1$ aus Phifa= lifchen, so immer   22 Langš   106, 2 Kunst und Werth   2. 3 (bie — zugearbeitet,) $g^1$ aR   5 alle $g^1$ üdZ   6 nachfagen nach dies   6. 7 baß — find. $g^1$ aR   7 Bereiten Sie fich $g^1$ aus fie bereiten fich   8 — 18 „Daš — wirb."] fehlt, dafür: (*Inseratur* bie bewußte Stelle)   21 einem $g^1$ über im   107, 2 eš $g^1$ üdZ   4 Neu nach Um   Diefeš nach Br   unb — allererft] unb um vorher $g^1$ aR für um   8 ba $g^1$ aR   geftaucht $g^1$ aus geftaugt   12—16 Sieht — frech] Derselbe Absatz in früherer Fassung mit den Abweichungen:   12 nun fehlt   Sinn   13 Gebilbe an, fo wie   fie $g^1$ aR für es   14 fo $g^1$ üdZ   findet $g$ über fieht 14. 15 überfchwengliche nach eine   15 höchfte nach die   16 un=

bebingt — frech] die schon etwas frech wird am Schluss von Bl. 50ᵇ und Anfang von Bl. 52ᵃ gestrichen  19 Modelle $g^1$ aus Modell  22 denn ja auch jetzt $g^1$ aR für auch wohl  23 werden $g^1$ aus wurden  dagegen man $g^1$ aR für noch werden wo  24 wo nach vielmehr  108,1 männlichen $g^1$ aus menschlichen  2 rohe $g^1$ aus rohes  3 verwegene nach und  4—11 Der — herumtappen] Dieselben Absätze in früherer Fassung mit den Abweichungen:  7 ennuyirt $g^1$ aR für energirt 8. 9 beurtheilt zu sehen: denn  9. 10 und einer einzelnen Nachbildung $g^1$ aus von einer einzeln einzigen Nachbildung  11 im Allgemeinen $g^1$ aR  herum tappen $g^1$ aus herum tappeln auf Bl. 52ᵃ gestrichen  5 würde $g^1$ aus wird  7 Bildern $g^1$ aus Bilder  ennuyirt $g^1$ aR für anergirt  18 bringe $g^1$ aus bringt  19 Vale — iterum $g^1$ aR  20. 21 fehlt  24 Etwa $g^1$ aus Etwan  109,1 im $g^1$ über auf den  2 Primaticcio $g^1$ aus Primabiccio  4 Rosso $g^1$ aR für Rausfau  5 Poussain $g^1$ aus Bousain  6 Erfinbungen $g^1$ aus Erfindung  13 bezahlt $g^1$ üdZ  14.15 ihm — Boucher $g^1$ aR für Bousche  16 Kunst= fehlt 17. 18 Le — vorzüglich fehlt  19 den Niederländischen $g^1$ aR für den  22 Romeyn $g^1$ aus Romayn, so immer  Hooghe $g^1$ aR für Gaeto, dieses nach Ho  23 u $g^1$ üdZ  26 Platten $g^1$ über Bogen  verschollener $g^1$ aus verschollene  27 vorgestellt $g^1$ aR für vorstellend  wurde  28 für [zwey] einen Groschen $g^1$ aR für 4 Groschen  110,1 anderen $g^1$ aus andern  3 Einen] 1 8 gleichfalls mitgekommner fehlt  8. 9 nachgearbeiteter $g^1$ aus ausgearbeiteter  12 Nieuland $g^1$ aR für Nieland  12. 13 Jobocus Momper $g^1$ aus Gobocus Monper  14 von Panderen $g^1$ aus Wanbanteren  Mucian $g^1$ aus Lucian  17—19 Und — ist fehlt, dafür $g^1$ aR: Daßelbe ist fast von sämmtlichen Rubens Landschaften zu sagen  20—23 fehlt, dafür mit Alinea: Der ganzen Italienischen Schule nicht gedenkend woher auch eine Erndte [$g^1$ aus Ernde] von Simon von Pesaro [$g^1$ aR für Begaro], Quido [!], den Carraches [$g^1$ aus dem Carraschus], Dominichi [$g^1$ aus Dominicin] — 105,2 Meyer wird am 2. Juli 1818 zuerst wieder in Goethes Tagebuch (VI, 224,11) erwähnt  3 vgl. zu 83, 20 8 vgl. 197, 23  18 vgl. Hirt's undatirten Brief an Goethe, Eing. Br. 1818, 113  20 vgl. zu 7975  106,8 Louise Seidler in ihrem Briefe an Goethe vom 2. Februar 1818  108,13 vgl. zu 11, 19  22 vgl. zu 8017  109,1 vgl. 118, 9.

**8025.** Vgl. zu 6705. Eigenhändig. Gedruckt: R. Jung, Goethes Briefwechsel mit A. Brentano S. 57. Dazu ein Concept von Färbers Hand, Abg. Br. 1818, 54, woraus zu bemerken: 110, 24 das $g^1$ aus daß alleranmuthigste 111, 2 sollten $g^1$ aus sollen 3 Götter so ungefällig seyn ein 4 deffen nach deren 5 stattlichst $g^1$ aus so stattlich 6 so] solche der $g^1$ über Sie die 7 den $g^1$ aus denn 8 unser — auszudrücken] nicht [$g^1$ über die] unser frohes Anerkennen auch nur Augenblicklich [$g^1$ aR für die Beilage nicht] zurück zu halten 9 die Beylage $g^1$ über sie Ihnen 10 es auch nur stellen] bringen 11 theuern 11. 12 lebhaftesten $g^1$ über aufrichtigsten 12 Grüße und Empfehlungen 13. 14 fehlt, mit Ausnahme des Datums 14 26.] 25. — 110, 25 vgl. 247, 12. 13 und Tageb. VI, 184, 8—10: „Brief von Frau von Brentano, Wein ankündigend. Van Dyck aus Carrara". Das Original von dem im Briefwechsel mit A. Brentano S. 55 nach dem Concept abgedruckten Briefe vom 19. Februar in den Eing. Br. 1818, 116 111, 3 vgl. zu 57, 18 9 nach Tageb. VI, 188, 23 der Aufsatz über Leonardos Abendmahl, vgl. zu 11, 18.

**\*8026.** Handschrift von Färber, Eing. Br. 1818, 170, rechtsspaltig; links Augusts Antworten — 111, 21 vgl. zu 95, 18 22 fehlt 25 vgl. zu 8041 112, 6 vgl. 86, 12. 138, 15 18 = 8024.

**\*8027.** Concept von Färbers Hand, Abg. Br. 1818, 60.

**\*8028.** Concept von Färbers Hand, Abg. Br. 1818, 55 113, 21 Danck $g$ aR für Anerkennung Nach Tageb. VI, 193, 1 erst am 6. April abgegangen. Adresse: „Herrn General-Salinen-Administrator von Flur[!] und Herrn Obristbergrath Wagner in München"; über den eigentlichen Adressaten vgl. ADB. 7, 140. Flurl's Antwort vom 24. April 1818 in demselben Fascikel wie zu 8053, Bl. 3; vgl. 172, 19.

**\*8029.** Concept von Färbers Hand, Abg. Br. 1818, 43 114, 19 Prüfung nach merkwürdigen 22 so nach ist 115, 1 an $g$ über für 3 sich $g$ üdZ 4 Hoffnung aus Hoffnungen — 114, 16 nach Tageb. VI, 189, 9 „Döbereiners Elementarberechnung der reichen Minen des östlichen Amerika" 115, 1 Trebra schreibt am 17. März (Eing. Br. 1818, 157): „Die jungen Leute befinden sich sehr wohl, sagte meines Freundes voriger Brief. Gott gebe, dass es noch so sey.

Empfiel mich ihnen mit meinem Gruss — Glück auf!" 2 am 14. März, vgl. Tageb. VI, 182, 22  4 vgl. zu 57, 18.

*8030. Concept von Färbers Hand, Abg. Br. 1818, 59ᵇ 115, 10 Sie üdZ — Das Tagebuch verzeichnet erst am 2. April 1818 (VI, 191, 2—4): „Nach Tische Prof. Hand, besprochen das Collegium über Alterthümer und dessen Arrangement. Der Prinzessinnen Unterricht in der römischen Geschichte." Über den Adressaten vgl. zu 7763. 8067.

*8031. Concept von Färbers Hand, Abg. Br. 1818, 59. Adresse: „An Frau Geheime Räthin von Bechtolsheim Excellenz" 115, 15. 16 Daher empfinden — verbeffern g aR für denken und thun 17 nur nach auch 116, 2 doch g üdZ von g über noch an 3 noch nach immer setzten g über denn hätten lieben g aR 4 statt nach gesetzt 6 weil nach eben 7 überzeugen nach die — Antwort auf der Adressatin Brief aus Stetten vom 19. März 1818, worin sie für Goethes Verbesserungen ihrer Sonette „Weimars Meistersinger" (vgl. Carl Graf Oberndorff, Erinnerungen einer Urgrossmutter, Berlin 1902, S. 222 ff.) dankt, einige neue Veränderungen zur Prüfung vorlegt und „einen kleinen Roman in vierzehn Liederchen" (Lianens Rosen- und Dornengewinde) in Aussicht stellt. Sie schliesst: „Auch dies ist ungeschickt dass ich Ihnen das alles voraus sage denn nun werden Sie vielleicht beym Lesen dieser Produkte heimlich ausrufen: n' est ce que cela? Allein beym Erwägen dass es der Nachglanz, die Gestaltung einer vor mehr als dreissig Jahren lodernden Flamme ist, so verdient auch dies cela Bewunderung und Respekt." Vgl. ferner den undatirten Brief der Adressatin (Eing. Br. 1818, 115) und Tageb. VI, 177, 10—12. 16—18. 25. 26. 189, 5. 6.

8032. Vgl. zu 2666. Färbers Hand 119, 6 g Gedruckt: Briefe an C. G. v. Voigt S. 395. Dazu ein Concept von derselben Hand, Abg. Br. 1818, 61, woraus zu bemerken: 116, 21 lieben nach den 21 und gestrichen, dann wiederhergestellt 117, 7 Zahlungen g aus Zahlung 13 Verhältniß g aR 14 und uns üdZ 19 daß g aus das das g aus daß 19. 20 Werth und Würde g aus werdte und würde 21 ist g aus in wir sie g aus sie sich 22 Unverstand nach ob(er) 23. 24 und — hinzuzusetzen fehlt, dafür folgt mit Alinea:

(Hier ist eine große Lücke welche der vortreffliche Freund sehr leicht ausfüllen kann.) Aeolus hatte die Winde in einen Schlauch gefaßt, wer lies sie los? nicht Ulyß sondern als er schlief seine Gesellen. Sie werden wieder nach Hause kehren, unterdessen manches Unheil anrichten.

Ich lese jetzt mit Sammlung die Geschichte der französischen Revolution und finde, indem ich den höchst schätzbaren Grund respectire, woher die Hauptsache kommt und wohin das Ziel gelangen kann, alles was tagtäglich bey uns geschieht nur als einen absurden Nachklang jenes Ungeheueren.

Verzeihen Sie, Verehrtester, Theuerster, die Äußerung solcher Gedanken, die mir auf einem wirklich zur Sturmzeit auf einen[!] schwankenden Tannengipfel auf und ab steigen und die ich vielleicht in jedem Moment gegen mich selbst anders ausdrücke.

118, 1 sehr nach nic(ht?)   1.2 doch — hübschen *g* aR   4.5 ist — denn *g* aR für Glücklicher Weise   7 nur *g* aR für auf bezeichnet *g* über Commission gegeben   14 werbe aus werben   15 wichtigen] nichtigen, was vielleicht vorzuziehen ist   16 Intreße das *g* aus daß   18 Abneigungen *g* aus Abneigung   27 Löwenzahns *g* aus Löbenzahn   28 schon *g* aR für von   Jahr 119, 1 hatte nach seyn   2 gar nach und   4 — 7 fehlt, mit Ausnahme des Datums — 116, 19 „36 Thlr. für die Medaillen" (Tageb. VI, 189, 7); vgl. O. Jahn, Briefe an C. G. v. Voigt S. 396 Anm. 1   117, 25 vgl. zu 42, 1   118, 4 vgl. zu 8017   9 vgl. 109, 1   19 vgl. zu 10, 11   27 vgl. 167, 2, zu XXVIII, 55, 4, Tageb. VI, 26, 28. 189, 26.

8033. Handschrift unbekannt, vgl. O. A. Schulz, Autographen-Catalog 20, Nr. 676. Gedruckt: G.-Jb. VIII, 151 — 119, 9 Kunst und Alterthum, Heft IV, vgl. 158, 6. 168, 23. 220, 10. 262, 7. 285, 17. 293, 20. 295, 18   14 vgl. zu 65, 16. 19   20 vgl. Tageb. VI, 194, 14. 15   23 vgl. zu XXIII, 219, 11, Tageb. VI, 181, 2. 3   120, 2 Frommanns Schwager, Johann Carl Wesselhöft, vgl. zu 7795.

*8034. Vgl. zu 2929. Färbers Hand. Foliobogen, rechtsspaltig beschrieben — 120, 13 Silhouetten?   23 vgl. zu 30, 22.

Hier folgt ein fragmentarisches Concept (von Färbers Hand, Abg. Br. 1818, 65^b), das vermuthlich an August v. Goethe gerichtet ist, vgl. XXVIII, 120 f. und Augusts

Antwort vom 1. April (Eing. Br. 1818, 172): „Bester Vater! Tausend Dank für Ihre freundlichen und aufmunternden Worte, wodurch man recht eigentlich befestigt wird, um in den mancherley Lagen des Lebens, die leider nicht immer die angenehmsten sind, die bestimmte Richtschnur nicht zu verlieren und doch noch ein leidliches Resultat herausspringen sieht.":

Besonders will ich dir noch vermelden wie sehr es mich ge=freut hat daß wir durch die großen Urworte so leicht und leiblich über den Augenblick hinaus kommen. Das Absolute, die morali=sche Weltordnung, Systole und Diastole! es braucht nicht viel mehr sich zu verständigen. Daß nächste mal daß wir zusammen kommen muß ich dir noch einen Begriff vom Dämonischen geben, dann be=darf es nichts weiter. Eine Reihe orphischer Urworte die du nächstens in Stanzen aufgeklärt erhalten wirst [vgl. 181, 11] sind nur Zugabe und Umschreibungen. Somit aber lebe wohl.

Geschrieben auf der Zinne 28" 1, 5''' beym heitersten Sonnen=schein und lieblichklar wolkenbehufteter Atmosphäre. Nun so lebe zum schönsten wohl!

Jena den 31. März 1818.

*8035. Concept von Färbers Hand, Abg. Br. 1818, 66 121, 21 würden *g* aus würde    bequem nach sehr    22 allenfalls *g* aR    daß nach allenfalls    122, 4 durch's — durchgehalten *g* aR    11 Das zweite eines *g* über oder    13 im Laufe *g* aR für in    13. 14 sittlicher — Ereignisse *g* aus sittlichen — Ereignissen    17 In nach und so scheint mir    scheint mir *g* üdZ    19 Ober=sten *g* über Höchsten    21 Lies Und nun, das Komma ist *g* ein-gesetzt    abstrusen *g* aR    24 zu fehlt    123, 2 zu — anzuerkennen *g* aR für zu denken    5 manchen — Zufälligkeiten *g* aus manchem Innern und Aeusern — Antwort auf des Adressaten (vgl. ADB. 32, 606) Brief aus Leipzig vom 27. März (Eing. Br. 1818, 168), worin er um Goethes Urtheil über seinen Versuch „Zur Beurtheilung Goethes", Breslau 1818, bittet; vgl. zu 8117 und Tageb. VI, 215, 19    122, 26 Johann Friedrich Ferdinand Delbrück (1772—1848, ADB. 5, 36), Gymnasiallehrer in Berlin, zeigte Goethes Gedichte in Nr. 1. 2 der Jenaischen ALZ. vom 1. und 2. Januar 1809 an, vgl. XX, 13, 2. 9. 249, 16—25. XXI, 41, 12—16. 44, 22—25    27 Lida ist Charlotte v. Stein.

Ein amtliches Schreiben Goethes vom 2. April 1818 an J. M. Färber in Jena (Concept von Färber), das Inventarium der Thierarzneischule betr., in dem Fascikel der Oberaufsicht „Acta Die Behandlung und künftigen Etat der Veterinair Anstalt zu Jena betr.", 1817—21, Bl. 39.

*8036. Concept von Färbers Hand, Abg. Br. 1818, 74 123, 17 folgt mit Alinea: 2) Das Abendmahl von Vinci für den Moment abgeschlossen liegt bey   18 denckend= $g$ üdZ   124, 4 in   um $g$ über und   7 daß[!] nach doch   8 auf — der $g$ aR für unter die   13 bringt $g$ über gieb   eine so $g$ aus so eine 15 täppisch genug $g$ aR für so ungeschickt   18 eignen $g$ aR 18. 19 soll — werden $g$ aus wenn — werden soll   20 Enkomiasten $g$ aR für Equmiasten   23 in der Stille $g$ aR für heimlich   24 Bossis $g$ aus von Bossi   26 Gutem $g$ aus Dem guten   28 fühle $g$ über sehe   125, 2 Darunter folgt $g^1$ aR: *Decandolle theorie Elementaire de la Botanique* [vgl. 125, 16. 17]   3 Königliche 16 daß $g$ aus das   18 so $g$ üdZ   19 eiligst $g$ über neulichst 21 Pflanze   22 noch immer $g$ aus hiernach immer noch   23 reiner nach die   28 von aus vom   126, 2 um $g$ aR für und 3. 4 vollenden nach machen   — 123, 19 J. Cushing, Der exotische Gärtner oder die Art und Weise wie die Engländer die Pflanzen in den Gewächshäusern behandeln und vermehren. A. d. Engl. mit Anmerk. und einem Anhang vermehrt von G. F. Seidel. Dresden 1817, vgl. Tageb. VI, 180, 27. 28. Über George Louis Marie Dumont de Courset, Le Botaniste cultivateur, Paris 1798—1805, vgl. XXVIII, 391, Tageb. VI, 295 124, 4 vgl. zu 91, 12   9 vgl. zu XXVIII, 306, 9   11 Vom 11. Februar 1818   125, 4 vgl. zu 93, 24   14 vgl. Naturwiss. Schriften VI, 264. 275. VII, 118   19 vgl. 44, 16   23 „Wasserlarven" vgl. 129, 2. 136, 4, Tageb. VI, 191, 25. 26.

*8037. Handschrift von Färber, Eing. Br. 1818, 195, rechtsspaltig; linksspaltig Voigts Antworten   126, 6 *Serenissimus*   128, 14—16 $g$   Dazu ein Concept von derselben Hand, Abg. Br. 1818, 70, woraus zu bemerken: 126, 6 *Serenissimus*   7 Bibliotheksangelegenheit   10 gelahrter   19 die nach er   21 der $g^1$ aus des   127, 2 Hammerischen $g$ aR für Hammilischen   3 Monument   5 darin aus darinnen   7. 8 und — Abbruch $g$ aR für wie die Beilage zeigt   13 auf nach die zw(ey)   14. 15 druckte es $g$ aus drucktes   22—128, 16 fehlt —

126,7 vgl. zu 4,15   12 vgl. 200,15, Tageb. VI, 191,27. 195,20.
251,21   127,3 vgl. zu XXVIII, 5,1   23 vgl. Tageb. VI,
191, 28: „Körnerischen Gesellens Vergünstigung"   128,3
vgl. Tageb. VI, 190, 24: „Nachricht von der vorseyenden
Expedition der Engländer nach dem Nordpol".
*8038. Handschrift von Färber, Eing. Br. 1818, 179 —
128,18 vgl. zu 95,18   129,2 vgl. zu 125,28   5 August
schreibt am 1. April (Eing. Br. 1818, 172): „Ich habe gestern
die interessante Bekanntschaft des Grafen Löpel gemacht,
dem es sehr leid that Sie nicht hier zu sehen. Ich ...
werde ihn mit einigen Portefeuilles und andern Kunstgegenständen geziemend zu unterhalten suchen".
8039. Handschrift, umrändertes Sedezblatt, eigenhändig,
im G.-Sch.-Archiv als Depositum der Grossh. Bibliothek.
Gedruckt: Hamburger Nachrichten 1877, Nr. 60 — 129,13
Von „Sechs Wochen in Paris" (Tageb. VI, 190,6—8. 191,9)?
16 vgl. Tageb. VI, 191,21.
*8040. Concept von Wellers Hand, Abg. Br. 1818, 72 —
Antwort auf des Adressaten (ADB. 23, 149) Brief vom 8. März
(Eing. Br. 1818, 136), worin es heisst: „Als ich verwichenen
Sommer in Jena die Ehre hatte, Ew. Exzellenz meine Aufwartung zu machen, schienen Sie von beiliegendem Buche
[König Yngurd, Trauerspiel, Leipzig 1817?] so günstig zu
denken, als es nur immer die Ihnen wohlbekannte Wahrheit erlaubt, die ich auf das Futteral geschrieben habe.
Ich wähl' es daher, um leiblich wenigstens das mir so
theure Geschenk aufzuwägen welches Sie vor 5 Jahren mit
der natürl. Tochter mir gemacht haben. Die drey Journalblätter, in welche ich es gewickelt habe, enthalten einiges,
was Sie vielleicht nicht ohne allen Antheil läsen." Goethes
Urtheil über „König Yngurd": Goethes Gespräche VIII, 375;
die „geringe Zugabe" ist unbekannt, vgl. aber 221, 20 ff.
Das Exemplar von Müllners „König Yngurd", das sich 1825
noch in Goethes Bibliothek befand, ist nach C. Rulands
Mittheilung in dem von Kräuter 1839 angefertigten Katalog
nicht mehr verzeichnet.
*8041. Concept von Färbers Hand, Abg. Br. 1818, 68
131,15 sobann nach Jhnen   Reste eines früheren Concepts
von derselben Hand, Abg. Br. 1818, 64f., z. Th. auf einem

abgeschnittnen Folioblatt zeigen folgende wichtigere Abweichungen: 131, 10 fo ift's paralelle   11 den wie er diefen ... tifch in fich   13 vor dem g aus vorm   15 Ihnen redlich fa(gen)   18 des aus (g über in) Ihren   19 tritt über ieb. Wie g über Daß   20—22 das fich dürfte ... der müßte ... einen Mo ... Stelle darüber ... würde ... [Techn]ik des deut= 24 Leiber nach Weiter   28. 132, 1 bis — und g und $g^1$ aR 132, 1 dem $g^1$ über einem   3 gedruckte g üdZ   12 zu erfparen g über vorzufehen — Antwort auf des Adressaten Brief, datirt „Ritterguth Birkenberge bey Guben in der N. Lausitz" den 21. December 1817 (Eing. Br. 1818, 9), worin er, angeregt durch Hermann und Dorothea, Vossens Luise und Baggesens Parthenais, „eine Art von Darstellung des Riesengebirgs als idyllisch-romantisches Epos in mehreren Gesängen" übersendet; am 13. März (Eing. Br. 1818, 150) erbittet er die ersten drei Gesänge zurück, da er sie nur einmal im Manuscript besitze, vgl. 111, 25   132, 3 Wohl das III. Heft von Kunst und Alterthum.

**8042.** Vgl. zu 6243. Eigenhändig   133, 4 Der Name fehlt an der Seitenwende   25 eine fehlt. Gedruckt: Briefe an C. G. v. Voigt, S. 398; 133, 16 ff. auch bei Vogel, Goethe in amtlichen Verhältnissen S. 319   —   132, 17 vgl. zu 44, 6 133, 19 vgl. zu 57, 18   25 Die Mailänder Medaille auf Carl August, vgl. 134, 5. 18. 135, 7. 143, 13, Tageb. VI, 314.

***8043.** Vgl. zu 6243. Färbers Hand — 134, 5 vgl. zu 133, 25   9 vgl. Tageb. VI, 193, 8: „Um 3 Uhr Gräfin Egloffstein".

***8044.** Handschrift, eigenhändig, in der Hirzelschen Sammlung; hier nach einer Abschrift der Leipziger Universitätsbibliothek — 134, 14 vgl. Tageb. VI, 193, 9. 10.

Eine amtliche Notiz Goethes vom 9. April 1818 (Wellers Hand) über die Acten der Veterinair-Anstalt zu Jena in demselben Fascikel wie 8035/6, Bl. 38.

***8045.** Concept von Wellers Hand, Abg. Br. 1818, 77 134, 18 den g über einen   135, 3 Canova's g aus Canoba's 12 zierlich aus zierlichen   13 Lies im   25 worauf nach und eine fur   ein Blat g aR für eine   26 Orte nach Sch(ickfalen) 136, 2 wohl über mir   5 auch g über nicht wenig   7 fanden nach find   13 und habe man g aus man habe   einer nach an den Prof. Fischer 22 Lenz *g* über er — 134, 13 vgl. zu 133, 25 135, 7 vgl. zu 95, 18; Carl August schreibt am 6. April (Eing. Br. 1818, 190): „Hier überschicke ich dir die Mayl. Medaille, sie ist schön erfunden und gut ausgeführt ... So eben reise ich nach Heilsberg wo ich noch niemalen war, komme aber diesen Abend wieder" 136, 4 vgl. zu 125, 28 16 vgl. 209, 7. 242, 2, Tageb. VI, 219, 21 27 vgl. 173, 2.

**\*8046.** Concept von Färbers Hand in demselben Fascikel wie 7995, Bl. 5 — Zur Sache vgl. 7995, Tageb. VI, 194, 20. 21. 195, 21. 22.

**8047.** Vgl. zu 6106. Wellers Hand 139, 9 *g* Mit Schlossers Notiz: „empf. 15. April 1818 F. Schlosser". Gedruckt: Goethe-Briefe aus F. Schlossers Nachlass S. 76. Dazu ein Concept von derselben Hand im gleichen Fascikel wie 7907, Bl. 130, woraus zu bemerken: 138, 2 Geschäfts= thätigkeit aus Geschäftsthigkeit 8 und *g* über ja 9 Mühe *g* über mir [Hörfehler] 13 fort nach Sie denn 17 sodann *g* über ja 19 Zunächst *g* über Sodann 22 finde *g* über habe 24 Nächstens *g* über Ebenfalls 139, 2 höchlich *g* aR 7 Und als aus Als *g* über Indem 9. 10 fehlt — Antwort auf Schlossers Brief vom 3. April 1818, in demselben Fascikel, Bl. 132 138, 15 vgl. zu 112, 6 24 vgl. zu 7838. 7907. 8102 139, 5 vgl. zu 57, 18.

**\*8048.** Concept von Wellers Hand in demselben Fascikel wie 8016, Bl. 1 139, 11 zugesendete aus zugesendeten 13 Blätter *g* aR 14 behalten aus ich zurück behalten 16 benachrichtigt *g* über avertirt 17 Denenselben *g* aus benselben 17. 18 Kenntniß *g* über Nachricht 19 aus nach als 20 nicht *g* üdZ gebachter *g* über dieser Posten gestrichen und *g* üdZ durch Kasten ersetzt, dann wiederhergestellt einge= fordert nach nicht Datum nach Tageb. VI, 194, 22 — Zur Sache vgl. 7994.

**8049.** Handschrift, umrändertes Sedezblatt, eigenhändig, im G.-Sch.-Archiv, als Depositum der Grossherzogl. Bibliothek 140, 2 dich fehlt Gedruckt: Briefwechsel II, 245 — 140, 1 Nicht U. F. Kopp, Bilder und Schriften der Vorzeit, Th. I. II, 1819 (wie Guhrauer II, 245 vermuthet) sondern: „Das deutsche Recht in Bildern. Nach Zeichnungen mitgetheilt durch Herrn Geheimrath von Goethe", in Büschings Wöchentlichen Nachrichten IV 1, 1—10, vgl. zu XXVII, 172, 14. XXVIII, 179, 6.

**8050.** Vgl. zu 6243. Wellers Hand 140, 13. 14 bei= gehenben 141, 10 *g* Gedruckt: Allgemeine Zeitung 1877, Nr. 120 — 140, 14 vgl. 200, 15. 232, 14. 308, 23, Tageb. VI, 195, 20. 251, 20. 21 141, 3 Am 16. April (Tageb. VI, 196 f.) 4. 5 vgl. zu 57, 18.

**8051.** Handschrift unbekannt. Gedruckt: Briefe an Döbereiner S. 103 — 141, 13 vgl. 142, 1—4 und Tageb. VI, 195, 23—26.

**8052.** Vgl. zu 2666. Eigenhändig. Gedruckt: Briefe an C. G. v. Voigt S. 399 — 142, 1—4 vgl. 141, 13 5 vgl. zu 4, 10 7 vgl. zu 3, 13—17 14 Als Rechnungsamtmann nach Heussdorf, vgl. 165, 3. 289, 20 23 Kunst und Alterthum, Heft III (Tageb. VI, 196, 6), vgl. zu 10, 11.

**8053.** Handschrift unbekannt. Gedruckt: Vogel, Goethe in amtlichen Verhältnissen S. 371. Die Berliner Sammlung III 1, 1026 nennt den Adressaten, über den auch aus den Acten der mineralogischen Societät in Jena nichts zu er- mitteln war, „König". Dazu ein Concept von Wellers Hand in dem Fascikel der Oberaufsicht „Acta Die wissenschaft- lichen Anstalten zu Jena betr. Vol. V. 1818 bis Sept. 1819", Bl. 4, mit der Adresse „Herrn Bergcommissair nach [?] Kö- nitz", woraus zu bemerken: 143, 4 ſchon vorlängſt *g* aR 4. 5 bebeutenbe *g* üdZ 5 Mittheilungen *g* aus Mittheilung 7 ja *g* üdZ 10 fernerhin *g* üdZ 11 berechtiget 14 Gewißheit *g* über Überzeugung mit hohem Vergnügen *g* unter gewiß 15 Bild *g* über Portrait besitzen werben *g* aus zu besitzen erfreuen wird 16 ber *g* über welcher beachtet *g* aus geachtet 17 Per= sonen *g* üdZ 22 ehrenvollen *g* aus Ihren vollen — 143, 13 vgl. zu 133, 25, Tageb. VI, 196, 18.

Ein Schreiben der Oberaufsicht vom 15. April 1818 (Wellers Hand), die Ausfüllung und Aufmauerung des Stadt- grabens in Jena betr., in den Acten der Immediat-Commis- sion „Die Baue und Reparaturen an den akademischen Gebäuden in Jena betr." 1817—19, Bl. 46; eine amtliche Notiz Goethes von demselben Tage (Kräuters Hand), Liefe- rung der Inventarien der Veterinair-Anstalt zu Jena betr., in demselben Fascikel wie 8035/6, Bl. 40.

**\*8054.** Concept von Wellers Hand, Abg. Br. 1818, 73
144, 6 Obeleben *g* aus Oteleben   13 mit ben Preisen *g* aus um
die Preise   14 beschaffen sey nach zu erfahren   19 unter —
Jena, *g* aR  Datum nach Tageb. VI, 196, 19 — 144, 2 Kunst
und Alterthum Heft III, vgl. zu 10, 11   6 vgl. 8000. 8089
7. 8 J. G. Lenz in Jena   15 In einem Briefe vom 20. März
(Eing. Br. 1818, 187).

**\*8055.** Concept von Färbers (145, 1—147, 19) und Wellers
(147, 20—149, 16) Hand in demselben Fascikel wie 7939,
Bl. 19   145, 4 verdrießliche *g* aR für wieberliche   6 und nach
zu haben.  Gl(ücklicher)   8 verschlimmerte *g* aus schlimmerte
10 Freiheit nach die   18 nächsten *g* über den   22 des nach
durch die Arbeit   23 Lehrbuch nach durch sein   Zootomie
*g* aus Zotomie   24 uns *g* üdZ   höchst *g* über so   146, 1
methodische *g* aus medotische   werben läßt *g* aR für geworden
3. 4 weshalb ich mir *g* über und erlauben daher   4. 5 wohl —
darf *g* zugesetzt   9 bibactischen *g* aR für dictatischen   die
nach uns   10 von — befriedigen *g* aus vom andern Thiergeschlecht
schon hinreicht   12 nach und nach *g* aR   13 kein nach auch
13. 14 Felbes und *g* aR   14 harmlosen *g* über zahmen   15 Tie-
ger nach und   16 ein sehr schöner *g* aus einen sehr schönen
20 von Ew. Hochwohlgeb. *g* aR   21 Begierde *g* aR für Vergnügen   22 unserer nach in   22. 23 nach und nach über zunächst   23. 24 anliegendem *g* aus inligenden   25 gebe *g* aR für
gäbe   26 um nach in einer so großen Stadt wie Wien kommt
gar manches vor woran wir andern nicht denken können und   28
sammelt nach so   147, 1 bibactischen *g* über dictatischen   2. 3
bedeutender *g* aus von bedeutenden   3 Geschöpfen   es nach
uns s(ehr)   7 Speculationen *g* über Betrachtungen   9 des
nach um   10 Metamorphose *g* über Entwickelung   12 ber aus
deren   14 gewandtesten *g* aus gewandesten   Supination *g* aR
für Subernation   16 ausspreche nach hier   19 begnügten *g* aus
begnügen   22 klein *g* über dicht   gesprengelten   25 beigezeiche-
ter [!] *g* aus beigezeigeter   148, 3. 4 etwas besonders durch
Zahlen aus besonders etwas   9 Scelet aus Scelete   11 Renchru
149, 4 doch *g* aR   5 da aus baß   10 Ich nach denn   11 Sich *g*
üdZ   16 mir üdZ — Zur Sache vgl. 8013   145, 23 vgl. zu 8019
146, 6 vgl. 173, 12   148, 5 vgl. 173, 12   149, 2 vgl. Tageb. VI,
196, 13. 22   12 vgl. 156, 20. 197, 14. 211, 14. 227, 3. 240, 11.

Ein eigenhändiger Eintrag Goethes in einem Exemplar der Cotta'schen Taschenausgabe von „Hermann und Dorothea", Stuttgart 1814, lautend: „Herren Ferientsék zu freundlichem Andencken des Aufenthalts im Saalthale, Goethe Jena d. 15. Apr. 1818", ist abgedruckt von Schröer in der Chronik des Wiener Goethe-Vereins, Bd. IV (1889), Nr. 2, S. 10 (vgl. Tageb. VI, 196, 22. 23).

**8056.** Die Originale der Briefe Goethes an Weller befinden sich zum grössten Theil seit 1888 im G.-Sch.-Archiv aus G. v. Loepers Besitz. Kräuters Hand. Gedruckt: Berliner Sammlung III 1, 1027 — 149, 18 Goethes Gedicht „Wiegenlied dem jungen Mineralogen Walter von Goethe. Den 21. April 1818" (Werke IV, 46), vgl. 8058 und Tageb. VI, 196, 27. 28. 197, 8. 25—27. 199, 7. 8.

Ein amtliches Schreiben Goethes vom 16. April 1818 an den Rentamtmann Kühn in Jena (Concept von Weller), die Übergabe der Belege zur Museumsrechnung betr., in den Abg. Briefen 1818, 133.

**8057.** Handschrift von Schreiberhand im Besitz des Fürsten Schwarzenberg in Prag. Abgedruckt von G. Weisstein in der Gegenwart 1878 Nr. 29 — Schluss eines Actenstücks?

**8058.** Vgl. zu 8055. Kräuters Hand. Gedruckt: Berliner Sammlung III 1, 1028 — Zur Sache vgl. zu 8056; in der Weimarischen Ausgabe IV, 47 ist der Druckfehler haben's beibehalten, vgl. V 2, 29. Ebenso f' apokopirt für fie: Werke V, 180, 1, Hempel II ² 432.

**8059.** Vgl. zu 6677. Eigenhändig. Gedruckt: „Zum 24. Juni 1898. Goethe und Maria Paulowna", S. 31 — 151, 14 vgl. Tageb. VI, 199, 12   16 vgl. Tageb. VI, 200, 14. 15.

*****8060.** Vgl. zu 2666. Kräuters Hand 152, 6 $g$ — 152, 3 vgl. Tageb. VI, 201, 12.

Ein zweites Schreiben Goethes an C. G. v. Voigt, nach Strehlke II, 356. III, 176 ebenfalls vom 20. April 1818, steht hier als Nr. 8066 unter'm 28. April 1818.

*****8061.** Vgl. zu 7432. Kräuters Hand. Antwort auf des Adressaten Brief vom 12. März (Eing. Br. 1818, 218), vgl. 8083 und Tageb. VI, 199, 25—28: „Prof. Nees von Esenbeck nach Sickershausen, Dank für die letzte Sendung, Acceptation des Werks: Über die Bebrütung des Hühnchens" 152, 11 „System der Pilze und Schwämme", vgl. zu 7432 22 vgl. zu 7939. 7963 153, 5 Als Professor der Botanik in Bonn 12 Über die Bebrütung des Hühnchens, 1818.

**8062.** Handschrift unbekannt. Gedruckt: Rudolph Wagner, S. T. v. Sömmerrings Leben und Verkehr mit seinen Zeitgenossen, Leipzig 1844, I, 23 — Antwort auf Sömmerrings Brief vom 22. März (Eing. Br. 1818, 167), der seine Dissertationen über die fossilen Eidechsen und Fledermäuse begleitete (Tageb. VI, 189, 11. 12).

\*8063. Vgl. zu 2666. Kräuters Hand.

\*8064. Concept von Kräuters Hand in demselben Fascikel wie 7995, Bl. 7 — Zur Sache vgl. 7995. 8046, Tageb. VI, 200, 17. 18. 201, 5.

\*8065. Vgl. zu 6243. Kräuters Hand. Der Brief ist am 27. April früh vor 9 Uhr in Weimar geschrieben (Tageb. VI, 202, 1) — 156, 5 Gräfin Julie v. Egloffstein, vgl. Burkhardt, Goethes Unterhaltungen mit dem Kanzler F. v. Müller [2] S. 28, Tageb. VI, 201, 19—21.

**8066.** Vgl. zu 2666. Färbers Hand 156, 22 *g* Gedruckt: Briefe an C. G. v. Voigt S. 400, datirt vom 20. April 1818 — 156, 10 „In academischer Bibliothekssache" (Tageb. VI, 202, 18) 20 vgl. zu 149, 12.

\*8067. Handschrift von Färber im G.-Sch.-Archiv, aus G. v. Loepers Besitz 157, 1 ben 10 *g* Bei Strehlke II, 375. III, 176 als an Weller gerichtet verzeichnet — Zur Sache vgl. Tageb. VI, 202, 12 und zu 8030.

**8068.** Handschrift, eigenhändig, 1898 in Albert Cohns Besitz; vgl. dessen Catalog 214, Nr. 133, 216, Nr. 228. Gedruckt: Greizer Zeitung 1873 Nr. 202 (157, 12 faß 14 wünſchte abzuſchreiben 18 Ort und Datum fehlt) — 157, 12. 13 Wegen der Fahrt nach Dornburg, vgl. zu 156, 5 und Tageb. VI, 202f.

Eine amtliche Notiz Goethes vom 30. April 1818, für den Professor Renner in Jena, in demselben Fascikel wie zu 7546, Bl. 98.

**8069.** Vgl. zu 6161. Färbers Hand 163, 7—9 *g* Gedruckt: S. Boisserée II, 214. Dazu ein Concept von derselben Hand, Abg. Br. 1818, 80, woraus zu bemerken: 157, 20 Der nach hat 158, 2 endlich *g* über zuletzt 7 eine Weile *g* über immer nur   12 ift *g* über dies   21 herrliche *g* über fchönfte   27 Juwelen *g* aus Jubelen   159,3 dem Hauptpunkte *g* aus den Hauptpunkten   4 höre ich nichts   8 jener *g* über der   13 Byron *g* aus Byren   war *g* über ift   14 meinen *g* aR   17 großes nach ein   18 darin aus darinnen   23 der Mann *g* über erhalten, er   28 Willemer *g* aus Wilmerr   160,1 von nach und   Thibaut aus Thiebaut   7 geht *g* aus gehe   11 bepfründete *g* aus begründete   15 wahrfcheinlich der Wider= facher *g* aus mag der Wieberfacher feyn oder nicht, fo hat [hat gestrichen und durch übergeschriebenes ift ersetzt, dann wiederhergestellt] er in   20 und *g* über ich   20. 21 Tagverderb= licheres *g* aus tagverberbliche   21 Partheiklatfch aus Parthei= klatfchen   23 münblich nach theilen   28 mitwirckte *g* aus mit= gewirckt hat   161, 1 aufgenommen *g* aus vorgefucht   4 des *g* üdZ   6. 7 von Handzeichnungen *g* aus der Handzeichnung   7 aus *g* üdZ   10 großen üdZ   12 Grabefand nach *g* aus Grabe= fan und   18 Apprehenfion *g* über Abrehention   21 Sein *g* vorgefetzt   162, 4 jetzt *g* üdZ   5 Bourbon *g* aus Bourbain Le Sueur *g* über Leffier   Pouffain [!] *g* aus Bouffein   6 Wattau [!] *g* aus Watto   Boucher *g* aR für Boufche   7. 8 weil — hat *g* zwischengeschrieben   11 Mafaccre *g* aus Ma= facer   12 Hooghe *g* üdZ   13 Lytfens nach be   20 Carrache *g* aus Carrafch   24 biaftolifirt *g* aus aftolifirt   25 folgt *g* aR: abgefendet b. 1. May 1818.   26—163,9 fehlt —   157, 19 vgl. zu 57, 18       158, 4 vgl. zu 10, 11   6 vgl. zu 119, 9   9 vgl. zu 83, 20       18 vgl. zu 42, 1   25 An die Erbgrossherzogin Maria Paulowna (vgl. zu XXVIII, 276, 22. 289, 16)?       159, 3 Ankauf der Boisserée'schen Sammlung, vgl. 325, 18       12 vgl. zu 103, 22       22 Vom 15. Januar 1818 (S. Boisserée II, 206) 160, 4 vgl. 181, 3. 220, 1   14 vgl. XXVIII, 283, 8. 291, 14   26 vgl. 183, 25       161, 10 *Tom and William Daniell, A pictoresque voyage to India; by the way of China.* London 1810. (Tageb. VI, 200, 9)       16 vgl. zu 12, 3   21 vgl. 7994. 8048   162, 1 vgl. zu 95, 23       163, 1 fehlt in den Werken.

8070. Vgl. zu 2666. Wellers Hand   164, 1 feine nach und   26 *g* Gedruckt: Briefe an C. G. v. Voigt S. 401 — 163, 18. 19 vgl. 166, 16. 171, 13. 174, 16, Tageb. VI, 206, 12. 18 29 vgl. zu 4, 10       164, 12 vgl. zu 42, 1   16 vgl. zu 149, 12 21 vgl. Tageb. VI, 207, 12.

**8071.** Handschrift von Weller in den Herderpapieren der Kgl. Bibliothek zu Berlin 166,14 g Gedruckt: Strehlke II, 462 — 165,3 vgl. zu 142,14 9 Lange, vgl. 113,9. 165,16. Ein amtliches Schreiben Goethes vom 8. Mai an die Immediat-Commission für Jena, bezw. an C. W. C. Stichling (Wellers Hand), die Instandsetzung des Carcers in Jena betr., in demselben Fascikel wie 8053/4, Bl. 36.

**\*8072.** Vgl. zu 2929. Färbers Hand — 166,16 vgl. zu 163,18.19 167,2 vgl. zu 118,27 15 vgl. zu 83,20 20 vgl. Tageb. VI, 207,10.

**\*8073.** Handschrift, eigenhändig, in der Keil'schen Sammlung (F. 23) des G.-Sch.-Archivs. Beiliegt Kräuters Brief an Vulpius vom 5. Mai 1818, worin folgende Stelle angestrichen ist: „Ermüdend ist sie [die Collationirung des Grunerischen Catalogs; vgl. zu 30,22] in geistiger, noch mehr aber in körperlicher Beziehung, denn ich spühre, wenn ich den ganzen Tag vor den Catalogen hin und hergetappelt, am Abend vor Müdigkeit kaum Arme und Füsse, ich bin allemal wie geprügelt. Ich könnte mir es gar sehr erleichtern und abkürzen dieses ennuyante Geschäft wenn ich es überhaupt nicht so sehr genau nähm. Und am Ende ist man denn vielleicht doch eigentlich doch umsonst gequält worden."

**\*8074.** Vgl. zu 6330. Schreiberhand (wohl Weller) 170, 8.27 g Dazu ein Concept von Färbers Hand in demselben Fascikel wie zu 6415, Bl. 128, woraus zu bemerken: 168,11 so g über denen 15 wie g über was 169,2 funf g über vier 3 was g über daß 7 Rameaus g aus Rameaos 9 Propylaeen g unter Problen 10 würde aus würden 21.22 Propylaeen g aus Prophlen 24.25 Eine — hinzu. g aR 170,3 ihn aus ihm 5 allein nach nur 6.9 fehlt, mit Ausnahme des Datums, welches g; die Beilage auf Bl. 131 11 Propy= läen g aR für Probilen 11.12 abzudrucken g zwischengeschrieben 13 Diderots g aus Ditterots 27 g Beiliegt auf Bl. 130 eine Berechnung der „Auslagen" (183 Th. 21 Gr.) von Färbers Hand, g datirt vom 10. Mai 1818, und eine eigenhändige Aufstellung seines Gutachtens, datirt vom 11. Mai 1818; dabei auf Bl. 132 die Notiz von Wellers Hand: „Nachgehefteter *Brouillon* einer Berechnung ward nebst Belegen zu allfälliger

Notiz und Legitimation aufgehoben, ob er gleich durch die eigentliche Berechnung *Fol.* unnütz gemacht wird. Jena den 11. Mai 1818" — Antwort auf Cottas Brief vom 18. April 1818, in demselben Fascikel, Bl. 127, nach seiner Rückkehr aus Italien 168, 21 vgl. zu 10, 11 23 vgl. zu 119, 9 169, 1 vgl. zu 55, 12 2 vgl. zu 4, 2 4 vgl. Hirzels Verzeichniss S. 86 7 vgl. zu XXVIII, 59, 1 9 vgl. 170, 10—26 10 vgl. XXVIII, 59, 1. 244, 22 12 vgl. zu XXVIII, 245, 7 18 vgl. zu XXVIII, 288, 3.

**8075.** Vgl. zu 2666. Wellers Hand 172, 8 den 17. 18 *g* Mit Voigts Notiz: „resp. 19. Mai". Gedruckt: Briefe an C. G. v. Voigt S. 402 — 171, 2. 3 vgl. Tageb. VI, 208, 18— 20. 210, 26. 27 13 vgl. zu 163, 18 17 vgl. zu 42, 1 24 vgl. zu 4, 15 172, 12 vgl. zu 149, 12.

**\*8076.** Concept von Färbers (172, 19—174, 12) und Wellers (174, 13—175, 11) Hand, Abg. Br. 1818, 89 173, 7 Ferroninseln 10 sodann in sich *g* aR für und einzeln 19 worin aus worinnen 21 sie *g* üdZ 23 eine andere *g* aus ein anders nur *g* üdZ 174, 19 letztere aus letzterer 23 freilich nur aus nur freilich 24 Lies kleine 175, 2 sehr *g* üdZ Das Datum nach Tageb. VI, 208, 18—20 — 172, 19 vgl. zu 8028 173, 2 vgl. zu 136, 27 12 vgl. zu 8055 17 vgl. zu 95, 1 174, 18 vgl. zu 163, 18 175, 5 vgl. Tageb. VI, 208, 18—20.

**8077.** Vgl. zu 6117. Gedruckt: G. Schmid, Goethe und Uwarow S. 27. Dazu ein Concept von Wellers Hand, Abg. Br. 1818, 27, woraus zu bemerken: 175, 20 übergebene *g* auf *g*¹ über anvertraute 21 dankbare *g* auf *g*¹ üdZ 21. 22 bey= kommenden *g* aus dem beykommenden 176, 6 medaillenartig — erhobenes durch *g* auf *g*¹ übergeschriebene Zahlen aus ein wenig erhobenes groß — medaillenartig gearbeitetes 8 den *g* über seinen 8. 9 dieses — Mannes *g* aR für der Art 10 vermelden lassen *g* auf *g*¹ über geben 11 Denn *g* über Denen 12 täglich *g* auf *g*¹ über immer 13 auf — hinblicken *g* auf *g*¹ aus dahin blicken was nach auch zunächst thätiges *g* auf *g*¹ aR 16 Ew. nach zunächst 17 Sie die *g* auf *g*¹ über ich den 18 finden *g* auf *g*¹ über beylege 27 völlig *g* aus voll 28 hin= einstreifte *g* auf *g*¹ aus hineingestreift habe 177, 4 die *g* üdZ 5 mir nach die 7. 8 fehlt, mit Ausnahme des Datums 8 18.] 6. — 175, 13 Uwarow wurde am 12. Januar 1818 zum Präsidenten der Petersburger Akademie der Wissenschaften ernannt (Schmid S. 27) 21. 22 Kunst und Alterthum I 3, 63 —65 (Werke 41 I, 126), vgl. zu XXVIII, 41, 15 176, 5 Der Gipsabguss einer Schaumünze, welche Russland darstellt, wie es seine Völker bewaffnet; von Goethe besprochen in Kunst und Alterthum II 1, 177 9 Dieses geschah in Uwarows Antwort vom 10. (23.) August 1818 (Schmid S. 29) 18 vgl. zu 4, 2.

**8078.** Concept von Wellers Hand, Abg. Br. 1818, 93 b 177, 9. 10 verstummend *g* aus erstummend 12 jeden anmuthet *g* über Jhnen belieben mag 13 derselben aus der — 177, 11 Kunst und Alterthum, Heft III (Tageb. VI, 210, 21) 14 Im Sommer 1776 (vgl. Rieger, Klinger I, 147 ff.) 22 Dichtung und Wahrheit, Band IV, erschien erst nach Goethes Tode, im 48. Bande der Ausgabe letzter Hand; über Klingers Beiträge vgl. 6820.

**8079.** Vgl. zu 2666. Wellers Hand 178, 12 ich aus sich 180, 3 *g* Gedruckt: Briefe an C. G. v. Voigt S. 403. Dazu ein Concept von Wellers Hand, Abg. Br. 1818, 98, woraus zu bemerken: 178, 8 Familie] Angehörigen 12 ich] sich Unsicherheit *g* aR für andeutenden Verhältnißen 13 bey — Weg *g* aR 14 eine — Reise *g* aus einen — Weg 18 umständlichern 180, 3. 4 fehlt, mit Ausnahme des Datums — 178, 8 vgl. 171, 2 179, 7 vgl. 183, 2. 244, 2. 246, 7 24 vgl. Tageb. VI, 210, 26. 27.

**8080.** Vgl. zu 268. Eigenhändig. Adresse: „Des Herren Major v. Knebel Hochwohlgeb." 180, 7 Erherzog Gedruckt: Briefwechsel II, 412 (Nachtrag 4) undatirt; bei Strehlke I, 359. III, 173 vom „September 1817" datirt. Vgl. aber Düntzer, Goethe und Carl August ² S. 766 f. und Tageb. VI, 210, 26. 27. Den Brief Carl Augusts vom 26. Mai 1818 aus Ems (Briefwechsel II, 120) hatte Goethe noch nicht, als er dies Blatt schrieb.

**8081.** Vgl. zu 6161. Wellers Hand 180, 19 öfters *g* aus oft 181, 8. 9. 182, 28 *g* Gedruckt: S. Boisserée II, 222. Dazu ein Concept von derselben Hand, Abg. Br. 1818, 102 b, woraus zu bemerken: 180, 16. 17 den [!] — denselben *g* aR für die Geht doch ein jeder von andern 17 zeigt nach aus, und da zeigt aus zeugt 18 Mitempfindens *g* aus Empfindens

19 oft *g* üdZ  übereinstimmen gestrichen, dann wiederhergestellt   20 bieses nach damit   möchte stocken *g* aus nicht stocken   21 füge *g* über lege   181,2 hinzu *g* nach bey   4 er — Durante *g* aR für er die Doubette von Dourante   5.6 ihm und üdZ   8—182,28 fehlt, mit Ausnahme des Datums — 180,13 Vom 12. Mai 1818 (S. Boisserée II, 217)   16 lm III. Heft von Kunst und Alterthum   181,1 „Urworte, orphisch" (Werke III, 95) vgl. 8034/5   3 vgl. zu 160,4   4 Francesco Durante, vgl. XXI, 130,12.

Ein Schreiben der Oberaufsicht vom 21. Mai 1818 an den Rentamtmann Kühn (Concept von Weller), den Rechnungsabschluss der Museumskasse betr., in den Acten der Oberaufsicht „Die Museums-Casse zu Jena betr. 1817. Vol. I", Bl. 23.

\*8082. Concept von Wellers Hand, Abg. Br. 1818, 104   183,4 war über nicht und(eutlich)   17 es *g* über man   18 geben *g* über haben   Herrn *g* aR   20 war aus waren   21 bie üdZ   184,5 für üdZ   11 Eine nach Daß wieder   12 zu sehen *g* aR für würde   längst nach ich   12.13 da — wie aR für daß   15 möglich üdZ   17 verhält sich über ist   27 *g* aR. Ferner zu 184,7—26 ein früherer Conceptentwurf von derselben Hand, Abg. Br. 1818, 103, welcher lautet:

Von Ew. Exellenz und dem Ober-Baudirector zu vernehmen, daß der junge Hesse vorwärts kommt, Glück und Gunst findet und beydes verdient, ist mir höchsterfreulich. Eine Anfrischung bedarf allerdings der architectone Sinn bey uns, welcher, nach
5 Beendigung des Schloßbaues, gar bald verschwunden war. Coudrays Talent und Pariser Verhältnisse lassen uns alles Gute hoffen, sowohl für die Anleitung junger Männer, als für die Ausführung zu unternehmender Arbeiten.

Auf das angekündigte Werk: die Stimme des Zeit-Geistes an
10 das deutsche Volk, bin ich sehr neugierig, enthalte mich aller voreiligen Bemerkungen, aber soviel sieht man doch, daß es noch Männer giebt, die den alten Sinn festhalten, und von Zeit zu Zeit ein Wort mitzureden geneigt. Es wird dieses von der besten Wirkung seyn, denn es läßt sich schon bemerken, daß mehreren
15 jungen Leuten das neuere Treiben verdächtig vorkommt, worüber man von Zeit zu Zeit bedeutende Äußerungen zu vernehmen hat.

183, 2 vgl. zu 179, 7   21 Friedrich Osann, der Stiefsohn C. G. v. Voigts, vgl. 191, 23. 202, 21. 302, 3   23 vgl. zu 160, 26
184, 9 Emil Hess, ein von Voigts zweiter Frau erzogener Anverwandter, der zu seiner Ausbildung als Architect eine Reise nach Paris und Italien unternommen hatte, vgl. 202, 21, Briefe an C. G. v. Voigt S. 407 f.   184, 22 „Die Stimme des Zeit-Geistes an das deutsche Volk", 1818, vgl. 191, 13—22, Tageb. VI, 214, 15.

*808S. Concept von Wellers Hand, Abg. Br. 1818, 102
185, 3 Aufopferung g über Aufmerksamkeit   7 erlaubt g aus erlaube   mich g über mit   12. 13 bie — segne g aR   17 mich — erinnern, g unter an Sie zu denken   18 wünschte aus wünschen nach mit Ihnen   19 laßen mich g über gedenken meiner 20 Recapitulation nach der   21. 22 geistig — walten g   Dazu ein nicht abgesandtes Mundum eines früheren Briefes (vgl. 185, 5) von Wellers und Färbers Hand, Abg. Br. 1818, 96 (14 sich g über immer), welches lautet (die Abweichungen eines Conceptes dazu von Wellers Hand, Abg. Br. 1818, 86, sind unter'm Strich verzeichnet):

Ew. Wohlgeboren
bedeutende Sendung verbindet mich aufs neue; denn obgleich in meiner gegenwärtigen Lage nur flüchtige Blicke werfen kann auf das Bescheerte und zu Erwartende, so find ich doch mein größtes Glück, daß alles mit meinen eigenen Hoffnungen und Wünschen 5 nicht etwa nur übereinstimmt, sondern sie eigentlich belebt und verwirklicht. Sie geben sich daher gewiß den Dank selbst und fahren in Ihren Mittheilungen fort.

Die Gentianen unter Glas laßen mich nun abermals mit Augen sehen, daß durch die Systole und Diastole der Metamor= 10 phose die Species hervorgebracht werden, wie die Geschlechter auch.

---

6 nicht üdZ   sie $g^1$ aR für die   9 nun abermals $g^1$ unter nun ($g^1$ aus nur) erst   10 Systole $g^1$ aus Sistole   Diastole $g^1$ aus Astole   11 wie—auch. Weller auf $g^1$ aR; darnach folgt aR: Ihre Behandlungsart dieser beweglichen Erscheinungen gibt mir viel Belehrung, Anleitung und Antrieb für: (an die Geschlechter will ich gar nicht [üdZ] reden). Alinea Und doch begegnet mirs

Die Familie der Siliquosen beschäftigt mich schon lange, und da erscheint am Geschlecht was dort an der Art. Es ist immer ein Schachspiel, das sich bis ins Unendliche vermannigfaltigt. Die Natur spielt mit sich selbst und wir sehen ihr über die Schultern ins Bret.

Es kann mir begegnen, daß ich mich in meinen Briefen wiederhole, das zeugt vielleicht gegen mein Erinnern, aber auch für meine feste Überzeugung.

Glücklicher Weise treffen wir in allen Hauptpunkten zusammen und Sie sind meines unverbrüchlichen Antheils gewiß.

Daß Sie mir senden, was Herr *d'Alton* senden wollte, dient mir zu vorzüglicher Beruhigung: Denn ich muß mich noch als sein Schuldner bekennen und würde sehr gern ihm etwas Freundliches erzeigen. Ew. Wohlgeboren verbänden mich wenn Sie mir hiezu Anlaß gäben.

Nun aber will ich, um nicht allzuviel weißes Papier fortzuschicken, noch einige Betrachtungen hersetzen, die seit dem Empfang Ihrer werthen Sendung mich beschäftigen. Durch die Behandlung der Geschlechter, Arten und Varietäten nach dem Begriff von Wandelung und Umwandelung, wie Sie uns über die Gentianen ein *Specimen* gegeben, beginnt eine neue Epoche für die Beschreibung der Gewächse wobey es ein Glück ist, daß diese mit so viel Klarheit und Ausführlichkeit begonnen wird, damit das Alte und Neue in einander schmelze: denn auch die Terminologie wird sich sachte verwandeln müssen, ohne daß das Frühere deßhalb aufgehoben werde. Hiezu braucht es freylich einige Zeit und es ist ein Glück für die Wissenschaft, daß jüngere Männer den rechten Weg ergreifen und uns die Hoffnung geben, daß unsere Nachkommen sich der Vollendung erfreuen.

---

2 am Geschlecht $g^1$ aus an Geschlechtern    der Art $g^1$ aus den Arten    3 das $g^1$ aus da sich    Unendliche sich [$g^1$ üdZ] immer vermannigfaltigt    4 über nach doch nur    7 zeugt $g^1$ aus zeigt    7. 8 auch für $g^1$ nach für    8 feste üdZ    9 in allen $g^1$ über an    10 sind $g^1$ aR für überzeugen sich ($g^1$ über mich)    gewiß $g^1$ üdZ    14 erzeigen $g^1$ aus erzeugen    mich gestrichen und durch $g^1$ übergeschriebenes mir ersetzt, dann wiederhergestellt    wenn — mir $g^1$ aR    15 gäben $g^1$ aus zu geben    16 Das Folgende von Färbers Hand    17 seit nach mich    20 Sie $g^1$ aus sie

Indessen ist doch von vielen Seiten gar manches rege, was diese schönen Absichten befördert. Die Arbeit Richards über die Orchideen ist merkwürdig genug. Indem diese unregelmäßigen Gestalten auf die Regel zurückgeführt werden, so hätten wir also nunmehr sämmtliche Monocotyledonen in dem System der Drey- 5 zahl vereinigt.
Antwort auf des Adressaten Brief vom 29. April (Eing. Br. 1818, 288); vgl. zu 8061.

**\*8084.** Concept von Wellers Hand, Abg. Br. 1818, 94; Datum nach der Stellung im Conceptheft  186, 2 in nach mir  3 mir $g$ aR  4 Merckmal $g$ über Zeugniß  5 diesen aus den  10 wenn $g$ aR  jener über Jena  11 vergangener 11.  12 überein nach miteinander  12 neue $g$ aR  13 Widerstreite aus Wiederstreiter  17 alle zusammen $g$ üdZ  19 thätig $g$ über trefflich  187, 5 kennen $g$ aus können  6 Ruinen $g$ aR 13 angeben fehlt  14 wie sie $g$ über die  15 Steinscheiber 19 Bearbeitern und Schleifern $g$ aus Bearbeiter und Schleifer — 186, 2 Aus Carrara, Eing. Br. 1818, 141  8 vgl. Schriften der G.-G. XIII, 340 ff.

Ein amtlicher Bericht der Oberaufsicht vom 25. Mai 1818 an den Grossherzog Carl August, die Vorschläge des akademischen Senats betr. (Wellers Hand), in dem Fascikel des G.-Sch.-Archivs „Acta, Die neuen Statuten der Universität Jena betr. 1818", Bl. 7.

Ein angeblicher Brief Goethes vom 25. Mai 1818 an F. v. Müller, den Strehlke I, 480. III, 176 nach dem Abdruck in der Augsburger Allgemeinen Zeitung 1877, Nr. 120 verzeichnet, beginnend: „Ew. Hw. geneigte Sendung", ist identisch mit dem hier als Nr. 8020 abgedruckten vom 25. März 1818.

**\*8085.** Vgl. zu 2929. Wellers Hand — 188, 3 Über Goethes Erkrankung vgl. 190, 21. 195, 5. 197, 4. 201, 17. 205, 15. 218, 20. 276, 17 und Tageb. VI, 214  10 Der IV. Artikel

---

3 Orchibeen $g^1$ aus Orchiben  4 so üdZ, $g^1$ gestrichen hätten aR für hielten [?]  5 in dem $g^1$ über auf das  6 vereinigt $g^1$ aR für zurückgeführt. Darnach folgt: Eine Aussicht auf Entwickelung anderer mehr complicirter Fälle.

„Herkules" in „Philostrats Gemählde" (Kunst und Alterthum II 1, 107, Werke 49 I, 72), vgl. Tageb. VI, 210 ff. 24 vgl. Tageb. VI, 214, 19.

**\*8086.** Concept von Wellers Hand, Abg. Br. 1818, 106; Adresse *g*: „Al Signore Signore Gaetano Cattaneo Direttore del Imp. Real. Cabinetto delle medaglie Milano"   189, 20 bandbar *g* üdZ  ,22 unb — erfreut *g* aR   190, 1 fich — befinden *g* aus außer Standes find   3 nächstens *g* aR für wieder   4 wir nach und   5 balb *g* üdZ   10 noch üdZ   15 bandbarlichst — unb *y* aR   17 aufrufen zu dürfen *g* für zu genießen   18 angelegentlichst *g* üdZ   —   189, 19 Liegt im G.-Sch.-Archiv   190, 1 vgl. zu 149, 12   8 vgl. Tageb. VI, 216, 11. 217, 19.

Dazu das Concept einer französischen Übersetzung, die vermuthlich an Stelle des deutschen zur Absendung gelangte, von der Hand des Professor Lavés (vgl. zu 6091 [= 6245**a**]. 8100. 8101. 8131) in den Abg. Br. 1818, 109:

*C'est avec un vrai plaisir que je m'acquitte des ordres de mon très-gracieux souverain, Monseigneur le Grand-Duc, qui a daigné me charger de répondre préalablement à votre dernière lettre du 24 avril, et m'a autorisé à vous exprimer*
5 *sa reconnoissance et son entière satisfaction, tant à l'égard du contenu de la lettre que par rapport aux divers objets qui y sont annoncés, et à vous prévenir que, se trouvant pour le moment aux bains d'Ems, il se voit forcé de différer une réponse détaillée jusqu' à son retour, qui n'est plus*
10 *éloigné. Nous flattant de revoir Son Altesse Royale dans l'état de santé le plus prospère, aussi bien au moral qu'au physique, il n'est aucun de nous qui ne fasse les voeux les plus ardents pour en hâter l'époque si désirée.*

*En mon particulier, j'ai l'honneur de vous marquer que,*
15 *les caisses attendues n'étant pas encore arrivées, je n'ai pu encore répondre à la lettre aussi intéressante qu'instructive que vous m'avez adressée.*

*Cet envoi au reste me cause la joie la plus vive, et je ne saurois assez vous rendre grace de tous les soins et de toutes*
20 *les peines que vous avez bien voulu prendre. Je donne un plein assentiment à tout ce que vous avez eu la bonté de faire pour moi, et vous demande la liberté de pouvoir recourir*

*désormais pour mes collections et études à votre indulgente sollicitude.*

*Me rappelant à votre souvenir, je vous prie d'agréer l'expression de ma haute estime et de ma parfaite considération.*

Auf Bl. 109 b steht neben Federproben Goethes und Wellers das Concept der Unterschrift: *Weimar ce 5. Juin 1818. Votre tres humble et tres obeissant Serviteur de Goethe.*

**8087.** Vgl. zu 2666. Wellers Hand 191, 15. 16 Bezüglich der Autor auf Verfaßung, scheint auf dem Punkt zu stehen wo 192, 15 g 16 5. aus 4. Gedruckt: Briefe an C. G. v. Voigt S. 405. Dazu ein Concept von derselben Hand, Abg. Br. 1818, 107, woraus zu bemerken: 191, 7 nächst [!] nach uns 11 *Serenissimo* g¹ aus an *Serenissimum*, dieses g¹ aus *Serenissimus* Ihro g¹ über seiner 15 Bezüglich g¹ aR für bezieht sich der Autor g¹ aR 18 nachhincken g¹ über nachgehen 21 dort nach sonst 26 will nach neh(me?) 28 ausgegrabenen Rollen g¹ aus ausgegrabene Rolle 192, 3. 4 Verwunderung, ja mit g¹ aR 4 gesehen g¹ aR für gelesen 9 mir nach ihn 12 mit g¹ aR für in 13. 14 bestätigtes — wünschend g¹ zugesetzt 15. 16 fehlt — 190, 21 vgl. 188, 3 191, 9 = 8086 (falsch O. Jahn, Briefe an C. G. v. Voigt S. 405, Anm. 2) 13 vgl. zu 184, 22 23 vgl. zu 183, 21 28 Osann hatte über die herculanischen Papyrus Mitteilungen gemacht, vgl. 221, 8 und Briefe an C. G. v. Voigt S. 406 192, 3 vgl. 192, 22. 203, 7. 215, 5, Tageb. VI, 218, 23, S. Boisseree II, 225 f., Briefe an C. G. v. Voigt S. 406.

**8088.** Vgl. zu 6106. Wellers Hand 193, 1. 2 Londener 12 g Gedruckt: Goethe-Briefe aus F. Schlossers Nachlass S. 77. Dazu ein Concept von derselben Hand, Abg. Br. 1818, 114 b, woraus zu bemerken: 192, 22 kurze g üdZ 193, 1. 2 Londener 2 Erfindung g aus Verbindung 3 bechiffrire g aus bechifferir 12. 13 fehlt, mit Ausnahme des Datums — 192, 22 vgl. zu 192, 3.

***8089.** Concept des ersten Theils (vom 21. Mai 1818) von Wellers Hand, Abg. Br. 1818, 100, der Nachschrift ebda. Bl. 110 193, 16 Liebe üdZ 17 Obeleben aus Onteleben 20 Accurateße g aus Accourabeße 22 feine g aus beine

24. 193, 1 Nun — unterrichtend. *g* aR ⁷ mich üdZ ¹¹ Lieb=
riten *g*¹ aus Liebriten ¹⁴ solchem *g*¹ aus solchen ¹⁵ Bruch
üdZ ¹⁹ verdiene 195, 1 sieh *g* über Sie ³ fehlten *g*¹ aus
fehlen ⁷ sich üdZ ¹⁴ *Monte Donato g*¹ aus *Mondo Donado*
²⁵ sogleich *g*¹ aus zugleich — Zur Sache vgl. 8000. 8054
194, 5. 24 vgl. 217, 2—4   24 = 8090   195, 5 vgl. 188, 3
21—23 vgl. 198, 5—10.
\*8090. Concept von Wellers Hand, Abg. Br. 1818, 111
196, 9 *g*¹   ¹⁴ gefälligst üdZ — Zur Sache vgl. 194, 24.
8091. Vgl. zu 6901. Wellers Hand   197, 22 Meier
199, 20 *g*   Gedruckt: Briefwechsel S. 179. Dazu ein Concept
von derselben Hand, Abg. Br. 1818, 112, woraus zu bemerken: 196, 16. 17 Handschrift *g* auf *g*¹ aus Hand   ¹⁷ wieder
*g* auf *g*¹ üdZ   betrübt sie *g* auf *g*¹ über betrifft es   ¹⁸
durch die Nachricht *g* auf *g*¹ über da ich   ¹⁹ Was nach befinden Nachricht erhalte (*g*¹ aus erhalten).   197, 2 erbulde *g*
auf *g*¹ aus erleide   ³ für — lähmende *g* auf *g*¹ aR für empor-
steigende lebende   ⁴ Wehetage *g* auf *g*¹ aus Wehthaten   9. 10
Divan *g* auf *g*¹ aR für Ciban   ¹⁸ behaupteten *g* auf *g*¹ aR
für taugenden   ²⁰ leiber *g* auf *g*¹ üdZ   ²¹ wie üdZ   25. 26
der — Freundes Bild *g*¹ aus das Hoffnungsbild die Berliner
Freunde zu sehen   198, 1 aber *g*¹ üdZ   ² ging *g*¹ aus gieng
⁶ melden *g*¹ aR für nennen   ⁹ wünschen *g*¹ aus wünsche   ¹²
Herrn *g*¹ aus Herr   ¹⁵ solchen nach gegen(wärtig)   ²⁰ um *g*¹
üdZ   199, 1. 2 Wenn — wiedererkennen. *g*¹ zwischengeschrieben   ⁴ im *g*¹ üdZ abermals — herauf *g*¹ über wieder etwas
hervor   ⁶ ganz isolirt *g*¹ über regulirt   ⁷ man — mußte *g*¹
über sie — mußten   12. 13 laufen — werden *g*¹ aus möchten Sie
Gefahr laufen, verloren zu gehen; dazu *g*¹ aR mit Verweisungszeichen oder zersplittert   ¹⁹ eben *g*¹ üdZ   20. 21 fehlt —
196, 18 In seinem Briefe vom 2. Juni 1818 (Briefwechsel
S. 176) klagt Schultz über Krankheit und andere Sorgen
197, 4 vgl. zu 188, 3   9. 10 vgl. zu 4, 2   ¹⁴ vgl. zu 149, 12
¹⁵ Der Erbprinz Carl Alexander wurde am 24. Juni 1818 geboren, vgl. 219, 1. 227, 4, Tageb. VI, 221, 16. 17   ¹⁷ vgl. zu 83, 20
²³ vgl. 105, 8   ²⁵ vgl. zu 20, 3   198, 2 Ev. Joh. 21, 18:
„Da du jünger warest, gürtetest du dich selbst, und wan-
deltest, wohin du wolltest; wenn du alt wirst, wirst du
deine Hände ausstrecken, und ein Anderer wird dich gürten

und führen, wohin du nicht willst" 5—10 vgl. 195, 21—23
199, 3 vgl. 55, 13. 204, 7 und zu XXVIII, 121, 4.
Ein bei Strehlke II, 339. III, 177 unter'm 8. Juni 1818
verzeichneter Brief Goethes an Alexander Vattemare steht
hier als Nr. 8107 unter'm 30. Juni 1818.

**8092.** Handschrift von Weller im G.-Sch.-Archiv 200, 2
Erbstreichs 3 Lies: geneigt 5 wichtigsten *g* aus merkwürdigsten
7. 8 Lies: empfehlend ergebenst 8 *g* 9 15. aus 13. Gedruckt:
Westermanns Monatshefte 1876, 40, 255, G.-Jb. II, 283 (ohne
Adressaten), vgl. Strehlke I, 232. III, 177 — 199, 24 vgl.
203, 20, 8101, Tageb. VI, 216, 27. 217, 6. 21. 22. 218, 8. 17. 18.
Hier folgt ein Schreiben an den Chordirector Häser in
Weimar, das zugleich ein Attestat für den Studiosus Franke
ist und daher nicht in den Text aufgenommen wurde (Concept von Wellers Hand, Abg. Br. 1818, 116):

Der Stubiosus Franke aus Mühlhausen, welcher sich einige
Mal im jenaischen Concert mit Beyfall hat hören lassen, wünscht
sich in der Musik zu vervollkommnen und wenn es möglich wäre
sich derselben ganz zu widmen. Da nun gegenwärtig in Weimar
unter Direction des Herrn Häsers ein Theater=Chor errichtet 5
wird, so könnte diesem jungen Mann nichts Glücklicheres begegnen
als wenn er der Belehrung eines so vorzüglichen Meisters genösse.

Ich wüßte daher keinen bessern Rath zu geben, als daß er
sich nach Weimar verfüge und bei Herrn Chor=Director Häser
melde, um geneigte Prüfung bitte und da ich seine Fähigkeiten 10
nicht beurtheilen kann, sich durch gegenwärtiges Blatt wenigstens
legitimire, daß der Schritt, den er thut, auf mein Anrathen geschehen.

Jena den 15. Juni 1818.

**8093.** Vgl. zu 6243. Wellers Hand 201, 12 *g* Gedruckt: Hamburg. Nachrichten 1877 Nr. 59 — 200, 14 „Meinen Aufsatz" soll wohl heissen „mein Exemplar des Aufsatzes", vgl. 126, 12. 140, 14. 246, 5. 18. 19, Tageb. VI, 219, 4. 5.
28. 220, 26. 27.

**8094.** Vgl. zu 2666. Färbers Hand 203, 14—25 *g*
Gedruckt: Briefe an C. G. v. Voigt S. 407. Dazu ein Concept
von derselben Hand, Abg. Br. 1818, 117, woraus zu bemerken:
201, 15 einige — Worte *g* aus ein schriftlich Wort 16 die *g* über

von mir nachdem     hundert nach solche     202, 1 berichtete wohl
*g* aus wird berichtet haben    4 begünstige *g* aus begünstigt    5
frag    11 übereinander nach sich    13 muß es sich *g* aus wird
sichs    19 nichts nach zu    27 beßten *g* aR für größten    203, 7
Geheimniß nach wund(ersame)    8 Seit dem *g* aR für bey dem
9 michs *g* aus mich    14—25 fehlt — 201, 17 vgl. zu 188, 3    202,
10 vgl. zu 142, 14    21 vgl. zu 183, 21.    184, 9    26 vgl. Tageb.
VI, 219, 3. 4    203, 4 vgl. 206, 3.    237, 9, Tageb. VI, 217, 15. 27.
218, 18. 19. 23. 24.    219, 7. 24.    220, 2    7 vgl. zu 192, 3    15 vgl.
zu 133, 25    20 vgl. zu 199, 24    24 vgl. zu 42, 1.
    **8095.** Handschrift unbekannt. Gedruckt: Briefe an
Döbereiner S. 103 — 204, 7 In dem Aufsatz „Entoptische
Farben", Zur Naturwissenschaft I 3, 126 (Naturw. Schriften
5 I, 253).
    **\*8096.** Vgl. zu 7694. Wellers Hand    204, 13 sogleich *g*
aus zugleich    205, 13 nach *g* über von    22 ist *g* üdZ    24 *g*
204, 11 Vom 20. Juni (Eing. Br. 1818, 371)    14 Ottilie schreibt:
„Meine Schwester Ulrike kehrt in den ersten Tagen des
Augustes mit meiner Tante aus Frankreich zurück, und
wird entweder ganz hierbleiben oder doch wohl 5 bis 6
Monate . . . deshalb lieber Vater wünschte ich mir von
Ihnen die Erlaubniss Ulriken 4 Wochen beherbergen zu dürfen"; vgl. 278, 6    18. 19 „Hätte sich jedes bewundernde Wort
was die Sybillen [vgl. zu 103, 10] neulich über den Divan aussprachen, selbst niedergeschrieben, so bekämen Sie einige
dicke Hefte zu lesen"    205, 6 „Urworte, orphisch" vgl. zu 181, 1
15 vgl. zu 188, 3    19 Die inoculirten Blattern; vgl.    „Goethe
über den Impfzwang", G.-Jb. XXIII, 216, Tageb. VIII, 205, 11.
    **8097.** Vgl. zu 7195. Wellers Hand    206, 17 *g* Gedruckt: Westermanns Monatshefte 1886, 77, 92 — 206, 3 vgl.
zu 203, 4    8. 9 vgl. zu 10, 12    14 vgl. zu 83, 20.
    **8098.** Vgl. zu 2666. Wellers Hand    207, 10—19 mit
Ausnahme des Datums *g* Gedruckt: Briefe an C. G. v. Voigt
S. 409 — 207, 4 Der Bericht darüber, von Wellers Hand, in
demselben Fascikel wie 7428, Bl. 28    7 vgl. zu 149, 12    14
vgl. zu 188, 3.
    **\*8099.** Cassirtes Mundum von Färbers Hand, Abg. Br.
1818, 125    207, 21 dürften *g* aus dürfen    22 wenn — klänge
*g* aus mit einiger Ruhmredigkeit    208, 2 und nach sey, dieses

*g* über ist  sey *g* üdZ  3 habe *g* aus hat  5 Alle *g* aus Alles  6 Vorarbeiten — meistens *g* über ist  13 alles *g* üdZ  14. 15 eben — aufgestellt *g* aus demselben Raum gebracht  16 sich — wird *g* üdZ  18 geordnet — dieser *g* über da denn, bey freilich  neuen *g* aus neuer  19 frisch *g* über neu  21 muß *g* üdZ  22 wozu *g* aR für Dieses kann nur durch Ruhe  ruhige Behandlung *g* üdZ  22 erfordert wird *g* über geschehen  23. 24 Um — als *g* über und wir haben zur  24 angenehme *g* aus Angenehme  25 naturgemäß — anzuordnende *g* über leicht zu entscheidente  26 gewählt *g* über genommen  209, 1 auf diesem Wege *g* aus bey dieser Behandlung  4. 5 wöchentlich — eingenommen *g* über ausgegeben  5 Nach können folgt: Der Augenschein wird hierüber die beste Aufklärung geben  9 Spebitärs  14 derselben *g* aR  16 u. hohen üdZ  — 207, 21 vgl. zu 4, 15  209, 7 vgl. 136, 16. 242, 2, Tageb. VI, 219, 21.

**\*8100.** Concept von Wellers Hand, Abg. Br. 1818, 119 209, 20 Weimar *g* aR für uns  210, 6 Gepräge *g* aR für Stücke  8. 9 nach — Überzeugung *g* aR  10 auf nach gefalligst  17 dortigen *g* aus dortig  21 wo mir *g* aus womit  211, 16 Brocchi *g* aus Brocki  17 Die manigfaltigste *g* aus Durch die manigfaltige  19 verpflichtet [für fordert] mich *g* über bin ich  20 Möchte nach verpflichtet  demselben *g* aus denenselben  21 Ihnen *g* über ich  22 erzeigen *g* aus erzeugen  26 Leonhard 212, 4 ihre *g* aus Ihre  sie *g* aus Sie  7 *g*² aR — 209, 20 vgl. Tageb. VI, 216, 10—12. 217, 18—21  210, 19 Die Kaiserin Maria Ludovica von Österreich; diese Stelle fehlt in den Schriften der G.-G. XVII, LXVI  211, 14 vgl. zu 149, 12  16 vgl. zu XXVIII, 295, 2  25 vgl. zu 91, 12  212, 1 vgl. zu 133, 25.

Dazu folgendes Concept einer französischen Übersetzung von Professor Lavés in Jena (vgl. zu 8086, Tageb. VI, 220, 1. 2. 15—17. 19. 20), dessen Mundum vermutlich an Stelle des deutschen zur Absendung gelangte (Wellers Hand, gebrochner Foliobogen des G.-Sch.-Archivs):

*Je m'empresse Monsieur de Vous annoncer que l'envoi en livres et medailles destiné pour Weimar est arrivé à bon port. Ceux là sont un véritable trésor pour l'amateur des beaux arts, celles ci m'ont fait un si grand plaisir que je me hâte* de Vous remercier mille et mille fois de Vos peines et des soins obligeants que Vous avez donnés aux commissions dont Vous voulez bien Vous charger en notre faveur.

Ce premier envoi de medailles me donne la conviction que dans le fond de boutique il doit s'en trouver d'autres dont la possession seroit tres desirable; j'ose donc Vous prier, Monsieur, d'en choisir encore une Centaine. Je m'en remets pour ce choix à Vos lumières et à Votre goût; Vous observant cependant que les medailles devroient être du XV et XVIe siècles, au surplus je souhaite qu'elles soient bien conservées et qu'elles aient une valeur réelle par rapport à l'art.

Pressé de faire partir la présente, je me borne à Vous exprimer toute ma reconnoissance à l'égard des charmantes médailles, récemment frappées à Milan, qui me mettent en état d'apprécier les talents des artistes actuels de ces contrées.

Le portrait de S. M. feu l'impératrice reine, en me rappelant les jours fortunés où j'ai joui du bonheur indicible de présenter dans son interieur mes respectueux hommages à cette dame incomparable, a fait sur moi la plus forte impression, car il m'a semblé que l'artiste, en la représentant comme une divinité qui plane dans les airs, a pressenti son décès, et peint de cette manière la bien venue et les derniers adieux.

Avant de terminer, qu'il me soit permis d'observer que les caisses des livres étoient dans un très mauvais état à leur arrivée, mais que malgré cela le contenu heureusement n'a rien souffert. Il en est de même de la petite caisse aux médailles; elle étoit en morceaux, cependant comme elle se trouvoit tres-bien enchassée entre les livres et que les médailles avoient été soigneusement empaquetées, il n'en est résulté aucun dommage. Je joins à cette remarque la prière qu'au premier envoi Vous vouliez bien faire prendre une caisse bien conditionnée et d'un bois fort, parce qu'il est evident que ces effets sont cruellement cahotés, surtout lors du passage des montagnes. Les deux médailles destinées pour notre prince lui seront rendues au moment de son retour, et il les recevra avec la plus vive satisfaction ainsi que tous les autres témoignages de Votre obligeante bonté.

Remerciez de ma part très-affectueusement Ms. Brocchi des ouvrages qu'il nous a envoyés; j'en connoissois déjà une *partie et l'instruction variée que j'y ai puisée m'oblige à une double gratitude. Que ne puis-je faire pour lui et pour Vous, Monsieur, quelque chose qui Vous soit agréable, et qui Vous prouve combien je suis touché de votre obligeance et sensible à l'interêt que Vous me témoignez! En Vous priant de me* 5 *conserver une place distinguée dans Votre souvenir je Vous préviens que je Vous ferai passer sous peu une traduction françoise de mon memoire sur la cène de Léonard.*

*C'est à regret que je termine, car il me resteroit encore beaucoup de choses à dire, et je ne saurois m'abstenir de Vous* 10 *répéter quelle est la joie que ressentent les fidèles serviteurs et les admirateurs de notre grand-Duc à la vue de la medaille frappée en son honneur et souvenir, en ce qu'ils voient leurs voeux et leurs sentiments dignement interprêtés par des étrangers, qui à cette occasion rivalisent avec nous de patriotisme.* 15

Abgesendet Ende Juni 1818.

\*8101. Concept von Wellers Hand, Abg. Br. 1818, 123, nach einem verlornen Concept des Professor Lavés (vgl. zu 8086, Tageb. VI, 220), mit vielen Abschreibefehlern, die hier nicht verzeichnet werden  213, 1 *Sous*] Lies *Tous* 214, 17. 18 *compatriotes g*³ nach *proches*  19 *g* — 212, 8 Undatirt (Eing. Br. 1818, 360); Cogswell erinnert darin an seinen Besuch in Jena am 27. März 1817, vgl. Tageb. VI, 26, 7, wo statt „Loyswell" zu lesen ist „Cogswell", und Life of Cogswell S. 48  12 vgl. zu 199, 24  213, 11 = 8100 214, 5 vgl. G.-Jb. V, 219, XXV, 6 ff.

Dazu folgendes deutsches Concept von Wellers Hand, Abg. Br. 1818, 121, mit der eigenhändigen Adresse: „Herren Joseph Cogswell aux soins de Mss. Welles et Williams a Paris":

Der Brief womit Sie mich, mein Herr, beehren, hätte nicht zu gelegenerer Zeit ankommen können; denn schon seit einigen Monaten bediene ich mich der mir gegönnten Muße, um den allgemeinen Begriff, den ich bisher von den ältern und neuern Zu- 20 ständen der amerikanischen Freistaaten gehabt, weiter auszubilden, weshalb ich denn sowohl frühere Werke, als die neueren Reisebeschreibungen um mich versammelte.

Nichts war natürlicher, als daß ich bey Betrachtung dieses unermeßlichen und aus mancherley Landstrichen bestehenden Staates, 25

die geologischen Verhältnisse zu kennen wünschte, welche, so wie sie
die Gestaltung der Erdoberfläche hervorbringen, also auch zur Ein-
theilung der verschiedenen Provinzen Anlaß geben, da man denn
durch genaue Kenntniß derselben in den Stand gesetzt wird, die
Erzeugnisse eines jeden Erdstriches so bald man die klimatischen
Einwirkungen zu Hülfe nimmt, bis auf einen gewissen Grad beurtheilen lernt.

Da mir nun in allen vorliegenden Schriften nur unvoll-
kommene Nachweisungen zu Theil geworden und ich mich gleich
beym Eintritt in meiner Arbeit, in der ich nicht oberflächlich
fortfahren wollte, gehindert sah, so können Sie denken, wie angenehm das übersendete Werk mir in einem solchen Augenblick
seyn mußte. Ich habe es sogleich durchlaufen und beeile mich
dafür meinen verbindlichsten Dank abzustatten. Ich darf nicht
weitläufig seyn, und meine Bewunderung über den reichen Gehalt
und die zuverlässige Methode desselben nicht aussprechen weil sich
eine Antwort auf Herrn Cattaneos Sendung nothwendig macht,
da ich der Gegenwärtiges beyzulegen wünsche.

Nur soviel sag ich, daß der mineralogischen Gesellschaft zu
Jena jede Sendung besonders angenehm seyn wird, welche uns
in den Stand setzt die geognostischen Verhältnisse der vereinigten
Staaten näher kennen zu lernen. Wir wünschen nichts mehr, als
Belege zu denen Bemerkungen, welche am Ende des mitgetheilten
Werkes von *pag.* 637 bis 641 verzeichnet sind, und zugleich voll-
kommenen Aufschluß über die illustrirte Landcharte geben würden,
wobey uns denn übrigens alles, was auf die in dem Werke selbst
bemerkten bedeutenden Localitäten der vereinigten Staaten einiges
Licht werfen könnte, sehr willkommen seyn müßte.

Zu adressiren wäre eine solche gefällige Sendung an die
Direction der mineralogischen Gesellschaft zu Jena, abzugeben im
fürstlichen Schlosse. Über Hamburg käme sie uns vielleicht am
sichersten zu, wo sie der Sorgfalt des Herrn Justus Perthes, angesehenen Buchhändlers anzuvertrauen wäre.

Wollten Sie mir dagegen gelegentlich anzeigen, wohin ich
eine Sendung zu adressiren hätte, die ich in einiger Zeit bereit
haben könnte, um theils eigne, theils fremde Schriften, welche
über dem Meere einiges Interesse haben könnten, der öffentlichen
Bibliothek zu Boston zu widmen. Möge mir hiedurch das Vergnügen und der Vortheil werden immer näher mit dem wunder-

vollen Lande bekannt zu werden, welches die Augen aller Welt auf sich zieht, durch einen feierlichen gesetzlichen Zustand der ein Wachsthum befördert, welchem keine Grenzen gesetzt sind. Erhalten Sie mir Ihr geneigtes Andenken und lassen mir, solange wir noch auf diesem Erdball zusammen verweilen, von sich und den 5 Ihrigen manchmal Erfreuliches vernehmen.

**8102.** Vgl. zu 6106. Färbers Hand 214, 20 Ihres] Ihrem 215, 15 weiterem 21 Ihren 26—28 *g* Mit Schlossers Notiz: „empf. 1. Jul. 1818 F Schlosser beantw. 2 eiusd. F Schl." Gedruckt: Goethe-Briefe aus F. Schlossers Nachlass, S. 78. Dazu ein Concept von Wellers Hand, Abg. Br. 1818, 130, woraus zu bemerken: 215, 6 Anschaffung nach Besorgung 10 einzelnen aR 24 beordern mich *g* aus haben mich — beordert 26—28 fehlt — 214, 20 Schlosser meldet am 17. Juni (Eing. Br. 1818, 377) „das uns sehr beglückende Ereigniss der bevorstehenden Verheirathung meines Bruders mit D^{lle} Helene Gontard"; die Frau starb bereits am 4. Nov. 1820 in Paris, vgl. Schlosserbriefe S. 112    215, 5 vgl. zu 192, 3    18 vgl. zu 8047    25 vgl. zu 83, 20.

**\*8103.** Vgl. zu 6330. Schreiberhand (wohl Weller) 216, 10 Ihrer    13 gedachten    25 *g* Dazu ein Concept von Wellers Hand in demselben Fascikel wie zu 6415, Bl. 141, woraus zu bemerken: 216, 6 Labes    10 Ihrer für der    13 alten *g* üdZ    18 künftige nach folge(nde)    eröffnen *g* über machen würde *g* aus wirb    23 und Ihnen *g* über von denen [Hörfehler]    bisherigen *g* üdZ    25. 26 fehlt, mit Ausnahme des Datums    26 27.] 25. — 216, 3 In demselben Fascikel wie zu 6415, Bl. 140; Goethes Beitrag zum Taschenbuch für Damen auf das Jahr 1819, S. XIX—XXXVI, ist der Schluss der „Neuen Melusine", vgl. 169, 4. 5    6 „Cours de Littérature françoise depuis Marot jusqu'à nos jours" (in demselben Fascikel, Bl. 144); Cotta lehnt am 5. Juli 1818 (ebda. Bl. 143) den Verlag ab    14 vgl. 8104    20 vgl. zu 83, 20.

**\*8104.** Concept von Wellers Hand in demselben Fascikel wie zu 6415, Bl. 142    217, 2 eine aus meine    11 das Übrige *g* üdZ    12 nach Weimar von Färbers Hand üdZ rh. Sachs. *g* üdZ    14 gegenwärtig *g* üdZ — Zur Sache vgl. 8089. 8103. 8105.

Ein Schreiben der Oberaufsicht vom 27. Juni 1818 an Prof. Renner und Rentamtmann Müller in Jena (Concept von Färber), Schröders Besoldung betr., in demselben Fascikel wie 8035/6, Bl. 62.

*8105. Concept von Wellers Hand in demselben Fascikel wie 8017, Bl. 46   218, 1 wohl g üdZ   eben wie g über sowohl, als   7 g — 19 In einer Leipziger Auction vom 14. Mai; Goethes Aufträge dazu, datirt vom 8. und 11. Mai, in demselben Fascikel, Bl. 38—45, vgl. Tageb. VI, 208, 2.3   20 vgl. Tageb. VI, 221, 22. 23. 27. 28   218, 9 vgl. 8104.

8106. Vgl. zu 4102. Färbers Hand   219, 11 mit fehlt aufnehmen g aus aufnehme   220, 22 und g üdZ überzeugt aus überzeuget nach sich   221, 16 Noch — 19 g   20—28 von J. Johns Hand auf einem angeklebten Quartblatt. Mit Zelters Notiz: „erh. 7. Jul. —". Gedruckt: Briefwechsel II, 463. Dazu ein Concept von derselben Hand, Abg. Br. 1818, 134, woraus zu bemerken: 219, 4 nach g über auf   11 aufnehme   17 gut nach recht   18 Lützow's $g^1$ aus Lützow   22 daß $g^1$ aus das   23 einläbt $g^1$ aus einläb   24 zuletzt $g^1$ aus zu   220, 5 Liebe $g^1$ aR   7 leuchtet $g^1$ aus leichtet   14 *dictando* $g^1$ aus *dictanto*   16 einem $g^1$ aus ein   17. 19 Die Klammer $g^1$   19 betrachtet $g^1$ aus betrachten   22 mittheile, sie sich überzeugen [$g^1$ in überzeuge geändert, dann wiederhergestellt]   23. 24 gleich wieder $g^1$ aR   28 habt $g^1$ aus hab   221, 2 Schüler $g^1$ aus Spieler   3 anzunehmen nach gleich   8 Sickler $g^1$ zwischengeschrieben   9 einem $g^1$ aus einen   11 strebt $g^1$ aus trebt   13 mehr $g^1$ üdZ   14 Dieß nach war   16 Überblick $g^1$ unter Anblick   16 Noch — 28 fehlt — 218, 18 Briefwechsel II, 462   20 vgl. zu 188, 3   219, 1 vgl. zu 197, 15   3 vgl. zu 83, 20   10 vgl. Briefwechsel II, 462   15 vgl. zu XXVIII, 361, 4—16   18 Theodor Körners bekanntes Lied, componirt von C. M. v. Weber   22 vgl. „Ein Goethisches Lied. Für den 11. October 1903 in Druck gegeben von Carl Schüddekopf", S. 5   220, 1 vgl. zu 160, 4   9 vgl. zu 4, 2   10 vgl. zu 119, 9   10. 11 vgl. zu 55, 12   221, 8 vgl. zu 191, 28, 6319.   20 vgl. zu 8040, Werke V 1, 184.

8107. Handschrift unbekannt; hier nach einem lithographirten Facsimile „de la Collection de Mr. Alexandre", in der New York Public Library, Astor Lenox and Tieden

Foundations, mitgetheilt durch L. L. Mackall im November 1902. Gedruckt: L. Kalisch, Pariser Leben, Mainz 1880, S. 85, Strehlke II, 339. III, 177 (falsch datirt vom 8. Juni 1818) — Der Adressat, 1814 als französischer Chirurg nach Deutschland gekommen, trat später dort als Schauspieler und Bauchredner auf, vgl. Tageb. VI, 223, 13. 226, 3. 4. 308 und Strehlke II, 338 f.

**8108.** Handschrift, eigenhändig, unbekannt; abgedruckt von H. Rollett in der Chronik des Wiener Goethe-Vereins, Jahrg. III, S. 24; über die Adressatin vgl. ebda. III, 36, G.-Jb. X, 289. 294.

\*8109. Concept von Wellers Hand, Abg. Br. 1818, 129 222, 13 freundlichſtes *g* üdZ    223, 5 ich *g* üdZ Datum nach 222, 12. 13 und der Stellung in den Conceptheften — 222, 12. 13 Die Geburt des Erbprinzen Carl Alexander, vgl. zu 197, 15 223, 3 vgl. zu 95, 18    16 vgl. zu 133, 25.

**8110.** Handschrift unbekannt. Gedruckt: G.-Jb. XI, 95.

\*8111. Vgl. zu 2677. Kräuters Hand — 224, 2 Des freien Zeicheninstituts in Weimar    3 vgl. Tageb. VI, 225, 8. 9.

Ein Schreiben der Oberaufsicht vom 5. Juli 1818 an den Museumsschreiber Färber in Jena (Concept von Kräuter), den Plumpbrunnen in der Veterinair-Anstalt betr., in demselben Fascikel wie 8035/6, Bl. 70.

\*8112. Concept von Kräuters Hand in demselben Fascikel wie 7907, Bl. 146 — 224, 8 Mit Begleitbrief vom 1. Juli 1818, in demselben Fascikel, Bl. 139.

\*8113. Concept von Kräuters Hand in demselben Fascikel wie 7907, Bl. 150 — 225, 1 Mit Schlossers Brief vom 2. Juli 1818, in demselben Fascikel, Bl. 141    7 Schlosser meldet in Betreff des Verkaufs des ehemals Ochs'schen Hauses von einem Beschluss des Frankfurter Senats, „nur Bürgern das Recht zuzugestehen, hypothekarische Geldanlagen in den hiesigen Gebieten zu besitzen", räth aber trotzdem ab, sich beschwerend an den Deutschen Bundestag zu wenden.

**8114.** Handschrift unbekannt. Gedruckt: Briefe an Döbereiner S. 104 — Vgl. Tageb. VI, ·226, 14. 15.

**8115.** Vgl. zu 268. Kräuters Hand. Gedruckt: Briefwechsel II, 246 — 226, 6 Bei Gelegenheit der Taufe des Erbprinzen am 5. Juli 1818 (Tageb. VI, 225, 10)    9. 10 „Prolog auf die Errichtung eines Turnplatzes. Zum Schluss des Schuljahres und zur Feier der Herbstprüfung 1817 am königl. Gymnasium zu Bonn von Karl Ruckstuhl, Oberlehrer am Gymnasium", Bonn 1817 (L. Hirzel, Karl Ruckstuhl, Strassburg 1876, S. 30 ff.); vgl. Knebels Antwort vom 10. Juli 1818 (Briefwechsel II, 246 f.). Falsch ist Guhrauers Vermuthung (ebda. S. 246, Anm. 2), dass es sich um Ruckstuhls Aufsatz „Von der Ausbildung der Teutschen Sprache" handle, vgl. zu XXVII, 285, 25    18 Nach Carlsbad, vgl. zu 83, 20.

*8116. Concept von Kräuters Hand, Abg. Br. 1818, 137 227, 3 glücklich g üdZ   5 in aus im   11 wohlbehalten g über glücklich — 227, 3 vgl. zu 149, 12   4 vgl. zu 197, 15   6. 7 vgl. 8055   12 vgl. 147, 22 ff.   16. 17 vgl. 148, 5 ff.

8117. Handschrift nicht benutzt. Zuletzt nach dem Originale abgedruckt von H. Hettner, Deutsche Rundschau II, 25; vgl. ferner Strehlke II, 207. Dazu ein Concept von Kräuters Hand, Abg. Br. 1818, 138, woraus zu bemerken: 228, 1 finde g über habe   3 erzeigen g über beweisen   wüßte g aR für weiß   5 Weg   7 Kreis   9 fernere g aus ferne   13 darin g aus darinne   besitzen g aR für haben   15 schon g über von 20 Sich g üdZ   fühlen g über werden   24 in höheren g aus höhere   25 aus der g über in die   26 wir g über selbst 229, 1 Jahrmarkte   2 Tags   7 Wunsche   mit g aR — Zur Sache vgl. zu 8035   227, 20 Vom 27. März und 23. Juni 1818, beide im G.-Sch.-Archiv.

8118. Vgl. zu 8055. Kräuters Hand. Gedruckt: Berliner Sammlung 3 I, 1030 — Antwort auf des Adressaten Brief vom 6. Juli (Eing. Br. 1818, 414) mit der ausführlichen Schilderung eines studentischen Festes, das gegen die Burschenschafter gerichtet war   17 Weller schreibt: „Als wir uns Gestern Mittag eben bei Knebels mit Rath V.[ulpius] zu Tische setzen wollten kam der Herr von Holzschur aus Nürnberg bei uns an. Er war mit Professor Danz aus Carlsbad bieher gefahren und bleibt einige Zeit bei uns"; vgl. Knebel an Goethe, 10. Juli 1818 (Briefwechsel II, 247) und ADB. 13, 32 über den Nürnberger Bürgermeister Johann Carl Siegmund v. Holzschuher (geb. 1749). Über Johann Traugott Leberecht Danz (1769—1851), Professor der Theo-

logie in Jena, vgl. ADB. 4, 752   19 vgl. Tageb. VI, 227, 12
25 vgl. zu 83, 20    230, 2 vgl. zu 91, 12.
**8119.** Vgl. zu 2677. Kräuters Hand.
**8120.** Vgl. zu 2677. Eigenhändig — Zur Sache vgl.
8121 und Tageb. VI, 277, 17—24.
**8121.** Handschrift von Kräuter in dem Fascikel der
Oberaufsicht „Acta ... Die Anordnung und Catalogirung
des Kunstkabinets betr. 1818", Bl. 1, rechtsspaltig   231, 1
Königliche   232, 5  *g*   Linksspaltig Carl Augusts Antwort
vom 13. Juli 1818. Gedruckt: Zahns Jahrbücher für Kunstwissenschaft II, 339. Dazu ein Concept von derselben Hand
in dem Fascikel der Oberaufsicht „Acta ... Grossherzogl.
Bibliothek betr. 1818—1823", Bl. 8, woraus zu bemerken:
231, 13 und nach arbeiten   22 damit *g* über daß   232, 5. 6
fehlt, mit Ausnahme des Datums  —  231, 3 vgl. 244, 15 ff.
**\*8122.** Concept von Kräuters Hand, Abg. Br. 1818, 140
232, 14 diese — durch aR — Zur Sache vgl. zu 126, 12 und
Tageb. VI, 227, 24: „An Landes-Directionsrath Gille wegen
des Jenaischen Druckwesens und der abzuliefernden Freyexemplare".
**8123.** Handschrift unbekannt. Gedruckt: H. Petrich,
Pommersche Lebens- und Landesbilder, Stettin 1884, II,
113 und H. Franck, Gotthard Ludwig Kosegarten. Ein
Lebensbild, Halle 1887, S. 348. Dazu ein Concept von
Kräuters Hand, Abg. Br. 1818, 140b, woraus zu bemerken:
233, 2 die Wohnung *g* über den Aufenthalt   5 ich den geändert
in mich der, dann wiederhergestellt   6 mannigfaltig *g* aus
mannigfalt   empfand *g* über entflammt [Hörfehler]   7 sehr
gefällig *g* üdZ   19. 20 fehlt, mit Ausnahme des Datums
20 14.] 13. Ein vorausgehender Brief des Adressaten (vgl.
Petrich und Franck a. a. O., ADB. 16, 745) ist nicht vorhanden. Nach Tageb. VI, 229, 20 erst am 17. Juli abgegangen; Kosegarten antwortet am 28. Juli 1818; vgl. 292, 14
— 233, 2 vgl. zu 7997. 8171   7 „Sprüche der Sträussermädchen", 89 an Zahl, die Kosegarten im Januar 1818 auf einem
Maskenballe durch seine Tochter Emma und eine Freundin
derselben mit Blumensträussen vertheilen liess, vgl. Petrich
S. 112, Franck S. 318   8 Johann Gottfried Ludwig Kosegarten (vgl. zu 7997) brachte eine Sammlung von Versteine-

rungen von der Insel Rügen mit 14 Radirungen von Philipp Hackert, sechs Landschaften, Ansichten von der Insel Rügen, vgl. Tageb. VI, 219, 12—14. 229, 21.

**8124.** Handschrift des eigentlichen Briefes, eigenhändig, im Besitz von Fräulein Similde Gerhard in Leipzig, abgedruckt von G. Witkowski im G.-Jb. XXIII, 71; Handschrift der Beilage, von Kräuters Hand, in dem Fascikel der Oberaufsicht „Acta. Die Abtragung des Loeberthores zu Jena betr. 1818. 1819", Bl. 2    236, 3 *g*   Gedruckt: Vogel, Goethe in amtlichen Verhältnissen S. 408. Dazu ein Concept von gleicher Hand in demselben Fascikel Bl. 1, woraus zu bemerken: 234, 10 unb *g* aR    13 eröffnet] gewonnen   14 wären *g* über würben   19. 20 im letzten    235, 1 Unglücksfall   4 biesfen   6 ein nach alsdann   9 ben aus bie   15—17 beren — könnten *g* aus welche man sich mit weniger Bemühung allenfalls verschaffen könnte   20 welche aus welches   roth *g* üdZ   24 bie nach alsdenn   26. 27 es — geziemt *g* aus es so einer Stabt geziemt   28 nach und nach *g* aus Nach nach von Jena   236, 1. 2 biesem — würben *g* aus ihre gegenwärtige Gestalt verbesserte   3. 4 fehlt, mit Ausnahme des Datums —   234, 24 Ein farbiger Plan des Löberthors, gezeichnet von Wenzel 1818, liegt bei den Acten    235, 15 Auf Bl. 4 folgt, von Kräuters Hand, ein Promemoria Goethes in dieser Sache, datirt vom 14. Juli 1818.

**8125.** Vgl. zu 7194, N. 78 A.    Kräuters Hand    237, 11 *g*   Gedruckt: Raumers Historisches Taschenbuch 1862, S. 383. Dazu ein Concept von Stadelmanns Hand, Abg. Br. 1818, 141, woraus zu bemerken: 236, 7 Berichten *g* über Artikeln   9 wichtige *g* über große   10 kunstreich= *g* aR für kunstreiche und   13 wollten *g* aus wollte   14 Preen *g* aus Breen   17 sey *g* über war   18 nicht nach wieder   237, 1 können *g* über werden   bie aus biefe   sich *g* üdZ   2 vereinigen nach sich   2—4 Dergleichen — werden. *g*   10 angelegentlich *g* üdZ   11. 12 fehlt, mit Ausnahme des Datums —   236, 6 Vom 4. Juli (Eing. Br. 1818, 417), worin es heisst: „Was die Zeitungen erzählt haben betraf den Guss von den beiden Tafeln mit den historischen Reliefs, wo bei der Einen die Explosion entstand, wovon die Umstehenden ihr Theil bekamen"; vgl. 8170   12 vgl. zu 7984    237, 5 vgl. zu 83, 20   9 vgl. zu 203, 4   12 Im Tageb. (VI, 229) datirt vom 16. Juli 1818.

Ein Schreiben der Oberaufsicht vom 14. Juli 1818 an die Grossherzogl. Kammer (Kräuters Hand, signirt von Goethe und Voigt), die Übersendung zweier Kaufbriefe betr., in demselben Fascikel wie 7362/3, Bl. 38.

**8126.** Handschrift unbekannt. Gedruckt: Dörings Sammlung S. 321, Berliner Sammlung 3 I, 1033 — 237, 16 vgl. zu 91, 12   18 vgl. zu 8131   21 vgl. 238, 15. 243, 15, 8135/6, Tageb. VI, 228, 8. 15. 17. 229, 11. 18. 230, 13. 34   24 vgl. 8131, Tageb. VI, 229, 5. 6   238, 5—7 vgl. Werke VII, 231 ff.

**8127.** Vgl. zu 6677. Eigenhändig. Gedruckt: „Zum 24. Juni 1898. Goethe und Maria Paulowna", S. 32 — 238, 15 Madame Mylius, vgl. zu 237, 21   18 vgl. Tageb. VI, 229, 23—25.

**8128.** Vgl. zu 6161. Kräuters Hand   239, 24 Drago=  mann   241, 14. 15 *g*   Gedruckt: S. Boisserée II, 227. Dazu ein Concept von Stadelmanns und Kräuters Hand, Abg. Br. 1818, 142, woraus zu bemerken: 239, 1 gehe] abreise   8 jedoch blieb aus blieb jedoch   9 Diese aus Dieses   angelegt] einge= tragen   13 danke ich zum   14 Sagen nach und   15 verzeihen *g* aus verzeihn   17 aufs — begränze *g* aus enger schließe   25 bey *g* üdZ   Herrn von Leonhardt   240, 7 komme aus kommt 9. 10 und Genossen *g* aR   12 Vertraun   15 sehen *g* aus sey 16. 17 wieder — Becher, aR von Kräuters Hand   17 wenn man *g* üdZ   24 muß — 241, 6 Kräuter   25 vorletzen [!] vierzehnten *g* aR für zwölften   27 mit *g* über bei   27. 28 erfreulichster 241, 1 finden — darin *g* aus werden Sie darin nicht finden 7—13 Stadelmann   7 in — Nähe *g* üdZ   8 Freude nach in Ihrer Nähe   13 leider *g* über hier   14. 15 fehlt, mit Aus- nahme des Datums   15 16.] 17. — 239, 1 vgl. zu 83, 20 2 vgl. S. Boisserée II, 224   5 vgl. zu 11, 8—12   13 Creuzer übersendet am 24. Juni 1818 den zu XXVIII, 267, 26 er- wähnten Dialog „Banquet de Leontis" (Paris 1817) von Frau Wyttenbach, geb. Gallien   25 vgl. S. Boisserée II, 226 und Leonhard, Aus unserer Zeit in meinem Leben I, 598 240, 5 Boisserée schreibt: „Und dass ich schliesslich den Auftrag des jungen Voss nicht vergesse: ich soll Ihnen sagen, es würde Ihnen der erste Theil der neuen Über- setzung von Shakespeares Werken aus Rudolstadt zu- kommen. Sie möchten das Buch freundlich aufnehmen, er würde ehester Tage diese Bitte in seinem Brief selbst wiederholen" 11 vgl. zu 149,12 14 vgl. 181, 11ff. 25 vgl. zu 4,2 241, 7.8 Marianne Willemer und Rosine Städel, vgl. S. Boisserée II, 224 10 S. Boisserée II, 224: „Willemer kam vorgestern in sehr trauriger Stimmung, ihnen nachreisend, er hat seinen Sohn in einem widerwärtigen Zweikampf verloren" 11.12 Über Franz Joseph Schelvers (ADB. 31, 30) magnetische Heilversuche vgl. S. Boisserée II, 225.

Zwischen Concepten vom 17. und 21. Juli 1818 (Nr. 8128 und 8139) steht in den Abg. Briefen 1818, 145 folgendes undatirte Concept an J. C. Hüttner in London (von Stadelmanns Hand), vgl. auch Tageb. VI, 229, 9.10:

Die Zeichnung der sitzenden weiblichen Figur ist glücklich angekommen und hat den verdienten Beyfall erhalten. Sollte der Künstler noch nicht angefangen haben die beyden andern zu zeichnen; so kann er es ohne Bedenken thun, indem man sie mit Vergnügen erwartet.

**\*8129.** Vgl. zu 2677. Kräuters Hand.

**\*8130.** Concept von Kräuters Hand, Abg. Br. 1818, 139 b, mit der Adresse von J. G. Lenz' Hand, auf besonderm Quartblatt: „Herrn Albert Batzovszky Königl. Domainen- und Salinen-Oberinspector in Soóvar" — 242,2 vgl. zu 136,16 6 vgl. zu 143,13.

**\*8131.** Handschrift von unbekannter, kalligraphischer Schreiberhand im Besitz von R. Brockhaus, der sie 1893 und 1896 zur Benutzung aus Archiv einsandte (früher in Maltzahns Besitz, vgl. A. Cohns Auctionscatalog vom 27. Febr. 1890, Nr. 152, G.-Jb. XII, 288). Dazu ein Concept von der Hand des Professor Ludwig Daniel Maria Lavés (vgl. zu 8086) auf einem Quartbogen im G.-Sch.-Archiv (alph.), woraus zu bemerken: 242,16 *cours* über *corps*   243, 1 *occulaire*   4 *cependant* üdZ   11 *inapréciable*   13 *cetle* nach *après les corrections*   25 *de Goethe* fehlt — 242, 13 vgl. zu 91,12   243, 6 vgl. zu XXVIII, 306, 8   15 vgl. zu 237, 21.

Im G.-Sch.-Archiv (alph.) liegt ferner der deutsche Entwurf zu diesem Briefe (Concept von Kräuters Hand Adresse: „A Monsieur Monsieur Gaetano Cattaneo Directeur du Cabinet des Medailles de S. M. Imp. et Royale à Milan"), welcher lautet:

Mein Herr!

Indem ich endlich mich im Stande sehe Ihnen die Übersetzung meiner kleinen Schrift: über Leonard's und Bossi's Abendmal zu übersenden, darf ich nur weniges hinzufügen, denn den Hauptpunkt worauf alles ankommt hab' ich in der Schrift selbst schon berührt. Es ist nämlich die Frage: ob Sie und die Mayländer Kenner dasjenige billigen was ich gesagt habe. Denn Sie haben die Gegenstände, von denen ich nur nach Copien rede, noch im Original vor Augen und haben den ganzen Gang des Geschäftes, der mir nur historisch bekannt worden, persönlich mit erlebt. Was mich jedoch hoffen läßt daß mein Vortrag im Ganzen nicht weit vom rechten Wege abweicht, ist mein Verfahren, daß ich erst dem Werke Bossi's folgte und da, wo ich von demselben abweichen zu müssen glaubte, mich an Ihre den Durchzeichnungen beigefügte Bemerkungen hielt. Möchten Sie mich abermals mit solchen beehren, so würde der für mich daraus entstehende Unterricht höchst schätzenswerth seyn.

In wiefern man diese Übersetzung alsdann dem Druck übergebe, sey gleichfals Ihrer Beurtheilung anheimgestellt.

Der Besuch des Herrn Mylius und seiner trefflichen Gattin hat uns aufs Angenehmste überrascht. Sie können denken daß auch Ihrer in diesen Tagen auf das lebhafteste und dankbarste gedacht wird.

Der ich die Ehre habe mich mit vollkommenster Hochachtung zu unterzeichnen.

Weimar d. 17. July 1818.

**8132.** Handschrift von Kräuter in dem Fascikel des G.-Sch.-Archivs „Acta Die neuen Statuten der Universität Jena betr. 1818", Bl. 11 — Zur Sache vgl. zu 179, 7.

Ein Schreiben der Oberaufsicht vom 17. Juli 1818 an die Grossherzogl. Sächsische Landesdirection (Concept von Kräuter), die Ablieferung der Pflichtexemplare betr., in dem Fascikel der Oberaufsicht „Acta. I. Die Renitenz der Jenaischen Buchhändler betr. ... 1818—53", Bl. 7.

**8133.** Handschrift unbekannt. Gedruckt: Briefwechsel II, 122 — 244, 15 vgl. 8121    245, 3 vgl. zu 4, 15    12 vgl.

---

7 Sie nach es bleib    17 schätzeswerth [!] g über belehrend
19 Darauf folgt g mit Alinea Der ich die

zu 4, 10   20 vgl. 8124   25 vgl. Tageb. VI, 230, 23 („Um 8 Uhr zu Serenissimo").

**8134.** Vgl. zu 2666. Kräuters Hand. Gedruckt: Briefe an C. G. v. Voigt S. 410 — 246, 2 vgl. zu 83, 20   5 vgl. zu 126, 12   7 vgl. zu 179, 7.

**\*8135.** Vgl. zu 2666. Quartbogen, Kräuters Hand, nur eine Seite beschrieben, das untere Drittel des Bogens abgeschnitten — 246, 18. 19 vgl. zu 126, 12.

Auf Seite 4 desselben Quartbogens wie das Concept zu 8181 steht von Kräuters Hand folgendes Concept eines, laut Tageb. VI, 230, 19—22, am 19. Juli 1818 abgesandten Geschäftsbriefes an J. M. Grubers Erben zu Lindau am Bodensee (vgl. zu 8100):

Herr Mylius aus Mahland, welcher sich gegenwärtig bey uns in Weimar aufhält, giebt mir Ew. Wohlgeboren Abresse und versichert mich, daß Sie die Geneigtheit haben werden Briefe, Paquete und sonstige Sendungen zwischen Weimar und Mahland zu
5 spediren. Wie ich mir denn in Gefolg dieses die Freyheit nehme, eine Rolle beyzulegen, welche an Herrn Gaetano Cattaneo zu befördern bitte. Sollten künftig Kisten von Mahland für uns anlangen so bitte solche gefällig untersuchen zu lassen ob sie unterwegs keinen Schaden genommen, welches beim Übergang über das
10 Gebirg gar leicht geschieht, und deßhalb die nöthigen Vorkehrungen zu treffen. Die Auslagen und was wir sonst schuldig geworden werde jederzeit mit Dank erstatten, wie ich benn um gefällige Nachricht von Ankunft des Gegenwärtigen ersucht haben will.
Weimar b. 17. July 1818.

**8136.** Vgl. zu 6705. Schreiberhand (wohl Weller) 249, 3—5 g   Gedruckt: R. Jung, Goethes Briefwechsel mit Antonie Brentano S. 58. Dazu ein Concept von Wellers Hand, Abg. Br. 1818, 147, woraus zu bemerken: 247, 9 ausgefertigt 18 auf — Gesundheit $g^1$ aR   248, 1 ein fehlt   2 zu üdZ   5 den Mann $g^1$ über ihn   6 lebend üdZ   10 indem $g^1$ aR für weil 12. 13 einen — Mann $g^1$ aus Jemand Einsichtiges u. Tröstliches 14 möchten $g^1$ aR für könnten   17 einen $g^1$ aus ein   18 hätte, selbst auf   24 gäbe $g^1$ über geben könnte   25 das Geschäft $g^1$ aus des Geschäftes daß   27 bringt $g^1$ unter und gieb   zugleich $g^1$ aus sogleich   249, 3—5 fehlt, mit Ausnahme des Datums

— 247, 9 vgl. zu 83, 20   12. 13 vgl. zu 110, 25   21 Der Grossherzog Carl August kam am 14. Juni 1818 auf der Rückreise von Ems nach Frankfurt und blieb hier einige Tage   248, 4 Der Handelsmann Clemens Aloys Hohwiesner starb am 25. Mai 1818 und hinterliess eine der reichsten Frankfurter Privatsammlungen, vgl. R. Jung a. a. O. S. 60. Antonie Brentano antwortet aus Brüssel am 4. August (Eing. Br. 1818, 519): „Was ich bey der Entfernung von Frankfurt in Rücksicht des hohwisner'schen Kunstnachlasses thun konnte, habe ich von Antwerpen aus in so ferne eingeleitet, dass ich an Fridrich Schlosser, den Vormund der eilf verwaisten hohwisner'schen Kinder schrieb, Ihnen umgehend nach Carlsbad zu melden, ob ein Catalog dieses Nachlasses zu erwarten, auf welche Weise er, ob durch Auction oder aus der Hand verkauft, und um welche Zeit der Verkauf statt finden werde &c." Vgl. ferner 265, 15. Die Versteigerung fand 1819 und 1820 statt (Gwinner, Kunst und Künstler in Frankfurt S. 540), und sowohl Carl August wie auch Goethe erstanden einzelne Stücke; Goethe besuchte die Sammlung am 10. September 1815 (Tageb. V, 180, 27).

*8137. Vgl. zu 2677. Färbers Hand — 249, 7 vgl. zu 95, 18   13 vgl. zu 83, 20.

*8138. Concept von Wellers Hand, Abg. Br. 1818, 149, ohne Adressaten, welcher sich aus Tageb. VI, 231, 13—15 ergiebt   249, 18 Wer g aus Ein jeder, wer   neuerer g aus der neueren   20 da Vinci g aR für Davinzi   250, 11 eine aus spat Eine   24 Lies: aufhielten   251, 11 unterrichten aus berichten   14 Färbers Hand — Zur Sache vgl. zu 11, 18 und 7909   251, 2 vgl. zu 133, 25   12 vgl. zu 10, 11.

8139. Vgl. zu 5409. Wellers Hand   252, 11—13 g Gedruckt: Briefwechsel zwischen Goethe und Reinhard S. 158. Dazu ein Concept von derselben Hand, Abg. Br. 1818, 146, woraus zu bemerken: 251, 21 daß über durch   23 Ihnen üdZ   252, 11—13 fehlt —   251, 16 Seit 26. Februar 1816 (Nr. 7317)   20 vgl. zu 247, 21   252, 1 vgl. zu 83, 20   5 Kunst und Alterthum I, Heft 1—3, Zur Morphologie, Heft I (Tageb. VI, 231, 16. 17).

*8140. Vgl. zu 7694. Färbers Hand — 252, 14. 15 Zelters Partitur von „Lustrum ist ein fremdes Wort" pp. (vgl.

zu XXVIII, 357, 23) Ferner ... Aushängebogen von Divan und von Kunst und Alterthum" (Tageb. VI, 231, 17—20)    22 vgl. zu 83, 20    25 vgl. 8138    253, 1. 2 wohl 8139 mit Beilagen 7 vgl. zu 252, 14. 15    10 Stadelmann begleitete Goethe nach Carlsbad    14 Goethes Enkel Walther, vgl. 263, 12. 271, 10. 272, 25, Goethes Briefe an Frau v. Stein [2] I, 406, [3] I, 481. Ein amtliches Schreiben Goethes vom 21. Juli 1818 an C. W. C. Stichling (Färbers Hand), die Ausfüllung und Aufmauerung des Stadtgrabens in Jena betr., in demselben Fascikel wie 8053/4, Bl. 45.

*8141. Concept von Färbers Hand, Abg. Br. 1818, 151 Adresse: „Herrn Karl Gottfried Kelle Pfarrer zu Kleinwaltersdorf bey Freiberg"    253, 20 ju aus jur    254, 1 ben 4 Umstände es zulaßen    8 Ansicht und g über vermittelnden, dieses g aR für geäußerten — Antwort auf des Adressaten Brief vom 27. Juni (Eing. Br. 1818, 399), mit dem er einen Aufsatz „über ein uraltes italisches Kunstwerk" (den Emissar am Albanersee) übersendet. Eine zweite Sendung Kelles vom 15. August: Eing. Br. 1818, 566.

*8142. Vgl. zu 7694. Stadelmanns Hand    254, 11 Franzenbrun    255, 1 Catalni    10 und Namens g üdZ    13 glaube Wranitzki g aR    19 bem] ben    256, 8. 9 g    Dazu ein Concept von derselben Hand, Abg. Br. 1818, 155, woraus zu bemerken: 254, 10 25. g aus 26.    11 Franzenbrunn g aus Franzenbrunnen    13 machen g aR    15 einem g aus ein    17 wurde nach früh    24 aufgenommen nach und freundlich    255, 1 angelangt g aus angekommen    5 rühmen g über erinnern    8 Festgelagen g aus Festen    10 und Namens fehlt    13 glaube Wranitzky fehlt    19 bem g aus ben    20 ausgeleert g aus ausgelehrt    25. 26 bleibt — übrig g aR    256, 8. 9 fehlt — 254, 10 vgl. Tageb. VI, 232, 16; Hans Quirinus Friedrich Ludwig von Seebach, grossherzoglich sächsischer Hauptmann und Kammerherr    15 Über den russischen Staatssekretär Grafen von Capodistrias vgl. 265, 5. 269, 14. 272, 1. 282, 13. 296, 18 und Tageb. VI, 236, 20. 27. 237, 18. 238, 14. 15. 241, 7    23 vgl. 257, 1. 5. 264, 16    255, 1 vgl. 265, 23. 265, 23. 279, 11. 296, 24, Tageb. VI, 233, 21. 24. 234, 3. 26. 246, 15    Fürst Blücher: 291, 7. 15. 296, 21, Tageb. VI, 236, 26. 241, 14    5 Die Carlsbader Curliste verzeichnet (Tageb. VI, 317): „Se. Durchl. der regier.

Fürst Reuss LIV von Lobenstein mit Frau Gemahlin, Ihre Durchl. die verwitw. Fürstin Reuss-Köstritz, Ihre Durchl. die Prinzessin Karoline Reuss-Köstritz"; vgl. ferner Tageb. VI, 232, 22. 23. 233, 3. 5—7. 234, 7. 235, 25   19 vgl. 259, 21. 22   23 vgl. 8147/8, Tageb. VI, 232, 24, Naturw. Schriften IX, 10 ff. 256, 7 vgl. 259, 10, Tageb. VI, 235, 14.

**8143.** Handschrift, eigenhändig, in der K. K. Hofbibliothek zu Wien. Gedruckt: G.-Jb. V, 14. Dazu ein Concept von Stadelmanns Hand, Abg. Br. 1818, 152, woraus zu bemerken: 256, 11 in ber Zeit] Im Laufe   Aufenthalts 12 galt mir] hielte   13 zu Anfange   13. 14 burch meinen   14 Herrn   17 Pflanzen von ber *Justicia Cristata g* zwischengeschrieben   senden] schicken   18 jedoch] nun aber   19 andere Schuld aus Schulben   eine *g* über die   22 und nach und dieselben zu ersuchen g(eneigtest?)   geneigtest *g* aR mit Verweisungszeichen vor zu   24 Herrn *g* aR   von fehlt   257, 1 schuldigst aufzuwarten *g* aus meine schuldige Aufwartung zu machen   2 fortbauernden *g* üdZ   zu nach abermals   9. 10 Titelblatt, auf welches die Inschrift [*g* aus Umschrift] selbst [*g* üdZ] gestochen wirb, ist   11 biese Bogen   12 ist] sinb aR für werden   solche   ben *g* üdZ   13 bestimmt *g* über gesendet 16 zuzuschicken   17 wie — sehen fehlt   17. 18 des — Schreibens fehlt   18 und fehlt   19 barüber] beshalb   20. 21 Auflösung bes Räthsels [aR] bewundert   22—25 fehlt, mit Ausnahme des Datums   25 *g* aR — 256, 17 Justicia cristata, Pohl, ex Nees, in Decandolle Prodr. XI, 358 (Brasilien), vgl. 264, 19, Tageb. VI, 248, 4. 5   257, 1. 5 vgl. zu 95, 18. 254, 23.

**8144.** Vgl. zu 6356. Eigenhändig. Gedruckt: R. M. Werner, Goethe und Gräfin O'Donell S. 163, Schriften der G.-G. XVII, 89. Dazu ein Concept von Stadelmanns Hand, Abg. Br. 1818, 153ᵇ, woraus zu bemerken: 258, 1 geliebte *g* üdZ   2—4 baß ich keinen Ausbruck bafür hatte unb mich gewiß beshalb gar wunderlich wo nicht ungeschickt [wo — ungeschickt *g* aR] benommen habe   4. 5 Als — ber *g* aR für Mein erster 5 war einige Tage bey Ihnen zu   6 aber *g* über benn   6. 7 ben — mußte *g* aus burch die nächsten Umstände unb Bedingungen meiner Reise vernichtet wurde   8 Erinnerungen *g* aus Erinnerung   11 ewig *g* üdZ   13 bem Lebensgange *g* aR   15 bis jetzt *g* aR   eigentlich immer nur   16 indem] weil   16. 17 eine

—Hulbigung *g* aus ein frommer Dienſt der hohen Abgeſchiedenen dadurch geleiſtet wird; mit Verweisungszeichen nach badurch *g* aR aufſteigt, dieses gestrichen und durch ein zweites, unausgeführtes Verweisungszeichen ersetzt   17 uns — gereichte fehlt   18 Ihre   Herrn   19 ich fehlt   20. 21 deren — mag fehlt   24 die — iſt *g* aR   25 an den *g* aus am   259, 1 um *g* aR für und   2 aufzunehmen *g* aus aufgenommen   3 köſtliches *g* über freundliches   5. 6 fehlt  —  258, 2 Am 25. Juli 1818 in Franzensbrunn, vgl. 265, 9, Tageb. VI, 232, 15. 235, 13—15. 237, 3 8. 13 An die Kaiserin von Österreich, vgl. Schriften der G.-G. XVII, LXVI   18 Graf Hans O'Donell und dessen Gattin Caroline, geb. Fürstin Clary (Werner, Goethe und die Gräfin O'Donell S. 162)   23 Gräfin O'Donell kündigte am 29. Juli aus Franzensbrunn die Übersendung einer Tasse an (Schriften der G.-G. XVII, 89)   25 Album für Autographen, vgl. zu XXIII, 169, 2.

*8145. Vgl. zu 2929.   Stadelmanns Hand.   Dazu ein Concept von derselben Hand, Abg. Br. 1818, 158, mit der Adresse: „An die Kinder nach Weimar" — 259, 10 vgl. 256, 6. 7 21. 22 vgl. 255, 19.

8146. Handschrift unbekannt. Gedruckt: Briefwechsel II, 468. Dazu ein Concept von Stadelmanns Hand, Abg. Br. 1818, 158ᵇ, woraus zu bemerken: 260, 7 wünſche ein Gleiches   9 fehlt — 260, 1 vgl. Briefwechsel II, 467   5 Zelter schreibt in einer Nachschrift vom 19. Juli: „Morgen früh fahre ich mit der ordinairen Post über Magdeburg und Göttingen nach Cassel. Schreib' mir nach Göttingen, Poste restante, wo Du bist, damit wir uns beide treffen können."

8147. Handschrift unbekannt. Gedruckt: W. Gwinner, Schopenhauer's Leben, Leipzig 1878, S. 154. Dazu ein Concept von Stadelmanns Hand, Abg. Br. 1818, 157 (Adresse *g*: „HE. Docktor Arthur Schopenhauer in Dresden"), woraus zu bemerken: 260, 11 höchſt *g* über ſehr   angenehm durch *g* übergeschriebenes erfreulich ersetzt, dann wiederhergestellt   12 Ihnen gestrichen   12. 13 Ihr angekündigtes   13 allem fehlt 14 zu nach geſchichtlich   15 unſere werthen *g* üdZ   16 Auf Zeitgenoſſen folgt *g* üdZ und Nachfahren   18 manches — erinnern *g* üdZ   19 alles muß jedoch [jedoch *g* üdZ]   20 los wären *g* üdZ   immer nach doch   261, 1 die] Ihre   1. 2 Ver gnügen und Nutzen durch übergeschriebene Zahlen aus Nutzen und Vergnügen ₂ machen Sie g aus mögen Sie — machen ₅ fehlt ₆ 9.] 8. aus 7. — Antwort auf Schopenhauers Brief vom 23. Juni 1818 (G.-Jb. IX, 71), worin er die Vollendung seines Werks „Die Welt als Wille und Vorstellung" ankündigt 260, ₁₇ Der Artikel „Farbe" von dem Dresdener Professor der Chemie Ficinus in Piers Wörterbuch der Physiologie und Medicin, Band III 261, ₁ Schopenhauer meldet, dass er im Herbst 1818 nach Italien reise und bittet um ein Empfehlungsschreiben.

Hier folgt ein vielleicht an David Knoll gerichtetes Gutachten Goethes (Concept von Stadelmann, Abg. Br. 1818, 162):

Die Joseph Müllerische
Verlassenschaft
an Carlsbader
Gebirgs= und Steinarten
betreffend. ₅

Über die Verlassenschaft des abgeschiedenen, guten Joseph Müller und deren Benutzung etwas auszusprechen fällt in der gegenwärtigen Lage sehr schwer. Der so thätige Mann war niemals zu bewegen die vielerley Steinarten, die er aus der umliegenden Gegend zusammentrug, in einige Ordnung zu bringen, ₁₀ wodurch er sich die Übersicht erleichtert und seine Nachkommen in den Stand gesetzt hätte die Cabinette, vollständig wie er sie ausgegeben, an Liebhaber zu überlassen: denn nur in diesem Sinne hätten die vorhandenen Steinmuster einigen Werth, leider aber liegen sie durch einander gemischt, auf einem Haufen, sind der ₁₅ Hausbewohnerin lästig und können weder gesondert noch benutzt werden.

Zuförderst also müßte man diese Steine in einen größeren Raum ausbreiten, sie nach Anleitung des Catalogs wissenschaftlich aus einander lesen, da sich denn finden würde daß kaum Ein ₂₀

₁—₅ g¹ am Schluss auf Bl. 163    7 Müller aus Müllers
8 so thätige g aR für gute    9 die nach in    11 und nach hätte
12. 13 ausgegeben g aus auszugeben    14 hätten g über haben
 Steinmuster g aR für Exemplare    15 durch nach gegenwärtig
16 noch g aus nach    17 Hier folgt mit Alinea: Das erste was d
19 wissenschaftlich g aR

ganzes Cabinet aus der großen Anzahl zusammen zu bringen sey. Der gute Mann verfuhr eben deshalb so langsam mit Ausbildung seiner Cabinette weil er oft, zu Aufsuchung einzelner Stücke die ihm fehlten, weit umher ging, wozu gegenwärtig Niemand weder Kenntnisse noch Muse hat. Bey Zusammenstellung der Cabinette ferner ist das Format genau zu beobachten, so daß größere und kleinere Sammlungen (von welchen die letzteren wegen Leichtigkeit des Transports immer beliebt waren) aufgestellt würden. Wobey denn ferner die Schwierigkeit eintritt daß die Exemplare instructiv seyn sollen, damit sie, groß oder klein, den Charakter der Bergart ausdrücken, in wiefern er bedeutend ist und den Liebhaber intressirt.

Da nun diese angezeigten Bedingungen kaum zu erfüllen seyn möchten, so würde es schwer werden ein ausreichendes Gutachten abzugeben. Einige auf die hiesigen heißen Quellen sich beziehenden Steine möchten vielleicht nach und nach an Badegäste zu verkaufen seyn; aber auch hierzu wird Zeit, Platz und Mühe erfordert, wogegen die Einnahme höchst gering erscheinen dürfte.

Hiernach werden die Herrn Erben wenn sie deshalb zu Rathe gehen, sich vor allen Dingen überzeugen: daß der Werth dieser geologischen Verlassenschaft nicht sehr hoch anzuschlagen seyn möchte, weil um sie in's Geld zu setzen das Leben eines thätigen, kenntnißreichen Mannes nöthig wäre.

Carlsbad den 11. August 1818.

*8148. Vgl. zu 2929. Stadelmanns Hand 261,7 Sceel 263,2 lies: zugemacht 6—22 g Dazu ein Concept von derselben Hand, Abg. Br. 1818, 159 (Adresse: „An die Kinder in Weimar"), woraus zu bemerken: 261,18 üben g unter Ueben 262,6 zurück g über mit 23 Schreibt g aus schreib 24 Tag 27 Mieth=Wagens [Mieth= g aR] 263,2 Lies: zugemacht 4 vor g über für 5 Hier folgt mit Alinea: Ferner laß den kleinen

---

1 zusammen — sey aus würde zusammen zu suchen seyn 2 Der nach weil verfuhr g üdZ 3 weil nach verfuhr 7 Sammlungen g aR für Cabinette 10 damit g aus daß 11 der — ausdrücken g aR für des Gesteins anzeigen 13 kaum g über schwerlich 14 werden g über seyn 18 dürfte g über möchte 19. 20 zu Rathe gehen g aR für sich deshalb berathen 20. 21 dieser geologischen g aR für dieses Theils der 22. 23 g

viereckigen Mantelsack auf den Vorbersitz binden damit ich so viele
Kleinigkeiten die sonst im Wagen herumfahren darin zusammenhalten könne.    6—22 fehlt — 261,7 Johann Skell, Garteninspector in Belvedere, vgl. 264,10, Tageb. VI, 233, 1. 10
8 vgl. Tageb. VI, 236,8    23 vgl. 254,22    262,2 Dr. Wilhelm Rehbein, Hofmedicus   7 vgl. zu 119,9   11 vgl. zu
270,22   19 vgl. 8145   26 vgl. 267,6. 270,11. 277,1. 278,16,
Tageb. VI, 242,16    263,12 vgl. zu 253,14.
*8149. Handschrift, eigenhändig, Abg. Br. 1818, 165.
Fehlt im Tagebuch (nicht abgesandt?)    265, 1 Familie
aus Familiche   16 schienen aus schien — 264,4—9 vgl. Contas
Bericht in der Deutschen Rundschau 1901, November, S. 234
10 vgl. zu 261,7    16 vgl. zu 254,23    19 vgl. zu 256,17
20 vgl. zu 95,18    265,1 Über die Familie des Feldmarschalls
Fürsten Karl zu Schwarzenberg vgl. 272,14. 296,22. 315,23,
Schriften der G.-G. XVII, LXXXI   3 Über Georg Franz
August v. Longueval, Graf v. Bucquoi vgl. 272,15 und zu
6602   5 vgl. zu 254,15   9 vgl. zu 258,2   15 vgl. zu 248,4
23 vgl. zu 255,1, Tageb. VI, 246,15, Goethe-Zelter IV, 300.
320   27 vgl. 279,13, Werke IV, 252.
*8150. Concept von Stadelmanns Hand, Abg. Br. 1818,
164   266,21 man eine $g^1$ aus meine   Lies: dankbare   22 denjenigen $g^1$ aus demjenigen   23 den aus denjenigen Datum nach
Tageb. VI, 236,8 und Analogie von 8148. 8149 — 266,9
Vom 26. Juli, 2. und 8. August (Eing. Briefe 1818, 464. 471.
474)   13. 15 vgl. zu 95,18; Kräuter übersendet am 8. August
eine Probe des Ermerschen Stichs vom Titelblatt in alt-
deutscher Schrift, während Goethe früher die lateinische
gewählt hatte   18 Kräuter berichtet von dem Besuch zweier
Griechen, de Negry und Kalliarky, in der Weimarischen
Bibliothek   267,6 vgl. zu 262,26.
*8151. Concept von Stadelmanns Hand, Abg. Br. 1818,
167, ohne Adressaten (vgl. aber Tageb. VI, 236,22)   267,
13 es $g$ üdZ   19 ist nach auch   268,2 mir üdZ   günstige
aus günstigste   7 wozu $g$ aR aus zu der   18 und übrigen $g$ aR
21 haben $g$ üdZ   23 Einrichtungen $g$ aus Einrichtung   24 vortragen nach geschehen   25 einsichtigen $g$ aus einsichtig und   269,5
äußerlich $g$ üdZ   6. 7 innerlich — werde $g$ für soll woraus denn
doch zuletzt einige Befriedigung entspringt — Zur Sache vgl.

zu XXVIII, 52, 5   267, 11 Nicht erhalten   17 vgl. zu 264, 3
268, 4 Herzog August Emil Leopold von Sachsen-Gotha.
**8152.** Handschrift unbekannt. Gedruckt: Döring, Goethes
Briefe S. 321, Berliner Sammlung 3 I, 1034 — Antwort auf
des Adressaten Brief vom 3. August (Eing. Br. 1818, 478),
mit dem er vier Exemplare der neugriechischen Iphigenia-
übersetzung von Papadopulos (vgl. zu Tageb. VI, 38, 2, Werke
36, 132 f.) übersendet   269, 14 vgl. zu 254, 15   22 Weller
schreibt: „Das Knebelsche Haus empfiehlt sich Ew. Excellenz
angelegentlichst ... Bernhard [Knebels jüngster Sohn] lässt
vorzüglich für das schöne Feuerwerk unterthänig danken,
es hat alle recht sehr belustigt"; vgl. 287, 20   270, 1 Weller:
„Der Herr Major [Knebel] möchte gar so gern wissen, ob
Friedrich Schlegel beim Fürsten Metternich wäre, weil der
dictatorische Frommann neulich ganz leidenschaftlich sagte,
der Fürst M. wollte den Fr. Sch. nun ganz allein für sich
behalten etc. Da hat sich der Herr Major fürchterlich ge-
ärgert"   11 vgl. zu 262, 26.
*8153. Vgl. zu 2929. Eigenhändig — 270, 14 Dr. Chri-
stoph Martin, Geh. Justizrath und Ober-Appellationsgerichts-
Rath in Jena   22 Die Bronzestatue der Vestalin, Geschenk
des Grafen Paar, vgl. 262, 11. 273, 10. 274, 4—8. 279, 6. 325,
22. 23, Tageb. VI, 236, 16, Werke IV, 21. 78, Schriften der
G.-G. XVII, 342   271, 10 vgl. zu 253, 14.
*8154. Vgl. zu 2929. Eigenhändig — 271, 13 Von Otti-
lie und August, 11.—16. August, Eing. Br. 1818, 511—516
18 Vielmehr am 25. August, vgl. Tageb. VI, 238   21 Anton
Beschorner, vgl. zu 8159   272, 1 vgl. zu 254, 15   2. 3 vgl.
G.-Jb. XV, 111   5 Über den Mineralogen Christian Samuel
Weiss (1780—1856) vgl. ADB. 41, 559, Tageb. VI, 237, 11. 16.
238, 17. 239, 2. 7. 26. 240, 24. 26. 241, 6. 9. 14. 25, Werke 36, 140;
über den Physiker Johann Salomo Christoph Schweigger
(1779—1857) vgl. 8179, ADB. 33, 335   7 Über den „jungen
weitschreitenden Bergfreund" Franz Xaver Riepel — von
Goethe in den Annalen (36, 139) und im Tageb. VI, 237, 20
Reupel genannt — vgl. Tageb. VI, 319, Hlawaçek, Goethe in
Karlsbad ² S. 95   10 vgl. 321, 2. 325, 24   14 vgl. zu 265, 1
15 vgl. zu 265, 3   23 Ottilie klagt in ihrem Briefe über ein
Zahngeschwür   25 vgl. zu 253, 14; Ottilie schreibt: „Misele

wird gross und stark; Ihrem Befehl gemäss wird er öfters auf den Teppich gelegt, was er sich auch ganz gerne gefallen lässt, doch bleibt er noch ganz still liegen, und macht zum Kriechen gar keine Anstalt" 273, 6 Gräfin Caroline v. Egloffstein; Ottilie schreibt: „Line ist Ihnen noch immer treu und ergeben" 10 vgl. zu 270, 22   11 Von Schweigger zum 28. August geschenkt, vgl. Werke 36, 138  16 Kirchgang der Erbgrossherzogin Maria Paulowna   19 Zum Maskenzuge vom 18. December 1818 (Werke XVI, 242)   25 vgl. Tageb. VI, 238, 28.

**8155.** Handschrift unbekannt. Gedruckt: Dorow, Denkschriften und Briefe IV, 167   275, 5 Raum] kaum Dazu ein Concept von Stadelmanns Hand, Abg. Br. 1818, 169, dem zu 275, 5 gefolgt und woraus ferner zu bemerken ist: 274, 13 nicht nach ist   ich fehlt   15 leib üdZ   18 Hätte — Sommerreise   19 die nach mich   20. 21 auch — Wohlgebohrnen — mich g aR   22 Verlangen g über Wünschen   24 wir — fühlen] mir — fühle   275, 1 den g über diesen   4. 5 auch — Raum g aR für keine Zeit   5 dies nach mir   14. 15 Mit — Goethe fehlt — Antwort auf des Adressaten (vgl. ADB. 5, 359) Brief aus Wiesbaden vom 13. August (Eing. Br. 1818, 521), in dem er Goethe um eine Vorrede zu seiner Schrift „Opferstätten und Grabhügel der Germanen und Römer am Rhein", Wiesbaden 1819—21, bittet, zu der er Zeichnungen nebst Beschreibung einsandte. Zugleich kündigt Dorow den Plan einer Gesammtausgabe von Hamanns Werken an.

Nach Carlsbad, vermuthlich in das Ende des August 1818 (vgl. Tageb. VI, 236 ff.), fällt folgendes Fragment eines Conceptes an den **Grossherzog Carl August**, welches $g^1$ auf der Rückseite einer Preisliste der „Weinhandlung von Joseph Knoll junior zum rothen Herz auf der Wiese" steht:

Da gestern sich der ganze biplomatische Kreis aufgelöst und die meisten Glieder sich entfernt hatten.

Ich nahm aus dieser Ruhe ein gutes Vorbedeutungszeichen [daß] auch diese Epoche Ew. Königl. Hoheit mehr Zufriedenheit

---

2 die me[isten] $g^1$ über alle   3 eine gute $g^1$ aus ein gutes Vorbebung zeichen [!] nach Omen daß

und Ruhe bringen werde als die bisherigen. Möge dies in Erfüllung gehn zum schönsten Genuß so großer Vorzüge die das [Lücke] Ihnen gegönnt hat.

In meinen Hoffnungen bestärckt mich was ich im allgemeinen
5 vernehmen konnte. Gesprochen habe ich noch Fürst Metternich Fürst Kaunitz General Wolzogen uub Adam Müller.

8156. Handschrift unbekannt. Gedruckt: Ost und West, 1838, Nr. 10, Strehlke II, 327. Dazu ein Concept von Rehbeins Hand, Abg. Br. 1818, 170, woraus zu bemerken: 276, 9 Musikers unter Künstlers  10 — 12 fehlt — Antwort auf des Adressaten (vgl. ADB. 38, 431) Brief aus Prag vom 29. Juni (Eing. Br. 1818, 477), mit dem er das erste Heft seiner Compositionen zu Goethischen Gedichten übersendet und bittet „zu einem Separathefte (den Erlkönig, den König in Thule, den Fischer enthaltend) Dero gefeierten Namen voransetzen zu dürfen"; vgl. Tageb. VI, 239, 15, Hlawaček, Goethe in Karlsbad ² S. 99.

*8157. Concept von Stadelmanns Hand, Abg. Br. 1818, 171   277, 15 diesmal g über vielmehr   21 Dein aus Deinen
25 Lies: John   278, 1 gemäßigter g aR für Größe der [?]   Nach überwinden g üdZ suchen   4 Bey — Hopfgarten, g aR
8 eine nach daß   8. 9 uns — ungetrübt g aR für ungemahlt
10 g aR — 276, 17 vgl. 188, 3. 278, 14. 279, 21. 281, 17, Tageb. VI, 239 f.   19 Rehbein, vgl. S. 329   277, 1 vgl. zu 262, 26
4 vgl. Tageb. VI, 240, 20   21 Eing. Br. 1818, 531   23 Eing. Br. 1818, 533, mit einem Autogramm „des grossen Befreyers der neuen Welt" [Washington]   25 August schreibt: „Alles ist zu Ihrer Ankunft bereit auch hat John übernommen von 9—1 Uhr alle Tage zu kommen und in Schreiberey hülfreiche Hand zu leisten"   278, 4 vgl. zu 7943   6 Ulrike v. Pogwisch, vgl. zu 204, 14.

8158. Vgl. zu 268. Rehbeins Hand. Gedruckt: Briefwechsel II, 249. Dazu ein Concept von Stadelmanns Hand, Abg. Br. 1818, 174, woraus zu bemerken: 278, 11 werther
   hierdurch   15 unseres] des trefflichen   schnell nach mich
21 bünde g über denkt   die g üdZ   22 ergangen   23 sprechen] erzählen   lieben fehlt   279, 1. 2 bey dir einzukehren] anzusprechen   6 ineinander] zusammen   7 will] muß   8 weitläufige

Relation 11 barf *g* über fann   13. 14 Gelte — ermangeln. *g*
15—18 fehlt   19 C. B. b. 4 Sept. 1818 *g* aR   — 278, 14 vgl.
zu 276, 17   16 vgl. zu 262, 26   279, 5 vgl. zu 270, 22   11 vgl.
zu 255, 1   13 vgl. 265, 27.
**8159.** Concept von Stadelmanns Hand, Abg. Br. 1818,
175   279, 21 rechne *g* aR für zähle ich   22 sprechen nach nicht
280, 5 Ihnen nach es   6 dergestalt *g* üdZ   mir nach für   7
eine nach die ange(nehmste)   16 unseren *g* aus unseres   20. 21
nicht — sind. *g* aR für unterwegs gewöhnlich beschädigt werden
22 fortwährenden *g* aus fortwährend zu   23 empfehlend *g* aus zu
empfehlen   24 *g* aR   — Antwort auf des Adressaten (vgl. zu
271, 21) Brief vom 29. August (Eing. Br. 1818, 523)   279, 21
vgl. zu 276, 17   280, 3 vgl. Naturwiss. Schriften IX, 127.
**8160.** Handschrift, eigenhändig, im Fürstl. Metternich-
schen Archiv in Plass. Gedruckt: Schriften der G.-G. XVII,
201. Dazu ein Concept von Stadelmanns Hand, Abg. Br.
1818, 173, woraus zu bemerken: 281, 1. 2 fehlt   6 aber *g*
üdZ   7 mancher *g* üdZ   Mann aus Männer   8 von nach
besonders   besonderen *g* üdZ   hinzielt *g* aus zielen   9 nur
allenfalls *g* aus nur einigermaßen   10 sey, da *g* über ist   11
Aufmerckfamkeit *g* aR für und manche Betrachtung   12 Glaubt
nach Hat man sich zuletzt auch all(enfalls)   denn *g* üdZ   zuletzt auch   12. 13 im Ganzen *g* über allenfalls mit sich selbst
14 dasjenige durch *g* üdZ nach und   16 nun *g* üdZ   15 freye
nach freue   18 versagen *g* aus verhindern nach behindern
20 erreichen möge *g* aus erreiche   21 Genz *g* aus Gens   21. 22
der — überbrachte] dem ich die schönen Rosenquarze verdanke   23
jenes] des   282, 1 in einiger Zeit *g* über gegen Ende des
Jahrs   3 mir indessen *g* aR   4 dergestallt nach mir   ich *g*
über mir   5 Sinn   gelassen *g* über gekommen   6. 7 unschätzbare *g* zwischengeschrieben   8 und zu erwiedern *g*   9—11
fehlt, mit Ausnahme des Datums   11 12$\underline{\text{ten}}$ *g*$^1$ aus 5$\underline{\text{ten}}$
— Antwort auf Metternichs Brief aus Franzensbad vom
19. August 1818 (Schriften der G.-G. XVII, 200)   281, 3. 4
Die beiden ersten Hefte der neugegründeten „Jahrbücher
der Literatur", vgl. Schriften der G.-G. XVII, XCVIII. 356
17 vgl. zu 276, 17   21 vgl. Tageb. VI, 239, 16. 17   23 Gentz's
Aufsatz über Pressfreiheit in England, Jahrbücher der Literatur I, 210. 255; die Fortsetzung blieb aus.

**\*8161.** Concept von Kräuters Hand, Abg. Br. 1818, 178 282, 14 mir nach die — 282, 13 vgl. zu 254, 15. Goethe verliess Carlsbad am 13. September und traf am 17. wieder in Weimar ein (Tageb. VI, 242 f.)

**\*8162.** Handschrift des eigentlichen Briefes, ungedruckt, von Kräuters Hand, im G.-Sch.-Archiv (vgl. zu 8055). Handschrift der Beilage unbekannt, früher in A. Spitta's (R. Zeune's) Besitz, gedruckt: G.-Jb. III, 317 — Vgl. Tageb. VI, 243, 22—25.

**\*8163.** Handschrift, eigenhändig, 1894 im Besitz des Antiquariats v. Zahn & Jaensch, Dresden (Catalog 42, Nr. 143; wohl auch A. Spitta's Verzeichniss XXXI, Nr. 163?) — Zur Sache vgl. 8183.

**8164.** Handschrift, von Kräuter, im Besitz von R. Brockhaus in Leipzig, im Juli 1896 zur Benutzung an's Archiv gesandt. Unvollständig gedruckt: G.-Jb. VIII, 151. Dazu ein Concept von gleicher Hand in demselben Fascikel wie zu 7454, Bl. 50, woraus zu bemerken: 285, 10 Ew. p. 19. 20 wir von nun an die Platte nicht 286, 3—5 Papier, woraus — Hammerische — ist, herüberzusenden, als 19 und Alterthümern fehlt 25 freundliches üdZ 27. 28 fehlt, mit Ausnahme des Datums — 285, 11 Am 17. September, vgl. 287, 6—13, Tageb. VI, 243, 4—7 17 vgl. zu 119, 9 286, 1 vgl. zu 95, 18, Tageb. VI, 243, 13. 14 7 vgl. zu 4, 2 und 8166 11 vgl. zu 101, 6 19 vgl. zu 270, 22. 272, 10 23 Friedrich Johannes Frommann trat im Herbst 1818 in Hamburg in das Geschäft von Perthes & Besser ein, vgl. Das Frommannsche Haus ³ S. XIX.

**8165.** Vgl. zu 268. Kräuters Hand. Gedruckt: Briefwechsel II, 250 — 287, 6 vgl. zu 285, 11 16 vgl. zu 276, 17 20 vgl. zu 269, 22, Tageb. VI, 243, 28.

**\*8166.** Concept von Kräuters Hand in demselben Fascikel wie zu 7454, Bl. 51 288, 4 Ew. p 14 lies letztern — Zur Sache vgl. zu 4, 2 und 8172. Im ersten Druck des Divan (Stuttgart 1819) steht „Chuld Nameh. Buch des Paradieses" auf dem letzten Blatt von Bogen 14; auf Bogen 15 folgt: „Berechtigte Männer. Auserwählte Frauen. Begünstigte Thiere. Höheres und Höchstes. Siebenschläfer. Gute

Nacht!", auf Bogen 16 „Besserem Verständniss"; vgl. Werke VI, 248 ff.

**\*8167.** Handschrift von Kräuter in demselben Fascikel wie 7908, Bl. 21, rechtsspaltig; links Carl Augusts Bescheid: „Es geschehe. C. A." — Zur Sache vgl. 8169 289, 2 Aus London, vom 14. August 1818 (in demselben Fascikel, Bl. 13) 13 = 8169.

**8168.** Vgl. zu 2666. Kräuters Hand 290, 8 *g* Gedruckt: Briefe an C. G. v. Voigt S. 410 — 289, 20 vgl. zu 142, 14.

**\*8169.** Concept von J. Johns Hand in demselben Fascikel wie zu 7908, Bl. 20 290, 13. 14 Lebensgröße 20 englischen üdZ 22 sehr über sicher — Zur Sache vgl. zu 8167.

**8170.** Handschrift von J. John in demselben Fascikel wie 7194, Nr. 93 292, 9 *g* Gedruckt: Raumers Historisches Taschenbuch 1862, S. 387. Dazu ein Concept von gleicher Hand in demselben Fascikel wie 7140, Bl. 89, woraus zu bemerken: 291, 3. 4 in der ersten aus die erste 8 fürchtete *g* aus fürstete 13 erschien *g* üdZ ein aus einen 16. 17 Abschiebe *g* aus Abschießen 20 Ew pp. 292, 1 andere nach ein 5 Richte *g* aus Richtung 9. 10 fehlt, mit Ausnahme des Datums — 291, 2 Aus Schwerin vom 14. September 1818, in demselben Fascikel wie 7140, Bl. 87 5 vgl. zu 8125 7 Dem Fürsten Blücher, vgl. zu 255, 2 10 vgl. Tageb. VI, 240, 11. 241, 17. 28. 319 13 Vom 29. August 1818, in demselben Fascikel wie 7140, Bl. 85, vgl. Tageb. VI, 240, 10 15 vgl. Tageb. VI, 241, 14. 23. 28 22 Preen schreibt über Goethes Inschrift zum Blücherdenkmal (vgl. zu 59, 10): „Es bedarf wohl kaum der Erwähnung, dass wir uns dazu dankbar die Vorschläge aneignen, womit Ew. Excellenz uns so gütig beschenkt haben; nur scheint es der allgemeinere Wunsch zu seyn, statt der gewiss sehr inhaltreichen Worte auf der Rückseite: die Seinigen — das Vaterland zu sezzen; ich schmeichle mir, dass diese Abweichung, mit eben der gütigen Nachsicht von Ew. Excellenz aufgenommen werde, die Sie früherhin, einigen sehr mislungenen Ansichten zu gestatten, die Gewogenheit hatten" 292, 3 vgl. zu 20, 3.

**8171.** Handschrift unbekannt. Abgedruckt von O. Jahn in den Grenzboten 1868, Nr. 23, S. 397. Dazu ein Concept von J. Johns Hand, Abg. Br. 1818, 176, woraus zu bemerken: 292, 12. 13 Ew Wohlgeb *g* über Sie 16 sagte aus sagt 22 biefe aus biefer 293, 8 Datum am Schluss — 292, 14 Vom 28. Juli 1818, Antwort auf 8123 20 Das „beigehende Gedicht" ist „Unter dem Felsen am Wege Erschlagen liegt er", in die Noten und Abhandlungen zum Divan aufgenommen (Werke VII, 12), dem eine 1814 lateinisch und deutsch erschienene Übertragung von Freitag zu Grunde liegt, vgl. Hempel IV, 233; über Kosegartens undatirte Antwort vgl. Werke VII, 292.

\*8172. Concept von Kräuters Hand in demselben Fascikel wie 7454, Bl. 52 293, 19 *g* aR 21 der nach Es wird etwas über einen Bogen betragen 294, 3 und nach u. vielleicht noch nach (*g* über vor) Ew. Wohlgebornen Abreife mich in Jena darstelle 5 hoffe aus hoffend — 293, 10 vgl. zu 8166 20 vgl. zu 119, 9 23 vgl. zu 127, 3 23. 24 vgl. 295, 14, Tageb. VI, 245, 19. 20.

\*8173. Handschrift des eigentlichen Briefes, von Kräuters Hand, im Besitz des verstorbenen Oberstleutnants Dr. Max Jähns in Berlin, 1899 zur Collation an's Archiv eingesandt 294, 13 Tümmlers Handschrift der Beilage, von Schreiberhand, in Elischers Sammlung in Budapest, gedruckt: G.-Jb. XI, 96 als Beilage zu Goethes Brief an Weller vom 24. Febr. 1819 — 294, 10 vgl. zu 4, 15 16 = Beilage.

8174. Vgl. zu 6161. Kräuters Hand. Gedruckt: S. Boisserée II, 231. Mit Boisserées Notiz: „am 1. Octob. durch Zelter — Schorns Buch [vgl. zu 325, 3] u. am 11. —" Dazu ein Concept von derselben Hand, Abg. Br. 1818, 183, woraus zu bemerken: 295, 11 Brunnenfur und Gefelligkeit 15 find fehlt 296, 5 können fehlt 6 der üdZ 8 26.] 27. — 295, 10 Vom 17. August 1818 (S. Boisserée II, 228) 14 vgl. zu 293, 23. 24 18 vgl. zu 119, 9 20 vgl. zu 4, 2.

8175. Handschrift, eigenhändig 297, 4. 5 Packtchen 11 *Notificatio* 12 *a* Im Kanzler Müller-Archiv (Nr. 752), vermuthlich von Kanzler v. Müller 1837 zurückbehalten; nach Tageb. VI, 247, 5—11 am 28. September expedirt. Gedruckt: Briefwechsel S. 161. Dazu ein Concept von Kräuters Hand, Abg. Br. 1818, 179, welches, wie bei Nr. 6104, den Text in dem gedruckten Briefwechsel stark beeinflusst hat und woraus Folgendes zu bemerken ist: 296, 9 nach] bey Rückkunft

nach Weimar vermelbe   10 theilnehmenden] gefälligen   12 An=
deuten — Nachricht] Anbeutung Ihre fernere geneigte Mittheilung
13 sage aR für statte   13. 14 zum voraus meinen über den
18 Nach that folgt: Die sieben Churfürsten jedoch blieben dieß=
mal für mich ganz verwaist.   19 wohnt ich in   20 Manne auch
moralisch näher   21 — 297, 2 Blücher und Schwarzenberg [u. S.
aR] vorstellen, Md$^{me}$ Catalani hören und sonst an mancherley
theilnehmen konnte, war mir ganz erfreulich   297, 3 — 298, 7
Möchte ich doch vernehmen daß in dieser Zeit sich Ihre Gesundheit
gleichfalls gut gehalten.
W. b. 23 Sptbr. 1818.   Mit aufrichtigster Anhänglichkeit.

296, 10 Vom 2. August 1818 (Briefwechsel S. 159)   18 vgl.
zu 254, 15   21 vgl. zu 255, 2   22 vgl. zu 265, 1   24 vgl. zu
255, 1   297, 3. 4 Des Kaisers und der Kaiserin von Russland, vgl. Tageb. VI, 245 ff.   6 vgl. 8176, Tageb. VI, 247,
A. Fischer, Goethe und Napoleon $^2$ S. 177   12 vgl. zu 7273
25 fehlt.

*8176. Handschrift, eigenhändig   298, 24 29 aus 26
Im G.-Sch.-Archiv („Aus dem Archive des Vaters"), rechtsspaltig auf einem Foliobogen; linksspaltig Carl Augusts
Antwort: „eodem. Von Herzen freue ich mich dieser gewordenen auszeichnung, und werde sie sehr gerne von dem
empfänger tragen sehn. Carl August" — Zur Sache vgl.
zu 297, 6.

8177. Handschrift von J. John im Besitz des Grafen
Brühl in Seyffersdorf, 1890 zur Benutzung an's Archiv gesandt   299, 11. 300, 2. 23 physische   299, 16 haben   300, 24
Verstellung   301, 1 das Gewöhnlicher   Das Duplicat des Briefes, ohne die Worte „und Berlin" (vgl. 301, 6), befand sich
1890 im Besitz des Majors v. Krosigk in Posen. Nur die
ersten vier Absätze (299, 1 — 19), gedruckt in J. V. Teichmanns Literar. Nachlass, hsg. v. Franz Dingelstedt, Stuttgart
1863, S. 245. Dazu ein Concept von Kräuters Hand, Abg.
Br. 1818, 184, dem zu 299, 11. 300, 2. 23. 299, 16. 300, 24. 301, 1
gefolgt und woraus ferner zu bemerken ist: 299, 3 meinen
aus wenn meiner   13 ja aus gar   23 allzufremb g aus allzu=
frey   25 dem g über vor denen Augen der   bisarr scheine g
aR für fratzenhaft werde   300, 1 Kleibungen nach übrigen

2 fchon *g* üdZ  3 darin aus darinne  5 bilettantifchten aus bilettantifchen  10 krausbärtig *g* üdZ  14 langbärtig *g* aR für kaum die Nafe aus dem Bart und die Augen aus den Augenbrauen hervorfchauend  15—17 mit — paffend] *g* aR für und Almaide können einen entfernten Bezug in Kleidung auf einander haben  17 Gefangnen  19 als nach damit fie fich  20 auf Ogers folgt uniform tragen, darüber *g* abgezeichnet  301,5 am nach heute  6 Dupplicate aus Dupplicatien  7.8 ungeheuern  12.13 fehlt, mit Ausnahme des Datums — Antwort auf des Adressaten Brief aus Berlin vom 25. September 1818, worin er für eine geplante Aufführung von Goethes „Lila" mit der Composition Friedrich Ludwig Seidels (vgl. zu 7104. 7289) um Costümanweisungen bittet (Tageb. VI, 248, 18). Die erste Aufführung in Berlin fand am 9. December 1818 statt (Teichmanns Lit. Nachlass S. 420)  301,6 Brühl schreibt: „Morgen reise ich nach Seifersdorf bei Dresden, und Ihre gütige Antwort wird mich dort am sichersten treffen"  8 Der Brand des Berliner Schauspielhauses am 29. Juli 1817, vgl. zu XXVIII, 211, 16.

Ein amtliches Schreiben Goethes vom 1. October 1818 (Kräuters Hand), den Abschluss der Kühn'schen Museumsrechnung betr., in demselben Fascikel wie 7362/3, Bl. 50.

**8178.** Handschrift von Schreiberhand, 1890 im Besitze L. Hirzels, vgl. List & Franckes Auctionscatalog vom 4. Oct. 1897, Nr. 405 (an Eichstädt?), Liepmannssohns Catalog 1884, S. 1 (vgl. G.-Jb. VI, 386). Gedruckt: G.-Jb. XI, 94, ohne Angabe des Adressaten, der sich aus Tageb. VI, 249, 14. 15 und aus dem Concept von Kräuters Hand, Abg. Br. 1818, 181, ergiebt, woraus ferner zu bemerken: 301, 15 in beiliegendem  19 erregt *g* aR für bleibt  Heydon  20 das aus daß  21 befondere *g* über erregt  25.26 fehlt, mit Ausnahme des Datums — Über den Adressaten vgl. zu 7546 und Goethes Brief an ihn vom 22. December 1818.

*****8179.** Concept von Kräuters Hand, Abg. Br. 1818, 182  302,5 und phyfifchen *g* aR  7 Ew.p.  13 den *g* über die  14 Apparat *g* über Jnftrumente  — 302, 3 vgl. zu 183, 21, Tageb. VI, 249, 15. 16  15 Schweigger traf mit Goethe in Carlsbad zusammen, vgl. zu 272, 5.

Nach Weimar — denn Kräuter war nicht mit in Carlsbad — vermuthlich in den Anfang des October 1818 fällt folgendes Fragment eines Conceptes an einen **unbekannten Adressaten** von Kräuters Hand, Abg. Br. 1818, 186:

Ihr lieber Brief, mein Werthester, hat mir nach so manchem Ereigniſſe die an mir vorübergingen ſeit wir uns geſehen, ein höchſt erfreuliches und auch zugleich rührendes Gefühl gegeben. Könnte man ſich jeden Monat nur ein paar Stunden ſprechen, ſo wäre alles gethan.

Früher in Jena und jetzt wieder in Carlsbad hab' ich zwar einen unerwarteten und unerfreulichen Sturz erlebt.

**8180.** Handschrift (eigenhändig?) unbekannt. Gedruckt: G.-Jb. V, 16. Über den Adressaten vgl. M. Bernays im G.-Jb. VI, 362 — 303, 21 Wohl Professor Güldenapfels Verhältniss zur Jenaischen ALZeitung, vgl. 307, 13. 321, 25. 323, 10, Tageb. VI, 249, 18.

**\*8181.** Concept von Kräuters Hand in demselben Fascikel wie 8082, Bl. 13     304, 5 zu halten *g* üdZ     12 wollte *g* aus wollt'     12. 13 in früheren — Aufſätzen *g* aus im früheren — Aufſatze     15 erneuten *g* über neuen     17 dürfte *g* über möchte     18 ſiebente Abtheilung *g* aus und zwar deſſen Abtheilung No. 7     305, 1 ehe *g* aus eh     4 würden *g* über möchten     6 ausgelaſſen *g* über wegfallen     7 In üdZ     14 vierten üdZ     28. 306, 1 nicht weniger *g* über und     3 Wenn *g* über Indem     7 man üdZ     10—12 das — Statut — erſchöpft *g* aus die — Statuten — erſchöpfen     15 wohl — Anordnung *g* aR für dieſelben     17 einzelner aus einzelnen — Zur Sache vgl. 8082.

**8182.** Handschrift unbekannt; hier nach einer Abschrift W. v. Biedermanns im G.-Sch.-Archiv. Gedruckt: General-Anzeiger für Thüringen, Franken und Voigtland 1872 Nr. 40 (306, 21 Nähben     23 1818] 1813), Strehlke II, 451, ohne Adressaten. Sophie Caroline v. Hopfgarten (vgl. zu 7943) ergiebt sich aus ihrem Briefe vom 6. October (Eing. Br. 1818, 583) als Adressatin (vgl. Tageb. VI, 250, 23. 24) — 306, 21 vgl. Tageb. VI, 248, 15. 250, 24. 252, 8. 253, 10. 28 und Strehlke II, 20.

**8183.** Handschrift, eigenhändig, unbekannt. Gedruckt: G.-Jb. IV, 169 — Zur Sache vgl. 8163.

**8184.** Vgl. zu 2666. Eigenhändig 307, 16 G. H. R. Eichst. üdZ Gedruckt: Briefe an C. G. v. Voigt S. 411 — 307, 13 vgl. zu 303, 21, Tageb. VI, 252, 3. 4.

**\*8185.** Vgl. zu 2666. Kräuters Hand 309, 4 acquirirten 6 *g* — 308, 18 vgl. zu 142, 14 23 vgl. zu 140, 14, Tageb. VI, 251, 20. 21.

**\*8186.** Concept von J. Johns Hand, Abg. Br. 1818, 188 309, 8 Mahlanb *g* über meinen sehr *g* über höchst 9 literarischen *g* aR 13 noch ein Überblick *g* über und 14. 15 Höchst dieselben nach — Einsicht [*g* über Übersicht] — zurücksenden *g* aR für Höchst dieselben (aR) diesen Blättern eine flüchtige (*g* üdZ) Uebersicht gönnen 18. 19 erwähne — Sendung *g* aus bemerke daß die letzte Sendung von Fossilien außerordentlich interessant ist. Dazu auf Bl. 189ᵇ verkehrt geschrieben folgender Passus: Nachstehender Bericht von großem Werthe macht jedoch eine kleine Vorarbeit nöthig. Er ist in einem Laufe ohne Abtheilungen geschrieben und deswegen wenigstens fürs erstemal schwer zu lesen. Diesem abzuhelfen stehe folgende Inhalts-Anzeige. — 309, 9 vgl. 317, 7, Tageb. VI, 252, 7. 13. 14. 255, 13. 23.

**8187.** Handschrift von J. John im Besitz des Freiherrn C. v. Fritsch auf Seerhausen, 1898 zur Collation an's Archiv gesandt 310, 8 ihrem Gedruckt: W. v. Biedermann, Goethe-Forschungen I, 249. Dazu ein Concept von derselben Hand, Abg. Br. 1818, 188ᵇ, woraus zu bemerken: 310, 2 ausgezeichnet *g* über höchst 5 Vorhandene über Ganze 6 Zuwachsende nach Ein(zelne) Neue 9. 10 Freude erbitten *g* aus Ehre ausbitten 10 sie *g* üdZ 11 zu nach und aufgestellt *g* aR für gemäß freundlichst *g* aus freundlich 15. 16 fehlt, mit Ausnahme des Datums — Antwort auf des Adressaten Brief vom 9. October 1818 (Acten der Oberaufsicht „Grossherzogl. Bibliothek betr. Vol. VII. 1818—23", Bl. 16), worin es heisst: „Ew. Excellenz sey es mir vergönnt die Bildnisse von Gellert und Rabener vorzulegen, die unter dem Nachlasse meines seligen Vaters sich vorgefunden haben und so viel mir bekannt von Schenau [!] gemahlt sind. Finden Ew. Excellenz diese Gemählde nicht ganz schlecht, so ist es mein Wunsch solche der hiesigen Grosherz. Bibliotheck zu widmen, auf welcher bereits einige Portraits und Büsten früherer deutscher Schriftsteller aufgestellt sind; diesen sey

alsdenn auch das Bild jener Männer beygesellt und die Sammlung damit vermehrt". Vgl. Tageb. VI, 251, 15.16. Die
beiden Bilder befinden sich jetzt im Grossherzogl. Museum.
*8188. Concept von J. Johns Hand, Abg. Br. 1818, 177
Adresse: An Herrn Direktor Lorenz Panéner [g über Doktor
Hansner] nach Petersburg) 310, 19 Nach Petersburger g aR
mit Verweisungszeichen Mineralogischen, dann gestrichen
gesammte nach die 20 nicht wenig g aR für neulichst, dieses
g über in diesen Tagen 311, 1 allerseits g üdZ 4 Geo=
logie g aus Theologie 5 beyzufügen nach mit 9 nicht nach
ist 10 Nach diesjährigen g aR längeren, dann gestrichen
in aus ins 12 dieselbe g aus dieselbige genug einigen 14
sie g über solche 15 würde — Centner g über könnte ungefähr
[dann Lücke] — 310, 19 Durch den Staatsrath Beck am
18. September 1818, vgl. Tageb. VI, 243, 19—21 311, 4
„Hefte über die Carlsbader Gebirgsarten" (Tageb. VI, 253,
1.2) 7. 10 vgl. zu 8147/8.
 Ein Schreiben der Oberaufsicht vom 14. October 1818
an die Grossherzogl. Sächs. Landesdirection (Concept von
J. John und Kräuter), die Ablieferung von Pflichtexemplaren
betr., in demselben Fascikel wie 8132/3, Bl. 12.
*8189. Vgl. zu 6243. Umrändertes Sedezblatt, Kräuters
Hand — Vgl. Tageb. VI, 253, 23. 24. 254, 10.
*8190. Handschrift von Kräuter im G.-Sch.-Archiv, als
Depositum der Grossherzogl. Bibliothek 312, 13 an üdZ
23 g Dazu ein Concept von derselben Hand in dem Fascikel des G.-Sch.-Archivs „Acta Die Feyerlichkeiten, bey
Anwesenheit Ihro Majestaet der verwitweten Kaiserin von
Russland, betr. 1818", Bl. 2, woraus zu bemerken: 312, 4
Nicht nach und werde gern auch in der Folge beyräthig seyn
7. 8 Eine — erlaubt durch übergeschriebene Zahlen aus Wegen
der Ausführung sey mir eine [über folgende] Bemerfung erlaubt
13 gegeben aR für aufgeführt 17 persönlich nach in einzu=
greifen nach Antheil zu nehmen 20 und nach und ein ge-
23. 24 fehlt, mit Ausnahme des Datums — 312, 2 „Redouten=
Aufzug", in demselben Fascikel, Bl. 3, gedruckt: Werke XVI,
487; vgl. Tageb. VI, 254, 13. 16. 22—26.
 8191. Handschrift unbekannt. Gedruckt: Grenzboten
1878, Nr. 45, S. 235, Strehlke II, 463 — Adressat nach Tageb.

VI, 255, 7: „An Conta, Anfrage wegen eines Holzdeputats"
313, 3 fehlt.
Ein Schreiben der Oberaufsicht vom 19. October 1818 an das Grossherzogl. Sächs. Oberconsistorium (Concept von Kräuter), Manuscripte des Rector Rüdel in Triptis betr., in demselben Fascikel wie zu 8121, Bl. 17; eins von demselben Tage an den Museumsschreiber Färber in Jena (Kräuters Hand), Benutzung der Luftpumpe durch Prof. v. Münchow betr., in den Acten der Oberaufsicht „Die wissenschaftlichen Anstalten zu Jena betr. Vol. V. 1818 bis Sept. 1819", Bl. 2.

*8192. Concept von Kräuters Hand, Abg. Br. 1818, 189 313, 7 Das nach Daß 8 theuren nach interessan- 10 freundlichst g üdZ 11 hoher g über fremder 16 der Trieb g über die Kraft 314, 8 gegenwärtiges g über alles dieses 11 Wiederbegnens 16 feststehend g aus feststehen den aus dem — Antwort auf Trebra's Brief vom 29. August (Eing. Br. 1818, 555), mit dem er seinen „Bergmeisterroman" (F. W. v. Trebra, Zwölfjähriges Bergmeisterleben und Wirken in Marienberg vom 1. Dec. 1767 bis August 1779, Freiberg 1818) übersendet; vgl. Tageb. VI, 244, 19. 245, 5    314, 5 vgl. Tageb. VI, 255, 15.

8193. Concept von J. Johns Hand, Abg. Br. 1818, 180 314, 22 schon g über nun    315, 3 habe    3. 4 rauhumwölkten 9 allzugleich    16 Diese    23 Stunden nach Verst Gedruckt: Schriften der G.-G. XVII, 141 — Datum nach Tageb. VI, 256, 1—3 (Concept vom 13. und 18. October: Tageb. VI, 253, 2—4. 254, 20). Über den Adressaten vgl. Schriften der G.-G. XVII, LXXXII    314, 22 „Tobakskopf" (Tageb. VI, 256, 1) 315, 10 K. E. Schubarth, Zur Beurtheilung Goethes, Breslau 1818; vgl. zu 8034. 8117    23 Feldmarschall Fürst Schwarzenberg, vgl. zu 265, 1    28 vgl. zu 270, 22.

*8194. Concept von Kräuters Hand, Abg. Br. 1818, 187 316, 6 daß g über ob St. g üdZ    7 wohl g über nicht sollte g über und also das Kreuz verkleinern solle. Ferner könnte ja wohl die Siegel so ein (Adresse: „An die Herrn Bury & Comp. in Hanau, anges. Goldarbeiter") — Zur Sache vgl. zu 7286.

**\*8195.** Handschrift, eigenhändig, umrändertes Sedezblatt, im G.-Sch.-Archiv. — Vgl. Tageb. VI, 256, 23—25.

**\*8196.** Concept von J. Johns Hand, Abg. Br. 1818, 190 316, 13 Begrüßungen $g^1$ aus Begrüßung    317, 7 Cattaneo $g^1$ aus Cattanio   9 schlingen $g^1$ über winden   12 Schreibers $g^1$ aus Schreiber — 316, 16 Von der Revue zu Langensalza, vgl. Tageb. VI, 255, 19    317, 1 Die erste Aufführung von Grillparzers „Sappho" in Weimar fand am 5. September 1818 statt, vgl. Tageb. VI, 320   7 vgl. zu 309, 9   10 vgl. zu 95, 18.

**\*8197.** Vgl. zu 2666. Wellers Hand   317, 24 $g$ — Zur Sache vgl. 321, 10 ff., 8198 und Tageb. VI, 257, 15—21; darnach scheint es, als ob der Brief vom 24. October zu datiren sei.

**8198.** Handschrift von Weller, Foliobogen, rechtsspaltig beschrieben, im Besitz des verstorbenen Oberstleutnant Dr. Max Jähns in Berlin, 1899 zur Collation an's Archiv eingesandt    319, 2 Sodann nach 6.   9 Lücke   11 daß üdZ Mit der Notiz von fremder Hand: „Die Thüre 5 Fuss breit 9 Fuss 3 Zoll lang". Gedruckt: Westermanns Monatshefte 1876, Bd. 40, S. 259 — 319, 7 vgl. zu 142, 14.

**\*8199.** Vgl. zu 3718, Nr. 2769. Wellers Hand 320, 8 $g$ — Antwort auf des Adressaten Brief vom 24. October (Eing. Br. 1818, 604), worin er die Schenkung mehrerer Mineraliensammlungen für das Jenaische Museum meldet 320, 3 vgl. Naturwiss. Correspondenz I, 30.

**\*8200.** Vgl. zu 3718, Nr. 2772. Kräuters Hand   320, 13 Sich aus sich   18 $g$ — Antwort auf des Adressaten Brief vom 25. October (Eing. Br. 1818, 602), worin er neue Schenkungen für das mineralogische Museum in Jena meldet.

**8201.** Vgl. zu 2666. Kräuters Hand   321, 21—322, 6 $g$ mit Ausnahme des Datums, 322, 4—6 auf besonderm Sedezblatt. Gedruckt: Briefe an C. G. v. Voigt S. 412 — 321, 1—3 vgl. zu 272, 10   4 vgl. 326, 1—4   10 vgl. zu 8197   16. 17 Durch Schmellers Anstellung, vgl. Tageb. VI, 253, 7   23 vgl. 8199. 8200   25 vgl. zu 303, 21.

Ein Schreiben der Oberaufsicht vom 27. October 1818 an Joh. Heinr. Meyer (Concept von Kräuter), die Anstellung Joseph Schmellers am freien Zeicheninstitut betr., in dem

Fascikel der Oberaufsicht „Acta personalia den Zeichenlehrer Schmeller betr. 1818", Bl. 2.

**\*8202.** Vgl. zu 8019. J. Johns Hand. Dazu ein Concept von Kräuters Hand, Abg. Br. 1818, 191, woraus zu bemerken: 322, 7. 8 befondern 9 fich fehlt 10 eröffnen nach fich freilich von felbft 14. 15 fehlt, mit Ausnahme des Datums 15 28.] 24. Darüber *g* Abgef. b. 28. — Antwort auf des Adressaten Brief aus Dresden vom 26. September 1818, mit dem er ein von ihm verfasstes Programm der Dresdener Akademie „von den Naturreichen" übersendet (Tageb. VI, 257, 6).

**\*8203.** Concept von Kräuters Hand, Abg. Br. 1818, 190ᵇ 322, 18 mußte aus mußten 19 endlich *g* üdZ 21 entgegen fam *g* über zufam 323, 2 mich *g* über meine 3 nach *g* üdZ 7 Darüber *g* abgef. b. 28. — Antwort auf des Adressaten (vgl. ADB. 9, 709) Brief aus Hamburg vom 23. September (Eing. Br. 1818, 596), mit dem er seine Abhandlung „In memoriam Christoph. Daniel. Ebelingii", Hamburg 1818, einen „rohen Entwurf über die Metamorphose der Natur", übersendet (Tageb. VI, 257, 8).

**8204.** Vgl. zu 2666. Eigenhändig. Gedruckt: Briefe an C. G. v. Voigt S. 413 — Zur Sache vgl. zu 303, 21.

**\*8205.** Vgl. zu 3718, Nr. 2774. Kräuters Hand 324, 12 *g* — Lenz übersendet das Gewünschte am 3. Nov. (Eing. Br. 1818, 623) 324, 3—5 Caspar Spitteler, Maire in Kärnthen 6—8 Albert Patzovsky, kgl. Domainen- und Salinen-Ober-Inspector in Soóvar, vgl. 8130.

**8206.** Vgl. zu 6161. J. Johns Hand 324, 21 fortfährt aus fortgefährt 325, 10 ich mich, wie Gedruckt: S. Boisserée II, 235. Dazu ein Concept von derselben Hand, Abg. Br. 1818, 192, woraus zu bemerken: 324, 16 wenig 16. 17 alten — hinreichend *g* aus hinreichend für alte, geprüfte Freunde 18 fich *g* üdZ 325, 1 lieben *g* aR 5 mich *g* aus ich 10 wie nach mich 12 Denn an *g* aus Dem am 13 fehlt es *g* über findet fich 18 folgt aR das Datum 24 fchon nach aus 326, 5—13 fehlt — 324, 14 Am 1. November, Abends 10 Uhr (Tageb. VI, 260, 26) 325, 3 Schorns Buch „Über die Studien der griechischen Künstler", am 10. October 1818 durch

Zelter übersandt (vgl. zu 8174, S. Boisserée II, 234 und Goethes Brief an S. Boisserée vom 7. August 1819) 7 vgl. zu 8190 9 vgl. zu 4,2 18 vgl. zu 159,3, S. Boisserées Antwort vom 21. December 1818 (II, 236) 22.23 vgl. zu 270,22 24 vgl. zu 272,10 326,1—4 vgl. 321,4 10 Aus dem Divan, vgl. 325, 9—11.

*8207. Vgl. zu 7694. J. Johns Hand 326,16 es *g* üdZ 19 ihnen aus Ihnen — Zur Sache vgl. zu 8190.

## Tagebuchnotizen.*)
## 1818.

Januar
9. C. G. v. Voigt, Weimar [7946].
 A. v. Goethe, Weimar („verschiedene Notizen").
 Grossherzog Carl August, Weimar („über mehrere Puncte").
10. C. G. v. Voigt, Weimar.
11. Grossherzog Carl August, Weimar } A. v. Goethe, Weimar („Notiz [über Sendung der Zinnstufen von Weimar]").
16. Antonie Brentano, Frankfurt [7949].
 J. G. Schadow, Berlin [7950].
 S. Boisserée, Heidelberg [7951].
 A. v. Goethe, Weimar ([7949—51] „zu fernerer Expedition").
20. C. G. v. Voigt, Weimar („Rücksendung des Rescripts in der Ilmenauer Steuersache").
 A. v. Rode, Dessau [7952].

Januar
20. A. H. Eichhorn, Coblenz [7953].
 A. v. Goethe, Weimar („poetische und prosaische Thorheiten der neuern Zeit").
23. Markgräfin [Grossherzogin] v. Baden („für Gimbernat ein Stück Cölestin [vgl. 7857]").
 J. A. G. Weigel, Leipzig [7957].
 F. v. Müller, Weimar [7956].
 Zelter, Berlin [7955].
 C. G. C. Vogel, Weimar [7958].
 A. v. Goethe („Alles [7955—58] an meinen Sohn mit dem 13. und 14. Stück des Volksfreunds").
27. C. F. Burdach, Königsberg (Conc. 25. Jan.) [7959].
 Vulpius, Weimar.
 Kräuter, Weimar [7960].
 A. v. Goethe, Weimar.
 Grossherzogin Louise, Weimar [7964].

---

*) Postsendungslisten vom Jahre 1818 haben sich gleichfalls nicht vorgefunden, vgl. XXVIII, 452.

## Januar

27. C. G. v. Voigt, Weimar [7962].
30. Grossherzog Carl August, Weimar [7963].
    C. G. C. Vogel, Weimar („Knebels Brief an Robinson").
    A. v. Goethe, Weimar („sämmtliche Inlagen, die Haushaltungsbilance, Fröhlichs Erndtepredigt mit Bemerkung").

## Februar

1. Erbgrossherzogin Maria Paulowna, Weimar [7967].
3. Kräuter, Weimar („die Bibliotheksangelegenheiten betreffend, inliegend 1 Thlr. 16 Gr. 6 ♂").
   A. v. Goethe, Weimar [7968].
4. C. G. Frege und Comp., Leipzig („200 Thlr. mit der Post zu schicken").
   Dieselben, Leipzig („Avisbrief wegen der 100 Thlr. für Felix, die Anweisung auf 100 Thlr.").
   C. F. A. v. Schreibers, Wien [7969].
6. C. F. A. v. Conta, Weimar („wegen der Mangoldischen Gelder, 1400 Thlr.").

## Februar

6. F. v. Müller, Weimar [7970].
   A. v. Goethe, Weimar („Assignation an Felix auf 100 Thlr. und Avisbrief").
   Grossherzog Carl August, Weimar („Varia").
   C. G. v. Voigt, Weimar [7971].
10. J. C. Stark, Jena („Billet ... wegen dieser Angelegenheit [Sommeraufenthalt der Prinzessinnen]").
    Vulpius, Weimar („mit seinen Registranden, Ankündigung der übersendeten Bücher, Aufmunterung").
    Kupferstecher Johann Christian Ernst Müller, Weimar („Kupferplatte zum Umschlag, No. 3").
    Bibliotheks-Secretär [Kräuter] [Weimar] („Auftrag wegen der Completirung des Vermehrungsbuchs").
    J. A. G. Weigel, Leipzig [7972].
    A. v. Goethe, Weimar [7973].
13. F. W. Schwabe, Weimar [7976].
    Grossherzog Carl August, Weimar („die Hornblendekugel betreffend").

**Februar**
10. A. v. Goethe, Weimar [7977].
    Louise Seidler, München [7975].
13. J. F. H. Schlosser, Frankfurt [7978].
16. F. v. Müller, Weimar [7979].
17. Kräuter, Weimar („12 Thlr. für Hey [lies: Heu?]").
    Vulpius, Weimar („Marliers Lichterzeddel").
    Grossherzog Carl August, Weimar („Neu-Schottlands Frühling, Jenaische Atmosphären-Erscheinung").
    A. v. Goethe, Weimar („Alles ... mit Notizen").
20. C. G. Frege und Comp., Leipzig.
21. C. W. v. Dohm, Passleben [Pustleben] bei Nordhausen [7983].
    A. C. v. Preen, Rostock [7984].
23. G. Moller, Darmstadt [7988].
    Sartorius, Göttingen [7987].
    J. H. Meyer, Stäfa [7989].
    J. F. H. Schlosser, Frankfurt.
25. J. M. Färber, Jena („Die zwey ersten revidirten Bogen vom Grunerischen Catalog").

**Februar**
28. J. C. Stark, Jena („vom Grunerischen Catalog die beyden ersten Bogen").
    J. C. Wesselhöft, Jena („den 12. Bogen von Kunst und Alterthum zurück").
    L. D. M. Lavés, Jena („den 10. Bogen desselben für den Abschreiber").
    J. M. Färber, Jena („Einiges").

**März**
1. Julie Auguste Christine Freifrau v. Bechtolsheim, Eisenach.
2. H. Mylius, Mailand [7991].
   G. Cattaneo, Mailand [7992].
3. Stadtgericht, Weimar [7995].
4. Staatsrath Schad, Berlin („dessen Bücher zurück gesendet").
   J. G. Schadow, Berlin [7993].
   J. F. H. Schlosser, Frankfurt(„Anweisung wegen Artaria").
   D. Artaria, Mannheim [7994].
   J. A. G. Weigel, Leipzig („Assignation an Frege auf 150 Thlr. Sächs.").
   C. G. Frege und Comp., Leipzig („dem vorigen inliegend, Anweisung").

**März**

4. J. M. Färber, Jena.
5. J. C. Wesselhöft, Jena [7998].
   J. G. L. Kosegarten, Jena [7997].
6. E. G. Freih. v. Odeleben, Klein-Waltersdorf [8000].
   J. C. G. Vogel, Weimar („inliegend ... an Hüttner").
   J. C. Hüttner, London („einige Zeilen wegen Howard").
   L. D. M. Lavés, Jena („mit Raynouard Eléments de la Grammaire de la langue Romaine avant l'an 1000").
   C. Sondershausen, Weimar [8001].
   Louise Vary, Glogau.
7. C. v. Knebel, Jena [8002].
8. Zelter, Berlin [8003].
10. Erbgrossherzogin Maria Paulowna, Weimar (Conc. 9. März) [8005].
11. C. L. F. Schultz, Berlin (Conc. 8. und 10. März) [8006].
    J. M. Färber, Jena („letzte Revision des ersten Bogen des Divan").
    C. D. v. Münchow, Jena [8007].
12. C. G. Frege und Comp., Leipzig [8009].
13. C. W. C. Stichling, Weimar.

**März**

16. C. v. Knebel, Jena („Expedition [= 8010?]").
17. A. v. Goethe, Weimar („Notizen von meinem Zustand und einige Wünsche").
18. A. v. Goethe, Weimar [8011].
19. Zelter, Berlin (Conc. 16. und 17. März, Mund. 19. März) [8012].
    Grossherzog Carl August, Weimar [8013].
    J. C. Stark, Jena („den dritten Bogen des Grunerischen Catalogs").
20. A. v. Goethe, Weimar („das dritte Heft von Kunst und Alterthum").
22. A. v. Goethe, Weimar („Geschäftsanfrage und Sendung, Kühns Quittung auf die 500 Thlr. auszuwechseln").
23. A. v. Goethe, Weimar [8016].
    J. A. G. Weigel, Leipzig [8017].
    C. G. C. Vogel, Weimar [8018].
25. F. v. Müller, Weimar [8020].
27. A. v. Goethe, Weimar [8026].
    Ottilie v. Goethe, Weimar [8022].
    A. Genast, Weimar [8023].
    J. H. Meyer, Stäfa [8024].

März
27. Antonie Brentano, Frankfurt [8025].
C. G. Carus, Dresden (Mund. 19. März) [8019].
28. Julie Auguste Christine Freifrau v. Bechtolsheim, Stetten [8031].
C. G. v. Voigt, Weimar [8032].
v. Trebra, Freyberg [8029].

April
2. C. E. Schubarth, Leipzig [8035].
3. Grossherzog Carl August, Weimar [8036].
C. G. v. Voigt, Weimar [8037].
A. v. Goethe, Weimar [8038].
6. J. C. Stark, Jena („Bogen des Grunerischen Cataloges").
M. v. Flurl, München (Mund. 28. März) [8028].
7. August Herrmann, Birkenberge [8041].
Adolph Müllner, Merseburg [8040].
C. G. v. Voigt, Weimar [8042].
F. Kirms, Weimar.
C. G. C. Vogel, Weimar.
F. v. Müller, Weimar [8043].
A. v. Goethe, Weimar („Museumsgeschäfte").

April
10. Grossherzog Carl August, Weimar [8045].
C.W. Coudray [resp. Grossherzogliche Oberbaudirection], Weimar [8046].
J. F. H. Schlosser, Frankfurt [8047].
D. Artaria, Mannheim [8048].
Kupferstecher Johann Christian Ernst Müller, Weimar („Auftrag wegen den Farbentafeln").
Ernst Wilhelm Gottlob Kühn, Jena („Quittung wegen 400 Thlr.").
A. v. Goethe, Weimar („Alles ... mit Promemoria").
12. F.v. Müller, Weimar [8050].
C. W. Coudray, Weimar („die Papiere wegen des Hintergebäudes").
14. C. G. v. Voigt, Weimar [8052].
A. und Ottilie v. Goethe, Weimar („Ankunft notificirt").
16. Bergcommissär Könitz, ? [8053].
v. Trebra, Freyberg [8054].
C. F. A. v. Schreibers, Wien [8055].
Ferjentsék („Herrmann und Dorothea") [vgl. 8056/7].

April
16. J. C. Stark, Jena ("die Bogen N. O. des Grunerischen Catalogs").
E. W. G. Kühn, Jena ("Verordnung ... mit der Mappe, Rechnung und Belege").
17. [Christian Ernst Friedrich Weller, Jena] "Gedicht nach Jena durch. einen Boten" [8056].
Grossherzog Carl August, Weimar ("etwas von der Wiener Sendung").
18. C. E. F. Weller, Jena [8058].
C. W. C. Stichling, Weimar ("Einiges wegen den Jenaischen Angelegenheiten, Schriftliches").
19. J. F. H. Schlosser, Frankfurt ("Brief und Vollmacht").
C. E. F. Weller, Jena ("academische Bibliothek betreffend").
22. Anton Kirchner, Frankfurt ("Dank für dessen Beschreibung von Frankfurt und dessen Umgegend").
C. G. Frege und Comp., Leipzig ("Meldung der angekommenen 4000 Thlr. und weitere Bestellung").
J. G. Büsching, Breslau.
Nees v. Esenbeck, Sickershausen [8061].

April
22. Hofmaler Primavesi, Darmstadt ("Dank für Rheinbeschreibung").
L. F. Hesse, Rudolstadt ("Dank für Paulinzelle").
v. Trebra, Freyberg ("das Gedicht eingesiegelt").
Hofrath Himly, Göttingen.
Antonie Brentano, Frankfurt.
S. T. v. Sömmerring, München [8062].
25. F. G. Hand, Jena
Vulpius, Weimar
J. M. Färber, Jena
("Hands archäologische Vorlesungen betreffend").
Grossherzogliche Oberbaudirection, Weimar [8064].
26. Gräfin [Caroline] v. Egloffstein, Weimar ("Brief ... mit Allart van Everdingens kleinen radirten Landschaften").
28. C. G. v. Voigt, Weimar [8066].
Vulpius, Weimar ("Heidelberger Jahrbücher December, Grunerischer Catalog G—N").
A. v. Goethe, Weimar ("verschiedene Aufträge").

Mai
1. J. W. Döbereiner, Jena ("Anfrage ... wegen des Metallspiegels").

## Mai

1. Johann Gottfried Ludwig Kosegarten, Jena („den vierten Bogen des Divans").
   A. v. Goethe, Weimar („Eingeschlossen" die folgende Nummer).
   Grossherzog Carl August, Weimar („Heidelberger Jahrbücher").
   S. Boisserée, Heidelberg [8069].
8. C. G. v. Voigt, Weimar [8070].
   C. W. C. Stichling, Weimar [8071].
11. Cotta, Stuttgart (Conc. 4. Mai) [8074].
    J. A. G. Weigel, Leipzig.
19. v. Uwarow, St. Petersburg [8077].
    F. M. v. Klinger, St. Petersburg [8078].
    A. v. Goethe, Weimar („Quittung auf 500 Thlr. für die Museen").
25. C. G. v. Voigt, Weimar [8082].
    S. Boisserée, Heidelberg [8081].
    Vulpius, Weimar („Zwey Bogen Grunerischen Catalog").
    A. v. Goethe, Weimar („Alles ... eingepackt").
    Nees v. Esenbeck, Erlangen [8083].

## Juni

5. C. G. v. Voigt, Weimar [8087].
   G. Cattaneo, Mailand [8086].
8. J. F. H. Schlosser, Frankfurt [8088].
   v. Trebra, Freyberg (Conc. 20. Mai) [8089].
   C. L. F. Schultz, Berlin [8091].
19. A. v. Goethe, Weimar („Brief ... mit mancherley Notizen").
    Ottilie v. Goethe, Weimar („Orphisches").
    C. G. v. Voigt, Weimar [8094].
    F. v. Müller, Weimar [8093].
20. J. C. Wesselhöft, Jena („Billet").
23. C. G. v. Voigt, Weimar [8098].
    A. v. Goethe, Weimar („auszuwechselnde Quittung von 500 Thalern").
    Ottilie v. Goethe, Weimar („das Heft von Schubarth").
27. Grossherzog Carl August, Weimar [8099].
    G. Cattaneo, Mailand (Conc. 17. Juni, vgl. 21. und 22. Juni) [8100].
    J. Cogswell, Baltimore (Conc. 17. Juni, vgl. 21. und 22. Juni) [8101].

Juni
27. J. F. H. Schlosser, Frankfurt [8102].
Cotta, Stuttgart [8103].

Juli
5. C. G. Frege und Comp., Leipzig [8112].
E. W. G. Kühn, Heussdorf („Einsendung der Rechnung").
8. C. v. Knebel, Jena [8115].
C. F. A. v. Schreibers, Wien [8116].
J. F. H. Schlosser, Frankfurt.
J. G. Lenz, Jena („mit einem Stück Skorodith).
J. W. Döbereiner, Jena [8114].
C. D. v. Münchow, Jena („Bessel, Bradley'sche Astronomie in die astronomische Bibliothek gegeben").
9. Grossherzog Carl August, Weimar („Bericht ... wegen der disponiblen Summe im Museums-Etat").
K. E. Schubarth, Leipzig [8117].
J. M. Färber, Jena („Sendung... durch einen Expressen, englische Journale u. d. g. enthaltend").

Juli
12. Grossherzog Carl August, Weimar [8121].
J. F. Gille, Weimar [8122].
14. Grossherzogliche Kammer, Weimar („Communicat ... Löberthors Abtragung" [= 8124, Beilage]).
15. C. E. F. Weller, Jena [8126].
16. J. G. Schadow, Berlin [8125].
S. Boisserée, Heidelberg [8128].
C. G. C. Vogel, Weimar („die Mawische Expedition nach London betreffend").
17. G. L. Kosegarten, Greifswald [8123].
A. Batzowsky, Soovar [8130].
18. Grossherzog Carl August, Weimar [8133].
C. G. v. Voigt, Jena [8134].
19. J. M. Grubers Erben, Lindau („mit einer Rolle Manuscript des Aufsatzes über Leonardo da Vinci"; vgl. 8135/6).
G. Cattaneo, Mailand [8131].
21. J. H. Meyer, Weimar [8137].
Antonie Brentano, Frankfurt [8136].
F. W. Schwabe, Weimar [8138].

## Juli
21. C. F. v. Reinhard, Frankfurt [8139].
    Ottilie v. Goethe, Weimar [8140].
22. Wilhelm Fenner, Bremen.
    C. G. Kelle. Kleinwaltersdorf [8141].

## August
4. C. F. A. v. Schreibers, Wien [8143].
8. Gräfin Josephine O'Donell, Franzensbrunnen („Gemahlter Becher ... durch Deny. An dieselbe Gedicht, durch die Post").
    A. Schopenhauer, Dresden [8147].
14. „Sendung nach Weimar vorbereitet [8148—50]: Merckw. Gefäss S. Curiositäten".
18. C. E. A. v. Hoff. Gotha [8151].
    C. E. F. Weller, Jena [8152].
23. Zimmer und Sohn, Frankfurt („Assignation auf 200 fl."). 
    C. G. Frege und Comp., Leipzig („Meldung").
30. W. J. Tomascheck, Prag [8155].

## September
4. A. und Ottilie v. Goethe. Weimar [8157].
    C. v. Knebel, Jena [8158].
8. J. Beschorner, Schlackenwalde [8159].
12. Fürst Metternich, Wien [8160].
    Graf Boucquoy, Prag („Medaille").
18. A. C. Graf v. Edling, Weimar [8161].
19. C. E. F. Weller, Jena [8162].
    C. F. E. Frommann, Jena [8164].
    C. v. Knebel, Jena [8165].
20. E. W. G. Kühn, Heussdorf („Erlass ... wegen abzulegender Museumsrechnung").
    C. F. E. Frommann. Jena [8166].
    Grossherzog Carl August, Weimar [8167].
26. C. F. E. Frommann, Jena [8172].
    C. E. F. Weller, Jena [8173].
    J. M. Färber, Jena („autorisirte Quittungen").
    J. G. L. Kosegarten, Jena [8171].
28. C. F. v. Reinhard, Frankfurt [8175].
29. Grossherzog Carl August. Weimar [8176].
30. Vulpius, Weimar.

## October
1. Rentamtmann J. A. Mäller, Jena („Erlass ... mit 100 Thlr. p. („geht künftigen Sonnabend

October
[3. October] mit der Post dahin ab)").
3. T. Renner, Jena [8178]. J. S. C. Schweigger, Erlangen [8179].
6. C. F. A. v. Conta, Weimar ("Die Acten").
7. K. F. M. Graf Brühl, Berlin und Seifersdorf "in duplo" [8177].
J. M. Färber, Jena.
C. E. F. Weller, Jena [8183]. Grossherzogliche Kammer, Weimar ("Communicat ... mit der Museumsrechnung von 1817—1818, dem Kabisiusischen Kaufbrief u. d. g.").
10. C. G. v. Voigt, Weimar [8185].
Grossherzogliche Landesdirection, Weimar ("Communicat...wegen der Jenaischen Buchdrucker").
11. J. C. Wesselhöft, Jena ("10. Revisionsbogen von Kunst und Alterthum 4. Stück").
12. Grossherzog Carl August, Weimar [8186].
C. W. Freih. v. Fritsch, Weimar [8187].
J. C. Wesselhöft, Jena ("Paquet ... mit 1400 Stück Abdrücken von Myrons Kuh, zum 4. Heft

October
von Kunst und Alterthum geheftet").
13. L. Pansner, St. Petersburg [8188].
14. J. C. Wesselhöft, Jena ("Paquet ... Manuscript zu den beyden letzten Bogen von Kunst und Alterthum").
15. "Einladungskarten" [= 8189].
18. C. D. v. Münchow, Jena.
F. W. v. Bielke, Weimar [8190].
19. C. F. A. v. Conta, Weimar [8191?].
21. J. B. Graf Paar, Wien (Conc. 13. und 18. October) [8193].
J. C. Wesselhöft, Jena ("700 Abdrücke von Myrons Kuh — Ausserdem ... Schluss-Manuscript von Kunst und Alterthum 4. Stück (letzteres durch die Boten)").
Georg Gottlieb Güldenapfel, Jena ("Erlass").
J. M. Färber, Jena ("Erlass").
L. D. M. Lavés, Jena.
C. E. F. Weller, Jena ("Die Bogen N.—Z. vom Grunerischen Catalog").
v. Trebra, Freyberg [8192].
22. Bury & Comp., Hanau [8194].

October
27. C. G. C. Vogel, Weimar („wegen der Medaillen").
    C. G. v. Voigt, Weimar [8201].
29. Zelter, Berlin [?].
    J. C. A. Grohmann, Hamburg [8203].
    C. G. Carus, Dresden [8202].
    C. F. A. v. Conta, Weimar.

October
31. S. Boisserée, Heidelberg [8206].
    J. G. Lenz, Jena [8205].
    G. G. Güldenapfel, Jena (Conc. 29. October) („Erlass ... wegen Ablösung von der Mitarbeit an der Jenaischen Allgemeinen Litteraturzeitung").